동아시아사를 보는 눈

동아시아사를 보는 눈

초판 1쇄 발행 2017년 9월 20일
초판 3쇄 발행 2022년 3월 31일

지은이 유용태

펴낸곳 서울대학교출판문화원
주소 08826 서울 관악구 관악로 1
도서주문 02-889-4424, 02-880-7995
홈페이지 www.snupress.com
페이스북 @snupress1947
인스타그램 @snupress
이메일 snubook@snu.ac.kr
출판등록 제15-3호

ISBN 978-89-521-1935-3 93910

동아시아사를 보는 눈

유용태 지음

서울대학교출판문화원

책을 펴내며

동아시아의 역사인식 차이로 인한 갈등은 각국 역사학계와 역사교육계의 다양한 노력에도 불구하고 여전히 뜨거운 현안이다. 특히 정치 지도자의 퇴행적 리더십이 갈등을 더욱 증폭시키고 있다. 갈등을 유발하는 근원은 자국사의 제국성(empireness)을 자기성찰의 관점(자성사관)이 아니라 자기만족의 관점(자만사관)에서 인식하여 자랑스러운 과거로 현창하는 역사인식이다. 자국사를 자만사관에 의거해 인식하고 가르치려는 세력과 자성사관에 의거해 인식하고 가르치려는 세력은 기본적으로 한 나라 안에서 대립하고 갈등한다.

그런데 이 갈등은 곧바로 이웃나라와의 관계로 확대된다. 자국사의 팽창적 제국성을 영광스러운 과거로 간주하기에 그와 연관된 이웃나라 역사의 독자성을 침해하고 부정하기 때문이다. 지역(region)을 형성하는 근거는 연관성(connectedness)에 있으며, 그 구성주체들의 역사 또한 상호 긴밀한 연관 속에 전개되었기에 이 같은 자국사 인식의 갈등이 이웃나라로 확대되는 것은 피하기 어렵다. 따라서 자국사와 세계사 사이에 '지역사(regional history)'를 새로 도입하여 자국사 인식의 제국성을 직시하고 적절히 제어할 필요가 있다. 상호연관성을 밝히는 '연관사'가 지역사의 가장 중요한 방법으로 중시되어야 하는 까닭이다. 한편 그 역사주체들의 역사는 상호연관성을 갖고 있는 동시에 독자성도 갖고 있으니 이를 드러내기 위해서는 '비교사'도 필요하다.

이 책은 '연관(connections)과 비교(comparisons)'의 방법을 두 눈으로 삼아 동아시아를 구성하는 역사주체들을 자성사관에 의거해 인식하고 구성하기 위한 모색과정에서 나온 생각들을 담았다. 그리고 지역사를 방법으로 삼아 추구하는 지향점인 제국성의 성찰과 평화·민주·공생의 대안질서의 탐색을 돕기 위해 그와 관련된 경험들도 함께 다루었다. 그러니까 동아시아의 역사를 서술한 저작이 아니라 동아시아사를 지역사의 하나로 인식하고 구성하기 위한 방법을 다룬 책이다. 전자와 같은 저작류도 2010년 전후에 와서야 한·중·일과 대만에서 겨우 하나둘씩 나오기 시작했으며, 후자와 같은 방법론을 다룬 책은 그보다 더욱 찾아보기 어려운 실정이다.

이 책은 동아시아 지역사의 의미와 방법에 관한 글 9편과 서장·종장으로 구성되었다. 각 장은 비록 각기 다른 시기와 자리에서 발표된 글을 바탕으로 하였지만, 이번에 단행본 체제에 맞게 대폭 수정·보완하면서 다시 썼다. 그 내용을 다음과 같이 서장·종장과 3부로 구성하였다.

서장에서는 동아시아사의 기본 개념들(지역 · 지역사, 동아시아사의 범위와 성립요건, 연관과 비교의 방법, 지역정체성의 차이 등)을 간략히 다루어 본론의 이해를 돕고자 하였다.

제1부(지역사의 방법과 동아시아사의 가능성)에서는 21세기에 요청되는 지역사의 구성방법과 인식체계를 모색하기 위해 동아시아 지역의 역사를 하나의 단위로 삼아 인식하고 서술하려 한 노력들을 살피고 종합하였다. 연관과 비교의 두 눈이 그것이다.

근대 이래 동아시아에서 형성된 지역개념을 세 유형(자기확대형, 위계질서형, 자주평등형)으로 구분하고 그 각각의 지역사가 쓰일 수 있음을 예시하였다. 2010년 전후 한 · 중 · 일과 대만에서 출간된 동아시아사 저작들을 그 다루는 범위에 따라 세 유형(한자문화권, 한자문화권 + 유목세력, 한자문화권 + 유목세력 + 동남아시아 해양세력)으로 나누어 설명하고, 주요 저작들의 인식체계를 비교 분석하였다.

제2부(자국사 인식의 제국성을 넘어서)에서는 지역사 인식을 체계화하려 할 때 가장 큰 걸림돌인 자국사의 제국성을 한 · 중 · 일과 베트남은 각기 어떻게 대면하고 있는지를 자성사관과 자만사관의 대립 · 경쟁이라는 관점에서 살펴 연관과 비교를 시도하였다.

이때 역사인식 갈등의 원인으로 흔히 근대 내셔널리즘을 지목하는 기존의 연구를 근대주의적 시야에 갇힌 일면적 진단이라 비판하고, 동아시아 전통의 중화주의 유산이 어떻게 그 원인으로 작용하는지를 드러냈다. 제국주의 시대의 중국과 일본은 그러한 역사적 맥락 위에서 근대제국의 제국성을 경쟁적으로 추구했으며, 냉전시대 미국에 편승해 베트남전쟁에 참전한 한국도 정도의 차이가 있을 뿐 예외가 아니었음에 유의하였다.

제3부(가능성의 유산을 찾아서)에서는 동아시아 지역사의 지향을 탐색하기 위해 20세기에 동아시아 각국에서 추구되었으나 조건의 미성숙으

로 실현되지 못한 유산 중 오늘에 되살려 공유할 만한 구상을 살펴 그것의 지역사적 연관성과 의미를 강조하였다.

이를 위해 한·중·일과 베트남의 역사 교과서에 나타난 민주주의, 20세기에 동아시아가 추구한 신민주주의의 유산(직업대표제 민의기관, 연합정부, 혼합경제)을 연관과 비교의 시각에서 다루었다. 이른바 영미식 '부르주아민주'와 소련식 '프롤레타리아민주'의 장점을 이어받으면서도 그 단점을 최소화하려는 도전적 사유의 경험과 그 가능성을 재조명한 것이다.

종장에서는 동아시아사가 지역사의 하나로서 여타의 지역사들과 함께 유기적으로 조직되어 아시아사와 유라시아사로, 다시 세계사로 이어지는 개방성을 갖고 있음을 말하였다. 개별 지역사에서 메가 지역사를 거쳐 세계사로 나아가는 방법도 연관과 비교에 의거하는 게 바람직하다. 여기서 말하는 세계사는 유럽 중심의 세계사를 넘어선 '새로운 세계사'이다.

돌이켜 보면 이 책은《환호 속의 경종: 동아시아 역사인식과 역사교육의 성찰》(2006)의 후속편이라 할 수 있다.《함께 읽는 동아시아 근현대사》1·2(공저, 2010·2011)를 쓰고 개정판(2016)을 내면서 동아시아사의 체계화가 얼마나 어려운 과제인지를 다시 실감하였다. 지난 10년간 지역사로서의 동아시아사를 어떻게 인식하고 체계화할 것인가 하는 화두를 붙들고 한 걸음 더 나아가려 했지만 제자리걸음을 해온 것은 아닌지 염려된다. 기꺼이 출판을 맡아 준 서울대학교출판문화원과 원고를 너그럽게 읽어 주신 익명의 심사위원들, 그리고 원고의 최종 정리 단계에서 이 책의 요지를 주제로 진지한 토론의 자리를 함께 해주신 '동아시아비교인문학' 연계전공 관계자들께 감사드린다. 그에 앞서 나의 학부 수업 '동아시아근대사'와 '동아시아현대사'를 수강하면서 문제의식을 가

다듬는 자극을 주고받은 학생들, 번거로운 교정 작업을 도와준 대학원생들에게도 감사한다. 그리고 독자에게는 질정을 고대한다.

2017년 5월

'평화의 섬' 제주에서

유용태

차례

동아시아사의 의미*

연관과 비교의 지역사

1. 역사인식 틀의 변화, 지역사의 도입

근대역사학은 국가(nation-state)와 세계(world)를 각각 자국사와 세계사의 단위로 삼고 가장 일반적인 역사인식 단위로 여겨 왔다. 이는 국사와 세계사가 보통교육의 교과목으로 수용된 것만 봐도 알 수 있다. 동아시아사란 현재의 동아시아 지역(region)을 단위로 하여 그 안에 살고 있는 사람들의 역사를 말한다. 역사를 구성하는 시간·공간·인간의 3요소는 자국사나 세계사에서처럼 여기서도 똑같이 갖춰져 있다. 그럼에도 흔히 많은 사람들은 자국사-세계사의 역사교육 2분체제와 자국사-동양사-서양사의 역사학 3분체제를 당연시해 온 탓에 그 어느 것도 아닌 동아시아사가 과연 성립될 수 있는 근거를 갖고 있는지 의아해하거나 그 근

* 이 글은 〈동아시아사의 의미: 연관과 비교의 지역사〉(동북아역사재단 역사아카데미 연수교재 원고, 2009. 8)와 〈동아시아 지역사를 위하여〉(유용태 · 박진우 · 박태균, 《함께 읽는 동아시아 근현대사》 1, 창비, 2010, 서장)를 바탕으로 새로 쓴 것이다.

거를 아예 부인하기도 한다.

기실 그것은 아직 실험 단계여서 시각과 논리, 구성방법과 인식체계 등에 대한 논의가 취약한 상황이므로 낯설게 느껴질 수 있다. 동아시아사는 자국사-세계사라는 기존 구분법과도 맞지 않고 자국사-동양사-서양사의 구분법과도 충돌한다. 바로 그 점에서 지역사는 19-20세기에 선진 서양과 탈아입구(脫亞入歐)의 일본이 후진 동양을 차별하면서 형성한 2분체제와 3분체제에 균열을 가하고 혁신을 이끄는 모멘트가 될 수 있다. 지역사로서의 동아시아사가 20세기 말에서 21세기 초에 등장한 것은 차별과 폄하의 대상이던 아시아가 산업화에 성공하여 급속히 재기함에 따라 아시아는 스스로의 힘으로 근대화에 이를 수 없음을 당연시한 근대역사학의 전제를 무너뜨린 것과 연동되어 있다.

이 거대한 전환은 구미와 일본의 전유물로 여겨지던 근대·근대성에 대한 회의와 탈근대 담론을 비롯하여 2분체제와 3분체제 자체에 대한 비판을 촉진하였다. 비판의 초점은 다음 네 가지다. 첫째, 자국사는 지나치게 민족주의 관점에 경도되어 이웃나라 또는 세계와의 소통을 차단하고 자기완결적인 폐쇄적 역사상을 당연시하였다. 둘째, 동양사는 황국사관을 뒷받침하기 위해 일본 고대문화 형성에 자양분을 제공한 중국을 중심으로 구성되어 사실상 일본판 중화주의에 의거하였다. 셋째, 세계사와 서양사는 유럽중심주의와 근대주의에 의거해 비유럽과 전근대를 타자화·비주체화하였다. 넷째, 자국사-동양사-서양사-세계사는 모두 대국·제국 중심의 진화론적 문명사관과 발전사관을 당연시하는 역사인식의 편향을 옹호하는 사고를 내면화하였다.

나는 동아시아 지역사가 이 같은 문제를 해결하는 방법으로서 의미를 가지며 그래서 지금 이 시점에서 꼭 필요하다고 생각한다. 자국사를 포함하는 동시에 세계사의 한 부분을 이루는 지역사 개념을 도입함으로써 자국사를 동양사와 세계사로부터 분리하여 유아독존적인 역사상을 만들어 내는 인식체계, 날로 긴밀해지는 동아시아의 이웃을 폄하하고 소외시키는 동양사·서양사 인식체계를 바꿔 보자는 것이다.

동아시아 담론에서 말하는 '동아시아'의 의미는 만인만색이다. 지적 실험 혹은 프로젝트로서의 동아시아, 이념으로서의 동아시아, 사상과제·실천과제로서의 동아시아, 형성해야 할 공동체로서의 동아시아, 서구 근대문명의 대안으로서의 동아시아, 실체로서의 동아시아, 방법으로서의 동아시아, 심지어 무의미한 단위로서의 동아시아 등등.[1] 나는 이들을 크게 둘로 유형화하고자 한다. 실체로서의 동아시아와 방법으로서의 동아시아가 그것이다. 실체가 아닌 다른 무엇으로서의 동아시아라 함은 결국 동아시아를 단위로 사고함으로써 자신이 목표로 삼는 그 무엇을 실현하는 방법으로서의 동아시아로 수렴되기 때문이다.

이때 동아시아를 단위로 삼아 실현하려는 목표는 누가 무엇을 위해 동아시아를 필요로 하는가에 따라 달라질 수 있으니 결코 하나일 수 없다. 적어도 역사학자로서 동아시아사에 관심을 가진 사람들은 대부분 한국사·동양사·세계사를 혁신하는 방법으로서 의미를 부여하고 기대를 걸고 있다. 가령 2006년 역사학회 회장 조병한(曺秉漢)은 학회의 공동연구인 〈공존과 번영을 위한 동아시아사의 반성적 성찰〉을 단행본으로 엮어 내면서 동아시아론은 "현실적·역사적 실체의 존재를 전제로 해야만 성립되는 것이 아니다. 일국사를 넘어 지역협력을 강화하는 방법으로서" "역내 각국의 역사를 연구하는 비교사적·통합적 방법으로

1 이에 관해서는 백영서, 《동아시아의 귀환》, 창비, 2000, pp.50-51; 박명규, 〈한국 동아시아담론의 지식사회학적 이해〉, 마인섭·김시업 엮음, 《동아시아학의 모색과 지향》, 성균관대학교출판부, 2005; 윤여일, 〈방법으로서의 동아시아〉, 《오늘의 문예비평》 통권 제78호, 2010; 박상수, 〈한국발 동아시아론의 인식론 검토〉, 이정훈·박상수 엮음, 《동아시아, 인식지평과 실천공간》, 아연출판부, 2010 참조.

서 일국사를 넘어서는 학문적 효용이 있다"고 하였다.[2] 공동 연구에는 7명의 국사학자를 포함하여 13명이 참가했는데 이들은 "이제 한국사도 과거 일국사 차원의 민족주의적 시각을 탈피해 세계사·동아시아사와의 전체적 맥락에서 접근할 필요가 있다는 데 공감했다"고 한다. 그 후 다른 연구자들에게도, 동아시아사는 한국역사학의 3분체제와 세계사는 물론 자국사를 비판적으로 재구성하는 방법이라는 문제의식이 더욱 분명하게 공유되었다.[3] 역사연구의 새로운 방법으로서의 동아시아사가 이미 상당한 공감을 얻고 있는 셈이다.

이러한 기대는 우선 대학의 교과목 개편에, 그리고 몇 년 뒤 고등학교 역사교육에 반영되기 시작하였다. 동아시아 담론이 급진전된 1990년대 후반부터 일부 대학은 사실상 중국사였던 기존의 동양사 과목을 복수의 지역사(동아시아사, 서아시아사, 남아시아사, 중앙아시아사 등)로 나누어 편성하기 시작하였다. 이윽고 2006년 정부는 고등학교 교과목에 동아시아사를 신설하기로 결정하고 2012년부터 시행하였다. 한·중·일 3국 학자들과 교사들이 공동 편찬한 동아시아사가 2005년과 2012년에 각각 출간되었고, 그 사이 한·중·일·대만 4국에서 각국 필자가 집필한 동아시아사도 잇달아 나왔다.

이처럼 역사학과 역사교육에서 나타난 변화와 새로운 시도는 일단 '동양사에서 동아시아사로'라고 할 만하다. 그러나 이는 시작에 불과하

---

2 조병한, 〈동북아 국제질서 속의 한국사〉, 역사학회 엮음, 《전쟁과 동북아의 국제질서》, 일조각, 2006, pp.27-28.

3 유용태, 〈동아시아 지역사를 위하여〉, 유용태·박진우·박태균, 《함께 쓰는 동아시아 근현대사》 1, 창비, 2010, pp.24-25; 김기봉, 〈한국 역사학의 재구성을 위한 방법으로서의 동아시아사〉, 《동북아역사논총》 40호, 2013; 신주백, 《역사화해와 동아시아형 미래 만들기》, 선인, 2014, p.275; 배항섭, 〈"동아시아는 몇시인가?"라는 질문〉, 미야지마 히로시·배항섭 엮음, 《동아시아는 몇시인가?》, 너머북스, 2015, p.19.

고 중앙아시아사, 서아시아사, 남아시아사 등을 유럽사와 마찬가지로 하나의 지역사로서 구성하는 작업은 동시에 진행해야 할 과제다. 이를 바탕으로 지역사의 유기적 구성으로서의 아시아사나 유라시아사가 구성되어야 비로소 그 위에서 21세기의 새로운 세계사가 성립될 수 있다. 따라서 동아시아 지역사의 출현은 단순히 세 분과 가운데 한 분과의 개편이 아니라 자국사와 세계사를 포함하는 새로운 역사인식 단위의 성립이므로 그 영향은 장차 역사학과 역사교육 전반에 미칠 것이다. 이미 변화가 시작되었고 그 변화의 확장성이 클 것으로 예상됨에도 막상 동아시아 지역사의 시각과 방법, 특히 구성방법과 인식체계 및 지향에 관한 논의는 아직 분산적이고 부분적이며 시론적인 것들이 대부분이어서 체계적인 수준에 이르지 못한 실정이다.

2. 지역개념과 동아시아의 의미

동아시아를 단위로 한 지역사가 성립하려면 그 기반이 되는 지역에 대한 인식, 곧 지역개념이 형성되어야 한다. 동아시아는 동양(아시아)의 일부인데, 아시아는 대륙 이름일 뿐 하나의 역사 단위로 파악될 수 있는 공간이 아니다. 특히 히말라야 산맥과 파미르 고원으로 동서 간의 장벽이 높아서 상호 교류는 극히 곤란하였다. 인종상으로도 그 서쪽은 인도 유럽계인 데 반해 그 동쪽은 몽골계로 현격한 차이를 보인다. 그 사이로 난 초원길·비단길·바닷길이 그나마 제한적인 교류를 가능하게 하였다. 제국시기 일본은 이런 장벽의 존재를 무시한 채 아시아를 하나로 파악한 위에서 사실상 유럽사인 서양사에 대응한 동양사를 만들어 낸 것이다. 세계사의 성립 기반이 모호하듯이 아시아사(동양사)의 성립 기반 역시 그러하였으나 선진학문이라는 권위에 압도당한 나머지 이를 당연시해 온 것이다.

동아시아사는 바로 이 장벽의 동쪽에 위치한 동아시아라는 지역을 단위로 하는 역사다. 지역(地域)은 국가보다 크되 세계보다 작은 중간 수준의 단위로서, 인접한 타 지역과 구분되지만 인위적으로 구획된 구역 · 권역(area)과 달리 닫혀 있지 않다.[4] 아랍인의 서아시아와 인도인의 남아시아는 서로 교류하기가 비교적 용이했으나 그 동쪽에 위치한 동아시아가 그들과 교류하기는 상대적으로 어려웠다. 동북아시아와 동남아시아 사이에도 차이가 있지만 그 사이에 앞의 경우만큼 큰 장벽은 없어서 이 지역은 광의의 동아시아로 묶일 수 있다. 이 범위의 동아시아가 하나의 '지역'으로 성립할 수 있는 근거로는 문화적 공통성을 갖고 있어서라는 견해와 상호연관성을 갖고 있어서라는 견해가 있다.

일찍이 한국에서 동아시아사의 성립 근거를 문화적 공통성에서 찾은 학자는 고병익(高柄翊)이다. 그가 파악한 동아시아는 "하나의 뚜렷한 문화권"을 이룩한 한 · 중 · 일과 베트남 등 4국이며, 이는 한자문화권(유교문화권)과 겹친다.[5] 우리의 교과서에도 실려 있는 니시지마 사다오(西嶋定生)의 동아시아문화권론(동아시아세계론)과 흡사하다. 반면 민두기(閔斗基)는 동아시아사의 성립 기반을 문화적 공통성이 아니라 상호연관성에서 찾았다.[6] 그러므로 그가 파악한 동아시아에는 위의 4국 외에 티베

---

4 한자어 域은 일정한 범위의 공간을 의미한다. 이것이 圈이나 區 또는 地와 결합해 圈域, 區域, 地域, 地區라는 단어가 만들어졌다. 한자의 會意로 보아도 圈보다는 區가, 區보다는 地가 상대적으로 개방적인 의미를 담고 있다. 이에 나는 地域을 region에, 區域 또는 圈域을 area에 해당하는 용어로 사용하고자 한다. 그러나 실제 학계의 용어 사용은 극히 혼란하다. 국내 학계에서는 한 나라 안의 일정 구역 또는 권역의 역사인 local history를 '지방사'가 아니라 '지역사'로 표기하는 경우도 흔하고, 중국에서는 region을 '區域' 또는 '地區'로 표기하여 양자를 구별하지 않는다.

5 고병익, 《동아사의 전통》, 일조각, 1976, 서문.

6 민두기, 〈동아시아의 실체와 그 전망〉, 《시간과의 경쟁: 동아시아근현대사론집》, 연

트와 몽골 등 한자문화권 바깥의 역사주체들도 포함되었다. 민두기의 이 견해는 동아시아 지역사론의 중대한 전환이라 할 만하지만 그동안 별로 주목되지 않았다. '지역(region)'은 공통의 요소를 전제로 하는 '문명'이나 '문화권'과 다른 개념이다.[7] 어느 지역이든 그 안에는 통합을 촉진하는 요인과 방해하는 요인이 병존하는데, 동아시아의 경우 민족·종교·언어문자상으로 매우 이질적이며 상호 협력을 위한 국제기구의 경험도 상대적으로 취약하지만 상호 긴밀하게 연관되어 있다. 이 '지역연관성(regional connectedness)'이야말로 지역 성립의 근거다.[8]

따라서 지역을 단위로 하는 역사인 지역사는 지역 내 역사주체들을 상호 유기적으로 연관지어 파악함으로써 그 공존·협력의 경험을 되살리는 데에 초점을 맞추게 된다. 그리고 그와 동시에 그들을 비교 고찰하여 독자성과 다원성을 인정하고 존중하도록 해야 한다. 지역사는 국가와 민족을 비롯한 복수의 역사주체를 포함하며 세계사를 구성하는 단위다. 따라서 동아시아사는 서아시아사·남아시아사·유럽사와 같은 지역사의 하나이며 세계사의 일부다. 세계사는 이러한 지역사들이 각기 구성된 위에서 이들을 상호 유기적으로 연관지을 때 비로소 온전히 구성될 수 있다.

'동아시아'라는 용어의 출현과 정착에 관해서는 크게 세 가지 견해가 있다. 2차대전 이후 미국에서 등장한 '지역학(area studies)'의 창안물이라는 견해, 근대 일본인의 제국주의적 팽창 과정에서 그 필요에 따라 형성된 개념이라는 견해, 19세기 후반 서세동점의 새로운 조건에서 동아

세대학교출판부, 2001, pp. 48-62.

7 마셜 호지슨, 이은정 옮김, 《마셜 호지슨의 세계사론》, 사계절, 2006, pp. 425-426.

8 T. J. Pempel, "Introduction: Emerging Webs of Regional Connectedness", T. J. Pempel (ed.), *Remapping East Asia: The Construction of a Region*, Ithaca: Cornell University Press, 2005, pp. 1-12.

시아인이 자신의 필요에 따라 자신과 세계의 관계를 새롭게 사고한 결과 형성된 개념이라는 견해가 그것이다. 어느 견해가 맞는지를 가늠하려면 실제 근대 동아시아인의 그에 대한 인식의 궤적을 살펴봐야 한다.

기실 '아시아'란 용어는 1장에서 밝힌 것처럼 유럽인에 의해 만들어져서 17세기 초 '亞細亞'(Asia의 중국어 음역 표기, '야시야'로 발음)란 한자어로 동아시아에 들어왔다. 19세기 후반 한·중·일 3국 지식인은 아시아의 동부를 '동아(세아)' 혹은 '동양'으로 호칭하면서 그 지역에 대한 인식을 형성해 갔다. 이때 '동아(세아)'라는 지역에 대한 각국의 인식은 누가 왜 그것을 필요로 하는지에 따라 크게 달랐다. 나는 그것을 1장에서 세 유형으로 구분하였다. 1870년대 이래 일본의 팽창주의자들에 의해 만들어진 '자기확대형 지역개념', 전통적 천하관의 지속과 변화 속에서 중국의 개혁파와 혁명파에 의해 만들어진 '위계질서형 지역개념', 전자의 일본제국과 후자의 중화제국에 대응하면서 한국의 개화파에 의해 형성된 '자주평등형 지역개념'이 그것이다.[9] 이는 제국성(empireness)의 성찰 정도에 따른 유형화라 할 수 있다.

물론 이들 세 유형이 반드시 국가별로 나누어지는 것은 아니고 소수 견해로는 국경을 넘어 뒤섞여 있으나 각국의 지배적인 지역개념을 추출하면 이와 같이 유형화할 수 있다. 자기확대형과 위계질서형은 기본적으로 제국성을 내장하고 있다는 점에서는 같지만 제국화의 방법을 달리하므로 구별할 필요가 있다. 세 가지 지역개념 모두 실체라기보다

---

9 백영서는 동아시아사를 자국사의 확장인 '자아확충형'과 자국사의 성찰인 '자아충실형'으로 구분한 바 있는데 후자는 분명 자주평등형 지역사에 해당한다. 전자는 언뜻 보아 자기확대형과 위계질서형에 해당하는 듯하지만 꼭 그렇지는 않다. 그것은 한국사에서 획득된 시각을 동아시아로 확대하는 것을 가리키기 때문이다. 백영서, 〈자국사와 지역사의 소통: 동아시아인의 역사서술의 성찰〉, 《歷史學報》 196집, 2007; 백영서, 《사회인문학의 길》, 창비, 2014, pp. 175-181.

는 제국주의 시대를 배경으로 각기 다른 목표를 가진 '지향으로서의 개념'이다. 그중에서 자기확대형 지역개념이 일본의 제국화로 인해 주도적 지위를 차지했지만 결국 패전으로 파산하였다. 지속가능성이 없는 것이다. 그에 비해 자주평등형 지역개념은 처음에는 상대적으로 미약했지만 나중에 각국의 아나키즘과 사회주의 세력에 의해 크게 확충되었다.

그러니까 지역인식은 누가 무엇을 위해 동아시아라는 지역을 하나의 사고 단위, 인식 단위로 삼는가에 따라 여러 유형으로 나타날 수 있으며 그 의미와 범위도 달라질 수 있다. 동아시아라는 용어와 그것이 지칭하는 지역개념이 오리엔탈리즘에 뿌리를 둔 미국에 의해 1945년 이후 쓰이기 시작했다는 견해는 이 같은 동아시아의 역사를 간과한 채 영어권의 사정만을 말한 것일 뿐이다. 19-20세기 서양의 인문·사회과학 영문 학술지에서 '동아시아'를 지칭하는 용어의 빈도 추이를 분석한 쵤러(Reinhard Zöllner)의 연구에 따르면, 'Far East'(동남아시아와 남아시아까지 포괄)가 1890년대 전후 60% 이상을 차지하는 가운데 'Eastern Asia'(동남아시아 포함)가 병용되었다. 'East Asia'는 1852년 이래 드물게 쓰이다가 1940년대에 급증하여 베트남전쟁 시기에 주도적 용어로 자리잡았다. 1940년대에 East Asia라는 용어 사용이 급증한 것은 일본이 1938년부터 '동아 신질서' 형성을 내세우고 이를 영어로 선전함에 따라 미국에 영향을 미친 결과라고 한다.[10] 이들 셋 중 어느 용어로 표현되었든 근대

10 Reinhard Zöllner, *Einführung in die Geschichte Ostasiens*, München: Iudicium, 2007(植原久美子 譯, 《東アジアの歴史: その構築》, 東京: 明石書店, 2009, pp.259-256). 한편 '동남아시아'도 2차대전 이후 미국에 의해 창안된 용어로 알려져 있지만 일본이 종래의 '南洋'을 1919년부터 교과서에서 먼저 '東南アジヤ'로 호칭하면서 사용되었고, 2차대전 때 연합국이 '동남아 사령부'를 설치함에 따라 전후에도 계속 쓰였다. 弘末雅士, 〈南洋と東洋〉, 貴志俊彦 外 編, 《東アジアの時代性》, 廣島: 溪水社, 2005, pp.161-164.

서양인의 동아시아는 자기확대형 지역개념에 해당한다.

세 유형의 동아시아 지역개념은 냉전시기에 이념대립의 진영구도에 의해 동아시아가 양분됨에 따라 설 자리를 잃었다가 1990년대부터 탈냉전의 조류를 타고 혹은 옛 모습대로 혹은 새롭게 등장하였다. 탈냉전이 그동안 지연되었던 탈식민과 탈제국화의 과제를 부각시켜 인식주체들의 자각을 진전시킨 결과다. 1991년 김학순 할머니의 '일본군 위안부' 관련 증언은 그 결정적 전기였다. 이로 인해 촉발된 역사인식을 둘러싼 자성사관과 자만사관 사이의 갈등이 자국사 영역을 넘어 지역사 영역으로 확대됨으로써 동아시아사의 서술이 급진전되었다.

세 유형의 지역개념은 각각 자신의 필요에 따른 지역사를 낳았다. 자기확대형 지역사의 선구는 일본 문부성이 편찬을 추진했으나 미완으로 끝난《대동아사개설》(1943)이다. 일본의 미타니 히로시(三谷博) 등이 엮은《다시 보는 동아시아 근대사》(2012)는 제국성을 옹호하는 자기확대형 인식체계를 기본으로 하면서도 일부 개별 사실의 서술에서는 일본 '전후역사학'의 성과를 반영하여 자기성찰의 가능성을 보여 주었다.[11] 위계질서형 지역사의 예는 중국의 양쥔(楊軍)·장나이허(張乃和) 주편의《동아시아사: 선사부터 20세기 말까지》(2006)로 책봉조공체제를 축으로 구성되었다.[12] 대만의 뤼정리(呂正理)가 쓴《역사를 보는 또 다른 눈》(2010)은 "이웃나라를 거울로 삼는[以隣爲鑑]" 관점을 내세웠지만 실제로는 위계질서형 지역사의 인식체계를 기본으로 하면서 부분적으로 중국사의 제국성에 대한 성찰 가능성을 보여 주었다.[13] 자주평등형 지역

11 三谷博·並木頼壽·月脚達彦 編,《大人のための近代史: 19世紀編》, 東京: 東京大學出版會, 2009(강진아 옮김,《다시 보는 동아시아 근현대사》, 까치, 2012).

12 楊軍·張乃和 主編,《東亞史: 從史前至20世紀末》, 長春: 長春出版社, 2006.

13 呂正理,《另眼看歷史: 一部有關中日韓臺灣及周邊世界的多角互動歷史》上下, 臺北: 遠流出版公司, 2010. 이 책은 그 후 대륙에서도 출간되었는데 일부 내용이 삭제

사의 예는 우에하라 가즈요시(上原一慶) 등이 쓴《동아시아 근현대사》(1990)[14]와 유용태 · 박진우 · 박태균의《함께 읽는 동아시아 근현대사》1 · 2(2010 · 2011)이다. 이들 세 유형의 동아시아사에 대해서는 제국성에 대한 자성과 자만을 중심으로 제2부에서 비교 분석하였다.

3. 동아시아 지역사의 범위

이상과 같은 지역인식과 지역사 구성에서 지역은 고정불변의 주어진 공간이 아니며, 인식주체의 필요와 인식능력에 따라 달라질 수 있다. 1880년대의 동양 또는 (동)아시아는 한 · 중 · 일 3국을 지칭하는 협의의 개념이었으나 이윽고 동남아시아까지 포괄하는 광의의 (대)동아, 반제연대를 위한 피압박민족의 아시아 또는 백인종의 서양에 대응한 황인종의 아시아 전체를 지칭하기도 했다. 따라서 지금 누가 왜 동아시아 지역사를 필요로 하는가에 따라 그 지역의 범위는 달라질 수밖에 없다. 그 범위를 넓히거나 좁히는 관건은 실증연구에 의거한 인식능력의 정도다. 요컨대 동아시아 지역사는 필요와 인식능력이라는 두 가지 요건을 고려해 가장 좁은 범위의 동아시아사부터 시작하여 가장 넓은 범위의 동아시아사로 나아갈 수 있다.

나는 동아시아 지역사 저작들을 1장에서 그 공간 범위를 기준으로 세 유형으로 나누었다. 유형 ①: 한자문화권, 유형 ②: 한자문화권 + 유목

되었다. 呂正理,《東亞大歷史: 從遠古到1945年的中日韓多角互動歷史》, 北京: 群言出版社, 2015.

14 上原一慶 外,《東アジア近現代史》, 東京: 有斐閣, 1990(한철호 · 이규수 옮김,《동아시아 근현대사》, 옛오늘, 2000).

세력, 유형 ③: 한자문화권+유목세력+동남아시아 해양세력이 그것이다. 유형 ①도 한·중·일 3국으로 한정하는 경우와 베트남이나 유구를 포함하는 경우로 나누어진다. 유형 ①은 문화적 공통성에 의거한 문화권을 기준으로 삼음으로써 지역연관성이라는 지역사의 기준과 큰 차이를 보였다. 공유한 문화도 농경세력의 이른바 (소)중심 국가에게만 한정된 한자문화권의 유산들이어서, 이를 중시하는 관점은 '또 하나의 중화주의'가 아닐 수 없다. 유형 ①과 유형 ②가 동북아시아에 한정된 협의의 동아시아사라면 유형 ③은 광의의 동아시아사다. 나는 시야를 광의의 동아시아로 확대하여 농경세력·유목세력·해양세력이 상호 교류·연대·대립·경쟁하면서 전개된 내적 연관성에 유의하자는 제안을 한 바 있다.[15] 설사 동북아로 좁혀도 마찬가지다. 그 이유는 다음과 같다.

유목세력(목축민 포함)은 농경세력의 문화적 공유권 바깥의 주변에 위치하지만 실제로는 1장에서 설명한 것처럼 중심국들의 역사와 빈번히, 그리고 관건적으로 연관되었다. 그리고 중국 북방과 서남의 유목세력은 농아시아 농경세력을 비단길과 초원길을 통해 다른 문명권과 연결하는 구실도 담당하였다.[16] 농경세력이 해양세력과 맺은 관계에 대해서는 한국의 동아시아 인식에서 유목세력과의 관계만큼도 관심을 받지 못했다. 일본과 대만에서는 말할 것도 없고 중국에서도 상하이(上海) 이남에 위치한 대학들은 각기 동남아시아·화교 연구 혹은 동남아시아-중국 관계사 연구를 바탕으로 양자의 상호작용에 대한 역사적 이해에 힘을 쏟고 있다. 동북아시아에서 인도양을 거쳐 아프리카 동안에 이르는 해상교역 루트가 작동하였으며 적어도 조선 전기까지는 그 동단이 한반

---

15 유용태, 〈동아시아사 교과서, 무엇을 담을 것인가〉, 《경향신문》 2007. 1. 19.

16 김호동, 《몽골제국과 세계사의 탄생》, 돌베개, 2010, pp. 64-66; 김호동, 〈'변방사'로 세계사 읽기: 중앙유라시아사를 위한 변명〉, 《歷史學報》 228집, 2015, pp. 71-75.

도로 이어졌다는 사실은 우리가 익히 아는 바다.[17] 나아가 '동양'과 '서양'이라는 용어가 중국 남쪽 바다 '남양(南洋)'을 동서로 구분한 데서 나왔다는 것, 17-19세기 동아시아 4국의 해금정책(海禁政策)이 동남아시아에 진출해 있던 유럽세력과의 접촉을 막기 위한 것이었다는 점을 생각해 보라. 19세기의 이른바 '개항'이나 '개국'도 '해금'을 전제로 하지 않고서는 논할 수 없다.

이런 설명이 중국과 일본에 치우친 비주체적인 견해라고 비판할 사람도 있겠지만 실상은 그렇지 않다. 북학파 실학자 박제가(朴齊家)는 1786년 다음과 같이 동북아시아의 북단 몽골에서 동남아시아의 남단 자바에 이르는 공간을 하나의 '천하'로 파악하고 있었다. "현재 천하는 동으로는 일본으로부터 서쪽으로는 티베트, 남쪽으로는 자바, 북쪽으로는 할하 몽골에 이르기까지 전쟁 먼지가 일지 않은 지 거의 200년입니다. 이것은 지난 역사에는 없었던 일입니다. 이런 천재일우의 기회에 온 힘을 다하여 국력을 키우지 않는다면 다른 나라에 혹시 변고가 생길 때 우리도 더불어 우환이 발생할 것입니다."[18] 이는 정조의 명에 따라 그가 올린 시무책의 일부로서 외국과의 통상교역에 의한 국력신장을 적극 제안한 내용이다. 당시 그의 천하는 놀랍게도 바로 오늘날 우리가 말하는 광의의 동아시아와 일치한다.

---

17 가령 백제는 6세기 이래 탐라를 거점으로 규슈와 유구를 거쳐 동남아시아, 심지어 인도와 교류 및 교역을 했는데 다만 그것이 직접 이루어졌는지 중국 남조를 통해 이루어졌는지에 대해 이견이 있을 뿐이다. 이도학, 〈백제의 교역망과 그 체계의 변천〉, 《한국학보》 63집, 1991.

18 박제가, 안대회 옮김, 《북학의》, 돌베개, 2004, p.208.

4. 연관과 비교의 방법, 제국성의 성찰

앞에서 나는 동아시아 지역사를 그 공간범위에 따라 협의의 지역사에서 광의의 지역사에 이르는 세 유형으로 나누었다. 그중 어느 하나가 가장 바람직하다고 말하기는 어렵고, 인식주체의 필요와 인식능력에 따라 선택하여 쓸 수 있다고 본다. 어느 유형이라도 지역사의 성립 기반은 지역의 성립 기반과 마찬가지로 구성주체들의 문화적 공통성이 아니라 '지역연관성'이라는 사실을 잊지 않는 것이 중요하다. 협의에서 광의에 이르는 세 유형의 동아시아사는 모두 공통성 못지않게 이질성을 많이 갖고 있다. 따라서 동아시아사가 지역사로서 반드시 갖추어야 하는 구성요건은 다음 두 가지다.

하나는 그 범위 내의 역사주체들이 상호 유기적으로 연관되어 있으면서도 각각의 독자성을 유지하고 있음을 드러낼 수 있도록 구성하고 서술하는 것이다. 따라서 그 범위를 유형 ①처럼 최소 단위(한자문화권)로 잡아도 이런 요건을 충족하면 지역사라 할 만하다. 그러나 그 범위를 유형 ③처럼 최대 단위(동북아시아+동남아시아)로 잡더라도 이런 요건을 갖추지 못하면 국가사의 나열식 집합에 그칠 수밖에 없다. 이에 나는 2009년 8월 '동아시아사의 의미'를 '연관과 비교의 지역사'로 정의한 후 이를 동아시아 근현대사 저술에 적용한 바 있다. '연관(connections)'의 방법으로 각 주체들의 역사가 상호 연관되어 있음을 밝히고 '비교(comparisons)'의 방법으로 그 독자성을 드러내자는 것이다.[19] 지역사를

19 유용태, 〈동아시아사의 의미: 연관과 비교의 지역사〉, 동북아역사재단 역사아카데미 연수교재, 2009. 8; 유용태, 〈동아시아 지역사를 위하여〉, pp. 34-40. '연관과 비교의 지역사'란 한국의 동양사 연구 60년의 성과를 종합하여 얻은 결론에 의거한 것이다. 유용태, 〈한국의 동아시아사 인식과 구성: 동양사연구 60년을 통해서 본 동아시아사〉, 《歷史教育》 107집, 2008 참조.

구성하는 여러 주체들의 활동을 상호 유기적으로 조직하려면 눈에 보이는 직접적인 관계(relations)뿐 아니라 구조적이고 간접적인 연관성까지 포괄해야 한다. 따라서 연관사는 관계사와 교류사를 포함하되 그것을 넘어서는 영역이다. 동아시아사의 구성 방법으로 비교사가 흔히 강조되지만 이는 필요조건이며 연관사야말로 그 충분조건이다. 그 외에 다른 시각과 방법이 더 추가되는 것은 얼마든지 가능하다.

다른 하나는, 역사주체들 간의 상호관계에서 강자와 승자에 의해 약자와 패자의 독자성이 무시되지 않도록 유의하는 것이다. 상호연관성을 드러내더라도 독자성을 의도적으로 무시할 경우 제국 지향의 자국중심주의를 확장하는 것에 불과하기 때문이다. 자기확대형 지역개념에 의거한 지역사가 그에 해당하며, 이는 기왕의 2분체제·3분체제의 논리와 인식 틀을 확대 재생산하는 것일 뿐이다. 그러므로 타국사의 제국성을 비판하는 것은 물론 자국사의 제국성까지 성찰하고 그 억압성을 드러내는 관점을 견지하는 것이야말로 지역사 구성의 요체다. 여기서 제국성은 제국을 형성하고 유지·확장하려는 성향과 그로 인해 나타나는 객관적 형상을 가리킨다. 연관과 비교는 제국성의 성찰을 효과적으로 수행하는 방법이 될 수 있으며, 그 기초가 되는 지역개념이 앞서 말한 세 유형 중 자주평등형 지역개념이다.

여기서 내가 강조하는 '성찰'이란 동아시아의 고전 중 하나인 《주역(周易)》의 인간관계론에 따르면 인식주체의 시각을 자기 바깥에 두고 자기를 바라보는 것, 그리하여 자기가 어떤 관계 속에 있는가를 깨달아서 자기의 존재를 상대화하여 다른 것과의 관계 속에 배치하는 것을 말한다.[20] 개인과 개인 사이의 관계에서도 이런 성찰을 실행하기가 쉽지 않

20 신영복, 《담론》, 돌베개, 2015, p. 72.

지만, 그래도 나는 이런 이치가 국가·민족 간의 상호관계를 이해하는 데에도 적용될 수 있어야 한다고 본다. 실제로 헤겔(Hegel)은 인륜성의 이념을 국가의 이념과 일치시켜 국제관계 속의 한 국가를 사람들과의 관계 속에 있는 개인과 마찬가지 존재로 파악하였다. 그리고 그는 국가와 민족을 상대화하기 위해 재판장으로서의 세계정신, 자유실현의 주체로서의 역사이성을 강조하였다.[21] 그렇게 함으로써 흔히 국가와 민족은 사람이 모여서 이룬 것이되 그 고유의 목적과 기능을 갖고 있다고 신성화·절대화하는 습관적 사고를 직시하고 경계할 수 있다. 국가와 민족(그리고 근현대에는 法人로서의 자본도 포함)이 복잡한 인간관계 속에서 역사적으로 형성된 것이라면 그것을 복수의 역사주체들 사이에서 상대화하지 않고 신성화·절대화하는 것이야말로 각기 다른 '사람의 무늬[人文]'를 살려 자아 실현을 하게 하는 인간해방의 역사에 반하는 넌센스가 아닐 수 없다.

5. 지역정체성의 차이

동아시아라는 같은 지역 범위 안에 있다 하더라도 국가의 크기와 위치에 따라 각국 사람들이 느끼는 지역정체성은 다르게 나타날 수 있다. 정체성은 객관적 조건에 의해 일방적으로 정해지는 것이 아니라 인식주체의 주관적 사유와 상호작용을 일으킨 결과이기 때문이다.

앞에서 본 대로 농경세력·유목세력·해양세력 간에, 또는 동북아시아와 동남아시아 간에, 그 역내의 각 국가와 민족 간에 상호 교류나

21 윤병태, 〈헤겔에서 민족·국가와 세계사〉, 《헤겔연구》 30권, 2011, p.123, p.134.

관계가 있었다 해서 그것만으로 하나의 역사 단위가 되는 것은 아니다. 그 교류나 관계가 지속성을 가지며 중대한 결과를 초래했을 때에 한정해야 한다. 이때 가령 농경세력이 유목세력을 자기와 하나로 연관된 역사 단위로 인식했는가, 바꿔 말하면 동일한 지역정체성을 갖고 있었는가는 필수요건이 아니다. 역사학의 방법에 의거해 그렇게 파악할 근거가 충분한가의 여부가 관건이다.[22] 만일 당시의 사람들이 하나의 단위라고 인식한 공간범위라야 비로소 역사인식의 단위가 될 수 있다고 하면 지역사나 세계사는 고사하고 일국사도 근대 이전에는 온전히 성립되기 어렵다. 물론 한자문화권에서는 '국사'가 중앙집권국가의 성립 이래 그 관할 범위를 단위로 하여 근대 이전에도 편찬되었지만, 이는 위정자와 관료, 학인 등의 인식에 의거한 것일 뿐이어서 왕명에 의해 그들의 활동을 주된 내용으로 하여 구성되었다. 결국 지역사도 국가사나 세계사처럼 '인식되어 재구성된' 스토리다.

한국과 일본이 광의든 협의든 동아시아 개념 속에서 자신을 이해하려는 논의를 발전시켜 온 것과 달리 중국과 베트남은 그런 경향이 상대적으로 약하다. 이는 동아시아론이 처음에 한자문화권을 의미하는 협의의 개념으로 등장한 것과 무관하지 않다. 앞에 말했듯이 중국과 베트남은 한자문화권으로 단순화될 수 없는 나라다. 더구나 오늘날의 중국인은 자국의 광대한 규모와 '중국=천하'라는 중화의식의 연장선에서 스스로를 '어우야(歐亞)'(유라시아)와 '야타이(亞太)'(아시아·태평양) 속에 놓고 인식하려는 경향을 보인다. 특히 최근 시진핑(習近平) 정부의 '일대일로(一帶一路)' 정책으로 저장성 이우(義烏)와 런던을 연결하는 철로가 개

22 역사학이란 과거 사실의 집적으로 성립하는 것이 아니라 현재의 세계관을 반영해 형성한 자신의 역사관에 의거해 역사가가 그 사실의 조직화에 참가함으로써 비로소 성립되는 것이기 때문이다. 이능식, 《근대사관연구》, 동지사, 1948, pp. 1-2.

통됨에 따라 '어우야' 의식은 더욱 힘을 받게 되었다. 그러나 그것은 하나의 지향일 뿐이고 아시아와 동아시아 속에서 자국을 인식하려는 또 다른 경향이 그것을 능가한다.[23] 세계적으로 지역주의 추세가 나타난 1980년대 말부터 중국에서도 '동아시아' 단위의 사고가 급증하여 '협의의 동아시아'와 '광의의 동아시아'로 나누었는데, 전자는 한·중·일과 몽골이며 후자는 거기에 동남아시아를 포함한다. 그리고 동아시아는 '야타이'의 일부분이자 핵심부로 파악되고 있다.[24] 베트남은 동북아시아와 동남아시아의 전이지대에 놓여 있는 지정학과 외왕내제(外王內帝: 중국에 대해서는 왕이라 칭하지만 인도차이나반도 내에서는 황제로 자처함)의 소중화의식으로 인해 대국 중·일과의 관계 속에 묶이는 것보다 그만그만한 나라들로 구성된 동남아시아에 귀속하고자 하는 지향을 갖고 있는 동시에, 한·중·일과의 관계를 결코 소홀히 할 수 없다.

그러나 우리의 동아시아 지역개념이 아시아 개념의 일부임을 잊지 않는다면 이런 양면성은 크게 문제 될 게 없다고 본다. 우리의 지역개념은 자국이 속하는 협의의 동아시아에서 광의의 동아시아, 아시아, 유라시아, 세계로 확대되는 지역연쇄의 한 단위다. 이 점을 늘 의식하는 한 특정 지역을 고정화하고 절대화함으로써 또 다른 중심주의라는 편견을 만들어 내는 착오를 범하지 않을 수 있다. 동아시아라는 지역개념을 강

---

23 중국 학술지 검색 사이트(CNKI)에서 키워드 '亞洲', '東亞', '亞太', '歐亞'를 검색해 보면 각각 196,989개, 94,920개, 51,710개, 17,420개가 검색된다(2016년 10월 6일 오전 9시 30분). '亞太'의 '亞'도 사실상 동아시아인 경우가 대부분이다. 예컨대 대표적인 亞太 전문학술지(中國社會科學院亞太與全球戰略研究所 발행)에 실린 周方銀, 〈中國崛起, 東亞格局變遷與東亞秩序發展方向〉, 《當代亞太》 2012年 5期에서, 중국의 급부상은 동아시아 국가들에게 경제중심(중국)과 안보중심(미국)이 상호 분리되는 이원구조를 초래했으며 이는 장기간 지속될 것이라고 전망하였다.

24 陳峰君 · 祁建華 主編, 《新地區主義與東亞合作》, 北京: 中國經濟出版社, 2007, pp. 1-8.

조하는 데 대하여, 혹자는 또 다른 집단정체성에 기초하는 민족주의의 변형이며 제국의 발전을 지지하는 반동적 시도라고 비판한 바 있다. 물론 그러한 지향을 가진 지역담론도 근대 이래 존재하며 그것이 바로 '자기확대형' 지역개념이다. 대동아공영권론이 그 대표다. 그러나 그것은 세 유형의 지역개념 중 하나에 불과하다. 제국주의시대와 냉전시대에는 '자기확대형'이 지배적인 가운데 '위계질서형'이 그 하위에 존재하였다면, 탈냉전기의 오늘날에는 '자주평등형'이 제구실을 담당할 수 있는 호조건을 맞이하고 있다. 이로써 앞의 두 유형을 직시하고 상대화하는 역할을 담당할 수 있기를 기대한다. 그래서 나는 동아시아 지역사의 구성을 가로막는 최대의 적은 자기확대형 지역개념과 위계질서형 지역개념에 내재된 자국사의 제국성이며, 그에 대한 성찰이야말로 지역사의 출발점이자 근간이라고 믿는다.

이와 같은 문제의식을 바탕으로 본론에서는 먼저 동아시아 지역사의 구성방법과 인식체계, 그리고 지향을 살피고자 한다. 지역사의 구성방법은 연관과 비교를 중심으로, 인식체계는 제국성의 성찰을 중심으로 각각 1부와 2부에서 논의한다. 이어서 동아시아 지역사가 역사학 3분체제와 역사교육 2분체제에서 당연시되어 온, 국민국가와 자본주의를 도달점으로 하는 목적론적 역사인식체계를 성찰하고 그 대안을 모색할 수 있도록 돕는 유산들을 다룬다. 이를 위해 3부에서 동아시아 역사 속에서 추구되었으나 아직 실현되지 않은 '가능성의 유산들'(직업대표제 민의기관, 연합정부, 혼합경제 구상)을 찾아 재음미하고자 한다. 2부가 제국성이라는 극복해야 할 동아시아의 유산에 대한 연관과 비교라면 3부는 그 제국성을 완화할 신민주주의 유산에 대한 연관과 비교라 할 수 있다.

제1부

지역사의 방법과 동아시아사의 가능성

〈제1장 동아시아 지역인식의 형성과 지역사의 유형〉과 〈제2장 방법으로서의 지역사와 동아시아사의 방법〉은 '현대사회와 역사학'을 주제로 한 한일역사가회의(도쿄, 2016. 11. 4)에서 발표한 〈방법으로서의 지역사와 동아시아사의 가능성〉을 둘로 나누어 새로 쓴 것이다.

제1장에는 국제학술회의 '한 · 중 · 일 동아시아사 교육의 현황과 과제'(동북아역사재단 · 아시아평화와역사연구소 주최, 2008. 6)에서 발표한 〈한국의 동아시아 인식과 구성: 동양사연구 60년을 통해서 본 동아시아사〉(《歷史教育》 107집, 2008. 9)의 일부도 활용되었다.

〈제3장 동아시아사의 구성체계와 가능성: 한 · 중 · 일의 사례〉는 학술대회 '동아시아사의 방법과 서술: 세계사 및 한국사와의 연계방안'(역사학회 주최, 2012. 11)에서 발표한 〈동아시아 지역사 서술의 현황과 과제: 고등학교 '동아시아사'(2012) 근현대 부분을 중심으로〉(《동북아역사논총》 40호, 2013. 6 게재)를 기초로 다시 쓴 것이다.

동아시아 지역인식의 형성과 지역사의 유형

1. 동아시아 지역개념의 형성과 세 유형

지역사로서의 동아시아사가 성립되려면 동아시아의 지역개념에 대한 인식이 선행되어야 한다. 그것은 인식주체의 처지와 필요에 따라 각기 다를 수 있다. 나는 이를 크게 세 유형(자기확대형, 위계질서형, 자주평등형)으로 구분해 살펴보고자 한다. 이를 위해서는 '(동)아시아'와 '동양'의 개념어 정착 과정부터 확인해야 한다.

한·중·일 3국이 오늘날과 같은 명칭과 공간범위로 (동)아시아를 인식하기 시작한 것은 17세기 초 유럽 선교사의 세계지도와 지리서가 전래된 이후다. '아시아'는 유럽인에 의해 부여된 타칭으로서, 마테오 리치(Matteo Ricci)의 〈곤여만국전도(坤與萬國全圖)〉(1602)와 줄리오 알레니(Giulio Aleni)의 《직방외기(職方外紀)》(1623)에서 Asia의 중국어 발음에 따라 '야시야(亞細亞)'로 표기되었다. 이것은 '5대주'의 하나인 아시아주를 가리키는 용어다.

'아시아'라는 용어는 두 가지 이유 때문에 19세기 중엽까지는 동아시아에 수용되기 어려웠다. 하나는 그것이 중화주의적 천하관과 대립하기 때문이다.《직방외기》에 따르면, 아시아에는 100개가 넘는 나라가 있으며 "중국은 그 경계의 동남쪽에 있다."[1] 따라서 '아시아'를 인정하는 순간 중국은 그 동남쪽의 일부에 불과해서 천하의 중심이라는 '中國' 개념 자체가 부정될 수밖에 없다. '천하'란 황제가 거주하는 곳을 중심으로 하여 문화적 우열에 따라 동심원적으로 위계화된 공간이며 그 자체가 세계이며 정치적·문화적으로 하나의 중심만을 인정하는 일원적 공간이므로 세계를 구성하는 하위 단위인 '지역'에 대한 개념적 인식이라고 보기 어렵다.[2] 중화주의적 천하 관념은 한국과 일본, 베트남에도 특히 17세기 이래 더욱 강화된 채로 공유되었다. 다른 하나의 이유는 '아시아'라는 개념을 가지고 자신과 세계를 새롭게 인식할 현실적 필요가 없었기 때문이다. 결국 '아시아'는 중국 중심 지역질서의 해체와 연동된 탈중국적 사고와 현실적 필요라는 두 조건이 갖춰지는 19세기 후반에 가서야 적극 수용되었다.[3] 따라서 동아시아인의 (동)아시아 개념은 단지 서세동점이라는 외인에 의해 생겨난 것이 아니라 그와 함께 동아시아 내부의 질서가 변화하고 그 속에서 자국을 새롭게 인식한 인식주체의 형성이라는 내인이 상호작용한 결과로 만들어진 것이다.

---

1 줄리오 알레니, 천기철 옮김,《직방외기: 17세기 예수회 신부들이 그려낸 세계》, 일조각, 2005, pp. 73-74.

2 가령 陳奉林은 周代의 五服제도가 동아시아에 대한 '구역의식', 곧 지역적 파악의 원류이며 한·당 이후 조공관계와 한자문화의 확산을 바탕으로 '정신적 유대'의식을 갖게 된 점을 강조하였다. 그러나 오복 개념이 지칭하는 공간은 지역이 아니라 천하 그 자체였다. 陳奉林, 〈東亞區域意識的源流, 發展及其現代意義〉,《世界歷史》2007年 3期, pp. 66-75.

3 청말 중국인의 아시아 인식에 대해서는 章清, 〈晚清中國闡述'亞洲'所延續的'歷史記憶': 兼論作爲'他者'的日本與朝鮮〉,《동아시아지식교류와 역사기억》1(동북아역사재단 국제학술대회 발표문집, 2008) 참조.

한편 이 과정에서 원래 중국인이 남양(남중국해)의 동쪽을 지칭하던 '동양'이 19세기 일본인에 의해 '서양 각국'과 대비된 '동양 각국'의 의미로 바뀌었다. 명말 장섭(張燮)의 《동서양고(東西洋考)》에서 보듯이, 중국인은 광저우(元 이전에는 泉州) 서쪽 바다를 통해 오는 조공국과 그 동쪽 바다를 통해 오는 조공국을 각각 "서양열국", "동양열국"이라 분류한 바 있다.[4] 청대에는 '동양'이 일본을 지칭하기도 했다. 따라서 중국인은 자신을 결코 '동양'이라고 칭할 수 없었다. 그런데 1870년대 일본이 동·서 구분의 기준점을 중국에서 그리스로 바꿔 서양과 동양을 오늘날처럼 각각 유럽과 아시아에 대응하는 용어로 만들었다. 그에 비해 중국인 입장에서는 '동양'보다는 차라리 '아시아'의 약칭으로 1875년 정관잉(鄭觀應)에 의해 만들어진 '亞洲'란 용어를 선호하였다.[5] 《직방외기》에서 '아세아'는 성현과 철인이 맨 먼저 나온 대륙이라 하여 다른 대륙에 비해 도덕적으로 우월한 곳으로 현창되었다는 점도 작용했을 것이다.

이상의 '아시아/동양'이라는 개념어를 바탕으로 지역개념을 주도적으로 만들어 간 것은 근대일본의 팽창주의자들이다. 불교적 사고 속에 일본과 중국, 인도를 중심으로 세계를 인식해 온 3국세계관의 영향도 있어 중화주의적 천하관이 상대적으로 덜 강했고 현실적 필요가 강렬했기 때문이다. 이에 (동)아시아를 자국의 팽창 대상으로 간주하는 '자기확

---

4 오늘날의 필리핀·부르나이 등은 "동양열국", 베트남·참파·태국 등은 "서양열국"으로 분류되었다. 희한하게도, 유구와 조선은 상선이 오가지 않는다는 이유로 빠져 있고 일본과 네덜란드는 상선이 오간다는 이유로 "外紀" 항목에 기재되었다. 張燮, 《東西洋考》, 臺北: 學生書局, 1975.

5 孫江, 〈"東洋"的變遷: 近代中國語境里的"東洋"概念〉; 黃東蘭, 〈"亞洲"的誕生: 近代中國語境里的"亞洲"概念〉, 孫江 主編, 《新史學: 概念·文體·方法》, 北京: 中華書局, 2008. 근대일본의 '동양' 개념에 대해서는 黃野泰典, 〈近世日本における"東アジア"の發見〉, 貴志俊彦 外 編, 《東アジアの時代性》, 廣島: 溪水社, 2005; 李圭之, 《近代日本的東洋概念: 以中國與歐美爲經緯》, 臺北: 臺灣大學政治學系, 2008 참조.

대의 지역개념'(제1유형)이 정착되었다. 이는 서양의 침략에 대한 안보상 연대의 대상과 이른바 문명론에 의거해 파악된 문명화 대상으로서의 의미가 겹쳐져 형성되었다. 그 바탕에는 문화적 동질성을 공유하는 단위라는 인식이 깔려 있어, 유교와 한자라는 협의의 동질성을 내세우면 동북아시아에 한정된 '협의의 동아시아'가 파악되지만 불교와 황인종이라는 광의의 동질성을 내세우면 동남아시아까지 포함하는 '광의의 동아시아'가, 다시 황인종만을 근거로 하면 아시아 전체가 하나인 것처럼 상상되었다.

메이지유신 주도세력이 '아시아'·'동양'을 안보상의 연대 개념으로 명확히 파악한 것은 1870년대다. 유신주도세력의 이러한 지역개념은 중국의 서북 이리(伊犁) 지역과 일본의 북방 도서지역을 향한 러시아의 영토 확장 기도로 청국과 일본이 함께 위기의식을 느끼는 상황에서 유구병합을 전후해 청국과 일본의 대립이 조성되자 이를 분식하기 위한 전략적 사고의 일환으로 나타났다.[6] 그들에게 연대는 처음부터 침략과 결부된 동선의 양면과 같은 것이었다. 아시아 관련 지식정보는 1871년부터 일본군부가 주도하여 수집·편찬했고 이를 도쿄제국대학이 이어받아 체계화하였다. 그 연장선에서 일본의 안보와 영향력 확장의 관건지역으로서 1887년부터 '동아'가 따로 주목되었다. 러시아가 시베리아횡단철도 계획을 발표한 것을 계기로 러시아의 동진으로 인해 조성될 위기 앞에서 '동아3국'이 하나의 단위로 파악된 것이다. 러일전쟁 시기 일본의 개전 명분인 '동아보전(東亞保全)'은 이런 지역인식의 전형이다. 그 후 일본제국의 팽창에 따라 '동아'의 범위도 점차 확대되어 2차대전 시기에는

6 미타니 히로시, 〈아시아 개념의 수용과 변용: 지리학에서 지정학으로〉, 와타나베 히로시·박충석 엮음, 《한국·일본·동양》, 아연출판부, 2008, pp. 214-215; 배경한, 〈黃遵憲의 '朝鮮策略'과 아시아주의〉, 《東洋史學研究》 127집, 2014, pp. 325-329.

동남아시아를 포함하는 '대동아'가 종래의 '동아'를 대신하였다. '대동아 공영권'이니 '대동아전쟁' 따위가 그런 예라 하겠다.

이 같은 자기확대형 지역개념에 대응하여 조선의 식자층은 자신의 처지와 필요에 따라 자주평등형 지역개념을 형성해 갔다. 개화파 지도자 박규수(朴珪壽)와 김윤식(金允植)은 종래 조선을 중국의 동쪽에 위치한 번국(藩國)을 뜻하는 동번(東藩)으로 인식하던 것과 달리 "작지만 동양의 요충"이라 하였고 유길준(兪吉濬)은 "아시아의 목구멍[咽喉]"이라 하였다.[7] 이는 전통적 천하관에서 벗어나 국제정치적 관점에서 아시아를 인식하고 있음을 보여 준다. 이들을 위시한 1880-1890년대 개화파 인사들의 '동양'은 일반적으로 당시 독립을 유지하고 있던 조선과 청·일 3국으로 제한되어 있었다. 그들은 3국이 상호 연대하여 서구열강의 위협으로부터 독립과 평화를 지켜야 한다는 데 공감했는데, 그 안에는 자주평등의 연대론(3국정족론)과 일본 중심의 위계질서형 연대론(일본맹주론)의 차이가 있었다. 그러나 1905-1910년 일본이 조선의 국권을 침탈함에 따라 일본을 맹주로 하는 3국연대론은 설 자리를 잃게 되었고, 자주평등형 연대론의 진화가 일어났다. 장지연(張志淵)과 박은식(朴殷植) 등이 '동양'을 가중되는 일본의 침략에 맞서 대동이념을 비롯한 유교적 가치를 계승·발전시켜야 할 단위로 파악한 것이 그런 예다.[8] 이는 안중근(安重根)의 '동양평화론'으로 이어졌다.

여기서 한 걸음 전진하여 식민지시기에 신채호(申采浩)와 안재홍(安在鴻)은 단순한 연대론적 동양/아시아 인식이 아니라 한국의 독립이 동

7 장인성, 〈자기로서의 아시아, 타자로서의 아시아: 근대조선지식인에게 보이는 '아시아'와 '동양'〉, 《신아세아》 1998년 겨울호, p. 20.

8 이광린, 〈개화기 한국인의 아시아연대론〉, 《한국사연구》 61·62합집, 1988; 김윤희, 〈대한제국 사회의 '동양' 개념과 그 기원: 신문매체의 의미화 과정을 중심으로〉, 《개념과 소통》(한림과학원) 4권, 2009.

아시아 평화에 대해 갖는 관건적 의미를 바탕으로 하는 동아시아 인식에 도달하였다. 그들에 따르면 한국은 고대 이래 중국과 일본 사이의 '평화의 방호벽'이며 '동양평화'의 관건이다. 이는 중국과 일본 같은 역내의 대국이든 역외의 대국이든 한반도를 점령할 경우 그 전화(戰禍)가 동아시아 전체에 미쳤다는 역사적 선례로부터 확인된다는 것이다.[9] 즉, 중국과 일본의 제국성을 상대화하는 시각이 뚜렷이 나타나 있는 것이다. 한일병합 이후 중국에 망명하여 민주공화의 이념을 공유하면서 한중연대론을 펼치던 박은식이 러시아혁명 후 한·중·러 신3국연대론을, 그리고 1920년대 초 인도까지 포함한 4국연대론을 주창한 것은 이런 맥을 이어받으면서도 사고의 범위를 최대한으로 넓힌 예라 할 수 있다.[10] 그들에게 연대는 자주·평화·공존과 직결되어 있으며 이를 핵심으로 하여 파악된 지역개념은 대국들의 제국성을 비판하고 성찰하는 자산이 될 수 있다. 그런 점에서 '자주평등형 지역개념'이라 할 만하다.

근대중국의 지역개념은 일본처럼 군사적 팽창을 추구한 것도, 한국만큼 자주·평등을 추구한 것도 아니다. 중국 자신을 구미열강으로부터 침략당하는 (동)아시아의 일원으로 파악하고 그에 맞서는 연대를 추구하지만 이웃 소국들에 대해서는 중화주의적 천하관의 연장에서 인식할 뿐이다. 물론 그 속에는 이웃 소국들을 자국 안보의 완충지대로 파악하는 국제정치적 시각이 담겨 있으니 천자(天子)는 (중화를) "4이에서 지킨다[守在四夷]"(《左傳》)라는 사상에 보이듯 이는 본래 중화주의에 내장된 사고방식이다. 중화민국이 성립된 후에도 교과서가 쑨원(孫文)의 사상에

9 안중근, 〈동양평화론〉(1910); 신채호, 〈조선독립과 동양평화〉(1921); 안재홍, 〈신민족주의의 과학성과 통일독립의 과제〉(1949), 최원식·백영서 엮음, 《동아시아인의 '동양'인식》, 창비, 2010.

10 유용태, 〈백암 박은식이 본 '현실중국'과 '역사중국', 1882-1894〉, *The SNU Journal of Education Research*(서울대학교 사범대학), Vol. 25-1, 2016.

의거해 과거의 조공국을 종주-번속의 관계로 인식하며, 제국주의 열강의 식민지로 전락한 그들을 다시 번속으로 회복해야 한다고 여긴 것, 쑨원의 대아시아주의가 전통적 조공질서를 제국주의적 국제질서의 대안으로 제시하는 데 머문 것이 그 전형이다.[11] 국내외 조건이 바뀌었으므로 그가 추구한 이런 전통적 질서가 전처럼 작동할 수는 없겠지만 그에 의거한 지역개념은 '위계질서형 지역개념'이라 할 만하다.

한편 근대중국인에게 아시아는 안중에도 없었다는 진단이 있다. 쑨꺼(孫歌)와 왕후이(汪暉) 등에 따르면, 중국의 자기인식은 다른 아시아 국가들과의 관계보다는 오히려 서구와의 대비를 통해 생겨났다는 것이다.[12] 그러나 이는 일면적 고찰에 불과하다. 근대중국은 분명히 동아시아(동양)를 자기와의 관계 속에서 파악했으나 다만 위계질서 속에서 사고한 결과 백영서가 말하는 '수평적 사고', 나의 용어로 자주평등형 지역개념이 취약했던 것이다. 서장에서도 잠깐 언급한 대로 중국은 동아시아 범주로는 파악될 수 없는 광역국가여서 동아시아라는 틀 자체가 무용하다는 견해는 일부의 탈아론적 주장일 뿐이다.

근대 베트남의 지역개념은 러일전쟁을 계기로 일본유학운동을 주도한 개명 지식인들에 의해 형성되었다. 프랑스의 식민통치하에서 일본을 모델로 여긴 그들은 일본을 맹주로 하는 동아연대론에 기울었다. 일본의 동아동문회(東亞同文會)가 그 매개 역할을 담당했고 판 보이 쩌우가 앞장섰다. 1907년 도쿄에서 결성된 동아동맹회(東亞同盟會)[13]에 판 보이 쩌우를 비롯한 10여 명의 베트남 인사들이 중국인, 한국인(조소앙), 인도인, 필리핀인, 그리고 일본인(고토쿠 슈스이, 오스기 사카에 등)과 함께

11 배경한, 《쑨원과 한국》, 한울, 2007, 제5장.

12 김경일, 《제국의 시대와 동아시아 연대》, 창비, 2011, pp. 60-61.

13 다른 이름으로 아주화친회, 동아화친회, 동아망국동맹회 등이 있다.

가입하여 활동하였다. 일본이 한국을 병합한 데 이어 신해년에 중국에서 공화혁명이 일어나자 동아연대의 중심지는 일본에서 중국으로 바뀌었다. 판 보이 쩌우 등은 중국에서 결성된 진화흥아회(振華興亞會, 1912)와 4국동맹(1913)에 참여해 한국·인도·미얀마·러시아·일본 출신의 혁명가들과 교류하고 연대하였다.[14] 그들에게 연대 대상으로서의 동아시아는 한·중·일과 베트남 자신은 물론이고 필리핀과 미얀마, 인도까지 포함하는 광의의 지역개념이었다.

동아동맹회가 무정부주의 이념에 의거했음을 고려하면 당시 베트남인 중에 자주평등형 지역개념이 대두하기 시작한 것으로 볼 수 있다. 그러나 한국의 경우와 달리 위계질서형 지역개념이 지속되었다. 우선 1914년 4국동맹 휘하의 중국과 베트남 혼성부대가 베트남 북부 변경지대를 공격하려 할 때 중국인 사병들이 과거 조공국이었다는 이유로 베트남 출신 장교의 지휘를 거부했다는 사실은 중국의 위계질서형 지역개념을 보여 준다. 한편 1912년 판 보이 쩌우의 지도하에 중국 광저우에서 민주공화국 수립을 목표로 결성된 베트남광복회가 베트남국기로 오성기(五星旗)를 만들었는데, 오성은 통킹·안남·코친차이나와 라오스·캄보디아를 상징하였다.[15] 이는 프랑스의 인도차이나연방으로부터 함께 독립해야 한다는 의미로 읽히지만 라오스와 캄보디아를 조공국으로 거느리면서 황제국으로 군림해 온 응우옌 왕조의 전통을 상기하면 위계질서형 지역개념의 지속이라 하지 않을 수 없다. 심지어 윤대영(尹大永)의 지적처럼 식민주의적 팽창론의 가능성도 없지 않은 만큼 자기확대형 지역개념이 중첩되어 있다고 할 수 있다.

---

14 윤대영, 〈20세기 초 베트남 지식인들의 동아시아 인식〉, 《동아연구》 53집, 2007, pp. 300-306.

15 윤대영, 〈20세기 초 베트남 지식인들의 동아시아 인식〉, pp. 309-318.

이상과 같은 세 유형의 지역개념이 경쟁하면서 병존하는 사이, 근대의 동아시아는 제국주의와 그에 저항하는 (반)식민지로 양분되어 있었기에 하나의 단위로 파악되기 어려웠다. 그렇다면 동아시아인 자신에 의한 자각적인 동아시아 인식은 대다수 민족이 제국주의 지배로부터 해방되는 2차대전 이후를 기다려야 가능할 터다. 그러나 이번에는 냉전체제가 동아시아를 양분해 버려 종래와는 다른 형태와 의미에서 양분상태를 지속시켰다. 그 속에서 벌어진 30년간의 베트남전쟁(1946-1975)은 동아시아의 양극구조를 극단적으로 첨예화하였다.

요컨대 동아시아가 하나의 인식 단위로 온전히 파악될 수 있는 객관조건은 베트남전쟁이 종결되고 중·일 수교, 중·미 수교와 중국의 개혁·개방이 이루어진 1978-1979년 이후부터 점차 냉전 완화의 기운이 형성되어 1986년 베트남의 도이머이(쇄신)와 1991년 소련의 해체를 계기로 냉전체제의 한 축이 붕괴한 뒤에야 비로소 갖춰졌다. 1970-1980년대 한국·홍콩·대만·싱가포르의 산업화 성공이 서양에서 이른바 '동아시아 발전모델'로 파악된 것이 그 경제적 배경을 이루었다. 그리하여 오늘날 우리가 접하는 무수한 동아시아 담론, 나아가 지역개념으로서의 동아시아론의 직접적인 유래는 이런 이유에서 1990년대 이래의 소산이다. 소련 진영에 속해 있던 중국과 베트남은 개혁·개방을 계기로 그 반대진영에 속했던 한국과 일본까지 포함하는 동아시아 단위의 사고를 급속히 필요로 하였다. 그리하여 냉전의 최전선에 있던 한국은 물론 중국에서도 실제로 그 무렵부터 점차 동아시아가 실체를 가진 단위로 인식되기 시작하였다.[16]

이상에서 보았듯이 근대의 동아시아 지역 인식은 세 유형으로 요약

16 쉬슈리, 〈중국의 동아시아 의식과 동아시아 서술〉, 동북아역사재단 엮음, 《역사적 관점에서 본 동아시아의 아이덴티티와 다양성》, 동북아역사재단, 2010.

된다. 제국일본에 의해 주도된 자기확대형 동아시아, 전통적 천하관에 의거한 위계질서형 동아시아, 이웃나라들에 대한 수평적 사고 위에서 자국을 지역 단위 속에 넣고 사고하는 자주평등형 동아시아가 그것이다. 셋 모두 현실태가 아닌 '지향'으로서의 지역개념이라는 공통점이 있다.[17] 베트남의 사례에서 보듯이 이런 유형이 국가 단위로 구분되는 것은 아니어서 가령 소수견해로 일본과 중국에도 이시바시 단잔(石橋湛山)이나 리다자오(李大釗)처럼 자주평등의 동아시아 인식을 보인 예가 있다.[18] 20세기 전반기 국경을 넘어 사회혁명적 반제연대를 추구한 아나키스트와 사회주의자들의 지역 인식 역시 이 유형에 속한다. 중국에도 1880년대 리훙장(李鴻章)과 허루장(何如璋)처럼 자기확대형 동아시아 인식을 보인 예가 있으며, 한국에도 일본제국의 팽창에 편승하거나 프랑스식 식민주의를 모델로 삼자고 주장한 예가 있다. 그럼에도 주류적 경향으로서는 근대중국에 수평적 아시아 인식이 거의 없었다는 지적에 동의할 수 있다.[19] 다만 이는 중국만의 특징이라기보다 앞서 본 대로 일본

17 민두기는 동아시아 지역질서를 '지향을 가진 지역질서'로 파악했는데, EU나 NAFTA도 지향을 가진 지역질서이지만 현실태로서 존재하는 질서다. 이와 달리 내가 말하는 '지향으로서의 지역개념'은 그런 실체가 아니라 인식주체가 필요로 하는 목표를 지향하는 단위라는 의미다. 민두기, 〈동아시아의 실체와 그 전망〉, 《시간과의 경쟁: 동아시아 근현대사론집》, 연세대학교출판부, 2001, p.39.

18 메이지 초기의 나카에 조민(中江兆民)과 우에키 에모리(植木枝盛), 다이쇼 시기의 이시바시 단잔 등이 그런 예인데, 각각 청일전쟁과 만주사변을 거치면서 억압되어 지하로 숨어들거나 스스로 변질되었다. 다나카 아키라, 강진아 옮김, 《소일본주의》, 소화, 2002, 2·3장; 이예안, 〈근대일본의 소국주의·소일본주의: 아시아주의와의 길항과 교착〉, 《일본학연구》 41집, 2014. 베이징대학 교수로 신문화운동을 주도한 리다자오는 1919년 일본이 주창하는 자기확대의 동아시아론에 대응해 수평적 관점에서 아시아의 반제연대를 주창하였다. 리다자오, 〈신아시아주의〉, 최원식·백영서 엮음, 《동아시아인의 '동양'인식》, 창비, 2010, pp.153-158.

19 백영서, 〈중국에 '아시아'가 있는가?: 한국인의 시각〉, 《동아시아의 귀환》, 창비, 2000.

과 베트남의 경우에도 해당된다는 사실을 환기하고 싶다. 이에 비해 한국의 주류적 (동)아시아 인식은 주로 자강을 바탕으로 한 자주평등의 수평적 사고 위에서 형성되었고 따라서 자국을 특권화하려는 성향이 미약하다는 차이에 주목하고 싶다. 이는 국가가 '대국도 소국도 아닌 중간 규모'여서 그렇다기보다 역사적으로 형성된 제국성의 정도가 중국이나 일본과 비교해서는 물론이고 15세기 이래 비엣족의 남진에 의해 팽창을 지속해 온 베트남과도 비교할 수 없을 정도로 미약하기 때문이다. 여기에 한국의 동아시아 인식의 특장(特長)과 그 객관적 근거가 있다.

이들 세 유형의 동아시아 인식은 오늘날에도 이어지고 있으며, 각각의 동아시아사가 모두 구성될 수 있고 실제로 일부 출간되어 있다. 누가 어떤 문맥에서 동아시아를 사고하는가에 따라 지역개념은 무수히 많을 수 있으나, 편의상 나는 이를 세 유형으로 정리한 것일 뿐이다. '동양'과 '(동)아시아' 자체가 서양의 대안이 아니라 그 아류로 등장한 개념이라는 비판도 있으나,[20] 내가 보기에 그것은 자기확대형 동아시아에 한정해서 하는 말이다. 탈냉전기 각국의 자본과 권력이 추구하는 동아시아도 이에 속한다. 이와 달리 지금 우리가 추구하는 동아시아사는 자기성찰의 동아시아로, 이는 앞에서 본 자주평등형 동아시아에 의거한 지역사다. '어떠한 동아시아인가?'는 결국 '누구를 위한 동아시아인가?'라는 인식주체의 실존적 질문으로 이어질 수밖에 없는 까닭이다.[21] 세 유형의 지역개념이 경쟁적으로 병존하는 상황에서, 자주평등형 지역개념에 의거한 자기성찰의 동아시아사를 구성하고 발전시키기 위해서는

---

20 정재서 엮음, 《동아시아연구: 글쓰기에서 담론까지》, 살림, 1999, pp. 171-191.

21 李成市, 〈なぜ今'東アジア'なのか〉, 有馬學 外 編, 《いま'アジア'をどう語るか》, 福岡: 弦書房, 2011, pp. 97-101; 이성시, 〈일본역사학계의 동아시아세계론에 대한 재검토〉, 《歷史學報》 216집, 2012, pp. 70-75.

자기확대형 지역개념과 위계질서형 지역개념을 상대로 하는 지난한 격투가 필요하다. 이 점에서 새로운 지역사를 위한 지역개념으로서의 동아시아 인식은 역사인식체계의 혁신이 아닐 수 없다.

이 과제를 수행하기 위해서는 각기 자국사 인식체계를 자기성찰의 관점에서 재검토하여 이를 지역 차원으로 넓히는 노력이 필요하다. 이는 자국의 자주와 평화와 민주주의를 동아시아 지역 단위에서 파악해 진전시키고 공유하는 프로젝트의 일환이다. 일본은 일본대로 중국이나 대만은 그들대로 그러해야 하듯이, 우리는 한반도의 현실에 작용하는 역사적 맥락에 대한 남다른 관심에서 출발해야 한다. 국내 동아시아론의 조직적 개시를 보여 주는 최원식 등이 엮은《동아시아, 문제와 시각》(1995)은 이런 문제의식의 선례에 해당한다. "동아시아는 특수한 지역이 아니라 세계사의 향방에 관건적으로 작용할 가능성을 내포한 세계사적 지역이다. 그 관건의 중심에 중국과 일본, 미국과 러시아가 착종하는 한반도가 자리하고 있다. 따라서 한반도에 작동하고 있는 분단체제를 푸는 작업은 동아시아가 새로운 연대 속에서 거듭나는 계기로 되며 미소 냉전체제 이후의 새로운 시대를 여는 단서를 제공할 것이다. 그리고 그것은 서구적 근대의 진정한 대안을 모색하는 작업과 긴절히 맞물린 사업이기도 하다."[22]

이처럼 동아시아를 하나의 세계사적 지역개념으로 파악하되 서구적 근대의 대안을 찾는 사유 단위로 삼을 수 있다면 그에 의거한 동아시아사는 종래와는 다른 사고의 실험을 더욱 효과적으로 수행하는 역사 단위가 될 수 있을 것이다.

---

22 최원식 외 엮음,《동아시아, 문제와 시각》, 문학과지성사, 1995, p. 94.

2. 한국 동양사학의 동아시아 인식

동아시아 지역개념을 검토하는 것은 동아시아의 역사를 구성하기 위한 전제를 확인하는 과정인 만큼 이를 현대 한국의 역사학과 역사교육의 문맥에서 살펴보자. '동양사'는 자국사를 뺀 아시아사를 지칭한다. 이에 비해 '동아시아사'는 아시아사의 일부로서 자국사를 포함한 지역사를 추구한다. 따라서 한국 동양사학의 동양사와 동아시아사 인식을 검토하여 동아시아사의 성립 기반에 대한 사유의 맥락을 비판적으로 계승할 필요가 있다.

이러한 문제와 직결되는 심도 있는 고민이 담긴 선구적 사례는 유옥겸(兪鈺兼)의 《동양사교과서》(1908)이다. 근대 한국의 역사교육은 1895년 '본국사-만국사'의 2분체제로 시작되었으나 통감부 시기 일본의 영향 아래서 '본국사-동양사-서양사'의 3분체제로 바뀌었다.[23] 유옥겸은 이런 사정을 반영하여 "세계사를 2부로 나눠 하나를 동양사라 칭하여 서양사에 대(對)한다"고 하면서도 이처럼 "동서양의 역사를 구분함은 실로 불가하나 부득이한 사정 때문에" 그리하는 것이라는 문제의식을 갖고 동양사를 "광의의 동양사"와 "협의의 동양사"로 구분한 바 있다(전자는 아시아사를, 후자는 인도 동쪽의 동부아시아를 지칭하였다).[24] 이 '불가함'과 '부득이함'을 동시에 자각하는 것은 매우 중요하다.

이 논의를 이어받아 좀 더 구체화한 것이 이동윤(李東潤)의 《동양사개설》(1953)이 아닌가 한다. 우선 동양사의 범위에 대해 그는 "동양사는 보통 국사·서양사와 함께 세계사의 한 부문을 형성하는 것"이라 하였

---

23 양정현, 〈근대개혁기 역사교육의 전개와 역사교재의 구성〉, 서울대학교 박사학위논문, 2001, p.27.

24 兪鈺兼, 《東洋史教科書》, 京城: 右文館, 1908, pp.1-2.

다.[25] 특이하게도 그는 자국사와 세계사로 양분하지 않고 자국사도 동서양사와 함께 세계사를 구성하는 한 부문으로 파악한 것이다. 그러나 일본과 동남아시아가 제외되어 있는 것이 눈에 띄는데, 반일감정과 동남아시아에 대한 거리감이 작용한 결과가 아닌가 싶다.

이동윤은 유옥겸보다 동양사의 범위를 더 세분하여 ① 중국역사, ② 중국사를 중심으로 그것과 밀접한 관계를 가진 한국과 몽골의 역사를 포함한 것, ③ 거기에 인도의 역사를 포함한 것, ④ 거기에 중앙아시아와 서아시아의 역사를 포함한 것으로 확장되어 왔다고 했다. ①과 ②를 합치고 조금 더 확장하면 지금 우리가 말하는 협의의 동아시아사가 될 터다. 여기에 한국사가 포함된 것은 중요한 의미를 갖는데, 앞서 본 대로 한국사를 동서양사와 함께 세계사 구성의 한 부문으로 간주한 것과 연관되어 있다. 그러니까 한국사는 동양사 속에 포함되어 세계사가 되는 것이다.

광의의 동양사를 '하나의 조직체계를 가진 동양사'로 조직하려면 개별 연구의 분화적 경향을 극복해야 한다. 이로부터 이동윤은 '동양사학의 통일화'라는 과제를 제기하였다. '통일적 동양사'가 성립하지 못한다면 동양사는 국사·서양사와 같이 하나의 역사로서 성립할 수 없고, 나아가 '세계사의 한 부문으로서의 동양사의 의미'를 가질 수 없다는 것이다. 그가 이처럼 통일적 동양사를 강조한 것은 그의 스승 이능식(李能植)이 '통일적 세계사'를 강조한 데서 영향을 받은 것으로 보인다.[26] 당시 일각에서 동양사의 성립 기반이 없으니 각국사로 해체해야 한다는

25 이하 李東潤, 《東洋史概說》, 동아문화사, 1953, pp. 5-12.

26 그에 따르면 각 민족들은 그 독자성을 잃지 않으면서도 보편적 통일성을 획득할 때 비로소 세계사에 참여하며, 따라서 세계사는 여러 민족사의 종합이 아니라 통일적 세계사다. 이능식, 《근대사관연구》, 동지사, 1948, pp. 178-180.

주장이 제기되었으나, 이에 대하여 이동윤은 근현대의 현실로부터 보면 고중세의 과거와 달리 아시아 각 지역은 밀접한 관계를 가지고 결합되어 있어서 이제는 고립된 각국사가 아닌 통일적 동양사가 성립될 기반이 마련되었다면서 반대하였다. 이때 동양사는 근대 서양인에 의해 매개되어 세계사적으로 연결되었기에 통일적 동양사는 반드시 세계사의 일환으로서 파악되어야 했다. 그러나 그는 통일적 동양사의 구성방법에 관해 논의하지는 않았다.

통일적 동양사가 근현대시기에 와서야 비로소 가능해졌다는 견해는 고병익의 《아시아의 역사상》(1969)에서도 이어졌다. 그는 아시아사를 크게 동아시아·인도·서아시아의 세 문화권으로 나누고 이를 아우르는 "광의의 동양사"가 필요하다고 하면서도, 세 문화권이 평행을 이루며 각기 독립적으로 존속해 왔기 때문에 하나로 묶어서 다루기는 어렵다고 보았다.[27] 다만 근대에 들어와 유럽세력의 (반)식민지가 되는 과정에서 이들이 하나로 묶였다고 하였다. '광의의 동양사'로 세 문화권을 아우르는 역사를 지칭했다면, 이는 당연히 '협의의 동양사'를 전제한 것임에도 그에 대한 설명이 없다. 다만 그 자신이 한·중·일 3국의 역사로 한정된 페어뱅크(John K. Fairbank) 등의 *East Asia*를 번역하여 그 제목을 《동양문화사》(1964, 1969)로 출간한 것을 보면 '협의의 동양사'란 사실상 동아시아사임을 짐작할 수 있다.

'동양사'를 '아시아사'로 바꾸어 그 구성방법을 논한 것은 윤세철(尹世哲)이다. 그는 〈세계사와 아시아사〉(1982)에서, 각기 평행을 이루며 독립적으로 존속해 온 아시아 각 문화권을 통일적으로 구성하는 방법으로 "비교사적 지역사"를 제안하였다.[28] 그는 통일적 아시아사의 구성이 이

27 고병익, 〈동양사학의 과제〉, 《아시아의 역사상》, 서울대학교출판부, 1969, pp.343-344.

상적이지만 그 전단계로서 아시아사의 다원성을 전제로 문명권적 접근과 지리적 지역개념을 함께 고려한 지역사적 접근이 필요하다고 하였다. 이때 동북아시아처럼 국가활동이 활발한 곳은 국가사를, 동남아시아와 중앙아시아처럼 그렇지 않은 곳은 교류사를 중심으로 지역사를 구성하되 공히 세계사로의 확대를 염두에 두어야 함을 강조하였다.

동양사(아시아사)가 이처럼 여러 지역사로 구성된다고 하면, 그중에 동아시아 지역사가 무엇보다 우선적인 관심을 끌게 된다. 한국의 전통과 문화가 주로 그에 속하기 때문이다. 그렇다면 동아시아 지역사는 어떤 원리에 의거해 구성할 수 있다는 것인가? 동아시아사에 관해서는 김상기(金庠基)를 비롯하여 그의 제자 고병익과 전해종(全海宗)이 가장 일찍부터 관심을 기울였다. 그가 동아시아 시각에서 연구를 시작한 것은 일본의 어용학자들이 우리의 대외관계를 왜곡한 것을 크게 개탄하고 이 문제에 있어서 본연의 주체성을 확립하고자 한국과 중국 간, 나아가 동방 각국 간의 문화적·정치적 교류와 교섭에 관심을 기울였기 때문이다.[29] 이런 문제의식이 그의 제자들을 통해 확산되었다. 그러니까 동아시아사는 요즘 우리가 필요로 하는 지역사라기보다 관계사와 교류사 중심으로 연구된 셈이다.

그들의 연구성과는 김상기의 《동방문화교류사논고》(1948)와 《동방사논총》(1974), 고병익의 《아시아의 역사상》(1969)·《동아교섭사의 연구》(1970)·《동아사의 전통》(1976)·《동아시아의 전통과 근대사》(1984)·《동아시아사의 전통과 변용》(1996)·《동아시아문화사논고》(1997), 전해

28 윤세철, 〈세계사와 아시아사: "세계사" 내용선정의 몇 가지 문제〉, 《歷史敎育》 32집, 1982, pp. 20-28.

29 이성규, 〈총설: 한국 동양사연구 60년〉, 《한국의 학술연구: 역사학》, 대한민국학술원, 2006, pp. 259-266.

종의 《동아문화의 비교사적 연구》(1976)와 《동아사의 비교연구》(1987) 등으로 출간되었다. 여기서 흥미로운 사실은 '동방사'나 '동아시아사'라 하여 '동양사'라는 용어를 극력 회피하고 있다는 점이다. 그럼에도 고병익과 전해종은 1969년까지도 앞에 말한 페어뱅크 등의 'East Asia'를 번역하면서 '동양사'라 칭했으니 1970년대부터 그 용어가 달라졌음을 알 수 있다. 물론 그 후에도 '동양사'라는 용어를 사용한 예는 없지 않다. 가령 황원구(黃元九)의 《동양문화사략》(1980)은 중국문화권 · 인도문화권과 이슬람문화권을 포괄했고, 민두기 등의 《동양사강의요강》(1981)은 동북아시아만을 다루었다.

그런데 '동양사'를 회피하고 '동아시아사'를 선호한 이런 경향을 인정하지 않는 진단도 있어 눈길을 끈다. 김태승은 '동아'나 '동아시아'로 표기된 지역개념이 일본제국의 '대동아' 침략을 배경으로 하여 형성된 것으로 보고 그 때문에 해방 후 한국 사학계가 이 용어나 개념을 수용하기에는 저항감이 있었다고 하였다.[30] '아시아'나 '동아시아'는 '동양'보다 상대적으로 가치중립적이라 여기는 사람들이 많지만 그 중심에 일본이 있었기 때문에 해방 이후 우리 학계는 차라리 개화기 이래 사용되던 '동양'이란 지역개념을 선호했다는 것이다. 그러나 앞에서 보았듯이 고병익 · 전해종 이래 우리 학계의 지도적인 학자들이 '동양'보다 오히려 '동아시아'라는 개념을 더 자주 사용하면서 연구를 진행하였다. '(동)아시아'에 거부감을 느낀 학자가 있었던 것은 사실이지만, 그렇다고 그들이 '동양사'의 체계화에 나선 것도 아니다. 심지어 동양사 개설류의 저술조차 오늘날에는 해방 직후보다 오히려 눈에 띄게 줄어들었다.

---

30 김태승, 〈한국 대학의 동아시아사 교육〉, 아시아평화와역사연구소 엮음, 《한중일 동아시아사 교육의 현황과 과제》, 선인, 2008, pp.143-147.

위에 열거했듯이 '동아시아'라는 제목을 달고 나온 단행본은 많지만 그런 저작들은 동아시아사의 의미와 구성방법에 관해 명확한 논설을 남기지 않았다. 체계적인 저술이라기보다 각기 개별적으로 쓴 글을 묶어 놓은 것이지만, 동아시아사를 하나의 통일적 역사 단위로 생각하여 의식하고 개별 저술에 임한 것으로 보인다. 이 점에서 그들의 글을 검토하면 이에 관한 그 나름의 사고 결과를 얻을 수 있지 않을까 한다.

우선 동아시아사의 범위에 관하여, 고병익은 중국문화(한자, 유교, 율령, 불교)를 모체로 하는 한·중·일과 베트남을 포함하는 공간으로 한정하였다. 그는 바로 이러한 문화의 공유가 동아시아사의 성립 기반이라고 말한다. "동부아시아라는 지역은 과거에는 물론이요 현대에 이르기까지도 하나의 뚜렷한 문화권을 이루어 왔고 역사적으로 하나의 단위를 이룬 활동무대가 되어 왔으며, 이 점에서 유럽이나 서남아시아보다도 더 장구하고 지속적이고 뚜렷하다"라는 것이다.[31] 문화권적 시각의 영향이 짙게 묻어난다.

그러나 고병익의 동아시아사 인식은 그렇게 간단하지 않다. 가령 한·중·일·베 4국은 문화사적인 공통성에도 불구하고 시기에 따라 상호 소원하거나 심한 갈등관계에 있었던 사실에 주목하였다. 10세기까지는 인적·물적 교류와 이주를 바탕으로 문화적 동질성을 갖게 되었다면서 이를 동아시아의 "개방된 고대"라 불렀다. 하지만 그 후 14-19세기에는 동아시아 4국 모두 자국인의 해외 출입을 금하여 이른바 동아시아 4국 공통의 쇄국현상을 초래했음에 주목하였다. 그리하여 동아시아는 불교시대라 할 수 있는 고중세와 달리 유교시대인 근세에 들어와 "닫힌 근세"가 되어 버렸다면서 이를 "상호소원의 근세"라고 불렀다.[32]

31 고병익, 《동아사의 전통》, 일조각, 1976, 서문.

32 고병익, 《동아시아사의 전통과 변용》, 문학과지성사, 1996, 서문, p.103, p.116; 고

동아시아사를 구조적으로 인식하기 위한 사색은 그의 제자 민두기(閔斗基)에 의해 눈에 띄게 진전되었다. 민두기는 한자문화권 4국 외에 그 바깥인 몽골과 티베트까지 포함시키고 정치·문화적 상호연관성의 정도에 따라 이들을 동아시아의 '중심'(중국) - '소중심'(한국·일본·베트남) - '주변'(몽골·티베트)으로 구분하였다.[33] '소중심'은 '중심'의 주변에 해당하겠지만 티베트와 몽골을 동아시아 지역질서의 '주변'으로 포함시켜 동아시아를 3위계로 파악하였다. 이로써 지역인식의 세 가지 중대한 진전이 이루어졌다. 동아시아의 범위를 한자문화권 바깥으로 확대한 것, (소)중심을 주변의 시각으로 상대화할 수 있는 시야를 확보한 것, 동아시아사의 성립 기반을 역사상의 경험의 공유가 아니라 '상호연관성'이라고 본 것 등이다. 고병익이 중시한 '문화의 공유'는 동아시아 구성의 필요조건일 뿐 상호연관성이야말로 그 충분조건이라고 하여 스승과 다른 견해를 제시한 것이다.

반면 고병익과 민두기의 제자 이성규(李成珪)는 "'동아시아 세계' 또는 '동양'의 의미를 연구의 출발점 또는 목표로 삼는 것에 반대하며 단지 서로 교응(交應)하는 일정한 단위의 (유동적인) 연결망을 끊임없이 확장하여 궁극적으로 '세계사'를 구성하는 가능성을 모색할 것을 주장"하였다.[34] '교응'은 직접적[交] 상호작용[應]의 의미가 강해서 '상호연관성'이나 '연동'이 간접적·구조적 관련성까지 포함하는 것과 차이가 있는 듯하지만 일국사의 합이 아닌 상호 유기적으로 관련된 지역사를 추구한 점에서는 상통한다. 실제로 그는 그러한 연구의 결과로서 "'동아시아사'

병익, 《동아시아문화사론고》, 서울대학교출판부, 1997, pp. 179-219.

33 민두기, 〈동아시아의 실체와 그 전망〉, 《시간과의 경쟁: 동아시아근현대사론집》, 연세대학교출판부, 2001, pp. 39-40, pp. 61-62.

34 이성규, 〈총설: 한국 동양사연구 60년〉, pp. 263-264.

의 회복"을 기대하였다.

전해종의 제자 김한규(金翰圭)는 좀 더 적극적으로 전통시대부터 동아시아가 "서로 유기적인 관련성을 가지고 하나의 총합적 세계를 구성하고 있었다"고 보아, "동아시아사의 체계적 확립"이 필요함을 인정하였다.[35] 그는 동아시아사의 구성주체를 오늘날 우리가 당연시하는 (국민)국가가 아니라 각 시기의 '역사공동체'(요동·티베트·위구르·대만·몽골 포함)로 파악하고 이들까지 포함하는 관계사를 중시하였다.

백영서(白永瑞)는 스승 민두기의 3위계론을 이어받아 "주변에서 본 동아시아"와 "연동하는 동아시아"의 역사를 추구하였다. 주변의 시각에서 보면 위계화된 지역질서 속에서 중국과 일본, 미국으로 이어지는 중심국의 제국성을 극복하는 것이 중요한 과제가 된다. 이를 강조하면서도 그는 공통의 문화유산과 역사적으로 지속되어 온 일정한 지역적 교류라는 실체가 존재했다는 것을 전제로 탈중심의 "동아시아 공동체" 형성을 전망하였다.[36]

이처럼 동아시아사의 범위는 당초 한자문화권 4국으로 파악되었으나 1990년대 후반부터 유목세력을 포함하는 것으로 확장되는 추세를 보였다.[37] 이 추세는 2000년대에 들어와서는 거기에 동남아시아까지

35 김한규, 《한중관계사》 1·2, 아르케, 1999; 김한규, 《천하국가: 전통시대 동아시아 세계질서》, 소나무, 2005.

36 백영서, 《동아시아의 귀환》, 창비, 2000; 백영서, 〈주변에서 동아시아를 본다는 것〉, 정문길 외 엮음, 《주변에서 본 동아시아》, 문학과지성사, 2004, pp.13-36; 백영서 외, 《동아시아의 지역질서》, 창비, 2005, pp.10-31; 백영서, 〈연동하는 동아시아, 문제로서의 한반도: 담론과 연대운동의 20년〉, 《핵심현장에서 동아시아를 다시 묻다》, 창비, 2013, p.45.

37 그 속에서도 유교문화를 중심으로 접근하는 경우에는 여전히 한·중·일 3국에 시야를 한정하는 연구가 지속되었다. 성균관대학교 동아시아학술원 창립기념학술대회 논문집(김서업·마인섭 엮음, 《동아시아학의 모색과 지향》, 성균관대학교출판부,

포함하는 변화로 이어졌다. 최병욱(崔炳旭)의 《동남아시아사: 전통시대》(2006)는 한국인이 쓴 최초의 동남아시아사 개설서다. 조흥국(趙興國)의 《한국과 동남아시아의 교류사》(2009)는 삼국시대 이래 한반도 국가들과 동남아시아 간에 중국 남부를 매개로 하는 교류와 교역이 해금정책 이전까지 지속적으로 이루어졌음을 강조하였다. 유인선(劉仁善)의 《베트남과 그 이웃 중국》(2012)은 단순한 중국과 베트남 관계사를 넘어 북방 유목세력의 남하가 중화왕조의 남방에 대한 통제력을 약화시키고 그 틈을 타서 베트남이 10세기에 독립을 쟁취하는 상호연관성을 드러낸 점에서 동아시아 지역사의 시각을 담고 있다. 윤대영은 근대 전환기 베트남 지식인의 동아시아 인식과 한국, 중국, 베트남, 인도 등을 포함하는 아시아 연대론을 규명하였다. 최병욱은 이러한 연구들을 바탕으로 한국의 학문적 사유 단위로서의 동아시아가 동북아시아를 넘어 동남아시아까지 포괄하게 되었다고 보았다.[38]

이상과 같은 연구 시야의 확대와 성과의 축적은 대학의 사학 계열 교과과정 개편에 반영되었다. 대학의 교과목은 1990년대 후반부터 중대한 변화를 보였는데, 이때 '동양사'에서 '지역사'(동아시아사, 동남아시아사, 서아시아사, 중앙아시아사 등)로 바뀌기 시작한 것이다.[39] 이제는 교과목 명칭에서 '동양사'나 '동양○○사' 같은 표기도 소수의 예외를 빼고는 거의 사라졌다. 교육부가 교원 자격을 부여하기 위해 요구하는 전공과목에서도 2009년부터 '동양○○사'는 모두 '동아시아○○사'로 바뀌었다.

2005)이 그런 예에 속한다.

38 최병욱, 〈'한월관계사'에서 '동남아시아사'로〉, 《東洋史學研究》 133집, 2015, p. 476.

39 그에 상응하여 근세 이슬람사, 무슬림제국과 그 유산, 동유럽사, 19-20세기 발칸반도, 비잔틴제국사, 라틴아메리카사 등의 지역사도 개설되었다. 유용태, 〈한국 대학의 전공과정 역사교육: 무엇을 왜 가르치나?〉, 《한국대학의 역사교육: 그 위상과 방향》(관악사론 1집), 서울대역사연구소, 2012.

그와 동시에 동아시아 관련 연구소(2000년 창립된 성균관대학교 동아시아학술원 등)와 공동연구가 활성화되는 중대한 변화가 나타났다.[40] 여기에는 정부와 기업 출연 재단의 연구비 지원과 함께 국제화 추세도 작용하여 중·일 학자와의 공동연구나 국제학술회의를 통해 동아시아사 연구가 진행되기도 했다. 동양사학회가 1995년 톈진에서 한·중 양국 학자의 참여하에 "중국과 동아시아 세계"를 주제로 학술회의를 연 것이 그 선구적인 예다. 2008년부터 동아시아사는 학술지의 특집으로도 다루어졌다. 《역사비평》의 "주변에서 본 동아시아사"(82호, 2008), 《동양사학연구》의 "동아시아사의 구조적 이해"(115집, 2011), 《중국근현대사연구》의 "동아시아 역사 속의 신해혁명"(52집, 2011, "신해혁명100주년기념 특집"), 《동북아역사논총》의 "동아시아사의 방법과 서술"(40호, 2013), 《역사학보》의 "연동하는 동아시아–역사단위로서의 동아시아의 가능성을 모색한다"(221집, 2014) 등이 그런 예다.

3. 농경세력·유목세력·해양세력의 상호작용

동아시아 지역사가 연관과 비교를 통해 제국성의 성찰을 촉진하려 할 때 그 대상이 되는 역사주체는 농경세력·유목세력·해양세력일 수도 있고 그보다 좀 더 작은 범주인 국가·민족일 수도 있다. 우리는 후자를 대상으로 한 분석에 익숙하지만 먼저 의식주를 해결하는 방식에 따라 구분한 큰 범주의 경우를 살펴보자. 우리 자신이 농경문화에 속해 있어

40 그에 앞서 1988년 동아시아역사연구회가 동아시아 단위의 역사연구를 목표로 의욕적으로 출범하여 《동아시아역사연구》를 7·8합집(2000)까지 냈으나 학진 등재지 추진을 거부함에 따라 동력을 상실하고 활동을 접었다.

그것 위주로 사고하는 습관에 젖어 있지만 적어도 17세기 전후까지는 북방의 유목세력과 여러 형태의 접촉을 통해 끊임없이 영향을 주고받았다. 남방의 해양세력과도 시기에 따라 정도의 차이가 있을 뿐 그러했으며, 18세기 이후로는 더욱 그러하였음을 환기하고 싶다.

농경세력으로 한정된 한자문화권의 좁은 범위를 넘어 농경세력·유목세력·해양세력이 상호작용하는 과정을 동태적으로 파악할 때 비로소 우리는 한자문화권 국가들인 중심국(중국)과 소중심국(한국·일본·베트남)의 역사도 온전히 이해할 수 있다. 더구나 동아시아의 중심-소중심-주변은 고정된 것이 아니라 시대에 따라 달라졌다. 요·금과 몽골은 한때 소중심 또는 중심이었다. 또 세 세력의 거점 사이에는 전이지대가 있어 농경과 유목을 겸하는 세력(가령 요·금과 만주족), 농경과 어업을 겸하는 세력(가령 동남아시아의 대륙부 국가들)도 있다. 유목세력과 해양세력은 교역로상에 위치한 이점을 살려 상업도 겸했다. 유목세력 거주지를 뺀 동북아시아의 대부분 지역으로부터 동남아시아의 말레이반도에 이르는 넓은 공간은 벼농사 지대로서 그 탁월한 인구부양력으로 인해 인구밀도가 높다는 공통점을 갖고 있다.

농경세력과 유목세력의 관계에서는 우세한 전투력을 갖춘 후자가 전자를 약탈하거나 정복하기 일쑤였다. 겨울이 긴 북방 초원지대의 환경 탓에 식량 부족에 시달리는 유목세력은 기마병의 전력으로 농경지대를 약탈하지 않으면 살아남기 어려웠다.[41] 그러나 그들이 원래 약탈과 전쟁을 일삼은 것은 아니고 교역을 통해 부족한 물자를 조달할 수 없을 때 그러하였다. 가령 흉노(匈奴)와의 관계에서, 한(漢) 문제(文帝)는 그들에게 교역을 허용해 평화적인 관계를 유지했으나 무제(武帝)가 대군을

---

41 르네 크루세, 김호동 옮김, 《유라시아 유목제국사》, 사계절, 1998.

동원해 정복을 기도함에 따라 양측 간에 전쟁이 지속되었다. 그에 앞서 유가사상의 핵심 요소 중 중화와 이적을 구별하는 화이론과 존왕양이론은 춘추시대 공자에 의해 이미 성립되어 2천년간 지속되었다. 이는 유가사상이 농경민의 문화이지만 유목세력과의 상호작용을 고려해야 비로소 이해될 수 있음을 보여 준다. 같은 기간 한국사에서도 고대 이래 고려와 조선전기에 이르기까지 북방 유목세력의 위협은 심대하였다. 그 과정에서 유목민과 농경민 간의 교류와 전쟁, 정복과 복속의 상호작용이 반복되어 때로는 유목세력의 성장과 소멸을 초래하기도 하고 때로는 농경세력의 발전·쇠퇴와 분열·통일을 가져오기도 했다. 가령 송대의 요·금·서하는 결코 주변이 아니었으며 그 직후의 몽골은 아시아의 중심이었다. 베트남이 한 무제 이래 천 년의 지배를 뚫고 10세기에 독립을 쟁취한 것은 북방 유목민의 성장과 남하가 중원왕조의 남부에 대한 지배력을 약화시킨 틈을 탄 투쟁의 결과였다.

유목세력은 16세기 이래 총포의 등장으로 급속하게 주변화되었는데, 그들의 기마병을 무력화시킨 총포가 서양세력으로 한정되어서는 곤란하다. 농경세력에 대한 유목세력의 힘과 영향력을 소멸시킨 결정적 전기는 16세기 이래 총포로 무장한 러시아의 동남진과 17세기 이래 기마병에 총포까지 더한 청국의 서북진이 합쳐진 양국의 협공이다. 네르친스크 조약(1689)과 캬흐타 조약(1727)은 바로 그 산물이다. 중화민국과 중화인민공화국은 이로 인해 자신의 영토를 상실했다고 여기지만 중화주의적 천하관의 표출일 뿐이다. 이 두 조약은 러시아와 청국의 식민주의적 영토확장 과정에서 충돌을 방지하기 위한 조율이었다. 강희제(康熙帝)가 1720년 준가르를 비롯한 서몽골세력을 정복하면서 이들을 토벌해 그 잔당이 러시아령으로 넘어가도 추격하지 않을 터이니 안심하고 그들을 수용하라고 러시아 측에 통지한 것이 이를 보여 주는 예다. 이 조율과 통지 임무를 맡은 만주족 고관 투리션(圖理琛)이 서북 초원지대의 유목국가(토르구트)와 러시아를 답사하고 남긴 관찰보고서《이역록(異域錄)》(1723)에는 이런 사정이 잘 나타나 있다.[42] 17세기 이후 동북아시아에서 러시아는 농경세력을 위협해 온 유목세력의 후예 구실을 담당하였다. 유장근(俞長根)이 18세기 청조의 팽창을 동아시아적 맥락에서 검토하여 그 제국주의적 속성을 강조하고 주변 민족의 민족주의는 그에 대한 저항으로 시작되었다고 본 것은 이런 면에서 주목된다.[43]

동남아시아의 도서부에 거점을 둔 해양세력은 유럽세력이 도래하기 전에는 대륙부 농경세력에게 유목세력만큼 위협적인 존재가 아니었다. 그들끼리 해상교역로의 지배권을 놓고 다투기는 했으나 베트남을 제외하고는 영토 개념이 취약했다. 과일과 물고기가 지천으로 많아서 식량 걱정도 거의 없었다.[44] 그런 조건에서 동북아시아에서 동남아시아를 거쳐 인도양에 이르는 해상교역로가 고대 이래 작동했고 이는 그 동단의 한반도에까지 이어졌다. 특히 8-13세기에는 항해술과 조선술의 발달로 해상교역로는 획기적으로 활성화되었다.[45] 신라-고려-조선전기에 활발했던 해외교역은 이로 인해 가능했다. 중국의 남부는 늘 동남아시아와 육상·해상으로 연결되어 있었다. 그런 속에서 참파(Champa)산 조생종 벼가 송대 중국에 도입되어 벼의 이기작을 가능하게 하고 농업 생산력을 급증시켜 중국 경제발전의 동력이 되었다. 이 참파벼는 이윽

42 圖理琛,《異域錄》, 北京: 中華書局, 1985. 이 책은 당시 러시아와 청·러 간의 서부 국경지대에 관한 탁월한 인문지리서로 평가받아 일찍이 유럽 각국어와 일본어로 번역되었다.

43 유장근, 〈동아시아 근대에 있어서 중국의 위상〉,《慶大史論》10집, 1997; 하정식·유장근 엮음,《근대동아시아 국제관계의 변모》, 혜안, 2002.

44 최병욱,《동남아시아사: 전통시대》, 산인, 2015, pp.29-31.

45 유용태, 〈다원적 세계사와 아시아, 그리고 동아시아〉,《환호 속의 경종》, 휴머니스트, 2006, pp.485-486.

고 한반도와 일본에도 보급되었다. 아메리카산 신작물(옥수수, 고구마, 땅콩 등)이 동남아시아로부터 중국 남부에 도입된 후 급속히 북방으로 전파됨으로써 18세기 동북아시아 일대의 인구급증을 떠받쳤다. 일본은 16세기 말 포르투갈의 조총을 얻어 내전을 마무리 짓고 조선을 침략한 후 조선의 문화·경제적 유산을 탈취해 발전의 기틀을 닦은 반면 명의 몰락과 청의 흥기를 촉진하였다. 이처럼 해양세력과 농경세력의 상호작용은 동아시아 역사의 전개에 중대한 영향을 미쳤다.

그럼에도 우리가 흔히 이를 간과하는 것은 이른바 동아시아 각국의 전통이라는 것이 형성된 해금시기의 단절에 의해 눈이 가려진 탓이다. 러시아와 청국이 동아시아의 북부 유목지대를 향해 경쟁적으로 영토를 확장할 때, 그 남부 해양도서지대에는 네덜란드, 포르투갈, 스페인, 영국 등 서양의 해양세력이 나타나 식민거점을 확보하고 점차 북동진할 기회를 노렸다. 당초 명·청의 해금정책은 국내의 정치적 통일과 안정을 도모하기 위한 조치였으나 그 후에도 지속된 것은 자국민이 동남아시아에 진출한 서양세력과 접촉하여 반란을 꾀할 것을 염려한 때문이었다. 이런 염려가 중국뿐 아니라 조선·일본·베트남에도 공유되었기에 해금정책은 17-19세기 이들 4국에 공유되었다. 그로 인해 4국의 민간인은 국가의 허가 없이 동남아시아 해양도서지역에 드나들 수 없었다. 그런 시도를 하는 자는 역적으로 간주되었다.

다음에는 국가·민족을 상대화와 성찰의 대상으로 삼는 경우를 보자. 동아시아의 역사주체인 농경세력·유목세력·해양세력 안에서도 국가를 이룬 족속(동아시아의 고전에서는 이를 '族類'라 했다)과 국가를 이루지 못한 족속이 있다. 오늘날의 사회과학과 역사학은 전자를 '민족/국민(nation)'이라 하고 후자를 '종족(ethnic)'이라 부른다. 국가를 이룬 족속도 상황에 따라 복수의 국가로 나뉘거나 국가 없는 족속으로 바뀔 수 있으며, 멸망하여 타국에 흡수된 국가 없는 족속도 자신의 국가를 재건하거나 회복하는 역동성을 보인다. 가령 동아시아에 기원 전후, 10세기, 18세기, 20세기 전반과 후반에 각각 어떤 국가들이 있었는지를 생각해 보면 이런 역동성은 이내 드러난다.

이때 이역(異域)과 이족(異族)을 정복하여 위계적으로 지배하는 제국과의 관계가 관건이다. 그런 제국이 특히 동북아시아에서는 고대 이래 존재했고 그로 인해 국가·민족의 규모와 역량의 차이가 현격하여 너무나 비대칭적인 모습을 보였다. 이런 역동적 전화과정에 유의하여 각 시대별 역사주체를 파악하지 않고 현재의 국민국가를 당연시하고 이를 과거로 투영하는 관점에서 접근해서는 안 된다. 앞에서 3위계론에 주목하고 '(소)중심' 외에 '주변'을 포함한 것도 바로 이런 이유에서인데, 그렇더라도 국가별 구분을 충분히 해소하지 못하는 한계는 남아 있다.[46] 국가 간의 비대칭성과 그 안의 비균질성, 그리고 그로 인해 생기는 역사적 추세의 차이와 그 속에서 살아가는 사람들의 정감 차이까지 살피는 노력이 있어야 비로소 동아시아사는 국경을 넘어 소통할 수 있는 스토리로 구성될 수 있다.

4. 동아시아 지역사 저작의 유형

동아시아 지역개념의 형성에 따라 동아시아사를 지역사로 체계화하려는 노력이 진행되어 각국에서 도전적인 저작들이 출간되었다. 이를 그 범위에 따라 나누면 세 유형으로 정리할 수 있다.

---

46 그래서 아예 국가를 대신하여 각국 안의 특정 지방이나 도시를 단위로 지역사를 구성하자는 제안도 있다. 하세봉, 〈근대 동아시아사의 재구성을 위한 공간의 시점〉, 《東洋史學研究》 115집, 2011, pp.171-173.

유형 ①: 한자문화권

니시지마 사다오는 자국사를 이웃나라들과의 상호 관련 속에서 이해하고자 1962년 '동아시아세계론'을 제창하고 그 범위를 한국(남북한을 포함하는 역사체 개념, 이하 1948년 이전의 경우 같은 의미)·중국·일본·베트남으로 한정하였다. 중국에서 기원한 한자를 매개로 하여 유교·불교·율령의 문화요소를 공유한 '동아시아문화권', 곧 한자문화권을 설정하고 이를 중화왕조의 책봉에 의해 형성된 것으로 보았다.[47] 이는 사실상 전근대의 중화제국과 근대의 일본제국을 주축으로 하는 양국의 전근대 관계사의 이해에 초점을 맞춘 것이어서 그 안의 한국과 베트남은 들러리에 불과하다.

그의 동아시아세계론은 자국사를 동아시아 지역세계와 관련지어 파악한다는 명분에도 불구하고 자기확대형 지역사에 그치고 말았다. 이른바 '임나일본부설'(4-6세기에 일본 야마토정권이 한반도 남부를 지배했다는 설)을 여전히 견지하고 임나가 멸망한 뒤에도 일본은 백제와 신라의 조공을 받는 '소천하질서'를 구축했으며 이를 중화왕조로부터 승인받고자 적극 외교를 펼쳤음을 강조한 점에서, 그리고 국민국가 형성에 도달하지 못한 주변 소국들이 배제된 점에서 볼 때 그렇다. 그의 문제의식에 자국사의 제국성을 성찰한다는 관점은 보이지 않는다. 또 하나의 문제는 한자문화권 바깥에 있으면서 끊임없이 상호작용한 유목세력의 역사를 배제했다는 점이다. 이는 유목민과의 접촉이 거의 없었던 일본에서나 나올 수 있는 견해다.

한편 페어뱅크 등은 《동아시아: 위대한 전통》(1960)에서 동아시아를 "고대 중국문화에 뿌리를 둔 문화권"으로 파악하여 한·중·일 3국

---

47 니시지마 사다오, 〈동아시아 세계의 형성〉, 이성시 엮음, 송완범 옮김, 《일본의 고대사 인식》, 역사비평사, 2008, pp. 22-30.

으로 한정했다가 1990년 개정판에서 베트남을 추가하였다. 이는 같은 한자문화권이라도 베트남전쟁이라는 미국인의 경험을 전후하여 달리 파악될 수 있음을 보여 준다. 한자와 유교를 공유하지 않은 몽골·티베트·동투르키스탄을 동아시아 바깥의 중앙아시아로 분류하여 동남아시아와 함께 제외하였다.[48] 중화왕조와 접촉하면서 중국에 편입된 유목세력을 언급하고는 있지만 이들을 동아시아사의 구성주체로 인정하지 않은 것이다. 이 점에서 니시지마의 견해와 거의 흡사하며 모두 협의의 동아시아를 추구하였다. 한국의 고교《동아시아사》(2012)도 그 범위를 기본적으로 이들 4국에 한정하였다. 췰러의《동아시아의 역사》(2007)도 마찬가지인데, 동아시아 4국의 공통점으로 젓가락 사용에 주목한 것이 특이하다.

한자문화권 안에서도 베트남을 빼거나 그 대신 유구왕국을 포함시키는 등 약간의 변형도 있다.《미래를 여는 역사》(2005)는 한·중·일 3국으로,《다시 보는 동아시아 근대사》(2012)는 한·중·일과 유구 4국으로 한정하였다. 그러나 현재의 중국과 베트남은 한자문화권과 겹치는 협의의 동아시아 개념으로는 자신을 인식하기 어렵다. 양국 모두 그 안에 비한자문화권에 속하는 소수민족들을 포함하고 있기 때문이다.

유형 ②: 한자문화권+유목세력

민두기의 동아시아론은 그 범위를 한·중·일·베 4국 외에 티베트·몽골 등의 유목세력까지 포함하고 있다. 민두기 등이 엮은《동양사강의요

48 존 K. 페어뱅크 외, 전해종 외 옮김,《동양문화사》상·하, 을유문화사, 1964·1969; 존 K. 페어뱅크 외, 김한규 외 옮김,《동양문화사》상, 을유문화사, 1991, pp.1-2. 두 번역본의 원본은 각각 *East Asia: The Great Tradition*(1960); *East Asia: The Modern Transformation*(1965)과 *East Asia: Tradition and Transformation*(1990)이다. 만일 그 후에 번역되었다면 '동양'은 '동아시아'로 표기되었을 것이다.

강》(1981)은 동양사가 아니라 동아시아사로 한정된 내용이며 그 역사주체를 중국·유목민족·일본·베트남의 넷으로 구분하였다. 이어서 그는 1996년 동아시아는 상호 연관된 실체이며 이는 유일의 중심(중국)-복수의 소중심(한국·일본·베트남)-주변(티베트·몽골)으로 구분된다는 3위계론을 제시하였다.[49] 주목되는 점은 기본적으로 농경민인 '(소)중심'의 하위에 유목민이라는 '주변'을 설정하여 농경세력과 유목세력을 상호 관련지어 파악할 수 있는 구도를 마련했다는 것이다. 이는 그가 동아시아사의 성립 기반을 니시지마처럼 문화의 공통성에서 찾지 않고 상호연관성에서 찾은 결과라 하겠다. 이 3위계론은 역사로서의 (소)중심의 실재를 부인하지 않으면서 그것을 하위 주체의 시각에서 상대화하고 성찰할 수 있는 관점을 제공한 점에서 의미가 크다.

홍원탁(洪元卓)의 《동아시아의 역사》(2010)는 범위를 한자문화권의 북방 일부와 유목세력으로 한정하였다.[50] 한족의 무대인 장성 이남의 화북, 투르크와 몽골의 활동무대인 몽골초원, 한반도를 포함하는 선비·퉁구스족의 범만주권 등 세 역사공동체 상호 간의 자용과 반자용으로 동북아시아 전근대사를 개관한 것이다. 농경민과 유목민의 상호작용을 중시한 의미는 있으나 한반도를 범만주권의 역사 '공동체'로 파악한 것, 남부중국과 일본을 제외한 것은 논의의 여지가 있다.

이들 두 사례는 모두 동남아시아 해양세력과의 연관성에 대해서는 전혀 고려하지 않은 공통점을 갖는다. 동북아시아에 한정된 협의의 동아시아사를 추구한 것이다. 일본은 유구를 거쳐 해로로, 남부중국은 육로와 해로로 동남아시아에 연결되었으니 그곳까지 포함하는 광의의 동아시아로 넓혀서 보는 것이 바람직하다.

---

49 민두기, 〈동아시아의 실체와 그 전망〉.

50 홍원탁, 《동아시아의 역사》, 구다라, 2010.

유형 ③: 한자문화권 + 유목세력 + 동남아시아 해양세력

유용태(柳鏞泰)는 동아시아사를 농경세력 · 유목세력 · 해양세력의 상호작용 속에 전개된 것으로 파악하는 것이 바람직하다고 보아 이를 《함께 읽는 동아시아 근현대사》 1 · 2(2010 · 2011)에 적용하였다. 그는 이 책의 서장에서, 시대에 따라 교류와 연관의 범위 및 정도가 달라지는 사정을 고려해 전근대사는 유목세력을 포함하는 동북아시아사인 협의의 동아시아사로 하되 근현대사는 동남아시아까지 포괄하는 광의의 동아시아사로 넓히는 것이 적절하다고 하였다. 그러나 이 책은 통사가 아니라 근현대사인 만큼 유목세력이 한때 (소)중심의 위치에 있었던 시기는 다루지 못하고 이미 주변화된 17-19세기의 사정만을 다루었다. 그 대신 이 시기에 동북아시아와 동남아시아에 들어와 자신의 지배구역을 장기간 영토화하거나 식민지화한 러시아와 유럽세력을 동아시아 근현대사의 또 다른 구성주체로 간주하였다.

워런 코헨(Warren Cohen)의 *East Asia at Center*(2000)[51]와 신주백 등의 《처음 읽는 동아시아사 1: 선사시대부터 18세기까지》(휴머니스트, 2016)는 한자문화권(한국 · 중국 · 일본 · 베트남)을 비롯하여 몽골, 티베트, 동남아시아까지 포괄하였다. 내용 구성 방식은 다르지만 양자 모두 동남아시아 해로와 내륙 비단길을 통한 경제 · 문화 교류, 그런 루트를 끼고 흥망을 거듭한 여러 민족과 국가에 대해서도 큰 관심을 보였다. 양쥔 · 장나이허 주편의 《동아시아사: 선사부터 20세기 말까지》(2006)는 한자문화권, 유목민족, 동남아시아를 포함하고 17세기 이후 동시베리아의 러시아까지 추가하였다.

양쥔 등은 위 책에서 광의의 동아시아를 7개 구역(황하유역, 장강유역,

---

51 워런 코헨, 이명화 · 정일준 옮김, 《세계의 중심 동아시아의 역사》, 일조각, 2009.

몽골초원, 청장고원, 천산남북, 동북아시아, 동남아시아)으로 세분하였다. 천산남북은 서역을 의미하며 중앙아시아사·서아시아와 접속되며, 청장고원은 티베트로 황하유역·장강유역·몽골초원과 함께 중국에 편입되었다고 한다.[52] 그렇다면 중국은 동북아시아와 동남아시아 어디에도 속하지 않게 되는데, 그래도 동아시아에 속한다고 볼 수 있을까. 최근 국내에서도 광의의 동아시아를 6개 권역(프로토 차이나, 만주·한반도·일본을 포함하는 동북아시아, 동남아시아, 투르키스탄, 몽골, 티베트)으로 세분하자는 의견이 나왔는데, 이는 동아시아가 "중심 중국과 밀접한 관계를 가진 여러 이질적 지역과 문화권으로 구성된 복합공간"임을 드러내기 위한 시도라고 한다.[53] 그러나 여기서도 중국은 동북아시아와 동남아시아 어디에도 속하지 않지만 그래도 동아시아에 속한다고 보았다. 하나의 중심(중국)과 5개의 부중심(나머지 5권역)만 있고 3위계론의 '주변'을 제거했는데, '주변'이 없으니 그가 말하는 '(부)중심'이란 어떤 의미를 갖는가? 투르키스탄·몽골·티베트가 항상 부중심이었다고 볼 수는 없지 않은가? 좀 더 깊은 논의가 필요한 상황이다.

52 楊軍·張乃和 主編, 《東亞史: 從史前到20世紀末》, 長春: 長春出版社, 2006(한글번역본: 동북아역사재단 내부자료, pp. 32-34).

53 전인갑, 〈동아시아, 하나의 중심과 다부중심의 지역: 동아시아 개념의 재구축을 위한 시론〉, 《歷史學報》 221집, 2014.

방법으로서의 지역사와 동아시아사의 방법

21세기에 접어들면서, 자본주의와 국민국가를 도달점으로 당연시해 온 근대주의와 발전사관에 대한 근본적 회의가 더욱 커지고 있다. 역사학과 역사교육의 영역에서도 그러하다. 주지하듯이 근대 한·중·일 3국의 역사학은 국사-동양사-서양사의 3분체제, 역사교육은 자국사-세계사의 2분체제를 기본으로 삼아 왔다. 이런 체제가 초래한 폐단은 많지만, 여기서는 자국중심주의와 유럽중심주의를 내면화함으로써 동아시아 이웃나라 역사에 대한 관심, 자국사를 동아시아 지역사의 맥락 속에서 파악하는 시각을 억압해 온 점에 주목하고 싶다.

이 같은 역사인식에서의 '동아시아 소외 현상'에는 위에서 말한 제도적 요인 외에 이데올로기적 요인도 있으니 근대일본의 탈아입구주의와 전통적 중화주의가 결합되어 상승작용한 결과다. 양자를 결합하여 근대주의적 역사인식의 체계를 세운 메이지일본의 '동양사학'은 그 후 동아시아 각국 역사 서술의 모델로 수용되었다. 1950년대 이래 일본에서, 1980년대 이래 한국에서 역사교육 2분체제와 역사학 3분체제를 벗어나자는 요구가 제기됨에 따라 여러 방안이 논의되었는데, 그중 하나가 ‘지역사’의 도입이다. 지역사는 자국사와 세계사 사이에 위치한 역사로서, 양자를 자기성찰의 관점에서 비춰 보면서 역사적 사고를 고양함으로써 역사학 3분체제와 역사교육 2분체제를 극복하는 방법으로서 의미를 가질 것으로 나는 기대한다.

이 글에서는 우선 지역사의 의미와 필요성을 살펴본 다음 지역사의 하나로서 동아시아사가 극복해야 할 대상인 일본 동양사학의 특징과 체계, 그리고 동아시아사의 구성방법을 차례로 살펴보기로 한다. 동아시아사는 지역사의 하나이므로 남아시아사, 서아시아사, 중앙아시아사 등 다른 지역사의 체계화 노력과 결합하여 이를 유기적으로 관련지은 아시아사, 더 나아가 세계사를 지향해야 한다. 여기서는 동아시아사에 논의를 한정하기로 한다.

1. 방법으로서의 지역사와 동아시아사의 필요성

‘지역사’란 세계사의 구성 단위로서 흔히 근대 이전의 상대적 독자성을 가진 지역문명권을 거점으로 하는 일정한 공간 범위에서 성립한다. 이는 종래의 세계사의 유럽 중심적 구성을 극복하려는 노력의 일환으로 복수의 지역사를 상호 유기적으로 관련지어 파악하려는 데서 제기된 개념이다. 지역사는 그 후 자국사를 상대화하는 역사인식의 단위로도 점차 주목을 받게 되었다. 이를 역사학의 제도 차원에서 말하면, 지역사는 기존의 근대 역사학 3분체제(국사 - 동양사 - 서양사)와 역사교육 2분체제(자국사 - 세계사)에 대한 성찰의 한 방법으로 논의되기 시작했다고 할 수 있다.

다 아는 대로, 근대역사학은 자본주의와 국민국가를 도달점으로 하는 ‘내셔널 히스토리’, 곧 (국민)국가사를 당연시한 위에서 성립되어 전개되었다. 그런 시각과 논리에 의거해 역사인식의 단위를 일국으로 한정하여 구성한 것이 국가사이고 세계로 확대하여 구성한 것이 세계사다. 이때 세계사는 일국이나 지역 차원을 넘어선 세계적 기준에서 의미 있고 중요한 사실들을 선정한다는 점에서 국가사(일국사)의 구성요소와 다르지만 선택된 사실들을 꿰는 실에 해당하는 시각과 논리는 기본적으로 다르지 않다. 동시에 각 시대의 주도적인 주요 국가들(대국, 제국)의 발전사와 팽창사 위주로 구성되었다는 점에서도 그렇다.

따라서 자국사로서의 국가사든 세계사를 주도한 주요 국가들의 국가사든 한 국가의 성립과 발전을 자기완결적인 것으로 파악하여 그 독자성·자주성·통일성·위대성을 현창(顯彰)하려는 경향을 띠고 있다. 최근 불거진 한·중·일 3국의 역사갈등도 대부분 이러한 팽창 지향의 자국사 논리가 과도하게 투영된 결과다. 세계사는 근대 이후 그것을 주도해 온 유럽의 역할을 과도하게 부각시켜 유럽중심주의에서 여전히 벗어나지 못하고 있다.

이러한 주요 국가사 중심의 세계사 구성체제를 비판하고 국가사와 대비되는 지역사를 세계사 구성의 기본단위로 삼자는 제안은 1982년 윤세철(尹世哲)에 의해 제기되었다.[1] 다수의 독자적 지역문명을 단위로 하는 지역사를 설정하고 이것들을 비교사의 방법으로 조직하여 세계사를 구성하자는 것이다. 거기서 아시아사는 5개의 지역사(동아시아사, 남아시아사, 서아시아사, 중앙아시아사, 동남아시아사)로 구분되고 유럽사는 하나의 지역사로 파악된다. 유럽중심주의를 극복하고 세계사의 다원성을 높이려는 문제의식의 소산이다. 이런 제안이 하필 이때 나온 것은 중·일 수교와 중·미 수교, 그리고 베트남전쟁의 종결에 따라 냉전체제가 완화되어 동아시아 지역을 하나의 단위로 사고할 수 있는 국제적 조건이 조

---

1 윤세철, 〈세계사와 아시아사: 세계사 내용선정의 몇 가지 문제〉, 《歷史教育》 32집, 1982, pp. 20-23.

성된 결과로 보인다. 그 후 교류사, 비교사 등 여러 방법으로 지역사를 상호 관련지어 세계사를 새롭게 구성하자는 논의가 이어졌지만 지역사가 자국사와의 관계에서 검토되지는 않았다.[2]

지역사를 자국의 국가사와 관련지어 논의한 예는 1990년대 초 동아시아 담론의 급부상과 함께 나타났다. 박원호(朴元熇)가 동아시아사를 한국사와 세계사를 매개하는 역사 단위로 설정하고 관계사와 비교사로 이를 재구성하자고 제안한 것이 그 이른 예라 할 수 있다.[3] 1993년 백영서(白永瑞)는 연구자가 처한 민족국가에서의 체험, 곧 국가사를 존중하되 이를 동아시아적 시각에 비춰 재구성함으로써 그 폐단에서 벗어나자고 하였다.[4] 이때 동아시아는 세계체제와 한반도 분단체제의 중간항으로서, 자국사를 성찰하고 상대화하는 동시에 '기왕의 학문 자세에 비판적 대안을 모색'하는 방안으로 파악되었다. 기왕의 학문 자세란 국사-동양사-서양사의 3분체제를 당연시해 온 것을 말한다. 동아시아사 연구도 한국사의 경험을 비판적으로 재구성해 활용할 때 독자적 체계화에 이를 수 있고, 그때 비로소 일본판 '동양(사)학을 넘어 동아시아(사)학'으로 나아갈 수 있다는 문제의식은 자국사와 지역사의 관계를 사고할 때

---

2 이영효, 〈세계사 교육의 방향과 가능성〉, 《역사교육의 방향과 역사교육》(윤세철교수정년기념논총), 솔, 2001; 강선주, 〈세계화 시대의 세계사 교육: 상호관련성을 중심으로〉, 《歷史敎育》 82집, 2003.

3 박원호, 〈한국 동양사학의 방향: 독자적 동아시아사상의 형성을 위한 제언〉, 《제30회 전국역사학대회 발표요지》, 1987.

4 여기서 그는 '지역사'라는 용어를 쓰지는 않았지만, 동양사학을 동아시아사학으로 대체해야 한다는 문제를 처음 제기하였다. 그에 따르면 식민지 조선의 동양사학이 유교이상을 탐구한다는 토착의 인문학적 중국연구 전통을 서양학문의 과학성을 빌려 후진적이고 무용한 것으로 매도함으로써 거의 단절시켰다. 백영서, 〈한국에서 중국현대사 연구의 의미: 동아시아적 시각의 모색을 위한 성찰〉, 《중국현대사연구회회보》 창간호, 1993; 백영서, 《동아시아의 귀환》, 창비, 2000, pp.133-140.

특별히 주목할 만하다.[5]

한편 자국사의 민족주의에 경도된 역사인식을 성찰하는 논의도 진행되었다. 냉전체제가 붕괴되고 탈근대 담론이 유행하던 1990년대 후반에 이르면 국민국가 단위의 국가사 인식체계를 비판하거나 심지어 해체해야 한다는 주장이 나타났다.[6] 그러나 해체론에 영향을 미친 *Hitoire de l'Europe*(1992, 윤승준 옮김, 《새 유럽의 역사》, 까치, 1995)조차 유럽 지역사인 그것이 유럽 각국의 국가사를 부정한 것은 아니다. 그 서문에는 종래의 국가사가 국민국가 단위의 정체성을 만들어 주었던 것처럼 이제 새로 쓴 유럽사는 지역 단위의 또 다른 정체성을 형성하는 역할을 담당해 주기를 바라는 기대가 담겨 있다.

이상과 같은 논의를 바탕으로 지역사가 국가사와 세계사의 3자 관계 속에서 파악되어 논의된 것은 2000년 전후다. 윤세철은 민족국가사로서의 자국사를 상대화하기 위해 이를 지방사·지역사·세계사와의 관계 속에서 파악하자고 하였다. 그에 따르면, "지역사는 보다 확대된 개념으로서의 세계사에 다가가는 단계가 될 수 있고 민족사의 실수를 교정하거나 약점을 보충"할 수 있는데, 이를 위해서는 단순한 관계사나 교섭사를 넘어 비교사적 접근이 유용하다고 한다.[7] 여기서 지방사가 민족국가사를 성찰하는 내부의 거울로서 외부의 거울인 지역사와 함께 중시된 것은 독특하다. 다민족국가의 국가사를 소수민족사로 재조명해 보는 것도 이에 포함될 것이다. 그런데 거기서 지역사는 단지 '하나의 시각'이거나 이미 존재하는 역사로 전제되어 있는 듯하다. 유용태는 2003년

5 백영서, 〈동양사학의 탄생과 쇠퇴〉, 《한국사학사학보》 11집, 2005, pp. 185-190.

6 윤세철, 〈자국사, 그 당위와 실제〉, 《歷史敎育》 69집, 1999; 비판과연대를위한동아시아역사포럼, 《국사의 해체를 향하여》(토론회자료집), 2003; 임지현·이성시 엮음, 《국사의 신화를 넘어서》, 휴머니스트, 2004.

7 윤세철, 〈자국사, 그 당위와 실제〉, p. 24, p. 32.

국가사의 자국중심주의와 세계사의 유럽중심주의를 상대화할 방안의 하나로 지역 단위의 논리와 체계를 갖춘 별개의 역사를 구성하자고 제안하였다. 그에 따르면 국가사·지역사·세계사의 상호관계는 다음과 같다. 국가사의 경계를 낮추고 상대화할 필요는 인정되지만 국가사를 해체하여 지역사나 세계사 속에 묻어 버린다면 사람들의 구체적 생활의 실상에 부합하지 않는 스토리를 지어낼 가능성이 크다. 국가사와 세계사 사이의 "독자적 문명을 가진 지역의 역사"가 있을 때 비로소 국가사나 국가사 위주의 세계사에서 간과되기 쉬운 부분을 포착해 낼 수 있고, 그것을 바탕으로 동아시아와 그 밖의 다른 지역과의 상호관계도 잘 이해함으로써 자국중심주의와 유럽중심주의에서 벗어날 수 있다.[8] 이런 생각에서 그는 2004-2010년 두 명의 공저자와 함께 동아시아 근현대사를 집필하였다.

2000년대 초에 지역사에 대한 체계적인 논의가 급진전된 것은 그 이전부터 지속된 역사학과 역사교육 체제에 대한 성찰 외에 2001년 검정을 통과한 후소사(扶桑社)의 《새로운 역사교과서》에 대한 한·중·일 3국의 공동대응이 촉진작용을 한 때문이기도 하다. 일본의 식민지 지배와 침략전쟁을 미화하는 후소샤 교과서에 대응하여 2002년부터 3국 공동 역사 교재가 준비되어 《미래를 여는 역사》(2005)가 3국에서 동시 출간되었다. 이를 3국의 자국사 연구자가 주도한 점이 특히 주목된다. 이는 그동안 동아시아사의 필요성을 앞장서 주장해 온 외국사 연구자들뿐 아니라 자국사 연구자들 사이에 지역사의 틀이 필요하다는 공감대가 확산되는 계기가 되었다. 곧이어 2006년 11월 한국정부가 동아시아사 과

8 유용태, 〈다원적 세계사와 아시아, 그리고 동아시아〉, 《역사교육》(전국역사교사모임) 63호, 2003. 그 후 김한종 외, 《역사와 역사인식》, 책과함께, 2005; 유용태, 《환호 속의 경종》, 휴머니스트, 2006에 수록.

목을 신설하기로 결정하고 그 준비에 들어가자 지역사 논의는 더욱 활성화되었다.

그리하여 지역사가 있어야 자국사와 세계사를 상대화하고 성찰할 수 있다는 견해는 널리 받아들여졌다. 백영서에 따르면, 지역사란 자국사와 세계사 사이에 위치한 중간 단위의 역사적 사고체계로서 양자를 긴밀히 연결하고 소통시킨다. 곧 한국사에서 추출된 문제의식으로 동아시아 지역을 보는 "자아확충"과 동아시아사에서 추출된 문제의식으로 한국사를 보는 "자아성찰"을 결합할 때 비로소 지역사의 의미가 찾아질 수 있다.[9] 한국사 전공자인 안병우(安秉佑)와 김성보(金聖甫)도 동아시아사가 세계사적 시각에서는 놓칠 수밖에 없는 동아시아 지역사회 공동의 경험을 이해하고 미래를 전망하는 데 도움을 줄 수 있다고 하였다.[10]

지역사에 대한 이런 기대는 한국보다 먼저 동아시아사의 필요성을 인정하고 집필을 모색해 온 일본에서 일찍부터 일어났다. 1950-60년대에 우에하라 센로쿠(上原專祿)와 니시지마 사다오(西嶋定生)에 의해 일본역사를 동아시아 지역사 속에서 파악하려는 시도가 나왔다.[11] 이것이 자국사를 상대화하기 위한 '지역사적 시각'의 필요성을 강조한 예라면, 실제로 하나의 체계를 갖춘 동아시아 지역사를 만들자는 움직임은 1990년

9 백영서, 〈자국사와 지역사의 소통: 동아시아인의 역사서술의 성찰〉, 《歷史學報》 196집, 2007, pp. 105-106.

10 김성보는 3국공동역사편찬위원이며 안병우는 2007년 동아시아사 교육과정 시안개발의 책임자다. 안병우, 〈동아시아사의 의미〉, 《동아시아사 교원연수교재》, 동북아역사재단, 2009, p. 16; 김성보, 〈민족·국민사와 동아시아사의 접맥: 동아시아 역사인식 공유를 위한 모색〉, 《역사와실학》 32집, 2007.

11 이때 니시지마의 문제의식은 일본 고유의 문화를 동아시아 속에 어떻게 위치지을 것인가여서 일본사의 상대화와는 거리가 멀다는 비판이 있다. 이성시, 〈왜 지금 동아시아인가: 공통의 과제와 문제해결의 장으로서의 동아시아〉, 《일본공간》 1호, 2007, pp. 21-22.

대에 나타났다. 그중 주목되는 것은 동아시아사를 고교 교과목으로 신설하자는 나카무라 사토루(中村哲)의 1995년 제안이다.[12] 그 후 조심스럽게 논의가 이어졌으나 아직 제도화에 이르지는 못했다. 그럼에도 실제 지역사를 구성하려는 시도가 진전되어 우에하라 가즈요시(上原一慶) 등의 《동아시아 근현대사》(1990)가 출간되었고, 동아시아역사교육연구회(1996)가 지역사로서의 《동아시아의 역사》 집필에 착수하였다.[13]

이로써 일본에서도 자국사 - 지역사 - 세계사의 관계를 체계적으로 논의할 만한 조건이 조성되었다. 동아시아사를 역내 각국과 각 민족의 상호 관련된 지역사로 파악하고 그들 간의 교류·보완작용을 중시하되 일본중심주의와 중국중심주의에서 벗어나고자 했다는 점에서 한국의 견해와 상통한다. 한국과 다른 점으로는 일본사를 세계사와 통일적으로 파악하고자 하는 욕구가 강하고 동아시아사가 그 징검다리 구실을 할 수 있을 것으로 기대하는 점, 일본사를 동아시아사와 세계사 속에서 어떻게 위치 지을 것인가 하는 문제의식이 강하다는 점을 들 수 있다.

그러나 지역사를 하나 더 도입한다고 하더라도 그것만으로는 자국사-세계사의 이분법을 극복하는 대안이 될 수 없다. 세계사를 유럽중심주의에 따라 구성할 수 있지만 다원주의에 의거해 구성할 수도 있듯이, 동아시아사 역시 서장에서 본 대로 세 유형의 지역개념에 의거한 각각의 방식으로 구성될 수 있기 때문이다. 심지어 지방사도 제국시기 일본

---

12 이에 관해서는 鈴木哲雄, 〈歴史教育再構成の課題: 歴史教育科目"東(北)アジア史"の可能性〉, 《歴史評論》 679號, 2006; 今野日出晴, 〈'東アジア史'で考える―歴史教育にわたるということ〉, 《岩手大學文化論叢》 7·8輯, 2009 참조.

13 나는 2003년 그 총론과 목차를 보고 논평을 쓴 적이 있으나 아직 출간되지 않고 있다. Yu Yong-tae, "For a Regional History of East Asia: Comments on the Article by Professor Fujiie", *Sungkyun Journal of East Asian Studies* (The Academy of East Asian Studies Sungkyunkwan University), Vol. 3 No. 2, 2003.

에서는 '향토사'라는 이름으로 애국심을 진흥하는 제국주의의 일익을 담당하였다. 그러므로 어떤 관점의, 무엇을 위한, 누구를 위한 지역사인가 하는 점이 관건이다. 우리가 추구하는 지역사는 자국사 · 세계사와의 관계에서 다음과 같은 이중의 의미를 갖는다. 자국사의 자국중심주의와 세계사의 유럽중심주의 · 대국중심주의를 성찰하는 거울의 의미와 지역사를 통해 획득한 역사인식을 바탕으로 자국사와 세계사의 인식체계를 새롭게 재구성하는 디딤돌의 의미다. 기존의 자국사와 세계사는 국민국가와 자본주의를 역사의 도달점으로 파악하는 목적론적인 관점에 의거해 구성된 나머지 국민국가와 그 확장인 식민제국의 억압성(근대주의와 대국주의 포함)을 당연시하는 편향된 역사인식을 내면화하였다. 우리의 지역사는 이런 인식체계에 맞서 싸우고 성찰하는 사고의 실험실이 될 수 있다. 지역사는 자국사와 세계사의 일부를 포함하기 때문에 거울과 디딤돌의 의미를 온전히 살려낼 수 있다. 이와 같은 의미를 좀 더 분명히 드러내기 위해 지역사와 자국사, 세계사의 관계를 도식화하면 [그림 1]과 같다.

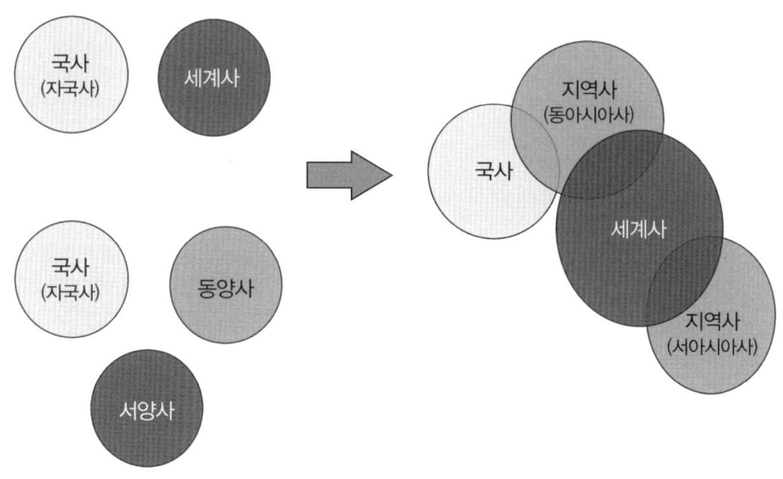

그림 1. 지역사의 개념도

요컨대 동아시아사의 필요성은 다음 세 가지로 요약될 수 있다. 첫째로 역사학의 3분체제와 역사교육의 2분체제를 넘어서 자국사를 포함한 지역사를 새로운 역사인식의 장으로 삼아 상호 소통을 촉진하면서 자국중심주의와 유럽중심주의를 극복하기 위해서이며, 둘째로는 동아시아 차원의 상호 연관과 비교를 통해 국제이해를 돕고 사고의 실험을 촉진하는 동시에 동아시아 각국 간의 역사인식 차이를 좁히기 위해서 필요하다. 이상이 역사교육 차원에서의 필요성이라면, 역사연구 차원에서는 일본판 동양사학을 넘어 새로운 (동)아시아사학의 논리와 체계를 세우기 위해서 필요하다. 이는 자국사와 세계사의 새로운 인식체계를 세우는 작업과 긴밀히 연동될 것이다.[14] 이것이 세 번째 필요성이다. 물론 이는 훨씬 더 장기적인 사학사적 과제다. 동아시아사란 이 세 가지 과제를 실현하는 '방법으로서의 지역사'라고 할 수 있다. 이는 곧 (동)아시아에 대한 새로운 이해를 추구하는 방법인데, 이를 통해 자기 자신을 다르게 이해하고 그럼으로써 자기를 변혁하는 주체형성으로 이어져야 한다. 여기서 말하는 방법이란 결국 그러한 주체형성의 방법인 것이다.[15]

---

14 한국사의 내용서술에 동아시아 지역사의 관점을 적극 도입하자거나, 동아시아사를 '한국사의 새로운 구성'을 위한 방법, 혹은 '한국 역사학의 재구성'을 위한 방법으로 여기는 것이 그런 예에 속한다. 박원호, 〈동아시아사로서의 한국사 구성을 위한 재론〉, 《韓國史學報》 34집, 2009; 신주백, 〈'한국사' 교과서에서 동아시아의 역사와 역사교육〉, 《한일관계사연구》 40집, 2011; 김기봉, 〈한국 역사학의 재구성을 위한 방법으로서의 동아시아사〉, 《동북아역사논총》 40호, 2013.

15 일찍이 다케우치 요시미(竹內好)가 아시아를 주체형성의 방법으로 파악한 것을 이어받아 최근 대만의 천광싱(陳光興)은 이에 관한 논의를 진전시켰다. 그에 따르면 아시아의 아시아학은 구미의 그것과 다른 사명을 갖고 있다. 아시아의 한 부분을 이해함으로써 자기 자신을 새롭게 이해하고 변혁하며, 변화된 자기의 의제를 기존의 아시아 이해에 투사하고 세계를 변화시키는 것이다. 다케우치 요시미, 〈방법으로서의 아시아〉, 최원식·백영서 엮음, 《동아시아인의 '동양'인식, 19-20세기》, 문학과지성사, 1997, p.95; Chen Kuan-Hsing, *Asia as Method: Toward*

2. 일본판 동양사학의 영향과 한·중 양국의 반응

동아시아 지역사를 구성하기 위해서는 근대일본이 창안한 동양사학의 논리와 인식체계를 극복하지 않으면 안 된다. 일본의 동양사는 1894-1914년 도쿄제국대학과 교토제국대학에서 자국사(일본사)-동양사-서양사의 3분체제의 하나로 성립되었다. 이는 1세기 넘게 동아시아 각국에서 통용되어 온 거대한 지식체계이므로 연구자 개인이 단기간에 해결할 수 있는 과제가 아니다. 그 논리와 체계의 핵심을 간추리고 그것이 어떻게 이웃나라인 한국과 중국에서 수용되어 전개되었는지를 짚어 보자.

동양사가 중국을 중심으로 구성된 것은 메이지 초기의 시험적 3분체제인 황국사-지나사-서양사에서 유래한다.[16] 도쿄대학에서도 '한학과(漢學科)'의 후신인 '지나사학과'가 1910년 '동양사학과'로 개명되었다. 따라서 거기에 인도사가 약간 추가될 뿐 서아시아사는 빼내서 별도의 '서역사'로 편제되었다. 동양사의 체계화는 황국사의 체계화를 바탕으로 진행되었으며, 나가 미치오(那珂通世), 시라토리 구라키치(白鳥庫吉), 나이토 코난(內藤湖南), 구와바라 지츠조(桑原騭藏) 등에 의해 수행되었다.

이렇게 성립된 동양사의 인식체계는 다음과 같은 특징을 보인다. 중국을 비롯한 동양은 찬란한 고대문명을 이룩했지만 중세 이후 정체되어 낙후상태에 빠진 것으로 간주되었다. 그 위에서 일본은 만세일계의 황실 덕분에 동양의 고대문명(중국과 인도에 한정)과 서양의 근대문명을 흡수·종합하여 아시아 유일의 문명국 자격을 갖춘 것으로, 따라서 낙

Deimperialization, Durham: Duke University Press, 2010, pp. 253-254.

16 1872년 메이지 정부가 편찬한 소학교 역사 교과서 《사략(史略)》은 황국(皇國), 지나(支那), 서양(西洋)(상·하)으로 구성되었다. 그 내용은 극히 소략하지만 황국사를 우선으로 하고 동양사보다 서양사를 중시한 향후 제국일본의 역사인식의 골격이 여기서 제시된 셈이다.

후한 현실의 동양은 일본의 지도에 의한 문명화 대상으로 파악되었다.[17] 황국의 국위선양을 위해 일본의 주체성을 과장하는 대신 동양의 비주체화를 강요한 것이니, 이는 일본의 근대화가 오리엔탈리즘을 수반할 수밖에 없는 왜곡된 구도를 가장 응축된 형태로 보여 준다.[18] 동양사학의 창시자로 일컬어지는 시라토리 구라키치가 "황국의 국위선양은 종교"라고 호언한 것은 당시 성립된 동양사학의 인식체계가 일본제국의 침략체제와 내재적으로 일체화되었음을 말해 준다.[19] 그에 적극 부응하지 않은 이들은 미세한 문제의 실증을 도피처로 삼았을 뿐 그 나름의 인식체계를 세우지 못하였다.

이렇게 성립된 동양사는 일본사와 서양사를 연결하는 매개체로 파악되었다. 시라토리 구라키치는 "학교 교과과정에서 동양사에 대한 수업이 빠진다면 학생들의 역사인식은 일본사와 서양사의 상호작용을 헤아릴 어떠한 방도도 없이 일관성도 통일성도 없는 형태로 끝나 버릴 것"이라면서 동양사를 "일본사와 서양사를 하나로 묶어 주는 매개체"로서 파악하였다.[20] 그러나 이때의 동양사는 "지나를 중심으로 동양제국의 흥망치란(興亡治亂)의 대세"를 서술한 것으로, 일본사와 분리된 채 일본의 예외성과 선진성을 드러내기 위한 구성물이다. 결국 동양사는 일본의 제국성을 동아시아 이웃과의 연관성 속에서 성찰하는 것이 아니라

---

17 스테판 타나카, 박영재·함동주 옮김, 《일본 동양학의 구조》, 문학과지성사, 2004, pp.91-92, p.124, pp.383-384, p.402; 窪寺紘一, 《東洋學事始: 那珂通世とその時代》, 東京: 平凡社, 2009; 五井直弘, 《近代日本と東洋史學》, 東京: 青木書店, 1976.

18 백영서, 〈동양사학의 탄생과 쇠퇴: 동아시아에서 학술제도의 전파와 변형〉, 《사회인문학의 길》, 창비, 2014, p.123.

19 相田洋, 〈日本の大陸侵略と東洋史學〉, 《史潮》 105號, 1968; 相田洋, 〈日本における東洋史學の傳統と現狀〉, 小林一美 外 編, 《東アジア世界史の探究》, 東京: 汲古書院, 1986, pp.10-25.

20 스테판 타나카, 《일본 동양학의 구조》, p.82.

서양과의 비교 속에 현창하고 당연시하기 위한 매개체, 후진 동양을 전제로 한 선진 서양에의 연결자일 뿐이다. 똑같이 자국사를 지역사나 세계사의 맥락에서 파악한다고 해도 그 의도와 효과는 이렇듯 달라질 수 있는 것이다.

이른바 대동아전쟁으로 일컬어지는 아시아·태평양전쟁 시기에는 이 같은 동양사에 만족하지 못하고 그 이상의 '대동아사'를 편찬하려는 시도가 나타났다. 1942년 문부성에 의해 시작된《대동아사개설》집필이 그 예다. 이를 위해 대동아일체론과 동양사의 일체성이 강조되었다. 그와 짝을 이루는 황국사인《국사개설》이 문부성 주도로 이듬해 출간되어 천황을 떠받드는 신민(臣民)의 역사인식을 하나로 통일시키는 정사(正史)로 간주되었다.[21] '대동아사'는 황국사관을 확장하면서 대동아공영권 건설의 필연성을 역사적으로 정당화하기 위한 프로젝트로서 유럽 중심의 세계사와 중국 중심의 동양사를, 황국일본을 주축으로 하는 대동아사, 그런 대동아사를 주축으로 하는 세계사로 대체하는 것을 목표로 삼았다.[22] 대동아사는 동양사와 마찬가지로 일본중심주의를 현창하는 동시에 일본사와 세계사를 통일적으로 파악하는 연결자인 것이다. 이는 지역사의 세 유형 중 최악의 경우로서, 자기확대형 지역사가 도달할 수 있는 극한의 예라 하겠다.

---

21 나가하라 게이지, 하종문 옮김,《20세기 일본의 역사학》, 삼천리, 2011, pp.145-148.

22 남상호,〈대동아전쟁과 "대동아사개설" 편찬〉,《한일관계사연구》31호, 2008, pp.241-287. 미완으로 끝난 이 편찬 작업에는 도쿄제국대학과 교토제국대학의 야마모토 다츠로(山本達郎), 아베 다케오(安夫健夫), 스스키 순(鈴木俊), 미야자키 이치사다(宮崎市定) 등 "당시 동양사의 대가들"이 대거 참여하였다. 편찬요목의 서설은 "대동아사의 이념"이고 종장은 "대동아신질서의 전개와 대동아전쟁"이며 결론은 "대동아에서의 일본의 지도적 지위"이다. 참여자 명단과 편찬요목은 長谷川亮一,《'皇國史觀'という問題》, 東京: 白澤社, 2008, pp.160-163 참조.

눈길을 끄는 것은 3분체제에 대한 비판과 부정이 정반대의 시각과 필요에서 각각 제기된 점이다. 먼저 1932년 진보적 역사학자들을 중심으로 성립된 역사학연구회는 3분체제가 당연시하는 황국사관을 비판하면서 그것을 넘어서는 '역사학'을 추구하였다. 반면 대동아사의 집필자들은 '대동아사'를 위해 3분체제 자체를 타파해야 한다고 주장하였다. 그들은 3분체제 자체가 당시 세계를 리드하고 있다고 자부된 황국의 위상을 충분히 드러내는 데 걸림돌로 작용한다고 보아 이를 타파하려 한 것이다. 이는 그동안 잘 알려지지 않았던 사실로서 주의를 요한다.

일본판 동양사 인식의 논리와 체계는 식민지 시기 조선은 물론이고 중화민국에도 널리 수용되었다. 동양사의 중심을 일본 황실에서 중국 황실로 바꾸면 황국사관은 중화사관과 호환될 수 있었다.[23] 바꿔 말하면 자기확대형 지역사와 위계질서형 지역사가 중첩되고 논리적 친연성을 갖고 있었다. 일본식 3분체제가 중등 교육과정에 일본의 교과서와 함께 중국에 수용되어 제도화되었고, 필요에 따라 동양사를 중국사와 합치고 서양사를 중시하는 중국사-서양사의 2분체제로 변형되기도 했다.[24] 중화민국 시기 중국의 각 대학에는 동양사나 아시아사[亞洲史], 그리고 인도사와 일본사 같은 각국사 외에 동방사, 원동사, 동아사, 동아근대사 등의 교과목이 개설되었는데, 이때의 '동아사'는 동아시아 각국사를 중심으로 그 상호관계, 특히 중국과의 관계를 포함한 것이어서 오늘날 우리가 말하는 지역사에는 미치지 못하였다.[25]

---

23 이성규, 〈중화사상과 민족주의〉, 《철학》 37집, 1992, pp. 63-64.

24 량치차오는 인도와 시베리아를 제외한 아시아 전체를 중국사의 영역에 포함시켜 중국의 이름으로 아시아를 통합하고자 하였다. 오병수, 〈동아시아 인식과 세계사 교육의 내용구성〉, 《역사교육의 방향과 국사교육》, 솔, 2001, pp. 309-312.

25 일부 대학에서는 남양사(南洋史), 서아사(西亞史), 북아사(北亞史), 중아사(中亞史) 등도 개설되었다. 尙小明, 〈民國大學的亞洲史教育〉, 《北大史學》 17輯, 2010,

중화민국 시기 일본의 대표적인 동양사 교재가 구와바라 지츠조의 《동양사교과서》(1903)와 《신제 동양역사(新制東洋歷史)》(1925)라면 중국의 대표적인 동양사 교재는 왕통링(王桐齡)의 《동양사》(1922)이다. 이들 교재 모두 중국사와 그 주변국들과의 관계사로 채워져 있다. 그중 왕통링의 《동양사》는 일본판 동양사의 중국어본이라 해도 좋을 정도로 내용이 흡사하다. 거기에 서술된 한국사는 중일병진 구도로 짜여서 고조선과 삼한은 기씨(箕氏)를 포함한 중국 유민(流民)에 의해 창건되었고 "가야는 일본 고대사의 미마나[任那]이며 5가야의 중앙은 일본도호부(日本都護府)의 주재지"라 하였다. 왕통링은 일본에 유학하여 제일고교(第一高校)를 거쳐 도쿄제국대학 사학과를 졸업하였으니 그럴 수밖에 없다. 간과할 수 없는 차이점도 있으니, 일본의 동양사는 자국사를 포함하지 않은 데 비해 왕통링의 동양사는 자국사인 중국사를 중심으로 구성되었다는 점이다. 그런데 바로 그렇기 때문에 결과적으로 일본판 동양사와 같아져 버린 것은 아이러니가 아닐 수 없다.

1945년 이후 일본에서는 이른바 '전후역사학'의 흥기 속에 '평화'와 '민주주의'를 모토로 하는 역사학이 발달하였고, 그 속에서 제국시기 황국사/동양사의 논리와 인식체계를 혁신하려는 노력이 일어났다. 그중 주목되는 점은 1950-60년대에 우에하라 센로쿠와 니시지마 사다오에 의해 동아시아 지역사 도입의 필요성이 제기된 것이다. 그리하여 동아시아사 논의와 연구가 활성화되었고 동양사의 체계도 부분적으로 변화되어 중국과 그 주변국 이외의 지역을 포함하는 예가 나타났다. 서아시아와 중앙아시아 등 여타의 지역사를 포함하여 아시아 전체의 역사를 구성하려는 시도가 그것인데, 그럼에도 중국사가 전체의 70% 내외

---

pp. 133-134, p. 154.

를 차지할 정도로 중시되었다. 가령 동양사 입문서의 하나로 편찬된 사에키 토미(佐伯富) 등의 《대학세미나동양사》(1970)가 그 예인데, 동아시아, 북·중앙아시아, 서아시아, 동남아시아의 네 지역으로 구분하여 구성되었다. 동아시아를 제1부(전체 면수의 70.7%)로 하고 나머지 세 지역을 묶어 제2부로 삼아 동아시아를 극히 중시했고, 동아시아에 중국·조선·베트남을 포함했지만 중국 중심의 구성(동아시아 면수의 85.3%)은 여전하다. 이는 손진태(孫晉泰)가 《이웃나라의 역사》(1952) 서문에서 "중국 문화가 위대하다 하더라도 그것은 결코 아시아 문화의 절반을 차지하지 못한다"라고 한 것과 대비된다.

1949년 중화인민공화국 성립 후 '동양사'는 '아시아사'로 대체되어 이전에 비해 상당히 중시되었다. 이는 유럽중심주의에 대한 비판과 제3세계 외교의 필요에 따른 결과다. 그러나 그 내용은 인도 이동(以東) 지역의 각국사이며 이를 소련 유물사관의 영향을 받아 간단히 일반화함으로써 차이와 독자성을 무시했고, 결과적으로 아시아사 자체에 대한 체계화에는 이르지 못했다. 초보적인 체계화 시도가 진행되었으나, 일본판 동양사처럼 중국사를 포함하여 아시아사를 구성하면 중국사와 중복되고, 중국사를 빼고 구성하면 아시아사는 분산된 각국사로만 존재하게 되는 난관에 직면하였다. 개혁·개방 이후 1990년대에는 "거시적인 세계사 체계"를 목표로 중국사를 포함한 세계사를 구성하려는 시도가 진행되었다.[26] 아시아 각국과 각 지역의 역사를 연구하는 학자들이 1986년 처음 푸저우에서 아시아사학술토론회를 개최한 이래 관련 연구가 진전되고 있으나 아시아사의 인식체계를 세우려는 노력은 찾아보기 어렵다.[27]

---

26 王元周, 〈中國歷史學的周邊視野: 以亞洲史的沈浮爲中心〉, 《小中華意識的嬗變: 近代中韓關係的思想史硏究》, 北京: 民族出版社, 2013, pp. 4-26.

27 지역사로는 梁英明, 《東南亞史》, 北京: 人民出版社, 2010; 哈全安, 《中東史: 610-

중국 최초의 동아시아사는 양쥔 · 장나이허 주편의 《동아시아사: 선사부터 20세기 말까지》(2006)이다. 중국의 부상과 지역화 추세가 뚜렷해짐에 따라 편찬된 것으로 보이는 이 책은 중국에서 편찬체계와 동아시아사 인식 측면의 독창성으로 학계의 격찬을 받았다고 한다.[28] 그 편찬체계란 지역구조의 형성과 변화라는 시각에서 '(책)봉(조)공체제'의 형성과 전개를 중심으로 동아시아사를 구성한 것을 말한다. 런팡(任方)에 따르면, 일본이나 서구 중심주의가 침략적 문화식민을 의미하는 데 비하여 중국중심주의는 평화적 문화전파를 의미한다. 그래서 그는 주변 국가에 대한 중국의 문화적 영향력이 한 · 중 · 일 관계사의 중심축이라고 본다. 이처럼 위계질서형 동아시아사에서는 자국의 중심성만 중요하지 중국의 제국성, 그것이 주변 소국들에게 미친 대국으로서의 침략적 행위와 부정적 의미에 대해서는 아무런 관심이 없다. 그에 비해 뤼정리(呂正理)의 《역사를 보는 또 다른 눈: 한 · 중 · 일 · 대만과 그 주변세계의 상호작용하는 역사》(2010)는 비록 위계질서형 지역개념을 기본으로 하였으나 그 속에서 이웃나라와 상호작용하는 교착관계를 중시하여 자국사를 상대화하려 노력하였다.[29] 중국 역대 왕조가 주변 국가나 민족에게 그럴듯한 명분을 앞세워 단행한 '정벌'(상국이 하국의 무도함을 무력으로 바로잡는 것이어서 문명화 과정일 뿐 침략이 아니다!)을 명백히 '침략'이라 규정한 것이 그런 예다. 이 책은 대만에서 대만학계의 연구를 종합하여 저술한 것으로 대륙 학계의 시각과 상당한 차이가 있어 앞으로 그에 대한

2000》 上 · 下, 天津: 天津人民出版社, 2010 등이 눈에 띈다. 畢健康 外, 〈"十一五"期間我國亞洲史硏究狀況〉, 《世界歷史》 2011年 4期.

28 런팡, 〈동아시아사의 구축 및 관련문제〉, 아시아평화와역사연구소 엮음, 《한중일 동아시아사 교육의 현황과 과제》, 선인, 2008, pp. 76-108.

29 呂正理, 《另眼看歷史: 一部有關中日韓臺灣及周邊世界的多角互動歷史》(上 · 下), 臺北: 遠流出版公司, 2010.

반응이 주목된다.

해방 후 한국의 동양사학은 초기에 일본판 동양사학에 내재된 황국사관과 식민사학의 극복을 과제로 삼았다. 그 핵심은 지나친 중국 중심에서 벗어나 교류사·관계사·비교사의 방법으로 중국사를 동아시아사 속에서 인식하고자 하는 데 있었다. 중등 교과서《이웃나라의 역사》(1949-1954)가 이런 사정을 잘 보여 주었거니와 이에 대해서는 다음 장에서 상술하기로 한다. 채희순(蔡曦順)의《동양사개론》(1954)은 중국 문화와 인도 문화를 중심으로 고중세를 파악하고 불교로 양자를 상호 관련지었으며 명말 이래 유럽의 도래와 침략을 중시해 이를 "동서혼성시대"라 불렀다. 그 결과 일본과 베트남 등 이웃나라가 소외되었다. 한국의 동양사 개설서에서 일본과 베트남의 역사를 중국과 한국의 역사와 함께 포괄하여 하나의 단위로 다룬 첫 사례는 페어뱅크 등이 쓰고 김한규·전용만 등이 우리말로 옮긴《동양문화사》상·하(1991-1992)이다. 이는 동아시아의 전통과 근대적 전환을 중국 문명을 중심으로 '중국형', '변형'(한국·베트남), '수용과 일탈'(일본)의 세 유형으로 구분한 점이 눈에 띄지만, 4국의 통사를 합쳐 놓은 것이다. 장별 비중은 중국 14장, 일본 8장, 한국 2.58장, 베트남 1.58장이다. 한국과 베트남에 관한 내용은 전근대사에 치중되어 있다. 이 책은 한·중·일 3국만을 다룬 그 초판이 다른 역자의 번역으로 출간되어 1960년대부터 사용될 정도로 지속적인 영향을 미쳤다.

한국인 학자의 저술(대학 강의 포함)에서 소략하게나마 일본사와 베트남사가 포함된 것은 1980년 이후다. 민두기 등이 엮은《동양사강의요강》(1981)은 중국(9장), 일본(4장), 북방민족(1장), 베트남(1장)으로 구성되어 있다. 그 서장에서 '동아시아사의 환경'을 설명한 것으로 보아 동양사 전체가 아닌 동아시아사를 추구한 것으로 보인다. 동양사학회가 엮은《개관동양사》(1983)에는 거기서 한발 더 나아가 인도사가 추가되었다. 그러나 대다수 대학에서 동양사는 여전히 중국사를 벗어나지 못하였다. 한국의 일부 대학에서 동아시아사가 하나의 지역사 강좌로 개설된 것은 동아시아 담론이 활성화된 1990년대 후반의 일이다. 한국에서 처음으로 동아시아사 저술이 나온 것은 2000년대의 일로서, 유용태 · 박진우 · 박태균의 《함께 읽는 동아시아 근현대사》 1 · 2(2010 · 2011)가 그것이다.

3. 동아시아사의 구성방법

동아시아사를 지역사로 구성하는 방법에 대해서는 여러 가지 제안이 나와 있다. 국내외에서 교류사를 중시하는 견해가 많지만 나는 연관(connections)과 비교(comparisons)의 두 가지를 결합하는 방안이 바람직하다고 보아 이를 중심으로 하는 방법을 강조하고자 한다. 이는 2008년 한국의 동양사학의 동아시아사 인식과 구성을 검토한 결과 얻은 결론이며 《함께 읽는 동아시아 근현대사》에 이 방법을 부분적으로 적용하였다.

연관사는 교류와 왕래를 포함하는 직접적인 상호관계뿐만 아니라 간접적인 상호 영향과 논리적 · 구조적 연관성까지 포함하여 일국사 혹은 양국 관계사의 범위를 넘어 파악하기 위한 방법이다. 관계사는 우리가 극복하고자 하는 일본판 '동양사'에도 있었으니, 그것은 한족 중심의 중국사(국가사)와 그 주변 민족 · 국가의 관계사로 구성되었다. 연관사는 관계사를 포함하면서도 그것을 능가하는 더 높은 수준의 체계적 사유 영역이다. 언뜻 보기에는 상관이 없어 보이는 사실들조차 내적으로 긴밀하게 연관되어 있음을 포착해 내는 것이다. 이는 상호의존성을 깨달아 소통과 공존의 역사인식을 증진하는 고도의 사고실험이다. 역사상 경험의 공유는 동아시아를 구성하는 필요조건일 뿐이고 바로 이 상호연

관성을 인식하는 것이야말로 동아시아사 구성의 충분조건이다.[30]

역사주체들 상호 간의 연관성은 세 층차로 나누어진다. 첫째, 직접적 연관성이다. 양자관계에서든 다자관계에서든, 일방향이든 쌍방향이든 직접 영향을 미치거나 관계를 맺는 것이다. 외교사·관계사와 교류사·교섭사 연구에 의해 밝혀진 내용들이 이에 속한다. 둘째, 평행적 연관성이다. 특산물과 노역도 포함하던 조세가 17세기 이래 토지세로 일원화되는 지세화 추세, 그리고 주자학과 해금정책이 동아시아 4국에서 거의 동시에 나타난 것을 그 예로 들 수 있다. 타이어와 인도네시아-말레이어가 유럽 식민세력에 의해 획정된 국경을 가로질러 동남아시아 각지에 널리 공유된 것도 이 부류에 속한다. 셋째, 간접적·장기적 인과 연관성이다. 이는 다시 단기적으로 A와 B의 관계에서, B와는 무관한 C가 A와의 관계를 통해 인과적 영향을 미치는 것, 장기간에 걸쳐 구조적으로 드러나는 인과관계로 나눠진다. 뒤에 제시한 연관사례는 전자의 예에 속한다. 이들 중 우리가 지역사의 구성방법으로 새롭게 주목하고자 하는 것은 난이도가 가장 높은 세 번째 층차다.

연관사로 파악될 수 없는 사실들을 파악하기 위해서는 다른 방법이 요구된다. 서로에 대한 편견을 줄이고 개성을 서로 존중하기 위해서는 상대국 역사발전의 독자성을 이해해야 하는데, 비교사가 이런 필요에 부응할 수 있다.[31] 비교사는 상호 연관된 사실도 대상으로 삼을 수 있지만 연관사로 파악될 수 없는 사실에 대하여 동아시아 차원의 비교를 시도함으로써 그 공통점과 차이점을 찾고 차이의 원인을 탐색하는 사고의

30 민두기, 〈동아시아의 실체와 그 전망〉, 《시간과의 경쟁: 동아시아근현대사론집》, 연세대학교출판부, 2001, pp. 48-62.

31 김성보, 〈민족·국민사와 동아시아사의 접맥〉, p. 821; 박원호, 〈'동아시아사로서의 한국사' 구성을 위한 재론〉, 《韓國史學報》 34호, 2009.

실험을 풍부하게 할 수 있다. 비교의 방법은 그 수준에 따라 낮은 단계의 병렬 비교(다양성이나 공통점을 병렬적으로 제시)에서 시작하여 원인 분석 비교, 법칙 도출 비교 등 여러 수준의 시도가 가능하므로 필요에 따라 적절히 활용할 수 있다. 비교 대상에 따라서는 그것을 시간을 달리하여 찾는 통시적 비교와 공간을 달리하여 찾는 공시적 비교로 나눌 수 있다.[32]

비교의 과정에서 유의할 점 두 가지를 강조하고 싶다. 하나는 어느 한쪽을 기준으로 삼아 다른 쪽을 일방적으로 재단하는 식으로 비교하는 경우가 일반적인데, 그로 인해 역사상을 오히려 왜곡할 수 있으므로 쌍방향의 비교를 통해 결론을 도출해야 한다는 점이다. 다른 하나는 개별 사건에 보이는 단순한 결과나 현상의 비교를 넘어 역사적 맥락을 고려한 원인의 비교로 나아가야 한다는 것이다. 원인의 비교라 하더라도 맥락의 대조를 결여한 채 거시인과분석만 진행될 경우 거시인과분석이 잘 이루어졌다 하더라도 맥락의 대조에서는 가치 없는 연구가 될 수 있으며, 실제 취급된 사례를 넘어 비교사적 인과론을 일반화하기 어렵다. 이른바 "유교자본주의론"이 그 대표적인 예라 할 수 있다.[33] 이 두 가지 함정에 빠지지 않으려면 일대일의 양자 비교를 넘어서 3자 비교로 나아가는 것이 바람직하다.

비교사의 대상은 두 부류로 나누어 볼 수 있다. 하나는 상호 교류·관계와 연관성이 있는 대상으로, 가령 유교와 불교가 동아시아 각국에 공유되었음에도 각기 어떤 독자적 특징을 갖고 있으며 왜 그런 특징이

---

32 전해종, 《동아문화의 비교사적 연구》, 일조각, 1976; 전해종, 《동아사의 비교연구》, 일조각, 1987; 강선주, 〈동아시아 담론과 비교법을 활용한 동아시아사 교육〉, 《역사교육 새로 보기: 복합의 시각》, 한울, 2015, pp. 172-188.

33 유용태, 〈집단주의는 유교문화인가: 유교자본주의론 비판〉, 《경제와사회》 49호, 2001; 유용태, 《환호 속의 경종》, 휴머니스트, 2006, p. 359.

생겼는지 등을 드러낼 수 있다. 다른 하나는 그러한 직접적 교류나 영향이 없거나 적은 대상으로, 가령 농민사회의 공통점과 차이점을 드러낼 수 있다. 각국 농민들 간에 상호 교류가 거의 없었음에도 사고방식과 행동 패턴에 상당한 공통점이 있으며, 그럼에도 불구하고 농민의 집단행동이 민란이나 농민전쟁으로 발전한 경우(한국·중국·베트남)와 그렇지 못한 경우(일본)로 큰 차이를 보였으니 이를 유형화하고 그 원인을 찾도록 도울 수 있다.

그 밖에도 비교사의 대상으로 삼을 만한 대상은 많다. 예컨대 에도시기 일본의 상품화폐경제는 명·청대 중국의 그것 못지않게 발달했고 그 정도는 조선보다 앞서 있었던 것으로 보인다. 그런데 명·청과 조선 후기에 조세의 금납화(金納化)를 추진한 것과 달리 일본에서는 그런 변화가 나타나지 않았다. 이는 어떤 이유 때문이며 그 속에는 어떤 의미가 담겨 있는 것일까? 인정(仁政)에 의거한 문인사대부 국가(한국·중국·베트남)와 무위(武威)에 의거한 무사국가(일본) 중 근대국가로의 체제전환을 모색할 때 상대적으로 용이한 것은 어느 쪽이며 그 까닭은 무엇인가? 중화민족 개념을 제국시기 일본민족이나 베트남민족 개념과 비교해 보면 그 팽창지향·제국지향을 드러내는 것과 아울러 조선이 제국화하지 못하는 동안 제국화에 성공한 주변 3국의 민족인식이 놀라울 정도로 제국성을 공유하고 있다는 사실도 새삼 발견할 수 있다.[34] 이런 문제의식은 일국사의 틀 속에서만 바라보아서는 발견하기 어렵다.

앞에서 나는 연관과 비교의 지역사를 동아시아 역내의 상호관계를 조직하는 방법으로 강조했으나, 이는 동아시아의 지역사와 세계사의 또

34 유용태, 〈탈냉전기 동아시아 민족문제의 재인식〉, 《환호 속의 경종》, 휴머니스트, 2006, pp.393-441; 유용태, 〈근대중국의 민족제국주의와 단일민족론〉, 《동북아역사논총》 23호, 2009.

다른 구성 단위인 다른 지역사들 간의 상호관계를 이해하는 데에도 적용될 수 있어야 한다. 그렇지 않으면 동아시아사를 그 자체 안에서 자기완결적으로 전개된 것처럼 인식해 특권화할 우려가 있다. 예컨대 기마전법과 관련해서는 중앙아시아와, 불교와 관련해서는 남아시아와 관련지어 살필 수 있게 하고, 반대로 제지술·화약·나침반 등의 과학기술과 유교가 중세유럽의 변화와 계몽사상의 형성에 미친 영향을 살필 수 있게 해야 한다. 그래야 비로소 동아시아사는 세계사의 한 단위로서의 의미를 갖게 된다.

그렇다면 연관사와 비교사는 서로 어떤 관계에 있으며 지역사의 구성에서 어떤 의미를 갖는가? 학계에는 비교를 통해 연관성을 드러내자는 견해도 있다. 한·중·일 3국의 근대이행을 "비교"하여 "상호 연관관계"를 규명한다거나 "공통성과 함께 지역 간의 차이가 공시적으로 갖는 관련성을 찾고자" "비교연구"를 시도한다는 것이 그런 예다.[35] 위에 말한 세 가지 연관성 중 첫째와 둘째 층차의 경우에 한하여 사례에 따라 우연히 그럴 수는 있다. 그러나 연관과 비교는 전혀 다른 연구방법이다. 가령 미국 듀크대학의 '지역학(area studies)' 연구자들이 "지난 여러 해 동안 [⋯] 비교론적 방법(comparative method)에 주로 초점을 맞춰 왔다. 그러나 올해부터는 이에 대신하여 연관적 분석(connective analysis)에 더 초점을 맞추겠다"라고 접근방법의 변화를 추구한 데서도 분명해진다.[36]

35 백영서 외, 《동아시아 근대이행의 세 갈래》, 창비, 2009, p.6, p.23; 김경호·손병규, 《전근대 동아시아 역사상의 士》, 성균관대학교출판부, 2013, p.6.

36 "Comparative Area Studies 125"(Duke University, 1998), 황동연, 《새로운 과거 만들기》, p.63에서 재인용. '지역학'이라는 area studies의 번역어가 '지역사(regional history)'의 '지역'과 겹치는 바람에 혼동의 소지가 발생한다. 미국이 주도해 온 전자는 특정 구역(area) 내의 다양한 차이와 복잡성을 제거하고 선험적인 통합성을 들씌워 역사와 현실을 단순화한다. 임성모는 이러한 패권적 '지역학' 연구를 비판하고

미야지마 히로시와 배항섭이 엮은《동아시아는 몇 시인가》(2015)가 2부 "연동하는 동아시아"와 4부 "비교사로 본 동아시아"로 구분한 것도 둘의 차이점을 의식한 결과다. 그러나 2부의 내용은 교류사와 관계사에 국한되어 있어 내가 강조하는 연관사의 핵심인 간접적·장기적 연관성에는 이르지 못하였다.

연관과 비교 중 어느 하나도 불가결하지만 전자가 후자보다 상대적으로 더 중요한 의미를 갖는다. 비교의 방법이 지역사의 필요조건이라면 연관의 방법은 그 충분조건이다. 연관의 방법을 통해 역사주체들 간의 직·간접적인 상호연관성을 드러내는 한편, 비교의 방법으로 구성주체들의 자주성과 독자성을 드러냄으로써 이웃나라 역사와 그 사람들의 내면을 이해하는 데 이를 수 있다. 연관사와 비교사는 모두 '문제의 발견'을 촉진하고 사고의 실험을 깊고 풍부하게 만들 수 있는 방법이다. 그러나 비교사든 연관사든 자국사의 제국성을 성찰하는 관점(자성사관)에서 출발하지 않으면 오히려 제국성을 현창하고 옹호하는 관점(자만사관)을 증폭시키는 결과를 초래할 수 있다. 무엇을 위한 지역사인가를 따져 물어야 하듯이 무엇을 위한 연관과 비교인가를 따지지 않으면 안 되는 까닭이다.

이러한 연관사와 비교사의 인식대상인 역사주체들은 동일 평면상의 대등한 행위자가 아니라 세력의 크기와 위치에 따라 변화하는 국제적 위계질서 속에 놓여 있었다. 근대 이전 시기 그 위계는 중심(중국)-소중심(한국·일본·베트남)-주변(몽골·티베트)의 세 층위로 파악된다.[37] 시야를 좀 더 넓히면 태국도 주변 소국들로부터 조공을 받는 소중심이었

'리저널 히스토리'의 가능성을 논하였다. 임성모, 〈주변의 시선으로 본 동아시아사〉, 《역사비평》 79호, 2008.

37 민두기, 〈동아시아의 실체와 그 전망〉, pp. 61-62.

으니 이를 추가해야 한다. 몽골과 티베트는 물론이고 청국의 제국화 과정에서 정복된 대만과 위구르, 일본의 제국화 과정에서 병합된 에조(홋카이도)와 유구왕국(오키나와), 베트남의 제국화 과정에서 정복된 참파왕국 등도 동아시아를 구성하는 '주변'으로 포함시켜야 마땅하다. '소중심'도 '중심'에 대해서는 '주변'이지만 '주변'에 대해서는 '중심'이기 때문에 은연중에 내면화된 '중심'의 시각을 성찰하도록 자극하는 강점이 생긴다. 그럼으로써 중심으로부터 자신에게 가해지는 차별과 억압을 문제삼을 뿐만 아니라 자기 스스로도 그보다 더 주변적인 대상을 차별하고 억압한다는 억압이양의 구조를 자각하여 이로부터 다시 중심의 지배를 문제삼을 수 있게 된다.[38] 이는 역사 속에 존재한 중심을 부정하고 해체하는 것이 아니라 (소)중심과 그 이웃나라의 '관계'를 지역사의 맥락에서 성찰하기 위한 방법이다. 동아시아사의 행위자를 (소)중심 국가들에 한정한다면 국민국가 형성에 도달하지 못한 주변의 주체들이 배제되므로 동아시아사를 도입하는 의미가 감소될 수밖에 없다. 이 점에 유의하여 역사주체들 간의 "헤게모니적 상호연관성"을 드러내야 지역사의 의미를 온전히 살릴 수 있다.[39]

이 세 위계론은 전근대의 동아시아 역내 위계구도를 이해하기 위한 틀이지만 근대시기에 미국과 러시아 등 서구열강이 개입하는 달라진 조건 속에서도 변형된 채 지속되었다. 근대에는 중심국이 중국에서 일본으로 바뀌었고 그에 따라 주변과 소중심, 그리고 중심 중국까지 제국일본의 식민지나 점령지로 되었다. 이윽고 냉전시기에는 그 중심이 미국

38 백영서, 〈주변에서 동아시아를 본다는 것〉, 정문길 외 엮음, 《주변에서 본 동아시아》, 문학과지성사, 2004, pp. 16-19.

39 박혜정, 〈지구사적 관점에서 본 동아시아사의 방법과 서술: 인도양 연구에 대한 비판적 고찰을 토대로〉, 《동북아역사논총》 40호, 2013, p. 133.

으로 바뀌었다. 그런 면에서 세 위계론은 근대를 성취한 국가·민족과 함께 그들의 근대를 위해 소외된 주체들까지 우리 시야에 넣도록 우리를 이끌어 줄 것이다.

이와 비슷한 이치로 '중심'이든 '주변'이든 그 행위자를 국가 영역에 한정하지 말고 사회 영역까지 포함하여 넓혀야 한다. 민간·민중의 국제적 교류나 연대는 국가 차원의 외교적·제도적 교류와 연대를 다루는 '국가의 연관사'와 짝을 이루어 '사회의 연관사'의 주요 대상으로 주목되어야 한다. 한편 교류·연대 관계에서 상대적으로 소외된 농민의 경제사회와 농민문화 등은 '국가의 비교사'와 짝을 이루는 '사회의 비교사'의 주요 대상으로 중시할 필요가 있다. 사회의 비교사에서도 국가 간의 위계를 파악하는 '중심-주변'의 시각을 여전히 견지하는 것이 중요하다. 그래야 신분과 계급의 문제, 여성과 소수자의 문제까지 아우를 수 있다. 이처럼 동아시아사의 구성을 위해서는 국가와 사회 두 영역의 심층에까지 파고들어 그 연관성과 독자성을 인식하고 드러내는 작업이 필수적으로 요청된다.

4. 연관사의 사례들

지역사를 구성하는 복수의 주체들의 활동을 상호 유기적으로 조직하려면 눈에 보이는 직접적인 관계뿐 아니라 구조적이고 간접적인 연관까지 드러내야 한다. 장기적·구조적 연관사의 예는 많지만 일찍이 안재홍이 주목한 다음 예가 눈길을 끈다. 조선의 자주독립이 동아시아의 평화와 어떻게 관건적으로 연관되어 있는지, 당이 고구려를 멸망시킴으로써 동북아시아 안정의 균형추가 무너져 동북 유목민족의 흥기를 촉진하여 한반도는 물론이고 중국 자신도 전란과 재난에 휩싸이게 된 것이 그 예다.

청일전쟁 이래 청·일·러 3제국의 패권경쟁 속에 조선과 만주가 동시에 침략당하고 그것이 곧 중국을 포함한 동아시아 전체의 전란으로 확대된 것도 마찬가지 예에 속한다. 바로 그렇기 때문에 조선민족의 반침략투쟁이 중국과 일본에 방파제 역할을 하였고 몽골의 침략에 대한 고려인과 베트남인의 저항이 일본 원정을 지연·저지하는 효과를 초래한 것이다.[40]

그 밖에 연관사로 파악될 만한 예는 많다. 천자(天子)의 나라 천조대국을 자처한 청국이 서양 오랑캐의 하나로 깔보던 러시아를 상대로 대등한 입장에서 네르친스크 조약(1689)을 맺은 것은 서몽골(준가르)이 코사크와 연합해 청국을 위협할 것을 염려한 때문이었고, 캬흐타 조약(1727)을 맺은 것은 티베트 정복을 앞두고 북방 변경(邊境)의 안전을 확보하기 위함이었다.[41] 근현대의 예는 더욱 많다. 아편전쟁의 결과가 동아시아 각국의 개항에 연쇄적으로 영향을 미친 것, 아편전쟁 직후 중국인의 항영(抗英)투쟁과 태평천국운동이 구미세력의 일본 침략을 지연·저지하는 효과를 초래한 것, 조선의 멸망이 신해혁명을 앞당기고 신해혁명이 조선과 베트남에 공화주의를 확산시킨 것 등도 주목되는 예다.

좀 더 광의의 동아시아 범위에서 상호연관성을 보여 주는 역사적 사례를 두 개만 더 들어보자.

연관사례 1

[그림 2]에 나타난 '연도별 무장공비 출현 현황(1965-1973)'은 해당 시기 북한이 남한에 파견한 무장게릴라의 추이다. 1965년에 시작되어 1968

---

40 최원식, 〈탈냉전시대와 동아시아적 시각의 모색〉, 《창작과비평》 21권 1호, 1993.

41 구범진, 《청나라, 키메라의 제국》, 민음사, 2012, pp.156-162; 임계순, 《淸史: 만주족이 통치한 중국》, 신서원, 2001, pp.262-264.

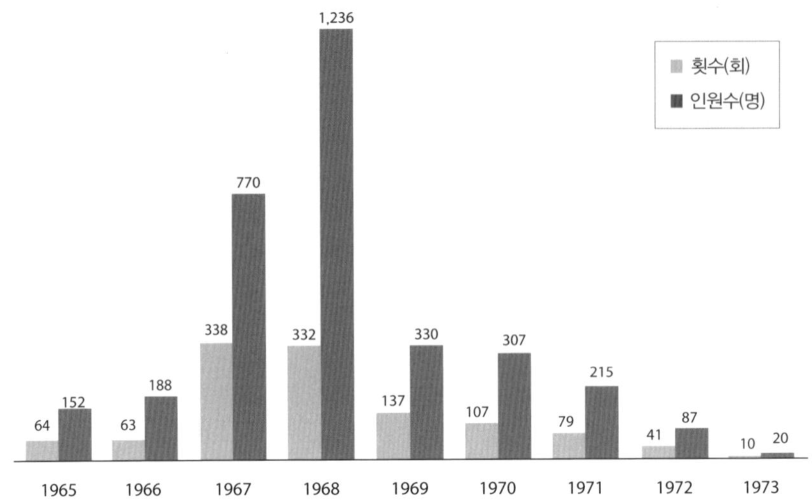

그림 2. 연도별 무장공비 출현 현황(1965-1973)

출전: 강인덕, 《북한전서》 하권, 극동문제연구소, 1974, pp.101-107의 통계를 바탕으로 작성.

년에 정점에 달했다가 1973년에는 거의 잦아들었음을 보여 준다. 그 정점의 최고조는 1968년 1월 21일 김신조 일당의 청와대 습격 사건이다. 한국사에서는 이를 단지 냉전시기 북한에 의해 조성된 안보위기로만 파악할 뿐이다.[42] 당시의 북한전문가는 이에 대해 "대한민국의 급격한 경제성장"과 "국력증강을 방해하기 위해" 종래의 지하당 공작을 넘어서 이 같은 군사적 도발을 감행한 것으로 설명하였다.[43] 남북한 간의 대결이라는 맥락에서만 이해한 점에서 마찬가지다. 그렇다면 남한의 경제성장과 국력증강이 그때 끝났다는 것인지, 아니면 북한이 그때 이미 패배를 인정하고 포기했다는 것인지 납득되지 않는 설명이다. 역사학은 현상 기술을 넘어 원인 설명으로 나아가야 한다. 왜 하필 1965년에 시작

42 한영우, 《다시 찾는 우리역사》, 경세원, 2002, p. 572.

43 강인덕, 《북한전서》 하권, 극동문제연구소, 1974, p. 101.

되어 1968년 절정에 달했다가 1973년에 끝났을까?

동아시아 차원에서 보면 도표에 나타난 북한의 무장게릴라 남파는 한국군과 주한미군의 베트남 파병을 저지하여 북베트남을 돕기 위한 사회주의권의 전략적 기획의 소산으로 이해된다. 한국군은 1965년부터 전투병을 파견하여 1973년 철수하였다. 무장게릴라 남파의 시작과 종점이 왜 그때인지를 말해 준다. 1968년 정점은 베트남 전장의 '뗏(Têt) 공세'와 연관되어 있다. 북베트남과 남베트남민족해방전선은 그동안 음력 설날(베트남어로 '뗏')에는 휴전해 온 관례를 깨고 1968년 1월 31일 설날 대규모 군사작전을 감행하였다. 이에 사이공의 미국 대사관이 점거당하는 초유의 사태가 벌어졌고 남베트남 15개 도시의 정치·군사 거점이 일시 점령되었다. 북한군은 1월 21일의 청와대 습격에 이어 이틀 만인 23일 동해상에서 미국 정보군함 푸에블로호를 납치하였다. 당시 미국은 이 두 사건을 뗏 공세에 호응하여 미리 미군의 관심과 전력을 분산시키려 한 전략으로 보았다.[44] 그 직후인 1968년 2월 23일 한국군의 하미 학살과 3월 16일 미군의 미라이 학살은 뗏 공세에 대한 반격 작전 과정에서 발생하였다. 바로 그해에 무장게릴라 남파가 정점에 달한 것은 이에 대한 북방삼각동맹의 재반격이라 할 수 있다. 무장게릴라 남파가 1969년부터 급감하여 1973년에 거의 자취를 감춘 것은, 1968년 말 닉슨(Richard Nixon)이 베트남에서의 미군 철수를 대선 공약으로 내세워 승리한 후 이를 단계적으로 실행했고 그에 따라 한국군도 1973년 철수를 완료했기 때문이다.

---

44 실제로 1963-1967년 사이 중국을 매개로 북한과 북베트남 지도자들이 수시로 만나 전략을 숙의한 사정은 저우언라이(周恩來)의 활동일지 등을 통해 어느 정도 확인할 수 있다. 이기종, 〈한국군 베트남 참전 결정요인과 결과 연구〉, 고려대학교 박사학위논문, 1991, p.141; 유용태, 〈동아시아의 베트남 전쟁: 남북 삼각동맹의 대응〉, 《환호 속의 경종》, 휴머니스트, 2006, pp.335-339.

연관사례 2

1870년대에 일본의 메이지 정권은 동아시아의 중심국이었던 청국과 전쟁을 불사하는 강경한 자세로 대외 군사행동에 나서 대만과 강화도를 침공하고 유구왕국을 병합하였다. 국력 차이가 현격한 상황에서 어떻게 이것이 가능했을까? 무사국가의 전통을 이어받은 유신 주도 세력의 용단만으로는 설명되지 않는다. 이는 청국의 서북위기와 연관되어 있다. 1868년 유신을 단행한 직후 그 지도자들은 대외적 무위(武威)를 창출함으로써 불안정한 정권 기반을 공고히 하려는 필요에서 조숙한 대외팽창을 기도하였다. 15세기 이래 통일된 독립왕국인 유구를 1872년 일본 국내의 한 번(藩)을 의미하는 유구번으로 편입시킨 후 청국에게 이를 기정사실화하기 위해 1874년 대만을 침공했으며, 유구왕실과 청국의 반대 속에 1879년 오키나와현으로 강제 병합하였다. 유구 어민이 대만 해안에 표착했다가 현지인에 의해 살해된 것을 구실로 삼았으나 이는 그야말로 구실에 불과하였다. 1875년 강화도 침공은 대만 침공의 재현으로서, 이 두 사건은 청국 중심의 동아시아 국제질서에 대한 일본의 제1차 타격이었다. 내전을 통해 성립된 메이지 정권은 당시 반대세력의 저항에 부딪혀 불안정하였고 이를 보여 주는 사무라이 반란이 잇달아 발생하여 1877년 세이난전쟁(西南戰爭)에 이르러 비로소 진압되었다. 그런 상황에서 청국과 그 조공국을 대상으로 군사행동을 감행할 수 있었던 것은 청국이 서북 변경에 위치한 동투르키스탄의 위기로 인해 전력이 분산되었기 때문이다.

동투르키스탄은 터키계 이슬람교도의 거주지였는데 18세기 청국에 정복되었다. 1860년대에 남진하는 러시아와 인도를 넘어 북진하는 영국의 세력이 미치는 가운데 청국의 지배로부터 이탈하는 이슬람교도의 독립과 반란이 잇달았다. 호칸드 장군 야쿱 벡(Yaqub Bek)의 지도하에 이슬람국가가 1865년 성립되었으며, 더구나 1871년 러시아가 이 일

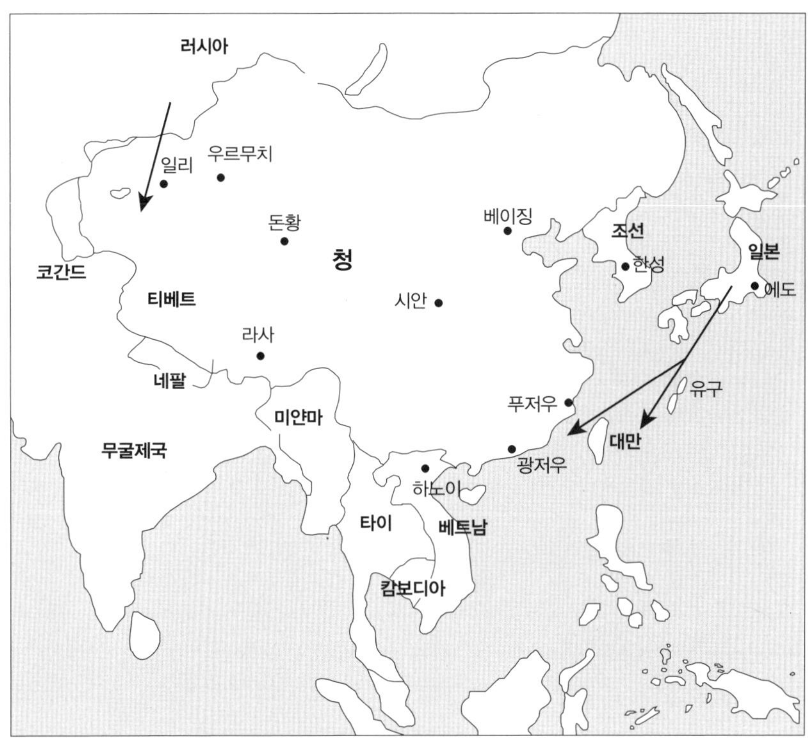

그림 3. 1870년대 청국의 서북위기와 동남위기

대의 전략적 요지인 일리 강 유역을 점령함으로써 위기는 가중되었다. 이에 청국은 강희제(康熙帝) 때처럼 러시아를 상대로 해서는 양보도 포함하는 협상으로 임하되 이슬람교도 세력에 대해서는 무자비한 학살을 가하면서 진압에 나섰다. 이렇게 하여 서북 변경의 위기를 겨우 진정시킨 것이 1877년이다. 일본의 대만 침공은 메이지 정부가 고용한 서양인 고문을 통해 이 같은 사정을 파악하고 그 틈을 노려 단행한 것이었다.[45] 그로 인해 청국은 동남 해안과 서북 내륙의 양극단에서 발생한 안보위

45 오비타나 스미오, 〈근대일본 대륙정책의 구조: 타이완 출병문제를 중심으로〉, 《동북아역사논총》 32호, 2011.

기에 직면해야 했고 조정 안에서 해안방비를 우선할 것인지 내륙방비를 우선할 것인지를 둘러싸고 노선 대립이 첨예화되었다. 이것이 이른바 육방론(陸防論)과 해방론(海防論)의 논쟁이다.

이와 유사한 연관사의 선례는 7세기에 티베트와 당, 한반도 사이에 이미 있었다. 676년 신라는 당시 세계 최강이던 당(唐) 제국의 한반도 지배에 맞서 저항전쟁을 감행하였고 결국 승리하여 통일의 위업을 달성하였다. 국력 차이가 현격한 상황에서 어떻게 이런 일이 가능했을까? 김춘추를 비롯한 신라인의 분투나 고구려·백제 유민의 공동 저항만으로는 설명되지 않는다.[46] 동아시아 지역사의 시각에서 보면 당 제국은 서남 변경을 위협하는 티베트에 대처하기 위해 나당전쟁(羅唐戰爭)을 중도에 포기할 수밖에 없었고 그 후에도 설욕전을 감행할 수 없었다. 그에 앞서 당 태종은 문성공주를 티베트에 시집보내 결혼동맹을 맺고서야 비로소 대군을 고구려 공격에 투입할 수 있었는데, 이것이 거꾸로 티베트가 서북 일대에서 팽창하는 여지를 만들어 주었다. 이 연관성은 이미 여러 지역사 저작에서 주목되었다.

7세기 말에서 8세기 초에 동북아시아에서는 당 제국과 그 서쪽의 티베트·돌궐, 그 동북의 거란·발해, 동쪽의 신라가 서로 얽혀 상호 견제하는 국제정세가 형성되었다. 이때 신라·발해·당은 각기 왜(일본)를 자기 편으로 끌어들이기 위해 외교적 경쟁에 열을 올렸다. 이것이 당시 왜의 지도층으로 하여금 대국의식을 강화시켜 신라를 번국(蕃國)으로 하는 황제국을 자처하면서 관념상의 소천하질서를 구축하게 만드는 결과를 초래하였다.[47] 이러한 관념은 바로 그 무렵인 8세기 초에 편찬된

46 한영우의 《다시 찾는 우리역사》(p. 102)에서는 당의 야욕에 분개한 신라가 당군을 몰아내기 위해 고구려 부흥운동을 후원하고 힘을 합쳐 당군을 격파하였다고 보았다.

47 노태돈, 〈나당전쟁과 羅日관계〉, 역사학회 엮음, 《전쟁과 동북아의 국제질서》, 일조

《일본서기(日本書紀)》에 고스란히 담겨 지속되었다. 요컨대 나당전쟁의 동아시아 국제정치학은 신라와 당을 중심으로 하되 그 서방의 티베트와 그 동쪽의 일본에까지 이어지는 연관성 속에서 파악할 때 지역사적 맥락이 온전히 살려질 수 있다.

5. 동아시아 지역사의 특징과 의의

이상과 같이 연관과 비교의 지역사를 3위계론에 의거하여 구성하는 것은 장기간에 걸쳐 도달할 수 있는 목표다. 당장 이를 실천하기는 여러 요인에 의해 제한될 수밖에 없다. 우선 그간 진행된 우리의 연구 성과를 보면 교류·교섭사와 관계사 연구, 그리고 각국사 안의 맥락에서 선택된 미세한 실증연구가 대부분이다. 더구나 근현대사 부분의 연구는 탈냉전과 함께 비로소 시작된 터여서 그런 개별 연구조차 일천하다. 또 하나의 제약요인으로 간과할 수 없는 것이 전통적 화이사상의 지속이다. 이것이 유럽중심주의와 뒤섞인 채 동아시아인의 역사인식에 영향을 미쳐 국가 간의 위계화를 은연중 당연시하는 사고를 내면화하였다.

이상의 논의로부터 보건대 동아시아사란 국가로 대표되는 구성주체들의 폭력성과 제국성을 상대화하고 성찰하면서 상호 연관성·의존성과 자주성·독자성을 동시에 드러내는 지역사라고 할 수 있다. 다른 한편으로는 근대성과 근대를 절대화하는 근대주의와 발전사관을 넘어서서 유럽 중심의 일원적 근대성에 의해 억압된 지역문화의 다원적 가능성들을 복원하지 않으면 안 된다. 따라서 제국일본의 식민정책학으

각, 2006.

로 성립된 '동양사'의 시각과 구별되는 동아시아사의 시각은 연관과 비교의 방법으로 제국성을 성찰하고 그에 의해 억압된 주체성을 회복하는 데 초점을 두며 '자기성찰형 지역사'의 특징과 의의를 갖는다.

이를 좀 다른 측면에서 보면, 자기성찰형 지역사는 20세기 초 일본에서 특권적 제국의식에 의거해 제국·대국 위주로 체계화된 '동양사학'을 극복하고 '역사학의 민주화'를 이룩하는 의미도 갖게 된다. 세계사가 강대국 중심으로 구성되었듯이 종래의 동양사 역시 그러한 것은 세계사적 중요성을 내용 선정의 기준으로 삼은 결과다. 그러한 기준에 의거하는 한 세계사적 의미를 가진 제도와 사상, 사건과 인물, 문화와 과학기술 등에 관심을 집중하기 때문에 강대국이 아닌 가까운 이웃나라 역사와 그것을 포함하는 지역 단위 역사를 홀시하고 왜곡하며 아예 역사주체로 인정하지 않기도 한다. 지역사는 이들 약소한 역사주체들의 정당한 위치를 찾아 그들의 스토리를 복원하고 그들의 시각에서 강대한 역사주체들을 비춰볼 수 있게 해 준다는 점에서 '역사학의 민주화'를 촉진할 수 있다.[48] 이는 한 나라 안에서 역사주체를 지배 엘리트에 한정해 온 관행을 넘어 하층 대중에게로 확장한 것을 역사학의 민주화라 한 것과 짝을 이룬다.

이런 의의를 살리기 위해서라도 우리는 근대주의가 인류사의 도달점으로 당연시한 자본주의와 국민국가의 억압성을 극복하기 위한 대안적 탐색에 유의해야 한다. 3부에서 그러한 가능성의 유산을 다루었는데, 그 밖에도 제자백가의 동양고전과 무정부주의·사회주의를 포함하는 대안적 사색의 유산을 음미할 필요가 있다. 그래야 대국과 소국의 공존 논리도 마련할 수 있을 뿐 아니라 대국이든 소국이든 사회적 약자들(이

---

48 유용태, 〈근대중국의 민주유산과 동아시아 역사학의 과제〉, 《학림》(연세대) 30권, 2012, pp.124-126.

산자, 소수민족, 이주노동자, 여성 등)에 대한 국가와 자본의 억압에 눈감는 역사인식을 비판하고 민주와 공화의 실질적 진전을 촉진할 수 있다.

그리하면 동아시아 지역사는 무엇보다 우리 자신(한국인, 동아시아인)의 역사인식의 주체성을 일면 회복하고 일면 새롭게 형성하는 데 이바지할 수 있다. 동아시아사는 구미 모델의 부국강병론에 기댄 강자의 논리를 당연시하는 역사인식(제국의 논리)에 의거해 우리 스스로 동아시아를 소외시키고 인간다운 삶의 조건을 억압해 온 궤적을 살핌으로써 동아시아 역내의 평화와 민주주의를 한 걸음 진전시키는 촉진제가 될 수 있다. 근대일본의 '동양사'도 '동양평화'와 '(대)동아공영' 따위의 명분을 내걸었지만 동아시아 이웃들을 비주체화함으로써 제국의 팽창을 정당화하는 인식체계와 이데올로기를 만들어 냈을 뿐이다. 그런데 그것 자체가 근대 동아시아 역사학과 역사교육의 전통이 되어 현재에 작용하는 '과거의 힘'으로 남아 있다. 그러므로 새롭게 동아시아사를 구성한다는 것은 이를 상대하는 격투로서 지극히 어렵고 기나긴 싸움이 아닐 수 없다. 이를 위해서는 동아시아 지역사가 결국 우리 자신의 주체 형성 방법임을 자각하는 것이 불가결하다.

제3장

동아시아사의 구성체계와 가능성

한·중·일의 사례

2차대전 이후 지금까지 동아시아 각국은 자국사-세계사의 2분체제로 역사교육을 진행해 왔다. 그런데 1990년대 이래 자국사의 자국중심주의와 세계사의 유럽중심주의를 극복해야 한다는 역사교육 혁신 요구가 점점 커졌다. 이에 한국정부는 2006년 한·중·일 3국의 역사인식 갈등 완화라는 현실적 필요도 고려하여 고등학교 선택과목에 동아시아사를 도입하기로 결정하였다. 그 결과 2012년 3월 《동아시아사》 교과서(교학사/천재교육, 이하 '교학판'/'천재판'으로 약칭)가 출간되었다. 이로써 한국의 역사교육은 국가사(자국사)-지역사-세계사의 연계형 3분체제를 수립하였다. 이는 여러 가지 불비함을 안고 출발했음에도 동아시아 역사상의 한 사건으로 기록될 만한 창거(創擧)라 할 수 있다.

현재 지역사로서의 동아시아사는 한국에만 있는 교과목이다. 일본에서는 1995년 동아시아사를 교과목으로 신설하자는 제안이 나왔지만 아직 제도화되지 않았다. 그 대신 동아시아역사교육연구회(1996년 성립)가 《동아시아의 역사》를 일종의 대안 교과서로 기획하여 집필을 시작하였고 2003년 총론과 목차를 확정하였다. 아직 출간되지 않은 상태이지만, 다루는 시공간 범위가 한국의 고교《동아시아사》와 유사하기 때문에 구성체계를 중심으로 비교해 볼 만하다고 생각한다. 둘 다 동북아시아에 한정된 협의의 동아시아를 추구하되 선사부터 현대에 이르는 전 시대를 포괄했으며, 연대기식 통사가 아니라 시대에 따른 변화를 크게 몇 시기로 구분하고 각 시기의 주요 특징을 추출해 주제사로 구성한 점도 흡사하다. 협의의 동아시아사로는 대만에서 출간된 뤼정리(呂正理)의《역사를 보는 또 다른 눈》(2010)도 선사부터 1945년까지의 동북아시아사를 다루고 있지만 그 구성체계가 독특해 비교하기에는 적절하지 않다.[1]

동북아시아사를 가리키는 협의의 동아시아사는 동남아시아까지 포함하는 광의의 동아시아사로 나아가야 한다. 그 범위가 워낙 넓고 그 안의 역사주체들 또한 다양할 뿐만 아니라 각각의 발전단계와 양상이 다르기 때문인지, 광의의 동아시아사를 저술하려는 시도는 극히 드물다. 미국의 대학 교재로 출간된 동아시아사는 대부분 한·중·일 3국(간혹 베트남 추가)에 한정되었지만 광의의 동아시아사를 추구한 예도 없지 않다. 워렌 코헨(Warren Cohen)의 *East Asia at Center*(2000)가 그 하나인데 지나치게 동북아시아(특히 중국과 일본)를 중심으로 구성된 통사다. 중국과 한국에서 최초로 출간된 광의의 동아시아사인 양쥔(楊軍) 등이 엮은《동아시아사: 선사부터 20세기 말까지》(2006), 신주백 등의《처음 읽는 동아시아 근현대사 1: 선사시대부터 18세기까지》(2016)가 주목된다. 두 책이 다루는 시기가 겹치는 근대 이전에 한정해서는 비교해 볼 만하다. 이를 바탕으로 협의의 동아시아사를 추구한 앞의 두 사례의 구성체계와 비교해 보면, 동남아시아까지 포함하는가의 여부에 따라 무엇이 달라질

1 정치사를 중심으로 역사원류편(선사-4세기), 서로 맞물린 역사편(4-10세기), 서로 맞물린 역사편(10-18세기), 근대편(19세기-1945년)으로 시기를 구분하는 외에 분야사로 사상과 종교편, 역사의 거울편(흥망성쇠, 인물/사상론)을 따로 두었다.

수 있는지도 드러낼 수 있을 것이다.

1. 고교 《동아시아사》와 그 목표

고교 《동아시아사》는 5년의 준비기간을 거쳐 만들어졌지만 지역사를 쓸 수 있는 학술적 성과가 미흡한 상황에서, 집필 도중에 교육과정이 개정되는 우여곡절까지 겹쳐 앞으로 보완해야 할 과제를 안고 있다. '동아시아사 교육과정'(2007)은 한국사·동양사·역사교육 전공자들의 참여 속에 역사학계의 연구성과와 논의들을 종합하여 만들어졌다.[2] 거기서 동아시아사를 어떻게 인식하고 체계화할 것인지의 뼈대가 일차적으로 제시된 셈이다. 서술 내용에 대해서는 최소한으로 언급하고 구성체계를 중심으로 동아시아 지역사의 현황과 과제 및 가능성을 살펴보겠다.[3]

교육과정에 따르면 동아시아사의 범위는 시간적으로 "선사시대부터 현대까지"이며 공간적으로는 "오늘날의 중국, 한국, 일본, 베트남, 그리고 그 외의 동아시아 전 지역"이다.[4] 교과서의 실제 서술에서는 더욱 좁혀져 한·중·일 3국(교학판) 혹은 거기에 베트남이 주로 근현대사에서 추가된(천재판) 협의의 동아시아로 한정되어 있다. 한자문화권 혹

---

2 교육부, 〈동아시아사〉, 《사회과 교육과정》, 2007. 그 후 2009교육과정과 2015교육과정이 나왔다.

3 2012년판 동아시아사 교과서의 내용 서술에 대해서는 박근칠, 〈'동아시아사' 교과서의 기술내용과 개선방안: 2012년판 '동아시아사' 전근대 부분을 중심으로〉, 《동북아역사논총》 40호, 2013; 유용태, 〈동아시아 지역사 서술의 현황과 과제: 고등학교 '동아시아사'(2012) 근현대부분을 중심으로〉, 《동북아역사논총》 40호, 2013 참조.

4 교육과학기술부, 〈2009년 동아시아사 교육과정 해설〉, 《사회과 교육과정》, 2009, p.164.

은 유교문화권으로 한정된 셈이다. 그러나 자세히 보면, 중국만 해도 청대 이래 한자문화권(유교문화권) 바깥의 티베트, 몽골, 위구르 등을 포함하고 있으므로 이들을 하나의 문화권으로 규정할 수는 없다. 따라서 문화권 중심의 접근은 이들 '주변'을 배제한 '중심'의 시각에 불과하다.

동아시아사란 일국사와 세계사의 중간에 위치한 지역사로서 양자를 매개하면서 부분적으로 포함한다. '국가'와 '세계'의 중간에 위치한 '지역'을 단위로 하는 지역사는 따라서 기본적으로 세계사의 구성 단위이다. 교육과정 해설에서도 동아시아사는 "한국사보다는 넓고 세계사보다는 좁은 범주의 지역사"로서 "민족사의 범주를 넘어서되 서양을 중심으로 하던 세계와는 구분되는 지역세계사"라고 규정되었다.[5] 지역사로서의 동아시아사의 학술적 기반에 대해서는 "하나의 역사로서의 동아시아사는 아직 그 정체성을 분명히 하지 못한 상태"임을 인정하고 있다.[6] 실제로 학술적 준비는 이론과 방법 면에서나 사실의 재구성 면에서나 모두 부족한 상태다.

하지만 이를 세계사의 경우와 비교해 보면 하나의 시사점을 얻을 수 있을 것이다. 19세기에 만들어진 세계사는 사실상 유럽사로 구성된 유럽의 팽창사였으니 당연히 오늘날 우리가 말하는 세계사라 할 수 없다. 2차대전 후에야 비로소 유럽 중심을 벗어난 세계사의 구성이 적극 모색되었다. 1945년까지 동양사(아시아사)와 서양사를 따로 가르쳐 온 한·중·일 3국도 바로 그때 이 양자가 합쳐진 세계사를 교과목으로 수용한다. 그에 따라 1장에서 본 대로 '통일적 세계사'를 목표로서 추구하

---

5 교육과학기술부, 〈동아시아사 교육과정 해설〉, 2009, p.165. 이 해설은 2007교육과정 개발팀의 견해를 옮겨 놓은 것이며, 개발팀의 시안은 거의 수정 없이 2007교육과정으로 수용되었다.

6 안병우 외, 《동아시아사 교육과정 시안 개발》, 동북아역사재단 학술연구과제 연구보고서, 2007, p.7.

는 학계의 문제의식이 제기되었고 그 영향 속에 '통일적 동양사'도 모색되었다. 그리하여 그동안 세계사와 동양사의 구성은 많이 진화되었지만 통일적 구성이라는 목표는 여전히 미완의 과제로 남아 있다. 나는 통일적 동아시아사를 구성하는 것이 통일적 동양사나 통일적 세계사를 구성하는 것보다 상대적으로 용이하다고 보며, 그것을 위한 노력은 그보다 넓은 범주의 역사인 세계사와 동양사를 통일적으로 구성하는 디딤돌로 기능할 것으로 본다.

그렇다면 동아시아 지역사를 교과목으로 가르쳐서 얻고자 하는 교육적 효과, 바꾸어 말하면 종래의 자국사·세계사 교육과 비교되는 새로운 목표는 무엇인가? 교육과정에는 하나의 총괄목표와 네 개의 하위목표가 제시되어 있다. 동아시아사는 "동아시아 지역의 공동발전과 평화를 추구하는 안목과 자세", 그리고 거기에 "능동적으로 참여할 수 있는 자질"을 기르기 위해 개설된 과목이다. 이를 위해 "이 지역의 특성과 과제를 올바로 인식하는 데 목표를 둔다"라고 하였다. 전자는 태도 측면의 목표이며 후자는 지식 측면의 목표이므로 양자는 유기적으로 연결된 하나의 총괄목표로 파악될 수 있다. 이 지역의 공통적 경험이자 여타 지역과 비교되는 특징적 경험이 강조된 셈인데, 2000년대 들어 증대된 한·중·일 3국 간의 역사 갈등을 극복하고 미래의 지역협력을 강화하는 과제를 염두에 두고 설정된 목표라 할 수 있다. 이러한 총괄목표를 달성하기 위한 네 가지 하위목표는 주체적으로 역사를 이해하는 안목, 타자를 이해하고 존중하는 태도, 문제해결의 자세, 역사적 사고력을 기른다는 것이다.[7]

7 교육과정에는 그 밖에 "각 시기의 특징을 드러낼 수 있는 공통적이거나 연관성 있는 요소를 주제별 접근방식으로 이해한다"가 두 번째 목표로 제시되어 있으나 이는 목표가 아니라 방법에 해당한다고 보아 논외로 하였다.

이들 하위목표는 기존의 국사와 세계사에서도 강조되어 온 일반적 역사교육의 목표들과 겹친다. 하지만 국사든, 동아시아사든, 세계사든 모두 '역사로써' 이런 목표들을 가르친다는 역사교육의 본래 의미를 상기하면 이것이 문제가 될 수는 없다. 다만 동아시아 각국이 공유해 온 특유의 중화주의 전통으로 인해 이웃나라를 홀시하고 그로 인해 갈등을 빚고 있는 현실을 감안하면 '타자를 이해하고 존중하는 태도'의 함양이 특별히 강조될 필요가 있다.

'타자를 이해하고 존중하는 태도'를 기르기 위해서는 우선 동아시아사의 공통된 특징을 파악하는 데 그치지 말고 '각국이 이룩한 독자적 역사발전을 함께 이해'해야 한다. 이는 교육과정의 교수 · 학습 방법에서 강조된 내용인데, 이를 방해하는 장애요인들과 직접 대면하지 않으면 안 된다. 교육과정 해설은 동아시아가 상호 교류를 통해 긴밀한 관계를 유지해 왔으면서도 여러 가지 갈등요소를 안고 있다면서 다음 세 가지를 꼽았다. ① 경제성장과 국제적 위상 강화에 따른 일부 국가의 패권 추구, ② 국가체제와 이념의 차이로 인한 상호 불신, ③ 국가주의와 과도한 민족주의가 낳은 우경화 등이 그것인데, "갈등의 배경은 역사로까지 소급되기도 한다"라고 지적하였다. 현실에 의해 조성된 갈등과 역사 속에서 형성된 갈등은 분명히 구별되어야 하지만 양자 사이의 상호작용에 유의하지 않으면 안 된다.

위에 제시된 세 가지 갈등 중 ①은 일본과 중국의 제국성(empireness)을 지칭하는 것으로 보이며 역사 속의 제국경험과 상호작용을 일으킨다. ②는 냉전시대 동아시아 각국이 이념과 체제의 차이로 인해 두 진영으로 갈라져 열전을 벌이면서 장기간 대치한 독특한 경험을 가리킨다. ③은 꼭 일본에 한정된 문제가 아니라 한국과 베트남도 포함하는 각국이 공통적으로 안고 있는 문제다. 이때 미 · 일과 중 · 소가 상호 간에 제국성을 보인 것은 물론이지만, 미국 진영의 최전선인 한국 같은 소국도 진영논리를 내면화한 채 베트남전쟁에 참전함으로써 미국의 제국성에 편승하였다. 그런 점에서 나는 이 세 가지 갈등을 관통하는 키워드는 제국성이며 제국성에 대한 자기성찰이야말로 동아시아 지역사의 출발점이자 귀착점이라고 믿는다.[8] 유일한 총괄목표인 동아시아 지역의 공동발전과 평화를 추구하는 자세는 그 위에서만 길러질 수 있기 때문이다.

이상과 같이 교육과정에 명시된 지역사의 의미와 필요성을 교과서 집필자들은 이해하고 집필에 임한 것으로 보인다. 교학판은 교육과정의 관련 내용을 거의 그대로 옮겨놓은 듯이 상술하였다. 천재판은 총괄목표를 제시한 후 지역 내 국가·민족들 사이의 차이를 이해하는 것을 또 하나의 세부목표로 제시하였다. 그리하여 "동아시아사를 공부하게 되면 동아시아라는 지역세계 속에서 한국과 한국사가 차지하는 모습을 좀 더 객관적으로 볼 수 있게 될 것"이고 "아울러 이웃한 다른 나라들의 역사에 대한 보편적 이해도 가능할 것"이라고 하였다.

2. 고교 《동아시아사》의 구성체계: 무엇을 어떻게 구성하나?

무엇을 학습 내용으로 선정하여 어떻게 제시할 것인가? 이에 대해 2007/2009교육과정은 동아시아의 ① 각 시기 사회와 문화의 특징을 드러낼 수 있는 공통적이거나 연관성 있는 요소, ② 동아시아 역내의 다양성을 보여 줄 수 있는 요소, ③ 교류와 갈등 요소 등 세 가지를 주요 선정기준으로 제시하였다. 그리고 이들을 주제별 접근 방식으로 구성해 학습하

---

8 여기서 말하는 제국성이란 이역(異域)과 이족(異族)을 포함하는 광역적 지배체제인 제국(帝國, empire)을 형성·유지·확장하려는 성향과 그로 인해 나타나는 객관적 형상을 지칭한다. 이에 관해서는 2부에서 논의한다.

도록 하였다. 나는 몇 년 전부터 동아시아사를 '연관과 비교의 지역사'로 구성하자는 제안을 한 바 있고 일부 시도해 보기도 했는데, ①은 연관사에 ②는 비교사에 해당한다고 볼 수 있으며, ③은 관계사·교류사에 해당한다. 교육과정은 동아시아사를 이들 세 가지 기준과 방법에 의거해 내용을 구성하고자 한 것이다.

교육과정의 "내용체계"는 이런 기준과 방법에 따라 선정된 주제들로 구성되었다. 통사가 아니라 주제사로 구성된 것이다. "내용체계"는 대주제에 해당하는 "영역"과 소주제에 해당하는 "내용요소"로 구성된다. "영역"은 교과서의 단원명이 되고 "내용요소"(성취기준)는 교과서의 장제목이 되었다. 2007교육과정이 2009교육과정으로 바뀌면서 "영역"은 6개로 변화가 없었지만 "내용요소"는 26개에서 23개로 줄었다. 이들 내용요소를 분류해 보니 위에 말한 세 가지 선정기준이 실제로는 제대로 실행되지 않은 것 같다.

위의 분류 방식에 따라 근현대에 한정하지 않고 26개와 23개 전체를 분류하면 관계사·교류사와 비교사가 2007교육과정에서는 각각 7개(26.9%)와 10개(38.5%)였으나 2009교육과정에서는 10개(43.5%)와 6개(26.1%)로 나타났다. 나머지는 국가 내부 사정에 관한 것으로 이를 국가사라 하면 각각 2007교육과정 9개(34.6%), 2009교육과정 7개(30.4%)다. 내가 보기에 장기적·구조적 맥락의 연관사에 해당하는 것은 없다. 결국 내용요소는 국가사+관계사·교류사+비교사로 짜여졌고 구조적·장기적 상호 관련성을 파악하는 연관사는 아직 시도되지 않은 것이다. 관계사·교류사는 크게 늘고(16.6%), 비교사는 크게 줄었으며(12.5%), 국가사는 약간 줄었다.

각 단원은 주제 중심으로 구성되었지만 다음과 같이 대체적인 시간 범위를 구분하여 반영하였다. I단원은 선사부터 기원 전후, II단원은 기원 전후부터 10세기까지, III단원은 10세기부터 17세기까지, IV단원은

17세기부터 19세기 중엽까지, V단원은 19세기 중엽 개항에서 1945년 2차대전 종결까지, VI단원은 1945년 이후를 다루도록 한 것이다. 냉전 시기에 시대구분의 근거로 여겨지던 사회발전단계설이 현실 사회주의 붕괴 이후 급속히 설득력을 잃음에 따라 시대구분 자체를 회피하는 경향이 완연해졌다. 그럼에도 역사인식과 역사교육의 수단으로서 시기구분은 여전히 필요하다. 다만 그 기준이 역사인식을 방해할 정도로 교조적이지 않도록 유념하는 한 큰 시간대의 변화상을 이해하는 데에 도움을 줄 수 있다.

이러한 시기구분은 나름의 의미가 있다. 기원 전후를 획기(劃期)의 하나로 잡은 이유는 국가성립의 시기가 각기 다르고 그 국가의 수준도 차이가 있지만, 기원 전후까지 국가의 형태를 갖춘 흉노, 진, 한, 고조선, 남월 등을 함께 다룰 수 있기 때문이라는 것이 교육과정의 설명이다.[9] 10세기는 북방 유목민이 급성장하여 농경지대를 정복하고 자신의 문자를 창제하여 동남아시아 일대에까지 정치·군사적 영향을 미친 점에서도 획기이다. 17세기는 북방에서 바로 그 유목세력이 러시아와 청제국의 협공으로 급속히 쇠퇴하고 동남아시아로 유럽의 해양세력이 치고 들어와 서세동점의 거점을 확보하는 획기이다. 이 두 시기는 동남아시아까지 포괄하는 획기로서 의미를 갖는 데 비해 기원 전후와 19세기 중엽은 동북아시아에 한정된 획기일 뿐 동남아시아를 포괄하기는 어렵다. 현재의 교육과정은 동북아시아에 한정된 협의의 동아시아사를 추구하고 있으므로 큰 문제가 아니지만 장차 광의의 동아시아사로 나아가려면 이 점들을 고려하지 않으면 안 된다.

---

9 교육과학기술부, 〈2007년 동아시아사 교육과정 해설〉, 《사회과 교육과정》, 2009, p.258.

이제 교육과정에 의거해 각 단원의 키워드와 주안점, 시간과 공간 범위, 논쟁의 여지가 있는 문제들을 간략히 살펴보자.[10]

I단원의 제목은 바뀌었으나 양쪽 모두 키워드는 자연환경과 국가의 형성이다. 여기서 동북아시아 일대에서 농경과 목축으로 생산력이 증대됨에 따라 국가가 형성되었음을 기원 전후 시점까지 다루었다. 중국의 진·한 제국, 북방의 흉노제국, 동방의 고조선, 남방의 남월이 이 시기 주요 국가들이다. 일본 열도의 국가형성은 분산된 섬나라의 자연환경 요인도 있어 그보다 늦지만 이 단원에서 함께 다룰 수 있다. 동남아시아에서는 1세기에 푸난왕국, 2세기에 참파왕국이 성립되어 발전한 사정을 함께 다루어 주면 시야를 확대하는 데 도움을 줄 수 있다.[11] 당초 농업경제에 바탕을 두고 출범한 푸난왕국은 인도-중국 무역로상의 해안 도시들을 정복하면서 제국으로 발전하였고 참파왕국도 무역에 적극 참가하면서 그보다 훨씬 더 오래 존속하였다. 내용 서술에서 국가의 성립 요건은 무엇이며 국가라는 조직의 성격과 의미는 무엇인지, 언제 어떻게 진화하는지에 대한 사고를 자극할 수 있도록 해야 하지만 그러지 못하였다.

---

10 2007교육과정은 한국사·동양사·역사교육 전공자들의 참여 속에 준비되어 그해 1월 공표되었고 2009교육과정은 2011년에 공표되었으나 교육부는 이를 2009교육과정으로 부른다. 전자에 의거한 교과서는 2012년에 2종(천재교육, 교학사), 후자에 의거한 교과서는 2014년에 3종(천재교육, 교학사, 비상교육)이 출간되었다.

11 기원 전후가 아니라 4세기를 획기로 삼아야 한다는 견해도 있다. 4세기 이후 비로소 중국 중심의 국제질서가 형성되고 이를 바탕으로 한·중·일·베 4국이 한자·유교·율령·불교 등의 문화적 공통성을 갖게 되었다는 것이 그 이유다. 김병준, 〈3세기 이전 동아시아 국제질서와 한중관계: 조공책봉의 보편적 성격을 중심으로〉, 이익주 외, 《동아시아 국제질서 속의 한중관계사: 제언과 모색》, 동북아역사재단, 2011. 기원전 3세기를 획기로 해야 한다는 중국 쪽의 견해도 있는데, 이는 뒤에서 다루었다.

표 1. 교육과정별 고교 《동아시아사》 목차 비교

2007교육과정	2009교육과정
I. 동아시아 역사의 시작 1. 동아시아의 자연환경 2. 선사문화 3. 농경과 목축 4. 국가의 성립과 발전	I. 국가의 형성 1. 자연환경과 생업 2. 신석기 문화 3. 국가의 형성과 발전
II. 인구이동과 문화의 교류 1. 지역간 인구이동과 전쟁 2. 불교, 유교, 율령에 기반을 둔 통치체제 3. 동아시아의 국제관계	II. 동아시아 세계의 성립 1. 인구이동과 전쟁 2. 국제관계 3. 율령과 유교에 기초한 통치체제 4. 불교
III. 생산력의 발전과 지배층의 교체 1. 북방민족 2. 농업생산력의 발전과 소농경영 3. 문신과 무인 4. 성리학	III. 국제관계 변화와 지배층의 재편 1. 유목민족의 성장과 다원적 국제관계 2. 사대부와 무사 3. 성리학 4. 몽골제국 이후의 지역내외 교류
IV. 국제질서의 변화와 독자적 전통의 형성 1. 17세기 전후 동아시아의 전쟁 2. 은 유통과 교역망 3. 인구증가와 사회경제 4. 서민문화과 각국의 독자적 전통	IV. 동아시아 사회의 지속과 변화 1. 17세기 전후 동아시아 전쟁 2. 16–19세기의 사회변동 3. 학문과 과학기술, 서민문화 4. 지역내 교역관계의 변화, 서구와의 교류
V. 국민국가의 모색 1. 개항과 근대 국민국가 수립 2. 제국주의 침략 3. 민족주의와 민족운동 4. 평화를 지향한 노력 5. 서구문물의 수용과 변화	V. 근대국가 수립의 모색 1. 근대화운동과 국제관계 변동 2. 제국주의 침략과 민족운동 3. 침략전쟁의 확대와 국제연대 4. 서구문물의 수용
VI. 오늘날의 동아시아 1. 전후처리 문제 2. 동아시아에서의 분단과 전쟁 3. 각국의 경제성장과 정치발전 4. 갈등과 화해	VI. 오늘날의 동아시아 1. 전후처리와 동아시아의 냉전 2. 경제성장과 교역의 활성화 3. 정치 · 사회의 발전 4. 갈등과 화해

II단원의 제목은 "인구이동과 문화의 교류"(2007)에서 "동아시아 세계의 성립"(2009)으로 바뀌었다. 바꾸지 말았어야 한다. 내용상으로는 인구이동과 문화교류 속에 동북아시아가 공통의 문화권을 형성했음을 강조한다는 점에서 다르지 않다. 그 문화권을 '한자문화권'(유교문화권)이라 하지 않고 '동아시아문화권'(동아시아 세계)이라 하여 동아시아를 협의의 개념으로 한정한 것은 적절하지 않다. I단원에서 주목한 농경과 목축이라는 생업의 차이가 문화와 사고의 차이를 낳았고 이것이 사회 · 국가체제의 차이로 이어질 수 있음을, 농경문화와 목축/유목문화의 상호작용이 잘 드러나도록 해야 하지만 그러지 못하였다. 동남아시아에서 7세기에 성립한 스리비자야왕국, 8세기 이후 이슬람세력이 도서부에 무역거점을 확보하고 해상교역로의 새로운 주체로 등장하는 사정을 여기서 다루어 줄 필요가 있다.

III단원의 제목은 "생산력 발전과 지배층의 교체"(2007)에서 "국제관계의 변화와 지배층의 재편"(2009)으로 바뀌었다. 키워드가 '생산력'에서 '국제관계'로 바뀐 것은 큰 변화이며, 그 결과 농업생산력의 발전과 소농경영이라는 주제가 완전히 빠져 버렸다. 그러나 10세기 전후부터 16세기 전후까지 농업생산력이 증대하고 그에 의거해 상업과 수공업이 발전함으로써 17-18세기 동아시아 각국의 인구 급증을 떠받친 사정은 이 시기의 핵심사항으로 다루어져야 한다. 경지의 대부분을 지주가 소유한 경우에도 그 경작은 개별 소작농의 소규모 영농으로 이루어졌으므로 자경농을 포함한 소농의 역할에 주목할 필요가 있다. 이는 특정 학자의 학설인 '소농사회론'과 상관없이 중요한 문제다. 국제질서/국제관계의 변화를 2007교육과정은 IV단원에서 17세기 임진 · 병자전쟁 이후의 일로 보고 이를 '국제질서' 변화라 한 반면, 2009교육과정은 III단원에서 10세기 전후 유목민족의 성장에 따른 결과로 보고 이를 '국제관계' 변화라 하였다. '질서'는 '관계'보다 더 규범화되고 체계화된 개념인데 이런 차이가 잘 의식된 것 같지는 않다. 지배층의 교체인가 재편인가도 의미상 적지 않은 차이를 내포하지만 이 역시 별로 고려되지 않은 듯하다.

IV단원의 제목은 "국제질서의 변화와 독자적 전통의 형성"(2007)에서 "동아시아 사회의 지속과 변화"(2009)로 바뀌었다. 지속과 변화란 어느 시대에나 보이는 현상이어서 이 제목으로는 17-19세기 전반의 특징을 담아내기 어렵다. 17세기 동아시아의 전쟁과 교류를 함께 시야에 넣도록 배려한 점이 눈에 띄지만, 2007교육과정에서 중시된 은 유통이 2009교육과정에서는 빠졌다. 동북아시아로 한정하면 이 시기 은 유통이 크게 강조될 필요가 없지만 동남아시아까지 포함하는 광의의 동아시아에서는 극히 중요한 주제가 된다. III단원의 주제인 10-16세기 농업과 상공업의 발전 위에서 17-18세기 한·중·일 3국의 사회경제가 바다 출입을 금지한 해금정책 가운데서도 내외의 상호 연관 속에 어떻게 새로운 면모를 보이는지를 다루어야 한다. 그래야 종래 유럽중심주의에 의해 왜곡되고 폄하된 동아시아 역사상을 비판적으로 재구성하려는 최근의 문제의식을 살릴 수 있다.

이와 관련하여 이 시기의 중국·동아시아와 유럽을 비교하는 '대분기론'을 비롯한 최근의 연구성과를 적극 반영할 필요가 있다. 여전히 논쟁 중이므로 특정 학설에 따를 필요는 없지만 그런 논쟁의 밑바탕에 깔린 문제의식과 역사인식 차이의 의미를 드러내어 새로운 시각에서 생각해 볼 수 있는 기회를 제공하는 것이 바람직하다.[12] 사고의 실험을 풍

---

12 케네스 포메란츠, 김규태 외 옮김, 《대분기: 중국과 유럽, 그리고 근대세계 경제의 형성》, 에코리브르, 2016; 알렉산더 우드사이드, 민병희 옮김, 《잃어버린 근대성들: 중국, 베트남, 한국 그리고 세계사의 위험성》, 너머북스, 2012; R. Bin Wong, *China Transformed: Historical Change and the Limits of European Experience*, Ithaca: Cornell University Press, 1997; 김두진·이내영, 〈유럽산업혁명과 동아시아 대분기(Great Divergence) 논쟁〉, 《아세아연구》 148호, 2012; 강진아, 〈동아시아로 다시

부하게 하기 위해 비교 대상을 경우에 따라 유럽, 라틴아메리카 등 동아시아 역외에서 구할 필요도 있다. 그리고 17-18세기 러시아의 동진과 청국의 서진이 몽골을 비롯한 유목세력의 급속한 쇠퇴를 가져온 사정을 세계사적 맥락에서 다루어야 한다. 이는 그 무렵 동남아시아로 들어온 유럽 해양세력에 의한 해양부의 식민지화와 호응하는 동북아시아 대륙부의 식민화로서 동아시아 남북에 걸쳐 일어난 중대한 변화다. 이처럼 이 시기의 식민화는 중국·베트남·일본 등 (소)중심국들이 이족(異族)·이역(異域)을 포함하는 변경으로 팽창하는 것까지 포함하는 역내외 세력에 의해 진행되었다.[13] 이는 광의의 동아시아라는 시각에서 포착할 때 얻을 수 있는 연관사의 이점 중 하나다.

V단원의 키워드는 '국민국가'로, 19세기 중엽부터 1945년까지의 국민국가 수립 노력을 다루었다. 이는 세계사 교과서가 동아시아의 국민국가 모색을 1차대전 직전까지로 한정해서 다루어 온 결과 일본의 성공과 여타 국가들의 실패를 당연시한 구도에서 벗어난 의미가 크다.[14] 그런데 장의 배치를 보면 '국민국가 수립'이라는 핵심 주제가 1장에서만 다루어져서 2-3장의 제국주의 침략을 물리치는 민족운동과 분리되는 문제를 안고 있다. 2009교육과정은 이를 시정했지만 정작 교과서는 국민국가 수립운동을 1장에서 개항과 관련지어서만 다루고 시기적으로 1910

쓴 세계사: 포머란츠와 캘리포니아 학파〉,《역사비평》82호, 2008.

13 이때 조선인도 압록강과 두만강 너머로 이주하여 이런 추세를 공유했으나 국권을 상실함에 따라 간도(間島)는 중국에 귀속되었다. 유장근은 동아시아의 이런 현상을 "18세기 근대상"이라고 부른다. 그러나 조선의 경우 국가권력이 앞장서거나 뒷받침해 주지 않은 차이가 있어 구별할 필요가 있다고 본다. 유장근,《현대중국의 중화제국 만들기》, 푸른역사, 2014, pp.44-61.

14 나는 일찍이 이 문제를 지적하고 그 시정을 요구한 바 있다. 유용태,〈역사교과서 속의 아시아 국민국가 형성사〉,《역사비평》57호, 2001; 유용태,〈한국 역사교과서 속의 동아시아 국민국가 형성사〉,《환호 속의 경종》, 휴머니스트, 2006, pp.445-446.

년 전후에서 그쳤다. 그로 인해 그 후의 전개과정에서 독립 이후 수립하고자 하는 국가 모델을 둘러싸고 나타난 여러 구상 및 그들 간의 경쟁과 협상은 간과되었다. 이제라도 민주와 공화의 제도화 노력에 대해 좀 더 관심을 기울여야 한다.

나는 《동아시아사 교과서 집필 안내서》(2009)에서 동아시아 국민국가의 모색을 크게 두 단계로 나누어 설명할 것을 제안한 바 있다.[15] 1단계(개항부터 1차대전까지)에는 자본주의형 국가 모델을 추구하였으나 2단계(1차대전 직후부터 2차대전까지)에는 비자본주의형 국가 모델을 추구하는 세력이 등장하여 양자 간에 경쟁이 벌어졌다. 국가체제와 그것을 뒷받침하는 이념을 둘러싼 경쟁은 사유재산을 절대시하는 영미식 자본주의 국가를 추구하는 세력과 사유재산을 부정하는 소련식 사회주의 국가를 추구하는 세력을 양극단으로 하여 전개되었다. 그러나 1930년대 중반 이후, 시행착오 속에 양자의 타협과 절충에 의해 혼합경제(기간산업의 국유, 기타 산업의 사유와 협동조합 소유의 병행)를 바탕으로 하는 새로운 국가 형태가 제시되었고 이를 선호하는 여론이 압도적으로 높았다. 그런 상태에서 2차대전 종전을 맞이하였는데, 불행하게도 그 후에 미국과 소련을 중심으로 하는 냉전체제가 등장함에 따라 혼합경제 유형의 국가는 양극단의 국가 모델이 절대화되면서 억압되고 왜곡되었다. 양극단의 모델을 절대화하는 것은 이 시기의 역사를 국가사회주의 아니면 자유민주주의 일변도로 단순화시켜 사고의 실험을 제한할 뿐이다. 나아가 이러한 두 단계의 맥락을 무시한 채 1단계의 스토리만 제시해서는 V단원의 국민국가 모색은 물론 VI단원의 분단과 냉전 속의 열전도 역사적으로 이해할 수 없게 된다.

---

15 유용태, 〈개항과 근대 국민국가 수립〉, 《동아시아사 교과서 집필 안내서》, 동북아역사재단, 2009, pp. 221-235.

국민국가 형성과정에는 국제적 요인 못지않게 자국의 전통, 곧 전근대와의 연관성이 중요한 요인으로 작용한다. 그런 점에서 개항 이후 역사를 각국의 17-19세기 역사와 상호 관련지어 파악할 수 있도록 서술할 필요가 있다. IV단원에서 강조된 "독자적 전통"(2007교육과정)이든 "지속과 변화"(2009교육과정)이든 그것은 자연히 개항 이후의 근대화와 민족운동을 포함하는 국민국가 형성과정에 긍정과 부정의 양면에서 '과거의 힘'으로 작용한다. 이를 연결해 주려는 의식적인 노력이 있어야 비로소 역사적 사고를 자극하는 데 도움을 줄 수 있음에도 두 교과서 모두 이에 관해 거의 관심을 두지 않은 것 같다. 문인사대부 국가와 무사국가 사이에는 재정운용의 구조와 지배엘리트의 권력기반이 달랐으며, 이는 국민국가를 향한 개혁을 추진할 때 중대한 차이를 낳았다.

V단원 1장에 전에 없던 "국제관계 변동"을 추가한 것은 주목되는 변화다. 조약체제가 등장하면서 조공에 의거한 전통적 국제관계가 변화하는 과정을 다룰 필요에 부응하는 조정이다. 이는 2007교육과정의 IV단원이 17세기 동아시아 "국제질서의 변화"를 지나치게 강조한 문제점을 인정하고 시정한 의미가 있다. 그 당시에 국제질서가 변화된 것은 거의 없고 단지 청(淸) 중심의 중화질서가 조선·일본·베트남의 소중화질서, 그리고 러시아와의 조약관계에 의해 이완되기 시작하는 정도였다. 당시 청조는 북방영토를 확보하기 위해 네르친스크 조약(1689)과 캬흐타 조약(1727)을 맺었는데, 유럽의 국제법 원리에 의거한 이 평등한 조약관계에서는 청조의 상국 지위가 부정될 수밖에 없다.[16]

그 연장선에서, 동아시아 근대사 인식체계와 관련하여 한 가지 지

16 이는 한인 관료와 조공국들 사이에 천조대국(天朝大國)의 위신을 손상시킬 우려가 있었던 만큼 정본(만문본, 러문본)과 다른 한문본을 만들어 조약의 평등성이 드러나지 않도록 은폐하였다. 구범진, 《청나라, 키메라의 제국》, 민음사, 2012, pp.162-172.

적할 점은 19세기 말 청국과 일본의 대외정책에 대한 우리의 주체적 시각이 미흡하다는 것이다. 교육과정은 근대일본의 동아시아 침략이 청일전쟁에서 시작되었고 그 결과 대만을 식민지로 영유하게 되었음을 강조하지만, 이러한 인식은 결과론에 치우친 유럽중심주의일 뿐이다. 근대일본의 제국화는 1874년 대만 침공을 기점으로 명확히 구체화되어 개시되고 진전되었다. 그것을 발판으로 강화도 침공(1875)과 유구병합(1879)을 단행했으며 아시아 여타 지역을 문명화시키는 것이 일본의 사명이라는 관념을 천명하였다.[17] "군부가 먼저 일을 저질러 놓고 정부가 이를 추인하고 이용하는, 후일 일본의 제국주의적 침략전의 기본형태"가 이때 이미 나타난 것이다.[18] 야스쿠니 신사에는 메이지유신 이래 2차대전 종전까지 천황의 명에 따른 대외 군사행동(내전 포함)의 전사자가 합사되어 있는데, 그 첫 사례가 대만 침공이라는 것은 일본제국의 팽창기점이 언제인지를 웅변한다. 그럼에도 교과서는 식민지 시기 대만의 역사를 다루지 않았다.

한편 중국도 1880년대에 근대적 식민제국을 향해 발걸음을 내딛기 시작했음에 유의하여 청국과 일본의 경쟁, 곧이어서 청·일·러 3제국의 경쟁구도 속에서 19세기 말에서 20세기 초의 동아시아 국제질서 변화를 파악할 수 있도록 해야 한다. 물론 청국의 이러한 움직임은 1874

---

17 앤드루 고든, 김우영 옮김, 《현대 일본의 역사: 도쿠가와 시대에서 2001년까지》, 이산, 2005, pp.152-153. 1874년 유신정부 내부에서 청국(淸國)과의 전쟁을 목표로 총력전 체제를 구축하려던 움직임에 관해서는 坂野潤治, 《近代日本の國家構想》, 東京: 岩波書店, 1997, pp.9-15 참조.

18 민두기, 《일본의 역사》, 지식산업사, 1977, pp.225-227. 메이지유신 주도세력은 1868년 내전이 수습되자 곧바로 하시모토 사나이(橋本左内)와 요시다 쇼인(吉田松陰)의 이웃나라 병합론을 따라 조선침략 계획을 세웠다. 이는 조선과의 국서 문제가 제기되기 전의 일이다.

년 이래 제국화하는 일본과 그에 모델을 제공한 서구열강에 대한 대응적 조치였는데, 임오군란 직후 조선에 대한 예속화정책(이른바 속방화정책)으로 나타났다. 당시 중국과 일본은 특히 조선에 대한 자국의 팽창정책을 상대국에 대한 '대응적 방어'일 뿐이라고 변호하지만 둘 다 명백히 근대적 제국화이며 '경쟁적 침략'이 아닐 수 없다. 일본은 1870년대에, 중국은 1880년대에 시작한 차이가 있을 뿐이다. 교육과정과 교과서는 일본제국의 침략에 치중한 나머지 이에 대해 마땅히 기울여야 할 관심을 두지 않고 있다.

VI단원 "오늘날의 동아시아"의 키워드는 화해와 평화다. 이를 위해 전후처리, 분단과 냉전, 경제성장과 정치발전 등을 다루었다. 이들 여러 주제는 냉전시기와 탈냉전시기로 구분하여 접근하는 것이 바람직하다. 동아시아의 냉전은 유럽과 달리 중국의 국공내전, 한국전쟁, 베트남전쟁 등 30년 동안의 열전과 함께 진행되었고 그로 인해 냉전적 진영대립도 더욱 날카로워졌음에 유의해야 한다.

그리고 1945년 이후의 이념대립과 분단은 당시의 국제관계에 의해 일차적으로 규정되었지만 1945년 이전의 국민국가 수립을 위한 모색과정에서 장차 수립할 국가 모델을 둘러싸고 체제 · 이념 경쟁이 나타난 전사와 관련지어 파악될 수 있도록 해야 한다.[19] 그러려면 V단원의 민족운동 서술에서 이를 반영하지 않으면 안 된다. 이는 IV단원이 V단원의 국민국가 형성이라는 미완의 과제와 연관지어 계기적으로 파악될 수 있도록 제시되어야 함을 의미한다.

일본의 전후처리에 관해서는 두 교과서 모두 미국의 필요에 따라

---

19 1945년 이후의 "이념 대립과 분단에 대하여 파악한다"(2007)라고 되어 있던 것이 2009교육과정에서 삭제되었다. 그러나 "이념대립과 분단"을 삭제한 것은 냉전시기 동아시아의 핵심 문제에 대해 눈을 감게 만든다.

좌우되었다고 보아 동아시아 역내의 연관성, 특히 중국의 권한과 책임을 간과하였다. 오키나와의 독립 혹은 귀속 문제도 여기서 함께 다루어져야 한다. 분단정부의 수립과 전쟁에서도 연관성은 당연히 주목되어야 한다. 중국의 내전과 한반도의 분단은 상당한 연관성을 갖고 있다. 동시에 독일처럼 일본을 분단했어야 마땅함에도 미국과 소련의 경쟁구도 속에서 한반도가 일본을 대신하여 분단된 측면이 있다는 사실에도 유의해야 한다. 교과서는 그 어느 것에도 관심을 두지 않았다. 중국과 한반도의 내전은 신국가 건설을 둘러싼 국내 세력 간의 다툼, 곧 내전으로 시작되었으나 미국과 소련이 개입하면서 냉전적 진영대립을 격화시켰다. 베트남전쟁은 프랑스의 재식민화 기도에 맞선 독립전쟁으로 시작된 후 중국과 소련, 프랑스와 미국이 개입하면서 냉전체제 속의 진영대립을 격화시켰다.

여기서 중국의 국공내전과 한국전쟁, 베트남전쟁의 상호관계, 그리고 그것과 동아시아 각국의 상호관계, 지역질서의 형성과 변화에 미친 영향에 대한 관심이 필요하다. 베트남과 한국의 독립운동세력은 중국에서 활동하면서 이념과 체제를 달리하는 중국의 두 정치세력인 국공양당의 지원을 받았으므로 국공내전의 형세로부터 자국 내 건국 경쟁에서 심대한 영향을 받게 되었다. 중국군의 한국전쟁 및 베트남전쟁 참전은 그 중요성에 비추어 너무 소략하게 다루어졌다. 한국전쟁의 휴전으로 중국은 베트남 지원에 집중할 수 있게 되었고 그 결과 1954년 디엔비엔푸의 승리를 가능하게 만들었다. 1965년부터 미국의 전면 개입과 한국군의 파병으로 확대된 베트남전쟁은 한반도의 남북대립을 자극하여 무장게릴라의 남파와 북파를 극대화하였다. 1968년 1·21사태(일명 김신조 사건)가 그 절정이다. 북한을 현대 동아시아의 한 구성주체로 인정하지 않은 탓인지, 동아시아 교과서에 북한의 역사가 빠져 있다. 북한은 국사교과서에서 간략히 다루어지고 있는데, 북한을 남북대립의 한 축으로만 다루는 시각에서 벗어나 동아시아 지역사의 시각을 살려 어떻게 다룰지 궁리하지 않으면 안 된다. 중국사에서 국공대립의 한쪽 상대로만 간주되다가 근래 하나의 성(省)으로 간주되는 대만의 중화민국에 대해서도 마찬가지다.

V단원과 VI단원에서 민주주의의 제도화를 위한 각국의 노력이 서로 영향을 주고받으면서 어떻게 전개되었는지에 대해 관심을 기울여야 한다. 민주주의와 함께 추구되지 않는 평화는 구호에 그칠 가능성이 크다. 민주주의 문제를 포함하여 교과서의 동아시아 근현대사 서술에 대하여 좀 더 보완했으면 하는 내용들은《함께 읽는 동아시아 근현대사》에 대부분 반영했으니 참고하기 바란다.

3. 고교《동아시아사》의 현황과 가능성

동아시아사가 신설됨으로써 자국사-세계사의 역사교육 2분체제는 자국사-동아시아사-세계사의 연계형 3분체제로 바뀌었다. 동아시아사는 한국사를 포함하는 동시에 세계사의 구성 단위가 되기 때문에 상호 긴밀하게 연계되어 있는 것이다.[20] 그러나 동아시아 지역사의 체계와 서술은 세계사 교과서의 그것과 "거의 아무런 연관도 갖고 있지 않다"라는 비판이 나왔다.[21]

---

20 그렇기 때문에 동아시아사 과목의 신설은 세계사 교육의 위기의식 속에서 한국인의 시각에서 세계사를 재인식하고 재구성하기 위한 학계의 노력이 작용한 결과라는 진단이 있다. 차미희, 〈한국 역사교육에서 고등학교 '동아시아사'의 의미〉,《이화사학연구》48권, 2014, p. 161.

21 《동북아역사논총》40호 특집 "동아시아사의 방법과 서술: 세계사 및 한국사와의 연계방안"에 쓴 김경현의 서문, p. 8.

기실 현행 세계사는 2007교육과정부터 '지역세계' 개념을 도입하여 복수의 지역사를 유기적으로 조직하는 방식으로 내용을 구성하려 하였다. "한 지역에서 일어나는 사건은 세계 여러 지역의 다양한 생활 국면을 서로 연결"하여 "세계적 상호 의존성을 심화"해 왔다는 전제하에, "개별 국가를 넘어서 지역세계라는 새로운 단위를 설정"하여 이들의 "역사적 경험을 비교"하고 "상호작용을 탐구"할 수 있도록 한 것이다.[22] 근대 이전에는 복수의 지역사가 독자적으로 발달하다가 근대에 이르러 하나로 연결됨으로써 세계사가 성립되었다고 본 것이다.

그럼에도 세계사 교과서의 근현대사 내용은 이런 취지를 잘 살리지 못하였다. 가령 동아시아의 국민국가 건설과정을 각국사의 합으로 구성하여 중국사는 중국사로, 일본사는 일본사로만 제시할 뿐 상호관계(국가 간의 상호 영향·인식·학습, 외교관계)에 대하여 거의 관심을 두지 않았다. 청일전쟁과 러일전쟁은 제국주의 열강의 중국 분할을 야기하고 국제질서의 큰 변화를 초래한 세계사적 의미를 갖는 사건임에도 누락된 것, 1차대전 이후의 세계사가 유럽 중심으로 구성되어 동아시아의 사정이 분절되고 파편화된 모습으로 서술된 것 등이 그런 예에 속한다. 동아시아사에는 세계사적 시각이 반영되고, 세계사에는 동아시아 지역사의 시각이 반영되어야 이러한 괴리나 누락을 방지할 수 있을 것이다. 연관과 비교의 방법을 복수의 지역사를 연결하는 메가(mega) 지역사나 세계사에도 적용하면 이에 도움을 줄 수 있다. 예컨대 기마전법과 관련해서는 중앙아시아와, 불교와 관련해서는 남아시아와 관련지어 살필 수 있게 하고 반대로 제지술·화약·나침반 등의 과학기술과 유교가 중세유럽의 변화와 계몽사상의 형성에 미친 영향을 살필 수 있게 해야 한다. 그래야

---

22 교육과학기술부, 《2007개정 사회과 교육과정: 세계사》, 2009; 《2015개정 사회과 교육과정: 세계사》, 2015.

비로소 동아시아사는 세계사의 한 단위로서 의미를 갖게 된다.

이러한 세계사에 비해 동아시아사는 내용 선정 기준으로 공통적이거나 연관성 있는 요소, 다양성을 보여 줄 수 있는 요소, 교류와 갈등 요소 등 세 가지를 제시하였다. 그에 따라 집필된 교과서는 '국가사 + 관계사 · 교류사 + 비교사'로 구성되었으며 그 비중은 2009교육과정 교과서의 경우 각각 30.4%, 43.5%, 26.1%다. 서술 방식 면에서 천재판은 주제별로 관련된 내용을 모아서 제시함으로써 독자 스스로 적어도 한 · 중 · 일 3국의 사정을 연관지어 보거나 비교해 볼 수 있게 한 점에서는 일단 진전이라 할 만하다. 다만 그런 시각을 실제 서술에 드러냄으로써 학생들의 사고를 직접 자극할 수 있게 한 예는 드물다. 교학판은 각국사로 나누어 서술하였으나 그 속에서 국제관계사를 중시하여 일국사의 한계를 보완하려 한 것이 아닌가 한다. 역내 국가 간 상호관계에 관심을 기울이고 각국사의 줄기를 파악할 수 있게 서술한 점은 종래의 국사 · 세계사에서 보기 어려운 새로운 면모다. 현행 한국사 교과서에는 한국의 외교와 국제관계조차 누락된 경우가 적지 않다.[23]

이로써 볼 때, 동아시아사 교과서 서술은 한 · 중 · 일 3국사를 균형있게 학습할 수 있도록 하되 비교사나 관계사 · 교류사를 가능한 곳에서 약간씩 가미하여 내용을 구성하는 수준에 와 있다. 나아가 한국사를 지역사의 맥락 속에서 이해하도록 함으로써 국사와 세계사의 이분법을 넘어설 토대를 마련하였으며 화해와 평화의 역사인식을 배양하는 데 의미있는 진전을 보였다. 그런 점에서 지역사로서의 기본 틀은 갖춘 셈이다. 내용서술에서 연관과 비교의 수준을 높이고 각 주제에 이 시각을 확대

23 가령 한철호 외, 《한국사》, 미래엔, 2012; 도면회 외, 《한국사》, 비상교육, 2012; 이인석 외, 《한국사》, 삼화출판사, 2012 등은 한국과 중국 간 최초의 근대적 조약인 한청통상조약조차 언급하지 않았다.

적용해 나가는 것이 앞으로의 큰 과제다.[24]

한국사 전공자로 동아시아사 교육과정 개발에 적극 나선 안병우는 "지금까지 한국사 교과서는 세계사와의 관계를 거의 고려하지 않고 서술하였지만 동아시아사와는 그럴 수 없을 것이며 자연히 한국사 교과서 서술에 변화를 초래할 것으로 예상된다"고 하였다.[25] 나도 공감하는 바이며 세계사 교과서 서술에도 이런 변화가 일어나기를 고대한다. 그러려면 우선 동아시아사 교과서부터 단계적으로 개선하여 완성도를 높여 나가야 한다. 앞에서 본 대로 준비가 부족한 조건에서 급하게 만들어진 탓에 개선해야 할 내용이 많지만, 그 서술의 원칙과 방향은 바람직하게 설정되었으므로 이를 바탕으로 수정·보완 작업을 지속해 나간다면 지역사의 이름에 값하는 교과서로 발전시킬 수 있을 것이다.

이런 가능성에 대한 기대는 실제 동아시아사를 가르치고 배우는 교사와 학생의 반응에서 어느 정도 확인할 수 있다. 이와 관련해, 과목 개설 취지와 목표가 동아시아사를 수강한 학생들의 역사인식에 어느 정도 반영되었는지에 관한 연구가 주목된다. 먼저 해당 과목을 수강한 후 학생의 인식 변화를 설문조사에 의거해 분석한 김유리의 연구에 따르면 응답자의 83%와 69%가 각각 '이웃나라의 역사와 문화를 이전보다 더 잘 이해하게 되었다', '이웃나라 사람들에 대해 좀 더 많은 관심을 갖게 되었다'고 답했다.[26] 이 같은 긍정적 효과는 동아시아사를 수강한 학생

24 이를 위해 교과서 분량을 다소 늘리는 것도 필요하다. 현재 교학판은 256면, 천재판은 286면에 불과하다. 세계사 교과서의 분량도 이보다 많지 않다. 모두 선택과목으로서 몸집 줄이기 경쟁을 벌인 결과로, 400면이 넘는 한국사 교과서와 비교된다.

25 안병우, 〈동아시아사의 의미〉, 《동아시아사 교원연수교재》, 동북아역사재단, 2009, p. 19.

26 김유리, 〈고등학교 '동아시아사'에 대한 역사교사와 학생들의 인식 분석〉, 《歷史教育》 130집, 2014, pp. 24-25.

과 수강하지 않은 학생을 설문조사에 의거해 비교한 전병철의 연구와 수강학생의 인식 변화를 면접조사에 의해 분석한 윤세병의 연구에서도 확인되었다.[27]

이웃나라 중 특히 일본과 베트남에 대한 인식의 진전이 주목된다. 일본에 대해서는 제국주의 침략자와 그에 대한 비판적 인물들의 주장을 함께 살핌으로써 감정적 인식과 태도가 상대화되고 완화되었다는 반응을 보였다. 면접 조사에 의거한 연구에 따르면 특히 베트남에 대한 인식 변화가 제일 컸다고 한다. 한국에게 베트남은 중국이나 일본에 비해 훨씬 소원한 타자였는데, 동아시아사 수업을 통해 근현대 베트남의 식민지화·분단과 그 극복과정을 알게 되어 가깝게 느껴졌다는 것이다. 학생과 교사는 이러한 인식상의 변화를 "베트남의 재발견"이라고 한다.[28]

동아시아사는 한국사를 좀 더 넓은 시각에서 객관화하여 이해하는 데에도 긍정적인 영향을 미쳤다. 응답자의 95%가 긍정적으로 답했으며, 그러한 사례로 학생들이 꼽은 대표적인 주제는 임진전쟁(壬辰戰爭), 조공책봉체제, 개항과 근대화, 불교와 율령, 신라의 3국통일 등이다. 그중에서도 임진전쟁에 대한 지역사적 접근이 학생들에게 가장 신선한 반응을 불러일으켰다. 이는 명칭부터 한국사에서 당연시되는 '왜란'이 아니라 '전쟁'이며 이에 참전한 동아시아 3국의 국내외 정세를 객관화시켜 이해할 수 있도록 했기 때문이다.[29] 그러나 한국군이 참전한 베트남전쟁에 대해서는 동아시아사 교과서에서도 국사 교과서와 똑같이 냉전시

27 전병철, 〈동아시아사 교육에서 목표로서의 태도 형성〉, 《역사교육논집》 56집, 2015, pp. 251-255; 윤세병, 〈동아시아사 수업과 평화인식〉, 《동북아역사논총》 47호, 2015, p. 267.

28 윤세병, 〈동아시아사 수업과 평화인식〉, p. 266.

29 김유리, 〈고등학교 '동아시아사'에 대한 역사교사와 학생들의 인식 분석〉, p. 23; 윤세병, 〈동아시아사 수업과 평화인식〉, p. 265.

기의 '자유수호론'적 시각 대신 '경제특수론'적 시각으로 인식하였다.

특히 주목되는 바는 지역 내 역사주체들 간의 상호연관성에 대한 학생들의 인식 진전이다. "새삼 알게 된 것은 동아시아 여러 나라들이 오래전부터 끊임없이 교류해 왔다는 점입니다. 예전에 저는 우리나라 역사만 알면 된다는 생각을 해 왔습니다. 하지만 지금은 우리나라의 역사를 제대로 알기 위해서 우리나라뿐만 아니라 동아시아 전체를 알아야 한다는 생각을 갖게 되었습니다."(청주세광고 3학년 1반, 최○준) "나라들은 서로 거미줄 같다. 엮이고 엮여 있다. 서로 영향을 주고받는다. 캐치볼은 한쪽만 던져서는 성립하지 않는다. 영향을 주기만 하는 나라는 없다고 생각한다. 동아시아사를 배우면서 각 나라들의 관계를 다시금 생각해 보게 되었다."(청주세광고 3학년 4반, 김○석)[30] 상호연관성의 파악은 난이도가 높은 이해의 영역인데, 일부 학생들이 그 중요성과 필요성을 적극적·전향적으로 인정하는 반응을 보인 것은 고무적이다.

동아시아사 교과서가 출간된 후 일본과 중국에서는 특별한 관심을 가지고 그 내용을 분석하였다. 그들의 일차적 관심은 한국이 왜 동아시아사 과목을 신설했는지, 그리고 그 교과서 속에 자국이 어떻게 묘사되어 있는지에 있었다. 먼저 동아시아사 교과서의 일본 인식이 종래의 국사 교과서와 비교해 어떻게 달라졌는지를 검토한 연구를 보자.[31] 그에 따르면, 첫째, 일국사/민족사의 시각에서 지역사적/다원적 시각으로 바

30 전병철, 〈동아시아사 교육에서 목표로서의 태도 형성〉, p. 258.

31 柳準相, 〈韓國の高等學校教科書'東アジア史'に關する研究: 日本關係記述の比較分析を中心に〉, 《東京大學大學院教育學研究科 基礎教育學研究室 研究室紀要》 41號, 2015, pp. 171-182. 그 밖에 君島和彦, 〈韓國の歷史教育と'東アジア史'·'韓國史'教科書〉, 《日本歷史學協會年報》 29號, 2014; 國分麻里, 〈韓國'東アジア史'における近代史の內容分析: 日本に關する敍述を中心にして〉, 《中等社會科教育研究》 31號, 2013도 있다.

뀌었다('임진전쟁'과 '병자전쟁'에 대한 객관화된 서술). 둘째, 한민족문화의 독자성과 우수성을 강조하는 관점에서 지역문화의 다양성을 중시하는 관점으로 바뀌었다(한국인의 유전자 구성 북방계 70% + 남방계 30% 제시). 셋째, 문화의 전수라는 일방적 시각에서 교류라는 양방향의 시각으로 바뀌었다(고대 한일관계). 넷째, 근대사를 보는 일본 대 한국이라는 이항대립적 시각에서 일본제국주의와 일본인도 포함하는 '동아시아 민중 = 피해자'라는 민중에 의거한 일체적 시각으로 바뀌었다.

이에 비해 동아시아사 교과서의 중국 인식을 분석한 연구에 따르면 중국은 극히 부정적으로 묘사되었다. 역사상의 중국에 대한 서술은 크게 달라질 이유가 없다고 보아서인지 현실 중국에 대한 인식만 분석되었다. 그 요지는 다음과 같다. 첫째, 중국에 대한 서술 내용은 종래의 세계사 교과서보다 늘었지만 현재의 중국은 분열된 국가(중국과 대만을 별개의 나라로 파악), 정치적 자유가 없는 사회주의 국가다. 둘째, 세계 제2의 경제대국이지만 사회 · 경제적 모순(농촌인구의 도시집중, 빈부격차, 노령화 등)을 안고 있는 나라다. 셋째, 화평굴기(和平崛起)를 표방하지만 이웃나라에 위협적인 외교를 펼치며 동북공정에서 보이듯 역사를 왜곡하는 나라다. 그러나 이 과목은 필수가 아닌 선택과목이라서 그 교육적 영향은 제한적일 것이다.[32] 이는 역사 중국이 아니라 현실 중국에 대한 인식을 검토한 결과이지만, 역사상의 일본에 대한 인식이 긍정적인 방향으로 바뀐 것과 대비된다.

대만에서는 그보다 앞서 2008년에 한국의 동아시아사 교육과정의 목표와 성격, 주요 내용을 상세히 소개하였다.[33] 그것이 대만 역사교육

---

32 詹德斌, 〈從周邊看中國: 韓國'東亞史'教科書中的當代中國形象〉, 《社會科學》 2014年 10期, pp. 28-36.

33 高明士, 〈韓國中小學社會科將加授"東亞史"課程〉, 《歷史月刊》 248期, 2008,

에 주는 시사점으로, 가오밍스(高明士, 국립대만대학 명예교수)는 대만의 고교 역사 과목(대만사, 중국사, 세계사) 중 대만사는 "동아시아 해역 속의 대만", 중국사는 "동아시아 지역 속의 중국"이란 관점에서 가르칠 필요가 있음을 강조하였다. 2017년 현재 대만에서는 중국사 대신 동아시아사 과목을 신설하는 것을 골자로 하는 새로운 "역사과정강요(歷史課程綱要) 초안"을 마련했으며 그 실행 방안을 논의하고 있다. 이는 일차적으로 대만사회 안의 "탈중국화" 요구에 부응하는 조치이겠지만 한국의 동아시아사 교육으로부터 모종의 영향을 받았음이 분명하다.

4. 구성체계의 비교사례: 협의와 광의의 동아시아사

한국의 고교 《동아시아사》의 구성체계를 상대화하기 위해 일본·중국의 사례와 비교해 보자. 일본의 동아시아역사교육연구회(1996년 성립)는 당시 일본의 역사 교과서 논쟁을 반성한 위에서 정부가 내놓은 일시적 호도책을 넘어 근본적 해결책을 찾기 위해서 국가별 교과서가 아니라 '동아시아 공통의 역사 교과서'가 필요하다고 보아 《동아시아의 역사》를 편찬하기로 하였다. 여기에는 유럽 공통의 역사 교과서인 《유럽의 역사》(1992)에 자극받아 '장래의 바람직한 교과서의 모습'을 제시하고 싶다는 열망도 작용하였다. 이런 취지에서 연구회는 17명의 필진을 구성한 후 수년간의 준비과정을 거쳐 2003년 총론과 목차를 정하고 집필에 들어갔다.[34]

---

pp. 130-133.

34 필자는 총론을 쓴 후지이에 레이노스케(藤家禮之助: 東海大學 명예교수, 중국사회경제사 전공)를 비롯하여 미야지마 히로시(宮嶋博史) 등 일본인 11명, 한국인 3명

표 2. 《동아시아의 역사》의 목차

서장 동아시아 세계란?
- 1. 지금 왜 동아시아 공통의 역사교과서인가
- 2. 동아시아문화권의 공통성
  - 1) 한자 2) 습속 3) 농경
- 3. 지리적 특장
  - 1) 지형의 개황 2) 해양 3) 기후대
- 4. 민족 · 언어
  - 1) 민족의 개황
  - 2) 언어의 분포
  - 3) 상호의 영향
- 5. 발전과정

제1편 동아시아의 기반
- 1장 동아시아의 지역성과 농경문화
  - 1절 생태학적 특장
  - 2절 신석기시대와 농경 · 목축문화의 성립
- 2장 초기국가의 성립과 고전문명
  - 1절 중국지역의 제상
  - 2절 중화세계 형성의 움직임
  - 3절 주변 제 지역의 동향
- 3장 통일국가의 성립과 국제질서
  - 1절 통일국가에의 길
  - 2절 진(秦)의 통일과 국제질서
  - 3절 전한(前漢)과 국제질서
  - 4절 동아시아 세계의 질서구조

제2편 동아시아 세계의 형성
- 4장 동아시아 세계의 시동
  - 1절 유교적 사상체계와 호족
  - 2절 동이, 서융, 북적, 남만
  - 3절 동아시아의 사회와 문화
- 5장 동아시아 제 민족의 유동과 자립
  - 1절 분열의 시대에서 민족의 분류(奔流)로
  - 2절 동방 제 민족의 태동과 국가형성
  - 3절 종교시대의 도래
- 6장 동아시아 영역국가의 형성과 전개
  - 1절 중국통일과 율령국가군
  - 2절 동아시아 사회의 발전과 문화의 제상
  - 3절 동아시아 세계의 변질과 변혁에의 태동

제3편 동아시아의 전통사회
- 7장 동아시아 세계의 변용
  - 1절 동아시아 세계의 다극화
  - 2절 중앙집권 관료정치의 출현과 과거사회의 형성
  - 3절 동아시아 세계에서의 북류(北流)와 남류(南流)
  - 4절 경제와 사회 · 문화의 신전개
  - 5절 몽골제국과 동아시아
- 8장 동아시아 국제교역의 시대
  - 1절 동아시아의 정치변동
  - 2절 생산 · 생활 혁명
  - 3절 동아시아와 유럽세계시스템
- 9장 전통의 성숙
  - 1절 해금(海禁)의 시대로
  - 2절 전통사회의 성숙
  - 3절 변화의 조짐
  - 4절 근대에의 전망

제4편 동아시아 세계의 신생(新生)
- 10장 동아시아 제 지역의 근대화
  - 1절 동아시아 교역과 개국
  - 2절 근대문명의 충격
  - 3절 청일전쟁과 동아시아
  - 4절 전통과 변혁
- 11장 두 차례 세계대전과 동아시아
  - 1절 일본의 제국주의화와 동아시아
  - 2절 민족주의와 사회주의
  - 3절 중일 전면전쟁과 일본의 파국
  - 4절 민족의식의 형성과 대중문화
- 12장 전후의 세계
  - 1절 민족의 독립과 동서냉전
  - 2절 개발과 경제성장
  - 3절 사회생활의 격변
  - 4절 국제사회와 동아시아

종장 국민국가를 넘어서

《동아시아의 역사》는 서장과 종장 외에 4편 12장으로 되어 있다. 장의 안배를 보면 근대 이전이 4분의 3이고, 근현대가 4분의 1이다. 공간 범위는 동북아시아(한 · 중 · 일+유목세력)에 한정하여 협의의 동아시아사를 추구하였다. 시간범위는 고대부터 현대까지를 포괄하였고, 시대를 선사-기원전후, 1-10세기, 10-19세기 전반, 19세기 후반-최근으로 나누었다. 17세기 전후와 1945년 전후가 획기로 인정되지 않은 점은 한국의 고교《동아시아사》와 다르다. 내용 구성은 이들 네 시기 안에서 지역 단위로 파악될 수 있는 주제나 개념을 중심으로 하여 그 안에서 관련 국가들의 상호 관계를 드러내는 방식을 취했다. 이런 구성 방식은 한국의 고교《동아시아사》와 유사하다.

전근대에 속하는 1-3편의 장절은 두 개의 중심주제를 축으로 삼고 있다. 그 하나는 국가의 성립과 발전이다. 이는 '초기국가'(2장), '통일국가'(3장), '국가형성'(5장), '영역국가'(6장), '율령국가'(6장), 몽골'제국'(7장)과 같이 여러 국가 형태가 잇달아 등장하는 데서 잘 드러난다. 그런데 정작 근대의 '국민국가' 형성이 보이지 않는 것은 이해하기 어렵고 더구나 그런 위에서 종장 "국민국가를 넘어서"라는 결론이 돌출되어 있다는 느낌을 준다. 제국은 오직 몽골제국 하나만 등장할 뿐 근대 동아시아를 포괄적으로 지배한 '일본제국'의 존재는 목차에 나타나지 않는다.

다른 하나의 중심주제는 문화교류와 전파 및 이주를 통해 형성된 문화적 공통점이다. 그 결과 대립과 전쟁은 가령 임진-정유년간 조선 · 일본 · 명 3국의 전쟁조차 목차에 드러내지 않을 정도로 경시되었다. 특

(孫安石, 柳永烈, 李成市)과 중국인 3명(夏應元, 王瑞來, 趙軍)으로 구성되었다. 나는 2003년 그 총론과 목차의 원고를 보고 논평을 한 바 있다. Yu Yong-tae, "For A Regional History of East Asia: Comments on the Article by Professor Fujiie", *Sungkyun Journal of East Asian Studies* (The Academy of East Asian Studies Sungkyunkwan University), Vol. 3 No. 2, 2003.

히 3편 8장 "동아시아 국제교역의 시대"가 그렇다. 한국의 고교《동아시아사》가 인구이동과 교류를 중시하면서도 대립과 전쟁도 함께 드러낸 것과 비교된다. 일본학계의 아시아 경제사, 동아시아 교역권 연구가 유럽중심사관을 비판하는 의미를 가지는 한편, 국가들 간의 대립과 갈등을 무시하고 상품과 자본의 유통을 강조함으로써 산업화과정에서 국가, 특히 제국이 담당한 구실을 외면하는 경향의 반영이라 하겠다.[35] 목차상에는 '혁명'이란 용어가 아마도 송대의 변화를 지칭하는 것으로 보이는 "생산·생활 혁명"절에서 딱 한 번 나오는데, 이것이 동아시아 역사에서 혁명적 변화의 유일한 예로 강조될 만한 것일까.

4편 10-11장은 한국의 고교《동아시아사》V단원의 "국민국가" 수립운동에 해당한다. 거기서 강조되는 국가주권과 국민주권의 확립을 위한 민족민주운동은 11장에서 분산적으로 서술될 수 있을 터이나 (반)식민지의 민족주의와 민족의식이 분리된 채 다루어져서 "민족의 독립"에 이르는 과정의 지속성이 파악되기 어렵다. 일본의 제국주의화는 러일전쟁 이후의 일로 간주되었다. 게다가 4편에서는 유럽 중심의 세계사에서나 쓰일 수 있는 제목들이 등장하기도 한다. "두 차례 세계대전과 동아시아"(11장), "전후의 세계"(12장)가 그런 예에 속한다. 두 차례의 세계대전은 물론 동아시아사에서도 살펴야 할 주제이지만, 그것이 장 제목으로 내세워질 만큼 중요한 주제인지는 의문이다. "전후의 세계"에서 '전후(戰後)'는 2차대전 종전 이후를 가리키지만 동아시아에서는 한국전쟁과 베트남전쟁이 발생하여 30년간 동아시아를 긴장의 소용돌이 속에 몰아넣었으니, '전후'라 하기 어렵다. 여기서의 '전후'는 유럽이나 일본에

35 산업화에 성공한 국가가 밖으로 팽창하여 제국화했다는 견해와 제국이 산업화를 추동했다는 견해가 대립하고 있다. 이수열, 〈아시아 경제사와 근대일본: 제국과 공업화〉,《歷史學報》232집, 2016.

게만 어울리는 표현일 뿐이다. 12장 1절의 "동서냉전"의 '동서'도 유럽사를 기준으로 붙여진 명칭이다. '동아시아의 냉전'이면 족하지 동구·서구의 '동서'라는 수식어가 여기에도 꼭 있어야 할까. 반면 그러한 냉전체제의 한 기둥이었던 1945년 이후 사회주의 국가에 대해서는 지극히 인색하다. 대륙부 동아시아를 소용돌이 속에 몰아넣은 냉전체제에서 한발 벗어나 있던 일본의 상황을 반영한 결과일 것이다.

종장 제목 "국민국가를 넘어서"에서 보듯이 이 책은 탈국민국가의 시각을 분명히 하고 있다. 한국의 고교《동아시아사》에서는 볼 수 없는 면모다. 그럼에도 불구하고 목차상 가장 중시된 주제의 하나는 국가의 성립과 발전이다. "국민국가를 넘어서"라고 할 때 흔히 국가의 억압성을 비판할 뿐 자본의 억압성에는 별로 주목하지 않는다. 그런데 자본은 그 국민국가를 구성하는 '거대한 법적 국민[法人]'으로서 국가정책 결정에 지대한 영향력을 행사한다. "자본주의와 국가가 일체를 이루어 자본주의 자체가 국가가 되었다"라는 브로델(Fernand Braudel)의 지적에 대해서도 귀를 기울여야 국민국가를 넘어섬으로써 추구하고자 하는 인간적 가치의 실현이 앞당겨질 것이다.

구성체계상의 이런 한계에도 불구하고 필자들의 문제의식은 적지 않은 장점을 갖고 있다. 총론에서 밝힌 주안점들 중 우리의 눈길을 끄는 내용을 몇 가지 꼽아 보면 다음과 같다. 동아시아 특유의 집약 도작농업이 초래한 여러 결과에 주목한 점, 농경세력의 문화와 유목세력의 문화가 상호 긴밀하게 영향을 주고받으면서 동아시아세계가 형성되었음을 강조한 것 등이다. 유목세력의 영향을 보여 주는 사례로는 동북아시아 특유의 젓가락 사용 문화와 주거방식, 10세기 이후 동아시아인의 언어에 중대한 변화가 일어난 것 등이 주목되었다. 전근대 동아시아와 유럽을 연결하는 세계교역 시스템이 형성되었다고 한 것은 최근의 지구사적 연구 시각을 반영한 것인데, 그 위에서 3편 "동아시아의 전통사회"와

4편 근대 "동아시아 세계의 신생"을 서로 어떻게 연결시켜 설명할지 궁금해진다.

특히 우리의 눈길을 끄는 것은 한국이 유목민족과의 부단한 교류로 인해 중국문화 일변도로 빠지지 않고 다른 문명권의 존재를 감지했을 것이라는 설명이다. 한(漢)문화가 고조선에 유입되기 이전의 우리 토착문화와 결부해 생각해 보면 상대적으로 작은 한국이 중국의 지속적인 팽창과 침략에도 불구하고 독자성을 유지할 수 있었던 토양의 하나가 무엇인지 새삼 돌아보게 한다. 고려 말의 대몽항쟁을 거치는 동안 무인의 역할이 제도화되어 조선의 양반제도가 성립되었고, 일본의 무사정권도 몽골의 침략에 대응한 결과라는 해석은 국가사를 넘어선 지역사의 시각을 잘 보여 주는 예라 하겠다. 물론 일본 무사의 출현을 일본 사회 내부의 요인은 간과한 채 주로 외인에 의해 설명하려는 시도에는 선뜻 공감이 가지 않는다.

동아시아 4국 중 일본의 독자성이 가장 두드러진다는 것은 다 아는 사실이다. 그럼에도 율령제 도입 과정에서 나타난 독자성을 지나치게 강조한 까닭은 잘 이해되지 않는다. 고려를 몽골제국의 일부로 편입시키려는 내외의 책동이 일어났을 때, 당대의 지식인 이제현(李齊賢)이 고려 민중의 행동거지가 중국의 습속과 너무 달라서 불가능하다는 글을 중국에 보내 당당하게 맞선 데서 알 수 있듯이, 한국·일본·베트남이 모두 중국의 고급문화를 수용하여 활용하면서도 정치적으로나 문화적으로 자신의 독자성을 견지할 수 있었던 밑바탕은 역시 그 사회 민중들의 토착적 기층문화라는 토양이 있고서야 가능한 일이었다. 이 점에서 일본과 베트남의 독자성은 남방문화의 토양과 관련지어 설명하는 편이 더 자연스러울 것이다.

이제 시야를 좀 더 넓혀서 동남아시아까지 포함하는 광의의 동아시아사는 어떤 방법으로 구성할 수 있는지 살펴보자. 《처음 읽는 동아시아사》는 1997년 외환위기를 계기로 '아세안+3(한·중·일)'이라는 경제 협력체가 결성되어 동북아시아와 동남아시아가 하나의 단위로 사고되기 시작한 것으로 보고 이러한 현실의 변화에 부응하는 지역사로서 기획되었다. 전체 내용은 4부 13장으로 구성되었는데, 그중 절반에 가까운 6장을 근현대에 할애한 점에서 한국의 고교《동아시아사》와 일본의 《동아시아의 역사》가 전근대에 치중한 것과 비교된다.

구성체계는 연대기식 통사가 아니라 교류와 비교에 중점을 두었고, 주제사이지만 그래도 대략적인 시기 구분은 반영되어 있다. 1권은 1부 "동아시아 역사의 시작"(선사-10세기 전후)과 2부 "연결되는 동북아시아와 동남아시아"(10-18세기)로 구성되었고, 2권은 3부 "동아시아의 식민, 전쟁, 모던과 제국주의"(19세기-1945년)와 4부 "동아시아의 독립, 분단, 성장과 냉전체제"(1945년 이후)로 나누어진다.

1부(선사-10세기 전후)는 국가의 성립을 주제로 설정하고 있다. 이를 다루기 위해 동남아시아의 도서부 국가들이 성립하는 10세기 전후까지 시간대를 넓혀 잡았다. 협의의 동아시아를 추구한 고교《동아시아사》와 《동아시아의 역사》에서 중시한 '기원 전후'는 여기서 별 의미를 갖기 어렵게 되었다. 동북아시아와 동남아시아의 국가형성 여건이 다르기 때문에 협의의 동아시아냐 광의의 동아시아냐에 따라 시기 구분이 달라질 수밖에 없다. 그렇더라도 선사부터 10세기까지를 하나로 묶는 것은 너무 길어서 의미를 갖기 어렵다. 어느 쪽이든 대륙부의 국가들은 기원 전후에 이미 성립된 경우가 많으므로 그 시점을 하나의 획기로 삼을 만하다고 본다.

2부(10-18세기)에서는 16-17세기를 '전쟁과 교역'의 시기로 파악하였다. 동남아시아 일대에 유럽세력이 들어오고 은화의 유통이 증가하면서 일어난 해양권의 변화까지 포괄한 광의의 동아시아라는 시각을 잘 살린 결과로 보인다. 그리하여 교류와 이동을 강조하면서도 대립과 전쟁을 시야에 함께 넣어 균형 있게 살필 수 있도록 되어 있다. 최근 유행하는 교류사 중심의 지구사적 접근이 전자에 치중하여 후자를 소홀히 하는 폐단에 빠지지 않은 것이다. 협의의 동아시아사를 추구한《동아시아의 역사》가 이 시기를 '국제교역의 시대' 하나의 측면에 치우쳐 파악한 것과 다르다.

이 책의 강점은 2부 "연결되는 동북아시아와 동남아시아"로, 이것이야말로 광의의 동아시아사답게 만들 수 있는 키포인트의 하나다. 그 연결은 몽골제국의 수도 대도(大都)와 대운하를 중심으로 하여 중국의 남북을 이은 다음 동남아시아 연해를 지나 인도양에 이르는 항로를 개척함으로써 이루어진 것으로 설명되었다.[36] 그러나 동북아시아와 동남아시아가 경제적으로 연결된 시점을 몽골제국시기로 봐야 하는지는 의문이다. 남중국해-동남아시아-인도양-아프리카 동해안을 연결하는 교역로는 비록 근거리 항해에 의거한 것이지만 기원 전후에 이미 존재했다. 이를 바탕으로 7세기 이래 동진하는 이슬람 상인과 9세기 이래 남진하는 중국 상인이 각기 양국의 조신술과 항해술의 발달에 힘입어 원거리 무역과 대양통상의 시대를 열었다.[37] 이는 몽골제국 성립 이전의 일이다.

3부와 4부는 아직 책이 나오기 전이라 목차 구성만 가지고 살펴보는 수밖에 없다. 3부(19세기-1945년)는 "동아시아의 식민, 전쟁, 모던과 제국주의"라는 제목에서 알 수 있듯이 이 시기를 동아시아가 제국주의의 식민과 전쟁 속에서도 근대성을 성취해 가는 과정으로 파악하고 있다. 4부(1945년 이후)는 냉전시기와 탈냉전시기를 구분하지 않고 '냉전체

36 신주백 · 김형열 · 박삼헌 · 오인영 · 윤대영 · 한기모,《처음 읽는 동아시아사 1》, 휴머니스트, 2016, p. 220.

37 유용태,《환호 속의 경종》, pp. 485-486.

제' 속에서 다루고 있다. 그 위에서 '분단체제'라는 용어를 따로 사용하고 있는데, 이는 아마도 유럽의 냉전체제와 다른 동아시아적 특징을 드러내기 위함일 것이다. 한반도, 중국 양안, 베트남이 남북으로 분단되어 장기간의 열전과 냉전적 체제대결로 이어진 것은 유럽에서 볼 수 없는 현상이다. 특히 한국전쟁에 이은 베트남전쟁은 30년간 지속되어 광의의 동아시아를 미일동맹 대 중소동맹을 축으로 하는 두 진영으로 갈라놓았다. 이는 같은 기간 해당 분단국들에 일당독재의 성립을 촉진하고 장기화시키는 결과를 가져왔다.

《처음 읽는 동아시아사》를 중국의 《동아시아사: 선사부터 20세기 말까지》와 비교해 보자. 근대 부분은 2부 4장에서 검토할 터이므로 여기서는 전근대에 한정하여 구성체계만을 간략히 살펴보겠다. 이 책은 국제관계사를 주요 내용으로 하여 6편 18장으로 구성되어 있으며 시대를 다음과 같이 일곱 개로 구분하였다. ① 초기 동아시아 세계(선사-기원전 3세기 말), ② 지역구조의 형성기(기원전 3세기 말-8세기 말), ③ 다민족국가의 경쟁적 발전기(8세기 말-13세기 말), ④ 조공체제시기(13세기 말-1874), ⑤ 조약체제시기(1874-1945), ⑥ 냉전시기(1945-1991), ⑦ 탈냉전시기(1992-). 기원전 3세기 말은 흉노제국과 진한제국의 성립, 8세기 말은 중국의 분열과 북방 유목민족의 성장, 13세기 말은 명의 건국과 책봉조공질서의 확립을 중시해 선택된 획기이다. 한국의 《처음 읽는 동아시아사》보다 시기를 세분했음에도 거기서 획기로 선택된 기원 전후, 10세기, 17세기 전후는 모두 중시하지 않은 것이다. 1945년 이후를 냉전기와 탈냉전기로 구분한 것도 다른 점이다.

이 같은 시기구분은 다분히 중국 중심적 기준에 의거하였다. 기원전 3세기 말 이전에는 동아시아 전체에서 중국만이 국가를 형성했다고 자부하였고, 그 후 두 번째 시기의 '지역구조'란 동북아시아에서 책봉조공을 바탕으로 한자·유교·율령·불교가 공유되어 이른바 '동아시아문화권'이 성립한 것을 말한다. 그 연장에서 13세기에 이르러 비로소 책봉조공체제가 확립되었다고 본 것은 동남아시아 각국과의 관계까지 고려한 결과로 보인다. 그럼에도 17세기 전후 유럽세력의 동남아시아 식민지화(무역도시 등 일부 지역)와 북방 유목세력의 쇠퇴를 획기로 인정하지 않은 점이 주목된다. 1874년은 일본의 대만 침공과 프랑스의 베트남 침략으로 책봉조공체제가 파괴되기 시작한 것을 지칭한다. 19세기 중엽 동북아시아 각국의 개항이나 동남아시아 각국의 완전 식민지화를 획기로 보는 일반론보다 중국 중심의 기준을 중시한 결과라 하겠다.

이 책의 주목할 만한 특징 중 하나는 '동아시아와 세계'라는 이름의 장이나 절을 적절히 배치하여 세계사적 연관성을 살리려 노력한 점이다. 두 번째와 세 번째 시기의 마지막 장, 네 번째 시기의 11-13장 마지막 절이 그런 예다. 거기에는 동아시아와 중앙아시아·남아시아·서아시아와 유럽의 관계가 각 시기에 맞게 서술되어 있다. 그럼에도 불구하고 이런 특장을 살려 동북아시아와 동남아시아의 연결을 전자인 농경세력의 농업생산력 증대와 후자인 해양세력의 교역 증대를 경제적으로 연결시켜 설명하지 못하고 중국이 조공책봉을 통해 정치적으로 연결시켰다고 설명하는 데 그쳤다.[38] 국제관계사를 추구한 이 책이 그 '관계'를 지나치게 정치 영역에 한정한 결과라 하겠다.

---

38 楊軍·張乃和 主編, 《東亞史: 從史前到20世紀末》, 長春: 長春出版社, 2006(한국어 번역본: 동북아역사재단 내부자료, p.34).

5. 동아시아사 구성의 과제

동아시아사는 국가사의 편협한 시각을 벗어나 지역사의 시각에서 이웃나라들과의 상호연관성과 공존을 추구하면서도 각 역사주체들의 독자성과 다원성을 인정하자는 취지를 살려 이웃나라에서도 공감을 얻을 수 있는 방향으로 진화해 나가야 한다. 물론 이런 노력은 중국과 일본에서도 쌍방향으로 이루어져야 비로소 의미를 가질 수 있다. 그런 노력을 한국이 이제 막 시작한 것이니 이후 단계적으로 해결해 나가야 할 과제가 한둘이 아니다.

동아시아 지역사가 대학과 고교의 교과과정으로 수용되어 제도화된 만큼 3분체제와 2분체제를 혁신하는 '방법으로서의 지역사'가 가져올 자극과 동력은 가속화될 것이다. 그러나 이 가능성은 아직 실험단계의 가능성일 뿐이다.

지역사가 역사학과 역사교육의 새로운 방법으로 확립되려면 해결해야 할 과제들이 많은데, 그중 하나가 내용 구성 방법의 문제다. 선정된 내용을 어떤 방법으로 서술하는가는 다양할 수 있다. 통사의 경우 대부분 역사주체(국가, 민족 등)별로 구성해 서술한다. 그러나 동아시아사를 이렇게 국가별로 나누어 서술한다는 것은 지역사의 취지를 무색하게 만든다. 이를 의식하는 경우 국가별 장절 구성을 최소한으로나마 보완할 수 있는 칼럼을 덧붙이기도 한다. 가령 조너선 리프만(Jonathan Lipman) 등의 *Modern East Asia: An Integrated History*(2011)는 한·중·일의 역사를 나열한 통사인데, 각 장의 머리에 "세계적 맥락(world context)"을, 각 장의 끝에 "디아스포라"(이것도 3국 국가별로 서술)와 "연관(connections)"이라는 이름의 칼럼을 추가하여 이를 보완하였다.[39] 통사가 아닌 주제사라 하더라도 각각의 주제를 서술하는 방식은 다를 수 있다. 해당 주제를 지역 단위에서 역사주체들의 상호연관성을 살려 통합적으로 서술하는 것이야말로 지역사의 취지에 가장 잘 부합한다. 그러나 이는 극히 어려운 일이어서 흔히 각 주제 속에서 국가·민족별로 나누어 서술하는 경우가 많다. 주제사로 구성된 《함께 읽는 동아시아 근현대사》, 고교 《동아시아사》(천재판), 《처음 읽는 동아시아사 1》은 전자의 통합적 서술 방식을 취했다. 그래야 연관과 비교의 관점을 잘 살릴 수 있다고 본 것이다.

그러나 그럴 만한 연구 역량이 뒷받침되지 않는 한 실질적인 효과를 거두기는 어렵다. 일차적으로는 모든 주제를 연관과 비교의 방법으로 서술할 수 있을 만큼의 연구가 축적되지 않은 상태여서 그렇다. 그로 인해 연관과 비교의 방법은 부분적으로만 적용되고 있는 실정이며, 실제 대부분의 내용 서술에서는 대주제를 몇 개의 소주제로 나누고 이를 다시 몇 개의 항목으로 나눈 다음 각 항목 안에서 어쩔 수 없이 국가별 사정을 나열하는 식으로 서술하였다. 결국 하나의 주제에 관한 연관과 비교의 이해는 독자 스스로 생각해 봐야 할 영역으로 남겨지는 셈이다. 이는 장차 집중적으로 보강되어야 할 과제다.

그런데 이 같은 주제사 방법과 통합적 서술이 독자의 입장에서는 연대기식 통사보다 이해하기 어렵다는 반응이 많다. 우선 교과서나 대학 교재 또는 일반 교양서를 막론하고 역사는 흔히 '통사'로 구성되었으며 이것이 당연시되었기 때문이다. 통사가 근대 이전에도 없지 않았지만 근대 이래 일반화되고 당연시된 까닭은 아마도 발전사관을 표현하는 데 효과적이기 때문일 것이다. 통사와 주제사의 어느 쪽이 쉽고 학생의 흥미를 유발하기 용이한지는 속단하기 어렵다.[40] 분명한 것은 하나

---

39 Jonathan Lipman, Barbara Molony, and Michael Robinson, *Modern East Asia: An Integrated History*, London: Laurence King Publishing Ltd, 2011.

40 주제사가 통사보다 쉽다는 견해도 있고, 주제사는 유럽의 역사에 적합하다는 견

의 주제를 중심으로 각 역사주체들 간의 상호연관성을 파악하거나 비교하는 것은 학생들뿐만 아니라 교사와 연구자에게도 난이도가 높은 사유과정을 요구한다는 점이다. 고교《동아시아사》는 통사식 구성의 세계사 교과서와 중복을 피하기 위해 주제사로 구성했다고 하는데,《함께 읽는 동아시아 근현대사》는 연관과 비교의 방법으로 역사적 사고 실험의 효과를 제고하기 위해서 주제사 방식을 택했다.

기실 동아시아 지역사가 어렵게 느껴지는 까닭은 주제사 때문이라기보다 자국사 이외의 이웃나라 역사에 대한 통사적 지식이 없기 때문이다. 학생은 물론 역사 교사도 세계사를 거의 가르치지 않는 상황에서 자신을 한국사 교사로 인식하고 있는 것이 현실이다. 심지어 연구자도 자기 전공의 국가사 영역을 벗어나면 이웃나라의 역사에 문외한인 것은 마찬가지다. 이를 감안하여 주제사에 각국의 시대적 흐름을 개관해 주는 내용을 보충하는 기술적 보완이 필요해 보인다. 그러나 이는 미봉책일 뿐 적어도 이웃나라 역사에 대한 기초적 이해를 가능하게 하는 역사교육 제도상의 설계가 뒤따르지 않으면 안 될 것으로 보인다.

결국 역사교육의 핵심 목표인 '역사적 이해'란 통시적(通時的) 차원과 공시적(共時的) 차원의 양면에서 접근해야 도달할 수 있다. 그러므로 통사 외에 '공사(共史)'도 필요하다. 이 경우 '공사'는 주제사로 접근하는 것이 자연스럽고 효과적이지 않을까 싶다. 나는 통사보다 '공사'가 지역사의 맥락을 더 잘 파악하고 발전사관의 폐단에 대해서도 더 잘 성찰할 수 있도록 이끌어 줄 것이라 믿는다. 물론 통사식 지역사도 가능하며, 독자들이 필요에 따라 선택할 수 있어야 바람직하다.

해도 있다. 이에 관한 논의는 양호환,《역사교육의 입론과 구상》, 책과함께, 2012, pp.243-248 참조.

제2부

자국사 인식의 제국성을 넘어서

〈제4장 자국사의 제국성을 묻는다: 한·중·일의 동아시아 근대사 인식〉은 일본 오사카대학 중국문화논단에서 행한 초청강연(2016. 1)에서 발표한 원고(《歷史教育》 137집, 2016. 3 게재)를 줄인 것이다.

〈제5장 동아시아 역사분쟁의 논리와 그 연원: 중화주의 유산〉은 한중 역사교과서회의(한국학중앙연구원 · 중국 인민교육출판사 공동주최, 베이징, 2007. 9)에서 발표한 원고(*Journal of Northeast Asian History*, Vol. 4–2, 2007 게재)와 〈중국, 일본, 미국 역사교재의 한국사 인식: 중화사관과 황국사관의 결합〉(프린스턴한겨레문화연구회 초청 강연, 2009. 10; 《프린스턴한겨레문화》 3호, 2012 게재)에 의거해 다시 쓴 것이다.

〈제6장 한국의 베트남전쟁 인식과 한국–베트남 역사화해의 길〉은 제4회 동아시아 역사화해 국제포럼(유네스코한국위원회 · 동북아역사재단 공동주최, 하노이, 2010. 8)에서 발표한 원고(《동북아시아와 동남아시아의 역사화해》, 2010. 12 수록)를 보완한 것이다.

자국사의 제국성을 묻는다

한·중·일의 동아시아 근대사 인식

《논어》에서 유래한 '일일삼성(一日三省)'은 동아시아에서 강조되어 온 삶의 자세 중 하나로서 자기성찰이 얼마나 중요한지를 말해 준다. 고대 이래 역사를 거울로 여기는 '이사위감(以史爲鑑)'의 인식이 자리잡은 것도 같은 맥락으로 볼 수 있다. 어느 국가에서나 자국사를 인식하고 서술할 때 자성사관과 자만사관이 대립하는 것도 그 때문일 것이다. 자만사관은 자국사를 자기 만족의 시각에서 성공 스토리로 구성하기 위해 그 반대의 스토리를 축소하거나 은폐하려는 경향을 보인다. 그래서 일국의 자만사관은 국경을 넘는 순간 이웃나라에서 통용되기 어렵다.

자만사관은 어느 나라에나 있는데, 그 정도와 논리는 각기 다르면서도 상호 연관되어 있다. 여기서 내가 문제로 삼는 것은 그것이 일국의 자존을 넘어 이웃나라에 대한 팽창과 침략을 합리화하는 제국성(empireness)을 당연시하는 역사인식이다. 제국성이란 제국(empire)을 형성하고 유지·확장하려는 성향과 그로 인해 나타나는 객관적 형상을 지칭한다. 이때의 제국은 전통적 제국과 근대적 제국을 모두 포괄한다. 전근대 중화제국은 물론이고 근대의 일본제국도 화이사상(華夷思想)을 바탕으로 제국화를 기도했으며, 이는 영국·프랑스·미국·러시아 같은 구미 근대제국들과의 경쟁으로 촉진되어 역내 이웃나라와 소국의 자주성을 억압하였다.

다 아는 대로 동아시아 근대사상의 '식민지배와 침략'을 어떻게 인식할 것인가의 문제는 지난 70년간 지속되어 온 한·중·일 3국의 현안이다. 이에 대한 일본인의 역사인식은 '전후역사학'의 성과 위에서 꾸준히 개선되어 왔다. 그러나 어렵게 이룩한 자성사관의 성취를 부정하는 자만사관이 최근 증대하고 있는데, 이는 1990년대 후반부터 강화된 우경화 추세를 반영한다.[1] 그 와중에 한 일본인 학자가 "현대일본의 역사학과 우리의 시좌"를 말하면서 "식민지 지배를 당한 측의 사람"과의 "긴장관계를 자각하는 것"과 "당하는 측", "당한 측의 시점을 의식하는 것"의 필요성을 환기한 것은 그래서 더욱 의미 있게 다가온다.[2]

이 글은 국경을 넘어 통용되는 인식과 스토리의 형성에 가장 큰 걸림돌로 보이는 자국사의 제국성과 어떻게 마주할 것인가에 초점을 두고 그 한 방법으로 최근 한·중·일 3국에서 출간된 동아시아사 저작을 비교·분석하고자 한다. 타국의 제국성에 대한 비판보다 자국의 제국성에 대한 성찰이야말로 지역사의 성패를 가르는 관건이라고 보기 때문이다. 동아시아사 저작은 각국 필자에 의해 집필된 일국판과 3국 필자에 의해 집필된 공동판이 있다. 이 책에서는 자국사의 자국중심주의적 인식체계를 얼마만큼 상대화했는지를 가늠하기 위해 제국성이 좀 더 잘 드러났을 것으로 보이는 일국판의 자국사 인식을 검토할 것이다. 특히 일본판

---

1 정재정, 《한일의 역사갈등과 역사대화》, 대한민국역사박물관, 2014, p. 8, pp. 261-263.

2 君島和彦 編, 《近代の日本と朝鮮: された側からの視座》, 東京: 東京堂出版, 2014, pp. 1-2.

동아시아사가 자국의 제국성을 어떻게 인식하고 있는지에 중점을 두고 진행하고자 한다. 이로써 이웃나라에 대한 침략과 가해로 나타날 수밖에 없는 팽창 지향의 제국성을 영광스러운 국위로 여겨 현창하는 자만사관을 직시하고 소통을 위한 성찰의 시각을 마련하도록 촉진하는 계기로 삼고자 한다.

1. 동아시아 지역사의 출간 경위와 현황

최근 몇 년 사이 한·중·일·대만에서는 각기 그 나라 필자들이 집필한 동아시아사가 잇달아 출간되었다. 양쥔(楊軍)·장나이허(張乃和) 주편의 《동아시아사: 선사부터 20세기 말까지》(2006), 미타니 히로시(三谷博)·나미키 요리하사(並木頼壽)·스키아시 다츠히코(月脚達彦)가 엮은 《다시 보는 동아시아 근대사》(2009), 뤼정리(呂正理)의 《역사를 보는 또 다른 눈》(2010), 유용태·박진우·박태균이 쓴 《함께 읽는 동아시아 근현대사》 1·2(2010·2011; 개정판 2016)가 그것이다. 이 책들의 출간에는 아마도 한·중·일 3국 필자가 공동으로 집필한 《미래를 여는 역사》(2005)의 영향이 작용했을 것이다. 편의상 이를 '공동판'이라 하고 앞의 넷을 '일국판'이라 부르겠다. 이렇게 공동판과 일국판이 서로 경쟁하듯이 동아시아사의 서술을 진전시키는 사이 한국에서는 2006년 동아시아사를 고교 교과목(선택)으로 신설하기로 결정했으며, 그 결과 2012년 《동아시아사》 교과서가 출간되었다.

여기서는 한·중·일 3국의 일국판 동아시아사를 비교하기로 한다. 편의상 이들을 '장춘판', '동대판', '창비판'으로 부르겠다. 각각 24인, 32인(본문 10인, 논평문 22인), 3인의 공저다. 중국과 한국에서는 장춘판과 창비판이 각각 그 나라에서 출간된 최초의 동아시아사다. 일본에서는 동대판보다 앞서 출간된 우에하라 가즈요시(上原一慶) 등이 쓴 《동아시아 근현대사》(1990)가 있으며 자성사관을 잘 보여 준다. 그럼에도 동대판을 비교 대상으로 택한 것은 그 대표 편자인 미타니 히로시가 일본근대사를 "긍정의 유산"으로 보는 입장과 "부정의 유산"으로 보는 입장 사이에서 "현실주의적 입장"을 취하고 있는 것으로 평가받고 있기 때문이다.[3]

2000년대 들어와 각국에서 다양한 형태의 동아시아사가 속속 출간된 배경에는 탈냉전과 민주화의 진전이 있다. 냉전은 동서 이념대립을 돌출시켜 제국주의의 침략과 식민지배의 역사인식 문제를 억압했는데, 이렇게 지연된 탈식민의 과제가 탈냉전의 도래와 함께 뒤늦게 제기될 수 있게 되었다. 냉전체제에 의지하여 장기 지속된 한국, 대만, 동남아시아 각국의 독재정권의 민주화도 이월된 역사 문제의 제기를 가능하게 했다. 특히 이 경우 자성사관을 억압하는 독재정권은 탈식민의 과제가 지연된 조건 속에서 일본제국의 유산에도 기대고 있었기에 민주화는 그로 인한 제국성 성찰에 좋은 전기를 마련해 주었다.

그러니 이런 객관조건만으로 동아시아 지역사가 등장한 것은 아니고 역사학과 역사교육 내부의 주체적 노력이 함께 고려되어야 한다. 기존의 자국사와 세계사는 국민국가를 역사의 도달점으로 파악하는 관점에 의거해 구성된 나머지 국민국가와 그 확장인 식민제국의 침략성과 억압성, 곧 제국성을 당연시하는 역사인식을 내면화하였다. 지역사는 이런 인식체계에 맞서 싸우고 성찰하는 사고의 실험실이 될 수 있다.[4]

---

3 Tsuyoshi Hasegawa and Kazuhiko Togo (eds.), *East Asia's Haunted Present: Historical Memories and Resurgence of Nationalism*, Westport: PSI, 2008, p. 240.

4 白永瑞, 〈自國史と地域史の疏通: 東アジア人の歴史敍述についての省察〉, 《現代思想》 35-10, 2007; 柳鏞泰, 岩方久彦 譯, 《歡聲のなかの警鐘: 東アジア歴史認識と歴史教育の省察》, 東京: 明石書店, 2009, pp. 380-384.

최근 출간된 동아시아사의 서문이나 후기를 보면 그 집필 동기가 나타나 있다. 창비판은 자국사와 세계사의 격절, 자국사의 자국중심주의와 세계사의 유럽중심주의라는 역사교육 내부의 문제를 성찰하던 중 2000년대 초 3국의 역사인식 갈등(일본의 후소샤 교과서, 중국의 '동북공정')이 심화된 것을 계기로 2004년 기획되었다. 동대판은 2005년 한국과 중국에서 일본의 역사인식에 대한 항의 행동이 전개된 것을 계기로, "일본인이 20세기 전반에 선조가 행한 일에 대한 반성이 결여된 것은 아닌가 하는 염려"로부터 기획되었다. 이는 일본국민이 "학교교육을 통하여 일본의 침략과 지배에 대하여 상세하게 배우고 있는 이웃나라 국민"만큼 그 사실도 잘 모르고, 나아가 이웃나라의 역사 자체를 모르고 있다는 진단과 연결된다. 그리하여 "동아시아 전체의 역사"에 대한 일본인의 "기억의 공백"을 메우기 위해 기획된 것이라 한다. 장춘판은 "2003년부터 정치 · 경제 각 학과 영역 내에서 동아시아 관련 토론이 빠르게 증가"하는 가운데 "국내외 학술계와 교류하는 과정에서 점차 동아시아 통사가 필요함"을 느끼고 2004년 기획되었다. 이 경우에는 자성의 필요성이 앞의 두 경우만큼 드러나지 않는데, 이는 내용 서술에 그대로 반영되어 있다.

이상과 같은 의미를 살려서 지역사를 구성하는 방법은 다양하다. 동대판과 장춘판은 국가의 활동에 중점을 두어 국제관계사를 위주로 하되 각국사의 전개를 추가했으며, 비교의 방법은 거의 취하지 않았다. 창비판은 몇 개의 주제를 지역 · 국가 · 민중의 세 레벨로 나누어 구성하고 연관(지역 레벨)과 비교(국가 · 민중 레벨)를 시도하였다. 관계사와 교류사가 직접적 · 단기적 관계(relations)를 파악하는 데 중점을 둔다면 연관사는 그것을 포함하면서 구조적 · 장기지속적 연관(connections)까지 드러내는 것을 목표로 한다. 연관의 방법을 통해 역사주체들 간의 직간접적인 상호연관성을 드러내는 한편, 비교의 방법으로 구성주체들의 독자성을 드러냄으로써 사고의 실험을 깊고 풍부하게 만들 수 있다고 보았기 때문이다.[5] 이는 장기간에 걸친 노력에 의해서만 성취될 수 있는 목표로서 장차 국경을 넘어 상호 소통할 수 있는 역사인식 형성에 도움을 줄 것으로 믿는다.

목차 구성 방식을 살펴보면, 동대판과 장춘판은 국가별로 장과 절을 나누어 구성한 반면, 창비판은 한 주제 속에서 각국의 사정을 연관과 비교의 방법으로 구성하였다. 그 속에서 전자가 동서대비 구도를 뚜렷이 한 것과 달리 후자는 동아시아 역내 관계를 중시하는 구도를 취하였다. 동대판이 근세 이후부터 청일전쟁 직후까지를 다루고 있어서 3자의 비교 검토는 그 시기로 한정한다.

2. 근대사 인식체계의 두 기둥: 동서대비와 대응적 방어

동대판과 장춘판은 국제관계사 위주로 서술되었다. 장절의 배치와 서술 내용, 서사구조와 이데올로기의 양면에서 드러나는 근대사 인식체계의 핵심은 동서대비와 대응적 방어다. 구미 열강의 동아시아 '진출'(동대판) 혹은 '침략'(장춘판)과 그에 대한 동아시아 각국의 대응이 조공체제와 조약체제의 대비 속에 동서대비의 구도를 형성하고 있다. 그 결과 동아시아 역내 국가들 간의 상호관계는 소홀하게 다루어졌다. 그리고 동아시아 각국의 대응 가운데 중국과 일본의 대응은 결국 근대제국화를 초래했는데 자국의 제국화는 대응적 방어로만 인식되었다. 과연 그렇게만 보아도 좋은 것일까?

먼저 동대판의 구성을 보면 일본과 러시아·영국·미국의 관계, 특

5 유용태·박진우·박태균, 《함께 읽는 동아시아 근현대사》 1, 창비, 2010, pp.30-32.

히 러시아의 위협이 집중적으로 부각되어 있다. 이는 장 제목과 배치에서 드러난다. 총 27개 장 중 러시아·영국·미국의 동방진출(7, 9, 10장)이 각기 별개의 장에서 다루어졌고 러시아의 경우는 뒤에(13장) 다시 등장한다. 구미 열강의 위협은 실제보다 과장된 것이었다는 연구성과가 고려되지 않은 듯하다.[6] 그와 대조적으로 역내 각국 간의 상호관계와 상호인식에 대해서는 극히 소략하다. 프랑스의 인도차이나 침략과 1·2차 사이공 조약은 일본의 대청정책을 급진화하는 데 중대한 영향을 미쳤음에도 일체 누락되었다. 국제관계사를 추구한 이 책으로서는 이해하기 어려운 부분이다.

이와 같이 러시아·영국·미국의 동향을 중시한 다음 그에 대한 일본의 현명한 대응이 특별히 강조되었다. 이는 1장의 제목이 "일본의 개국 결단"이라는 데서 확연히 드러난다. 그 주된 내용은 당시 일본의 수상 겸 외상 홋다 마사요시(堀田正睦)가 1857년 자주적으로 개국을 결단했다는 것인데 왜 이런 내용이 1장에 배치되었을까? 이는 근대 동아시아에서 일본의 성공 요인을 지도자의 현명한 판단에서 구하는 관점이 반영된 결과다.[7] 국제정세를 면밀히 관찰하여 현명한 판단을 내리고 주동적으로 개방정책을 펼치는 일본외교의 활력은 4개 장에 걸쳐 다루어졌다. 1864년 4국(영국·프랑스·미국·네덜란드) 함대가 시모노세키(下關)

---

6 메이지정부가 구미 열강의 세계분할 경쟁과 러시아 남하의 위협을 강조하고 그로 인한 일본 독립의 위기를 호소한 것은 분명히 "과장이며 문식"이었다. 오히려 메이지정부 스스로 유구와 조선에 팽창을 기도함으로써 일청대결을 격화시켰다. 坂野潤治, 《明治·思想の實像》, 東京: 創元社, 1977, pp.10-11; 芝原拓自, 〈對外觀とナショナリズム〉, 芝原拓自 外 編, 《對外觀》(日本近代思想史大系12), 東京: 岩波書店, 1988, pp.479-480; 高橋秀直, 《日清戰爭への道》, 東京: 創元社, 1996, pp.523-524.

7 이는 종래 막부외교에 대한 소극적인 평가를 비판하고 적극 평가하려는 경향의 반영이기도 하다. 이와나미신서 편집부 엮음, 서민교 옮김, 《일본 근현대사를 어떻게 볼 것인가》(일본 근현대사 시리즈 10), 어문학사, 2013, p.27.

포격 후 천황에게 조약칙허를 압박하자 어쩔 수 없이 칙허한 사실(이때 관세도 20%에서 5%로 인하됨)에는 함구한 채 그 이전에 칙허를 거부한 사실만 서술한 것도 일본의 현명한 대응을 강조하기 위함일 것이다.

구미세력에 대한 한·중·일 3국의 대응이 조약관계의 수용과 근대국가를 향한 제도개혁으로 구체화되는 사정에 대해서는 15-26장에서 다루었다. 각 장들은 청일수교와 유구병합, 정한론 논쟁과 조일 국교 갱신, 청국과 일본의 영토 확정 등에 이어서 청국과 일본의 군비확장이 청일전쟁으로 이어지는 구도로 배치되었다. 결국 청일전쟁과 그 직후의 3국간섭은 청·일·러 3제국의 경쟁이라는 국제적 역관계로 인해 발생한 것이라는 점을 암시한다. 일본의 군사행동은 청국과 러시아의 움직임에 대한 대응적 방어임을 드러내는 구도인 것이다.

장춘판은 조공체제가 조약체제로 바뀌는 것을 중심으로 구성되어 있다. 동서대비는 조공체제의 수축(收縮)과 와해를 다룬 13장과 14장에서 16세기 이래 구미 각국의 동남아시아 식민지화로 조공체제가 수축되고, 서구열강과 급성장한 일본에 의해 와해되는 과정을 다룬 데서 드러난다. 인접한 러시아의 '중국 영토 침략'을 강조한 것도 동대판과 흡사하다. 한편 동대판과 달리 1874년이 지역질서 변화의 중대한 분기점으로 중시된 것이 주목된다. 1874년에 프랑스가 사이공 조약을 맺어 "베트남에 대한 중국의 종주국 지위를 대신"하기 시작했으며 일본이 "대만을 침범"해 조약을 맺고 점차 "중국의 속국 유구를 병탄"했는데, 이로써 조공책봉체제는 내외 두 방면으로부터 충격을 받아 전면적으로 와해되기 시작했다는 것이다.

그와 연관하여 와해되는 조공체제를 수호하려는 대응적 방어의 논리도 드러난다. 14장에서 러시아, 영국, 프랑스, 일본 등의 침략에 의한 중국 변강(邊疆)의 위기와 조공국의 상실을 지도와 함께 서술하고 그에 대한 중국의 대응을 강조한 것이다. 러시아의 일리 점령과 일본의 대만 침공을 계기로 이역(異域)·이족(異族)인 신장(新疆)과 대만을 1884-1885년 직할성화한 것, 1884-1894년 조선에 대한 보호국화 정책(감국정책)을 당연시하고 이를 일본의 조선병탄 위협에 대한 대응책으로서 강조한 것 등이 그렇다.

15장 "조약체제를 향하여"는 1895-1919년 시기를 "중국의 망국위기와 구국", "일본의 식민제국 건설", "동남아의 식민지화와 조약체제" 등의 절로 구성하였다. 중국의 망국위기(희생자)와 일본의 식민제국(침략자)이 대비되는 구도다. 동서대비의 구도가 청일전쟁 이후 점차 중일대비 구도로 바뀌고 있는 것이다. 이런 인식은 실제로 1882-1894년 조선에 대한 청조의 감국정책을 일본의 침략에 대한 대응으로 인식하여 서술한 것의 연장이다. 그러나 이 시기 조선에 대한 청국의 정책은 논자에 따라 "비공식제국주의", "아(亞; 2류의)제국주의", "서구열강의 식민지주의를 부분적으로 차용한 것", 심지어 그런 한정적 관형어 없이 "제국주의적 정책을 집행"한 것 등으로 이해되고 있어 그 침략성을 중시한다는 점에서는 다르지 않다.[8]

이에 비해 창비판의 근대사 인식체계는 동서대비나 대응적 방어와 거리를 두고 역내의 상호 관련과 비교에 중점을 두었다. 지역사의 의미와 필요성을 설명한 서장에 이어 1장에서 해금 시기(바다출입을 금한 17세기부터 19세기 전반까지)의 지역질서와 역내 각국의 상황을 다루고, 2장에서는 구미세력에 의한 세계시장의 확대와 지역질서의 변화를 다루었다. 그 속에서 불평등조약이 초래한 국가의 위기, 그에 대한 국가와 민중의 대응을 상호 연관지어 이해할 수 있도록 하였다. 3장에서 역내 국가들

---

8 유용태, 〈중국의 지연된 근대외교와 한중관계: 동아시아 지역사의 시각〉, 《한중인문학연구》 37집, 2012, pp.7-8; 백영서 외, 《동아시아 근대이행의 세 갈래》, 창비, 2009, p.49, p.76.

의 국민국가를 향한 구상과 실천(개혁과 혁명)이 상호 영향 속에 전개된 사정을 드러내고, 4장("제국주의 침략과 반제민족운동")을 "청 · 일 · 러 3제국의 패권경쟁"으로 시작한 것은 동서대비와 대응적 방어의 논리를 동시에 극복할 수 있는 구성이라 할 수 있다. 이런 구성은 제국성을 직시하도록 도와줄 수 있다. 동아시아 5국의 국가와 사회를 두 가지 유형으로 나누어 다룬 "문인사대부 국가와 무사의 국가", "농민사회와 민란" 등의 절은 비교의 방법을 취한 예다.

요컨대 동대판과 장춘판은 모두 서양의 진출/침략에 대한 '대응적 방어'의 구도와 논리를 취하고 있다는 점에서 본질적으로 다르지 않다. 이는 진화론적 문명사관에 의거하여 당시 동아시아 세계를 열강의 파워 폴리틱스(power politics)의 관점에서 인식한 결과라 할 수 있다. 개항 당시에는 조선 · 청국 · 일본 · 베트남 · 유구 등 5국 모두 구미 열강의 군사적 침략이나 위협을 받고 그 포함외교(砲艦外交)의 위압에 의해 불평등조약을 맺은 결과 국가주권을 상당 부분 상실하였다. 바로 이 점이 '대응적 방어'의 논리를 제공하는 원천이다. 그러니 그 이후 일본 · 중국과 이웃나라의 관계를 그렇게만 인식해서는 곤란하다.

일본은 자신의 주권을 침범한 불평등조약하에서도 1874년부터 구미 열강과 동일한 포함외교로 이웃나라(유구 · 조선 · 청국)의 주권을 침범하는 아(亞) 열강이 되었다. 중국은 국가주권과 영토의 일부(홍콩 · 연해주 · 대만 등)를 열강에게 침범당하는 속에서도 1882-1894년 조선보호국화를 기도하였다. 열강의 침략에 대한 일본과 청국의 '대응적 방어'가 이웃나라와 소국들에게는 '경쟁적 침략'이 된 것이다. 동대판에는 구미 열강의 동아시아 진출만 있을 뿐 침략은 없고(예외적으로 러시아의 경우만 '침략'으로 표기), 동일한 논리의 연장선에서 동아시아에 대한 일본의 '국권확장'과 '해외팽창'만 있고 '침략'은 없다. '확장'과 '팽창'은 그 대상의 주권을 부정하여 마치 무주지인 것처럼 간주하는 의식을 전제로 한다.[9] 반면 장춘판에는 동아시아에 대한 구미와 일본의 침략이 있을 뿐 이웃나라에 대한 중국 자신의 침략은 없다.

여기서 말하는 '침략'의 의미를 분명히 할 필요가 있다. 우선 일본정부가 1982년 역사 교과서 검정에서 정의한 개념이 주목된다. 당시 일본 문부성은 '침략'이라는 용어가 "상대국의 국토와 주권을 침해할 목적으로 무력을 행사함"이라는 가치판단을 담고 있으므로 객관적인 용어인 '진출'로 바꾸라고 하였다.[10] 1974년 UN이 정의한 '무력침략'은 "일국이 무력을 사용하여 타국의 주권과 영토 혹은 정치적 독립을 침범하는 것"이다. 《사해(辭海)》(1989)에 따르면 중화인민공화국에서는 여기에 "타국 인민에 대한 약탈과 강제노동[奴役]"을 추가하고 있다. 이들 중 일본의 정의는 최소 개념인 동시에 3자의 최대공약수다.

그러니까 일본정부의 정의에 따르더라도 구미 열강이 동아시아 5국과 맺은 불평등조약은 모두 '침략'에 해당한다. 그리고 1874년 이래 일본과 청국의 동아시아 이웃나라에 대한 팽창정책도 마찬가지로 침략에 해당한다. 동서대비를 넘어서는 동서혼재의 '경쟁적 침략'이 아닐 수 없다. 그러나 일본을 포함하는 각국이 불평등조약을 개정하여 주권을 회복하려 노력했음에도 동대판에는 근대일본이 구미로부터 침략받았음을 명시한 역사인식이나 구체적 서술이 보이지 않는다. 이는 장춘판과 창비판에서 볼 수 없는 특징이다.

동대판이 동서대비의 구도 속에서 일본의 국가위기를 그토록 강조

---

9 당시 도쿠토미 소호(德富蘇峰)에 따르면 일본인에게 "팽창이란 타국을 침략한다는 말이 아니라 일본국민이 세계에 웅비하고 세계를 향해 대의를 펴는" 것, "국민으로서의 건전한 존재를 보장하기 위한 것"이었다. 장인성, 〈근대동아시아 국제사회에서의 '질서'와 '정의': 근대일본지식인의 동아시아 국제사회관〉, 《동북아역사논총》 28호, 2010, pp.308-309.

10 정재정, 《일본의 논리: 전환기의 역사교육과 한국 인식》, 현음사, 1998, p.207.

했음에도 불구하고 이러한 까닭은 무엇일까? 그것을 '침략'이라 명시하는 순간 이웃나라에 대한 자국의 침략행위를 자인하는 결과를 초래하기 때문이거나, 타국을 침략한 것은 물론이고 타국의 침략을 받은 적도 없다는 신국의식(神國意識)과 관련된 것이 아닌가 싶다.

3. 제국, 제국몽, 제국화

앞에서 나는 근대일본의 제국화가 1874년부터 시작되었다고 하였다. 이와 달리 대부분의 일본사가 그렇듯이 동대판 동아시아사도 그 기점을 청일전쟁 이후의 대만 영유로 보고 있다. 정말 그런 것일까? 그리고 일본의 제국화에 대응한 청조(清朝) 중국의 근대적 제국정책은 장춘판에서 어떻게 인식되고 있는가?

한자어 '帝國'은 막부 말기에 네덜란드어 keizerrijk와 영어 empire의 번역어에서 유래하였다. 일찍이 《관자(管子)》에서 통치자의 격을 황(皇)·제(帝)·왕(王)·패(覇)의 네 등급으로 구분한 이래 '제'는 '황'보다 아래였으니, 그가 통치하는 나라인 제국(帝國)도 황국(皇國)보다 하위일 것이다. 그러나 근대 이전 동아시아에서 '제국'이란 한자어는 거의 사용되지 않았고 '황국'은 근대일본에 의해 자국의 고유성을 현창하는 용어로 전유되었다. 역대 중국에서는 다만 청조가 스스로 '황조(皇朝)'라 칭했을 뿐이다. 중국이 이처럼 '제국'이든 '황국'이든 경계가 분명한 '국'의 사용을 피한 것은 천하관념에 입각한 '천자(天子)'의 '천조(天朝)'라는 자의식이 강했기 때문일 것이다.

동서양 역사에서 제국은 다양한 형태를 취하고 나타났다. 전근대시기에 제국은 절대적 지배자의 광역적 지배 영역을 의미하였으나 입헌제가 출현한 근대 이후 절대적 지배자의 존재 여부와 상관없이 근대국가 자신의 이역과 이족을 위계적으로 포함하는 광역지배체제를 지칭하게 되었다. 홉스봄(Eric Hobsbawm)의 말대로 황제와 제국은 오래된 것이지만 제국주의는 새로운 현상인데, 그 새로움이란 근대국가를 지배의 주체로 하는 제국을 추구한다는 점이다.[11] 그에 비해 제국성은 근대제국에 한정되지 않고 제국이 있는 한 성립될 수 있는 개념이다.

주지하는 바와 같이 역대 중국왕조는 비록 스스로 '제국'이라 칭하지 않았으나 진한(秦漢) 이래 그러한 전통적 제국이 되었다. 메이지 일본이 전근대 중국의 통일왕조에 대해서도 '제국'이란 호칭을 사용한 이래 그런 용례가 널리 받아들여졌다. 중국사에서 역대 왕조의 정통성을 좌우하는 기준은 '대일통(大一統)'의 성취 여부인데, 이는 중화왕조가 그 지배영역을 이역·이족의 4이(四夷)까지 포괄하여 확장하고 이를 황제가 직·간접적 방법으로 지배하는 것을 말한다. 왕커(王柯)는 이 대일통을 곧 '제국성'이라 불렀으니 중국역사상의 이러한 강렬한 '대일통 꿈'을 위의 제국 개념에 의거해 '제국몽(帝國夢)'이라 불러도 좋을 것이다.[12] 청국은 중국역사상 전통적 제국의 전형이다.

한국과 일본, 베트남도 당(唐)의 제국 시스템을 자신의 국가 모델로 수용했기에 어느 정도 제국몽을 공유하게 되었다. 특히 이들 3국은 동대판·장춘판·창비판에 공히 언급된 바와 같이 이적으로 간주되던 만주족이 17세기 초에 청을 건국해 중국을 지배하자 각기 중화라고 자처하면서 소중심질서(소중화질서)를 형성하려 하였다. 다만 그것을 실현할 주·객관적 조건의 차이에 따라 그 실현 정도가 달랐을 뿐이다. 베트남

---

11 제국의 개념에 대해서는 이삼성, 《제국》(한국개념사총서 8), 소화, 2014, 1부와 3부; 山本有造, 〈'帝國'とはなにか〉, 山本有造 編, 《帝國の研究》, 名古屋: 名古屋大學出版會, 2004, pp. 3-30 참조.

12 王柯, 〈帝國の諸相〉, 山本有造 編, 《帝國の研究》, p. 204.

은 남진을 계속하여 이역과 이족을 직접 지배했으나 조선과 일본은 각각 여진(女眞)·쓰시마(對馬)와 유구를 자신의 조공국으로 여길 뿐이었다. 일본의 제국몽은 신공황후(神功皇后)의 삼한정벌 신화에 뿌리를 두고 도요토미(豊臣) 정권의 조선침략전쟁에 의해 재생산되었다는 점에서 특이하며 한국의 그것보다 강렬하다. 제국몽의 대상이 처음부터 조선을 향하고 있었다는 점도 주목된다.

전통적 제국몽이 중국에서 발원했다면 근대적 제국몽은 일본에서 발원하였다. 동아시아 각국이 전통적 제국몽을 역사적 배경으로 하고 19세기 중엽 서양 근대제국의 위협을 받게 되었을 때 가장 먼저 강렬하게 반응하여 제국화의 실천에 나선 것은 일본이다.

우선 일본이 공문서에서 자국을 '제국'으로 호칭한 것은 1854년 미일화친조약 때부터다. 조약 당시 일본은 국명을 영문본에서는 'Empire of Japan'이라 하고 일문본에서는 '제국일본'이라 표기하였다. 이렇게 에도막부에 의해 만들어진 용어인 '일본제국'은 주로 서양국가들과의 관계에서 대외적 자주와 자존, 그리고 그것을 뒷받침하는 부국강병의 목표의식이 내면화된 개념으로 사용되었다. 도쿠가와 나리아키(德川齊昭)는 1856년 "신국의 영토는 비록 좁다 하더라도 외이(外夷)에서 제국이라고 우러러 존경하며 두려워함은 필경 고대의 신공황후 삼한정벌, 중세의 몽골 퇴치, 근세 히데요시의 조선정벌 […] 등 명단(明斷)과 무위(武威)를 해외에 떨쳤기 때문"이라고 하였다.[13]

이런 용례는 막부가 타도된 유신 이후에도 계승되어 메이지 일본 최초의 대외군사행동인 대만 침공(1874) 이후 점차 일반화되었다. 1874년 2월 메이지정부의 참의 오쿠보 도시미치(大久保利通)와 오쿠마 시게

13 박진우, 《근대 일본 형성기의 국가와 민중》, J&C, 2004, p.109.

노부(大隈重信)는 3년 전 유구 어민이 대만 해안에 표착했다가 현지인에 의해 살해당한 사건을 두고 "우리 번속(藩屬)인 유구 인민을 살해한 행위에 보복하는 것은 일본제국 정부의 의무이며 토번(討蕃, 오랑캐 토벌)의 공리(公理)도 이에 큰 기초를 얻는다"고 하였다.[14] 강화도 침공 직후인 1875년 12월 어느 민간의 건백서(建白書)가 "조선은 원래 서북의 한 소국으로 옛날부터 대대로 우리 제국에 복속했으며, 중세 이래 조공을 바치지 않았으니 그 죄를 어찌 용서할 수 있겠는가?"[15]라고 정한(征韓)을 주장하였다. 여기서 '토번'·'조공'이라는 화이론적 용어와 함께 일본을 '제국'으로 호칭한 것이 주목된다. 이로써 근대일본의 제국몽이 전통의 논리를 바탕으로 근대의 논리를 수용해 형성된 것임을 알 수 있다.

메이지 일본은 강화도 침공 직후 '대일본제국'이란 국명을 조선에 대하여 사용하였다. 이는 대만 침공으로 유구왕국의 내정외교를 장악함으로써 사실상 제국화의 일보를 내디뎠다는 자부심이 반영된 것으로 보인다. 강화도 침공은 그 연속이었다. 1874-1875년 일본 안에서 일본을 "자유독립국(自由獨立國)", 중국을 "제한독립국(約束獨立國)", 조선을 "공납독립국(貢納獨立國)"으로 위계화하여 일본의 국제적 지위를 동아제일로 높이고 "서에는 영국", "동에는 일본"이 되자는 강력한 희망이 고취된 것도 이런 변화를 반영한다.[16] 실제로 1876년 강화도조약은 일본이 조선을 개국시킨 국제적 지위를 확보함으로써 세계체제의 반(半)주변부로 상승하는 동시에 조선의 쌀과 금을 강제 수탈해 자본 축적의 기반을 마련하는 결정적 계기가 되었다.[17]

---

14 이삼성, 《제국》, p. 217.

15 박진우, 《근대 일본 형성기의 국가와 민중》, p. 113.

16 김용덕 엮음, 《일본사의 변혁기를 본다: 사회인식과 사상》, 지식산업사, 2011, pp. 210-211; 박영재, 〈근대일본의 한국인식〉, 역사학회 엮음, 《일본의 침략정책사 연구》, 일조각, 1984, pp. 100-101.

이러한 제국화는 유신 당초부터 신정부가 취한 정책기조의 실천이었다. 메이지 정부는 "만국대치, 해외웅비"의 국시를 제창하고 국위와 국권을 신장하기 위한 외교에 나섰다. 최고지도자 6인이 서명한 맹약서는 유신이란 다름 아닌 "명분을 그르쳐서 대외적으로 국체를 손상시킨 막부를 토벌"하고 "황위(皇威)를 해외에 떨치기 위해서" 단행한 것이라 하였다.[18] 이는 일본의 제국화 충동이 유신 지도자에게 처음부터 충만해 있었음을 보여 준다. 대만과 강화도 침공은 그 실천의 일보였던 것이다. 그 사상의 직접적인 뿌리는 1780년대 이래의 '전국적(戰國的) 세계관'에 의거해 '웅비론'으로 포장된 군사적 팽창론이다. 다만 이것은 아직 막부의 정치에서 소외된, 도요토미 정권의 조선 침략에 앞장섰던 서남지역 다이묘(大名)들의 주장이었으므로 일본의 공식적 대외정책으로 된 것은 그들이 막부를 타도한 유신 이후의 일이다.[19]

동대판은 메이지 일본이 에조치(홋카이도)와 유구를 영토화한 것을 식민지화 과정으로 파악하였다. 이는 주목되는 성찰적 역사인식의 한 표현이라 하겠다. 이 식민지화는 이역과 이족에 속하는 별개의 지역·국가를 '병합'한 것으로서 근대일본의 제국화를 보여 주는 첫 사례다. 이노우에 가츠오(井上勝生)는 일본의 홋카이도·조선 병합을 묶어서 "두 개의 병합"이라 불렀다.[20] 이들을 모두 묶어서 메이지 일본의 '세 개의 병합'이라 불러도 좋을 것이다. 그중 두 개의 병합이 청일전쟁 이전의

17 백영서 외, 《동아시아 근대이행의 세 갈래》, p.23.

18 芝原拓自, 〈對外觀とナショナリズム〉, pp.464-465.

19 박훈, 〈18세기말-19세기초 일본에서의 '戰國'的 世界觀과 해외팽창론〉, 《東洋史學研究》 104집, 2008; 박영재, 〈근대일본의 한국인식〉, pp.93-95; 현명철, 〈막말유신기의 조선관〉, 김용덕 엮음, 《일본사의 변혁기를 본다: 사회인식과 사상》, p.173.

20 井上勝生, 〈明治維新とアジア: 二つの'併合', 北海道と朝鮮〉, 和田春樹 編, 《講座東アジア近現代史》 1巻, 東京: 岩波書店, 2009.

일이며 이러한 일련의 제국정책의 결과가 청일전쟁이다. 동대판이 에조치와 유구왕국의 '식민지화'를 직시하면서도 이를 제국화의 기점으로 인식하지 않은 것은 이해하기 어렵다.

따라서 근대일본의 제국화 기점을 청일전쟁으로 보는 것은 결과론에 치우친 유럽중심주의일 뿐이다. 그렇게 보는 이유는 다음 두 가지다. 첫째, 근대의 제국을 서구열강들에서 보이는 독점자본주의의 대외팽창이라는 시각에서만 접근함으로써 구미에 대해서는 대응적이지만 동아시아에 대해서는 선제적 침략을 단행한 일본제국의 특수성을 직시할 수 없게 만든다. 둘째, 일본은 자국의 불평등조약을 개정해 주권평등을 실현해야 비로소 제국이라는 관점에서 서구열강과의 관계만을 중시하고 동아시아 이웃나라들과의 관계를 간과한다.

이상과 같은 메이지 일본의 제국화는 러시아의 일리 점령과 함께 전통적 제국인 청조 중국의 근대제국화를 추동하였다. 1884-1885년 신장성 · 대만성 설치, 그리고 1882-1894년 조선 내외정에 대한 간섭과 보호국화 기도가 그것이다. 중국은 그 사이 대부분의 조공국을 상실했기에, 마지막 조공국 조선을 향한 근대적 제국화 욕구는 더욱 강렬할 수밖에 없었다. 이는 감국정책으로 구체화되었으니 위안스카이(袁世凱)가 '감국(監國)'(통감에 해당)으로서 군권을 바탕으로 고문을 통해 재정권과 외교권도 상당 부분 장악하였다. 이는 사실상 조선을 청국의 보호국으로 만들어 가는 과정이었다.

중국이 이렇게 근대제국화를 추진하는 사이 중국 민간의 지식인들도 이러한 제국정책을 적극 지지하면서 '민족제국주의'를 제창하였다. 1900년 전후 일본에서 제국주의 논의가 고조되었는데, 일본에 망명 중이던 개혁파 지도자 량치차오(梁啓超)는 1902년부터 명확하게 제국정책을 옹호하고 나섰다. 그는 제국경쟁의 세계대세에 맞추어 이제 중국도 중국 경내의 모든 민족을 합하여 "하나의 대민족을 형성"하고 이를 바탕으로 "하나의 민족제국을 형성"해야 하며, 라틴 민족이나 튜튼 민족처럼 식민지를 영유해야 한다고 주장하였다. 대민족(중화민족) 형성이 근대제국화의 대내정책이라면 식민지 영유는 그 대외정책이다. 이런 민족제국주의론의 대내정책은 혁명파 지도자 쑨원(孫文)과 국민당 및 공산당에 의해 계승되었다.[21]

그 사이 조선은 청·일·러 3제국의 경쟁적 침략 대상이 되어 곤경에 처하였고 자구책의 일환으로 1897년 대한제국(大韓帝國)의 성립을 선포하였다. 이는 명의상의 변경일 뿐이어서 실질적 제국화와는 거리가 멀었지만 각국의 제국몽이 경쟁적으로 분출하고 격돌하던 시대의 반영이라 할 수 있다. 대한제국은 청·일·러 3제국의 경쟁 속에 1905-1910년 점차 국권을 빼앗기다가 결국 일본제국에 의해 강제 병합되어 폐멸되었다. 중국과 대등한 '대남제국(大南帝國)'을 자칭한 베트남의 응우옌 왕조는 그보다 앞서 프랑스의 식민지가 되었다.

요컨대 동아시아 4국은 화이사상에 의거한 전통적 제국몽과 진화론적 부국강병을 추구한 근대 제국몽을 공유했지만 그 정도와 실현 여부는 달랐다. 따라서 역사인식 면에서 자성사관을 방해하는 제국성의 정도도 다를 수밖에 없다. 일본과 중국의 제국성은 한국에 비해 훨씬 강렬할 수밖에 없는 역사적 근거를 갖고 있다. 동아시아사가 자국사의 제국성을 성찰하는 위에서 비로소 구성될 수 있다면 중국과 일본은 그만큼 자국의 제국성과 더욱 강렬한 격투를 벌여야 하는 조건에 놓여 있다. 이것은 일본판(동대판)과 중국판(장춘판) 동아시아사의 인식체계를 구성하고 이해하는 기초조건이 된다.

---

21 柳鏞泰, 〈民族大一統論和內在化了的帝國性在近代中國〉, 《學海》(江蘇省社會科學院) 2008年 5期, pp.35-37.

4. 정벌, (전)역, 번속

역사인식의 체계를 형성하는 요인으로 앞서 살펴본 서사구조와 이데올로기 못지않게 중요한 것이 역사 용어다. 앞서 살펴본 대로 1982년 일본정부는 '침략'이 가치판단적인 용어라면서 중립적인 용어인 '진출'로 바꿔 쓰도록 지시한 바 있다. 그러나 '정한론'의 '정벌'과 '문록(文祿)·경장(慶長)의 역(役)'에서 '역'은 그보다 더 심한 가치판단을 담고 있지만 동대판은 이를 당연한 것처럼 여전히 사용하고 있다. 장춘판이 중화사상에 의거하여 이런 용어를 더 자주 쓸 것 같지만 적어도 근대 부분에 관한 한 그렇지 않다.

'정벌'은 동아시아의 전통적 역사 서술의 명분론과 결부되어 있다. 원래 '정(征)'은 상하관계를 분명히 한 군사행동을 의미하였다. 가령《맹자(孟子)》에 "정(征)이란 대등국 상호 간이 아니라 상국이 하국을 벌하는 것[征者上伐下也, 敵國不相征也]"이라 한 것이 그 이른 예다. 이는 그 후 역사 서술의 명분론으로 확립되어 계승되었다. 가령 송대 구양수(歐陽修)는《신오대사(新五代史)》에서 천자가 직접 군사를 이끌고 나가 공격하는 것을 '정(征)'이라 하고, 대국·중앙이 소국·지방을 공격하는 것을 '벌(伐)'이라 하고, 확실히 죄가 있는 상대를 공격하는 것을 '토(討)'라 하였다.[22] 요컨대 국가 간의 군사행동을 '정'이라 할 경우, 그것은 하국의 죄를 응징하는 상국의 정당한 군사행동일 뿐 결코 침략이 아닌 것이다. '정한론'은 메이지 일본이 조선과 청국의 무도함을 군사력으로 바로잡겠다는 화이론적 역사인식의 표현이다.

그렇다면 '정한(征韓)'이라 할 때 한(조선)이 무엇을 잘못했다는 것일

22 錢穆, 이윤화 옮김,《사학명저강의》, 신서원, 2006, p.363.

까? 하국인 조선이 상국인 일본에게 조공을 하지 않았거나 천황의 국서를 거부했다는 것이다. 그러나 동대판도 인정하듯이 조선이 일본의 조공국이나 속국은 아니었으며 국서 거부도 조선의 입장에서 종래의 양국간 외교 관행을 기준으로 판단한 결과다. 어느 일국이 타국의 수교 요청에 응하지 않았다 하여 이를 죄악시하는 것은 '조공하지 않으면 정벌한다'는 화이질서의 논리일 뿐, 수교 여부의 결정을 주권국가의 고유 권한으로 인정하는 근대외교의 상례에 반한다. 정한론이든 내치우선의 실리주의적 입장에서의 정한비판론이든 그 공통점은 조선을 대등한 상대로 보지 않고 "만노(蠻奴)"나 "작은 야만국"으로 간주하는 자세다.[23]

이러한 사고방식의 연장선에서, 근대일본의 정책 브레인들은 조선뿐 아니라 청국과 중화민국도 정토 또는 토벌의 대상으로 간주한 바 있다. 1887년 '청국정토대책'은 청국이 조선 내정에 간섭하여 개화를 방해하므로 정토의 대상이라 했다. 청일전쟁 당시의 외상 무쓰 무네미쓰(陸奥宗光)는 《건건록(蹇蹇錄)》에서 이 전쟁을 "정청(征清)의 역(役)"이라 했다. 중국을 정토의 대상으로 간주한 예는 1937년 이후 중일전쟁기에도 이어졌다.[24]

근대일본의 역사 인식과 서술을 돌아보면, 이웃나라를 단지 정벌·정토의 시각에서 인식한 예는 적지 않다. 메이지 정부가 외국(주로 서양)에 일본사를 널리 알리기 위해 편찬한 《국사안(國史眼)》(1890)과 《개국오십년사(開國五十年史)》(1907)가 1592년 도요토미 정권의 조선 침략을 "정한의 역(役)", "문록의 정한"이라 하고 1874-1875년의 대만 침공과 조선 침공을 각각 "정대(征臺)"·"정한"이라 표기한 바 있다.[25] 그러나 오

23 芝原拓自, 〈對外觀とナショナリズム〉, p. 511, p. 515.

24 榮澤幸二, 〈近代の政治思想〉, 宮地正人 外 編, 《政治社會思想史》(新體系日本史4), 東京: 山川出版社, 2010, pp. 351-353.

늘날 이런 용어들은 일본 내에서도 더 이상 사용되지 않는다. 그럼에도 유독 '정한론'은 여전히 당연한 것처럼 쓰이고 있다. 그 사상적 심층을 따져보지 않을 수 없는 까닭이 여기에 있다.

일찍이 시바하라 다쿠지(芝原拓自)는 그것이 《일본서기(日本書紀)》 이래의 화이질서의식에서 나온 것으로 보았다. 1870년 전후부터 외무성 관리들은 조선을 "신공황후가 일찍이 정벌한" 땅, "열성(烈聖)의 유열(遺烈) 도요토미씨의 여광(餘光)"이 있는 땅으로 간주하고 이를 "조기에 수복(綏服)하라"고 주장하였다. '수복'이라는 표현이 상징하듯이 옛날부터 조선은 일본의 속국이었으며 이를 회복하는 것은 당연하다는 것이다. 이 같은 조선에의 모만(侮慢)과 국권 확장의 야심은 유신 당초부터 이미 뒤집기 어려운 국가의지로서 표명되고 실천되기 시작하였다.[26] 가토 요코(加藤陽子)도 "막말 정한론의 저변에 있던 사고방식의 하나는 태평양전쟁까지 일관되게 보이는 대외팽창론의 중요한 요소"라고 지적하였다. 그에 따르면 정한론은 천황친정이 행해지던 고대에 삼한의 조공이 행해졌다는 이상(理想)의 이미지에 가탁하여 조선복속을 당연시하고 이제 유신으로 천황친정에 복귀했으니 조선이 이에 복속하는 것이 본래의 모습일 것이라는 사고방식이 생겨난 것이다.[27] 이것이 정한론의 '정'의 의미, 곧 천자가 제후국의 무도함을 응징하여 바로잡는다는 의미다.

그러나 시바하라와 가토는 이처럼 중요한 사상적 심층을 파고들었음에도 '정한'의 '정벌'이란 용어 자체의 화이론적 의미를 의식하고 있

---

25 重野安繹 外, 《國史眼》, 東京: 東京帝國大學藏版史學會印行, 1890(1901年改訂), p.331, p.474; 副島八十六 編, 《開國五十年史》 上卷, 東京: 開國五十年史發行所, 1907, pp.181-183, p.297.

26 芝原拓自, 〈對外觀とナショナリズム〉, pp.472-473, pp.515-517.

27 가토 요코, 박영준 옮김, 《근대일본의 전쟁논리: 정한론에서 태평양전쟁까지》, 태학사, 2003, p.46.

는 것 같지는 않다. 동대판은 '정'의 이러한 의미를 무시한 채 '정한론'과 함께 '정한'이란 용어를 "정한을 저지하고" "정한에의 길을 열었다"라는 식으로 당연한 것처럼 빈번히 사용하고 있다. 이와 달리 우에하라 가즈요시(上原一慶) 등은《동아시아 근현대사》(1990)에서 '정한'이 곧 '조선 침략'임을 분명히 인식하고 서술하였다.

국가 대 국가의 전쟁을 '역'이나 '전역(戰役)'이라 표기하는 것은 '정벌'의 논리와 연계되어 있어 마찬가지 문제를 낳는다. 동대판 동아시아사도 일본의 역사 교과서를 비롯한 대다수의 일본사처럼 도요토미 정권의 조선 침략을 '문록 · 경장의 역'으로 표기하였다.《설문(說文)》에 따르면 '역'은 곧 '수(戍)'이며 '국경의 수비'를 의미하였다. 그래서 흔히 일국 안에서 기존 질서에 도전하는 세력을 진압하는 중앙의 군사행동을 '역'이라 하였다. 따라서 '문록 · 경장의 역'은 '정벌'과 호응하는 용어일 뿐만 아니라 실제로 전쟁 당시 일본인에게 외국과의 전쟁이란 인식이 거의 없었다.[28] 아편전쟁을 당시 중국에서 천하관념에 의거해 '도광금연지역(道光禁煙之役)'이라 했던 것의 의미도 바로 이것이다. 요컨대 전쟁은 내등한 국가 대 국가의 쟁패(爭覇)이지만 역이나 전역은 상대국의 대등성을 부정하는 화이론적 위계질서의 논리를 내장하고 있는 것이다.

동대판은 '정한'과 함께 '문록 · 경장의 역'이라는 용어를 사용하면서 한국사의 병인양요(1866)와 신미양요(1871)를 '양이전쟁(攘夷戰爭)'으로 표기하여 우리의 눈길을 끈다. 이 용어는 일본사에서 흔히 쓰이는 용어인 '사쓰에이 전쟁(薩英戰爭)'(1863, 사쓰마와 영국 간의 전쟁), '시모노세키

28 임진조일전쟁에 관한 당시 일본의 국가(정부) 차원의 기록은 없고 참전자 개인의 기록만 있을 뿐인데, '정한'이라 하지 않은 경우 일본 국내 전투와 동격의 '(高麗)陳'이라는 용어로 표기되었다. 미야지마 히로시,《일본의 역사관을 비판한다》, 창비, 2013, p.156.

전쟁(下關戰爭)'(1864, 일본과 미국·영국·프랑스·네덜란드 함대 간의 전쟁)[29]과 함께 하나의 중대한 공통점을 갖고 있다. 그 상대가 서양 국가라는 점이다. 즉, 서양 국가를 상대로 한 싸움은 일단 전쟁으로 간주하는 인식이 사고의 밑바탕에 깔려 있는 것이 아닌가 싶다.

동대판은 한국어로 번역 출간되었는데, '문록·경장의 역'은 '임진왜란'으로 표기되었다. 한국사의 용어를 따른 번역이다. '왜란(倭亂)'이라는 용어도 '역(役)'이라는 용어와 마찬가지로 상대를 질서의 교란자인 반란세력으로 폄하하는, 따라서 대등한 국가로 인정하지 않는 화이론적 위계질서를 전제하고 있다. 이는 조선과 일본이 서로 자국을 상국이라고 여기면서 상대를 하국으로 멸시하였던 사정을 반영한다. 그러나 조선 입장에서 볼 때 일본이 정당한 이유도 없이 조선을 침략하여 국가질서를 어지럽혔으니 이를 '난(亂)'이라 할 만하다. 반면 그러한 침략을 일으킨 일본이 이를 국경수비를 뜻하는 '역'이라 표기한 것은 적반하장에 속한다. 자국의 침략성을 분식하고 상대국의 잘못을 강조하려는 사고방식의 표현이기 때문이다. 창비판은 이를 대등한 국가 간의 전쟁으로 인식하여 "임진조일전쟁"이라 표기하였다. 장춘판은 이를 "도요토미 히데요시의 조선침략전쟁", "임진전쟁"이라 하여 '역'이나 '난'이라는 용어를 피하였다. 그 밖에도 '정벌', '역' 등의 용어는 사용하지 않았다.

이와 달리 '번속(藩屬)'이라는 전통적 용어는 청국과 일본에서 계속 사용되어 제국화를 정당화하는 데 기여하였다. 개항 이전에 청국은 물론이고 조선과 일본, 베트남도 (소)중화주의에 의거해 자국을 중화로 여기면서 주변 소국을 '번속'이라 불렀는데, 동아시아에 조약체제가 도래한 이후에도 청국과 일본은 이 전통적 용어를 버리지 않았다. 일본은 유

29 이들을 총칭하여 '양이전쟁'이라 한다.

구를 '번속'으로 부르면서 대만 침공과 유구병합을 정당화했으며 청국은 조선을 '번속'으로 부르면서 감국정책(보호국화 기도)을 정당화하려 하였다.[30] 일본 문명화의 스승으로 일컬어지는 후쿠자와 유키치(福澤諭吉)도 1887년 조선을 "일본의 번"으로 규정하고 "일본의 이익을 위해 반드시 필요한 수단"으로 여겼다.[31]

요컨대 한국사든 일본사든 일국사의 논리를 상대화하는 시각에서 역사용어를 선택할 필요가 있다. 이는 단순한 용어 문제를 넘어 자만사관인가 자성사관인가를 가르는 역사인식의 기초를 이루는 문제다.

5. 자성사관의 가능성과 한계

이상에서 본 것처럼 동대판과 장춘판의 인식체계는 제국성을 옹호하는 자만사관을 드러냈으니 이것이 개별 사실의 서술에도 그대로 반영되는 것은 당연하다. 그러나 그 속에서도 자성사관의 가능성을 보인 예가 있으니 이를 주목하지 않을 수 없다. 동대판이 일본의 제국성에 대한 자기성찰의 가능성을 보인 것은 장춘판과 다른 점이다.

첫째, 개항에 이르는 과정에서 조선과 일본의 관계를 객관적으로 설명하였다. 양국은 "서로 자국이 상대보다 위에 있다"고 여기며 "양속(兩屬)"의 쓰시마를 매개로 결과적으로 "대등관계"를 형성하고 유지한 사실을 서술하였다. 이런 설명은 "일본에서 일본은 조선에 사절을 파견

30 근대중국에서 "藩屬"은 "colony"의 번역어로 쓰인 적도 있어서 개념의 혼동을 조장하였다. 潘光哲, 〈'殖民地'的概念史: 從新名詞到關鍵詞〉, 《中央研究院近代史研究所集刊》 82期, 2013, pp. 62-69; 유용태, 〈四夷藩屬을 中華領土로: 민국시기 중국의 영토상상과 동아시아인식〉, 《東洋史學研究》 130집, 2015, pp. 214-216.

31 박영재, 〈근대일본의 한국인식〉, p. 104.

하지 않았는데 조선으로부터 통신사가 온 것을 조공으로 여기고" "조선을 속국으로 간주하는" 경향이 있었지만 주관적이고 편의적인 오해였음을 깨닫게 해준다. 특히 이런 조선관을 담은 《일본외사(日本外史)》(1827)가 막말기 베스트셀러가 되어 조선을 속국으로 간주하는 것이 상식이었던 사정을 감안하면 더욱 그렇다. 에도시기 일본이 조선국왕에게 사절을 파견하지 않은 것은 국내 사정을 정탐할 것을 우려해 조선 측이 불허한 결과였다.

1875년 운요호(雲揚號) 사건은 일본정부가 강화도에서 고의로 전투를 도발한 결과 일어났으며 이를 은폐하기 위해 조선 측이 고의로 발포했다고 허위보고한 사실을 언급한 것도 주목된다. 조선 측이 고의로 발포했다는 허위보고는 당시 일본의 각 신문을 통해 보도되어 조선에 대한 증오심과 '정한'열을 끓어오르게 만들었다.

둘째, '근세'의 유구왕국을 독립된 장에서 조선·중국·일본과 대등하게 다루었을 뿐만 아니라 메이지 정부가 1879년 단행한 소위 '유구처분'을 국가 간 병합을 의미하는 '유구병합'이라 표기하였다. 메이지 정부가 에조치와 유구를 식민지화했다고 명시한 것도 그렇다. 또한 유구민 피살 직후 교섭과정에서 청조의 언명이 유구를 일본의 속지라고 인정한 것이 아니었음에도 일본정부가 이를 자의로 해석하여 '출병'을 정당화했음을 지적하였다.

셋째, 청일전쟁 결과 일본이 제국화한 사실을 상대화하여 재인식할 수 있는 가능성을 보였다. 전쟁 결과 일본이 대만을 영유하여 구미 열강과 똑같은 식민지제국으로 된 것을 일본인의 자존심을 드높여 준 문명화의 성취라고 하면서도 다른 평가가 가능함을 보여 주었다. 훗날 저명한 작가가 되는 나츠메 소세키(夏目漱石)의 일기를 통해 이 같은 "일본의 성공은 무리를 해서 얻은 공허한 것"이므로 "양식 있는 사람은 일본인이 아니라 중국인으로 불리는 것을 명예로워할 것"이라고 덧붙인 것이다. 그리고 청일전쟁 당시 일본군의 민간인에 대한 포악행위를 소개한 것도 주목된다.

넷째, 국민국가 형성과정에서 각국이 자국 중심의 탈아주의를 내면화한 사실을 직시하고자 하였다. 27장 "국제공공재의 형성"에서, "중국과 일본은 모두 서양근대를 자기 것으로 만들기 위해 주변국을 부정적으로 파악하는 소프트웨어를 수용하였다", "국민국가가 형성되는 과정에서 주위의 국가들을 부정적으로 파악하여 자기정당화를 꾀하는 모습이 이곳저곳에서 나타나게 되었다"고 한 것이 그런 예다.

이상은 모두 동대판의 자기성찰 가능성을 보여 준 예들인데, 장춘판에서 근대중국의 제국성을 성찰하는 모습을 보인 예는 찾기 어렵다.[32] 청제국이 소수민족 거주지인 번부(藩部)에 대해 내부식민지화를 추진하고 조선에 대한 보호국화 정책을 전개하였음에도 그렇다. 근현대의 한국이 제국성을 보인 예외적인 사례는 베트남전쟁에서 미국의 제국성에 편승한 일일 것이다. 창비판 제2권은 한국군 참전의 성격과 민간인에 대한 기해 문제 등에 관하여, 1990년대 후반부터 이 전쟁을 현지인의 입장에서 역지사지(易地思之)하는 성찰과 진실규명운동이 등장하여 종래의 자만사관 일변도의 인식에 균열을 일으키고 마침내 한국 대통령이 베트남 국가주석을 만나 직접 사과한 것 등을 자성사관의 시각에서 다루었다.

한편 동대판에는 적극적으로 제국성을 옹호하거나 분식하려 한 사례도 있어서 주목된다. 이는 무의식중에 자만사관의 서사구조와 인식체

---

32 중국에서 나온 중국사 저술이 대부분 그러한 것은 익히 아는 바인데, 대만 학계의 시각은 사뭇 다른 경우도 있어 주목된다. 李雲漢, 《中國近代史》, 臺北: 三民書局, 1991, p.123에서는 청조의 "감국정책이 조선인의 자존심을 손상시켰고" "조선의 지위를 완전히 무시하였다"고 하였다. 뤼정리(呂正理)의 《另眼看歷史》(2010)도 자성사관의 가능성을 보여 주는 예임은 서장에서 본 바와 같다.

계의 제약을 받아 서술된 경우보다 더욱 염려되는 부분이다.

첫째, 불평등조약의 성격을 호도한 것이다. 서술의 논조상 기본적으로 대등한 형식의 조약임을 강조할 뿐 영사재판권과 협정관세 조항이 사법주권과 관세주권을 침범한 사실을 분명히 하지 않았다. 더구나 "불평등하였는가?"라는 항목까지 설정하고 영국 등 열강이 관련 조약의 조항을 "특권적으로 이용했다고 말할 수 없는 면도 있다"라고 적극 변호하였다. 협정관세로 인해 "관세가 낮았다 하더라도 이는 관세수입을 확보해야 하는 정부에게 불리할 뿐 기업에게는 오히려 유리한 조건이 되었다"라고도 하였다. 그렇다면 청국·조선·일본이 공히 조약 개정에 나설 이유가 있었을까? 그럼에도 일본의 조약 개정 노력과 성공 스토리만을 현명한 지도자의 노력에 의한 성취라고 강조하였다. 창비판은 영국에서 금지된 중독성 마약인 아편의 무역이 조약체제하에서 1890년대 초까지 영국의 대중국 수출품목 1위였다는 사실, 당시 구미 각국이 자국의 수출입상품에 대하여 30-40%에 달하는 고율의 관세를 부과했음을 명기하여 비교해 볼 수 있도록 하였다.

둘째, 조약체제를 조공체제와 대비시켜 편향적으로 서술함으로써 제국성을 분식하였다. 가령 "외국교제의 의(儀)는 세계의 공법(公法)을 가지고 취급한다" 하고 "그 외교 룰"을 수용한 일본은 이웃의 각국에 대해서도 "그와 동일한 룰"에 기초하여 재편성하려고 했음을 강조한 것이 그런 예다. 그러나 조약을 타국에게 강요할 권리는 어느 나라에게도 없다. 베트남·미얀마·조선 등이 조약에 의해 폐멸되었고 유구는 조약도 없이 폐멸되었으며 그중 두 국가가 일본에 의해 폐멸되었다. 이런 사실은 외면한 채, 조약체제의 근대성과 공공재적 성격을 강조하는 편향을 보였다.[33] 창비판은 "조공체제는 그 의례를 수용하는 조공국의 자주를 인정하였으나 조약체제는 그 조문을 이행하는 조약국을 병합하거나 식민지화하였다"라는 사실을 환기하였다. 장춘판은 "열강은 동아시아에 소위 조약체제, 사실상 식민체제를 강요하였다"라고 하여 조약체제를 곧 식민제체로 간주하였다.

동대판의 이런 서술은 막말 이래 근대일본 위정자와 식자들의 공법관과도 부합하지 않는다. 그들은 만국공법을 실정법이라기보다 자연법적인 이상으로서 파악하였기에 당초부터 국가 상호 간을 대등하게 규율하는 룰을 거의 믿지 않았다. 기도 다카요시(木戸孝允), 오쿠보 도시미치(大久保利通) 등이 보기에 소위 '공법'은 열강에게는 자신의 지위를 보전하고 "약소국을 빼앗는 도구"이지만 소국에 있어서는 "아무 쓸모가 없는 것"이었다. 야마가타 아리토모(山縣有朋)는 1880년 만국공법을 가리켜 "강자는 명의를 가탁하여 사리를 도모하고 약자는 구실로 삼아 애정을 호소하는 도구에 불과하다"라고 하였다.[34] 군인이 아닌 청국주재 공사 모리 아리노리(森有禮) 역시 대동소이한 입장을 취했는데, 그는 도쿄대학 총장과 문부성 대신이 되었다.

셋째, 정한론자들의 의도를 적극 변호하여 제국성을 호도한 위에서, 청일진쟁에 이르는 과정과 선후 소선성책의 제국성을 분식하였다. 개전에 이르는 과정에서 "외정(外征)을 주장하는 세력도 있었지만 그것과 정부의 정책으로 채택된 것과의 사이에는 큰 차이가 있다", "전쟁을 회피하려는 노력도 1880년대에는 존재하였다"라고 하였다. 여기서 전쟁 회피 노력이란 아시아연대론, 조선중립화론, 공동보호국화론 등을

33 동대판 동아시아사와 달리 오사카대학판 세계사는 영국과 미국이 포함외교로 중국과 일본을 개국시키고 체결한 불평등조약에 의거한 자유무역체제를 "자유무역제국주의"라 규정하고, 그 조약의 개정을 요구한 일본이 "이웃 조선에게 똑같은 조약을 강제하여 개국을 강요한 점이 뒷날 일본의 아시아정책의 방향성을 시사하고 있다"라고 지적하였다. 大阪大學歷史教育研究會 編, 《市民のための世界史》, 大阪: 大阪大學出版會, 2014, pp. 187-189.

34 芝原拓自, 〈對外觀とナショナリズム〉, pp. 466-470.

지칭하는 것인데, 기실 그것은 청국의 해군력이 우세한 현실을 인정하고 러시아의 남하를 저지하면서 조선에서의 권익을 분점함으로써 일본의 영향력을 확대하기 위한 것이었다.[35] 1891년 러시아가 시베리아횡단철도를 착공하자 이를 견제하려는 영국의 연일외교(聯日外交)가 적극화하였고, 1893년부터 일본의 해군력이 우세해지자 메이지정부는 조건의 변화를 고려하여 개전을 결정하였다.[36] 공의(公議)와 공론(公論)이 근대 일본 정치의 근간이라면 조선에 대한 일본의 독점론이든 분점론이든 그에 의거해 지속되고 실행된 것이다. 그리고 어느 쪽도 유구와 조선의 입장에서 보면 침략론의 지속에 다름 아니다. 유구 · 조선 · 청국(대만)을 향한 일본의 '외정'과 '국권확장'이 곧 침략이라는 자각은 동대판에서 찾아보기 어렵다.

이처럼 이웃나라의 입장을 무시한 역사인식은 청일전쟁 후의 조선정책에 대해서도 이어진다. 전쟁 당시 조선에 대한 일본의 '내정간섭'(또는 '개입')이 결국 청국과 러시아를 배제하고 조선을 '지배'하는 것, 곧 1905년 한국의 외교권을 '접수'한 것으로 이어졌다고 서술되었다. 이는 1875년 유구번의 외교권을 '회수'하였다는 인식과도 상통한다. '간섭 · 개입 · 접수'만 했을 뿐 '침입 · 침략 · 탈취'는 하지 않았다는 역사인식이다. 그렇다면 이러한 인식과 논리는 "조선이 옛날과 같은 속국으로 되어 천황에게 복속해야 한다"는 정한론으로부터 얼마만큼 벗어난 것일까? 심지어 "정한은 유신의 이념과 합치하는 정론(政論)이었기에 반론하기

---

35 坂野潤治, 《明治 · 思想の實像》, pp. 5-6; 芝原拓自, 〈對外觀とナショナリズム〉, pp. 475-483.

36 최근의 연구에 따르면, 청일전쟁은 국제정세의 필연적 결과가 아니라서 피할 수 있었음에도 일본정부의 주체적 결정에 의해 발발했다. 伊藤之雄, 〈日清戰前の中國 · 朝鮮認識の形成と外交論〉, 高屋哲夫 編, 《近代日本のアジア認識》, 京都: 京都大學人文科學研究所, 1994, pp. 157-158; 高橋秀直, 《日清戰爭への道》, pp. 522-523.

어려웠다"라는 논평문이 추가되었다. '정한'의 정벌은 하국의 무도함을 바로잡는 상국의 정당한 책무여서 결코 침략이 아닌 것이다. 다만 본문이 아닌 논평문에서, 한국독립의 보전을 명분으로 삼고 대응적으로 개입한 일본이 오히려 한국을 멸망시키는 한일병합을 단행한 것은 '논리적 모순'이라는 지적이 뒤따를 뿐이다.

동대판보다 먼저 출간된 우에하라 가즈요시 등의 《동아시아 근현대사》(1990)가 오히려 메이지 일본의 침략성을 직시한 점에서 앞서 있다. 이 책은 '대만 출병'대신 '대만 침략'이라 표기하고 "임오군란을 계기로 일본정부는 조선 침략과 대청전쟁을 준비하기 위한 군비확장에 착수하였다. 일본의 본격적인 군국주의화가 시작된 것이다"라고 하였다. 이런 면에서 동대판은 20년 전의 역사인식에서 후퇴한 셈이다.

끝으로 동대판이 야스쿠니 신사(靖國神社)에 대해 일체 언급하지 않은 것도 주목되는 점이다. 거기에는 유신 이래 2차대전 종전까지 천황의 이름으로 대외 군사행동에 나섰던 전사자의 위패가 합사되어 있으며, 그 첫 사례가 대만 침공인 것은 일본제국의 팽창 기점이 언제인지를 웅변한다. 야스쿠니 신사의 사헌(社憲, 규정)에는 "위령(慰靈)"과 "현창(顯彰)"이라는 양대 기능이 명시되어 있다.[37] 따라서 이 신사는 단순한 위령시설이 아니라 일본제국의 팽창, 곧 대외침략을 적극 현창하는 의미를 담고 있다. 이웃나라에서 읽힐 수 있기를 기대한 동아시아사인 동대판에 이를 직시하고 성찰하는 시각이 결여되어 있다는 것은 안타까운 일이다.

37 坂元一哉, 〈首相の靖國參拜と日中關係: 何か議論を混亂させるのか〉, 《阪大法學》 64號, 2014, pp.779-780.

6. 역사인식의 이중기준을 넘어서

앞에서 나는 근대일본의 제국화 기점을 재검토하면서 동대판 동아시아사의 가능성과 한계를 살펴보았다. 그와 함께 주요 쟁점에 관하여 장춘판·창비판의 인식과 서술을 간략히 소개하여 비교해 볼 수 있도록 하였다. 중국과 일본은 각각 전근대와 근대의 제국 경험으로 인해 직시해야 할 제국성이 한국에 비해 훨씬 강렬하다. 그럼에도 동대판이 그것을 직시하고 성찰할 수 있는 자성사관의 가능성을 보여 준 것은 "지역사회에서 소통될 수 있는 역사인식"을 향한 일보 전진이라 할 수 있다. 그렇지만 그것은 개별 사건의 서술에 한정된 것일 뿐 그 근대사 인식체계는 여전히 자만사관에서 벗어나지 못하고 있다. 동대판의 자성사관을 제약하는 인식체계의 골간은 다음의 두 가지다.

하나는 동서대비와 대응적 방어를 두 축으로 삼고 있다는 점이다. 이는 대국·제국 간의 관계만을 중시하는 관점의 소산이다. 이 점에서는 장춘판도 마찬가지다. 그리고 제국의 논리(제국담론, 제국몽, 제국화)와 화이사상의 논리(정벌, 역, 번속)가 이 양대 축을 견고하게 묶어 주는 연결고리 구실을 하고 있다. 이들의 역할은 일본에서 가장 크고 중국에서는 그 다음이며 한국에서는 거의 무시해도 좋을 정도로 미약하다. 그런데 주지하듯이 1915년 일본이 중국에게 '21개조 요구'를 제기한 이후의 역사에 대한 중국인의 인식체계가 동서대비 구도를 벗어나 중일대치(일본의 침략과 항일전쟁) 구도로 바뀌었으나 일본인의 그것은 여전히 동서대비의 미일대치(대동아공영권과 대동아전쟁) 구도를 유지하였다. 이런 엇갈림은 일본인의 역사인식에서 미일전쟁의 피해 기억이 중일전쟁의 가해 기억을 부정하고 억누르는 결과를 낳게 될 것이었다.[38] 한국(인)에 대한 가해 기억도 그와 함께 덮어져 버린 것은 우리가 다 아는 대로다.

다른 하나는 일본 지도자의 자세가 개국과 개혁에서는 적극적·주도적 결단을 보여 주었으나 팽창과 침략에서는 소극적·대응적 방어로 바뀌었다는 점이다. 이 거대한 괴리를 이웃나라에 어떻게 이해시킬 수 있겠는가. 이런 인식체계에 의거하는 한 동아시아 이웃나라들에 대한 일본의 침략을 인정할 수 없게 된다. 미조구치에 따르면, "메이지 이후 근대일본의 총과정"이 침략전쟁과 일체화되어 있어서 메이지 일본의 팽창을 침략이라 인정하는 순간 일본 근대사 전체가 침략의 역사로 되기 때문에 일본인으로서는 이를 수용하기 어렵다는 것이다.[39]

그렇더라도 앞으로 출간될 동대판의 20세기편은 1931년 이후 일본의 팽창을 침략이라고 규정한 도쿄재판사관을 어쩔 수 없이 수용할 것이다. 동대판이 동아시아 지역사를 자처한 만큼 자국사 인식에서 통용되는 침략전쟁 인정의 필요최소한조차 거부할 수는 없을 터이기 때문이다. 도쿄재판사관에 따라 일본의 침략전쟁을 1931년 이후로 한정하는 역사인식은 메이지 시기의 제국화는 문명화이고 쇼와 시기의 제국화는 침략이라는 분절적·편의적 역사인식을 당연시한다.[40] 요시다 유타카(吉田裕)는 이에 대하여, "대외적으로는 도쿄재판의 판결을 수용해 필요최소한의 전쟁 책임을 인정하고 일본 내에서는 전쟁 책임 문제를 사실상 부정하거나 불문에 부치는" "역사인식의 더블 스탠다드"를 지적하였다.[41] 도쿄재판은 '전쟁'의 책임을 물은 것이 아니라 '패전'의 책임을 물은 것에 불과하며, 이로써 메이지 시기의 승리한 전쟁은 논외로 면죄되었고 그 승전으로 인한 팽창은 문명과 야만의 대비 속에 문명화의 실천

---

38 溝口雄三,《中國の衝擊》, 東京: 東京大學出版會, 2004, pp. 67-68.

39 溝口雄三,《中國の衝擊》, pp. 46-47.

40 '도요토미 정권의 조선침략'을 명시한 宮崎正人 編,《日本史》(新版 世界各國史 1), 東京: 山川出版, 2008도 메이지 정부를 비롯한 근대일본의 대외침략을 오직 1931-1945년의 일로 한정하였다.

41 요시다 유타카, 하종문·이애숙 옮김,《일본인의 전쟁관》, 역사비평사, 2004, p. 91.

으로 현창되었다.

1990년대 이래 일본의 역대 수상들이 사죄담화를 발표했지만 더 많은 수의 각료·수상에 의한 번복·부정이 되풀이되고 있다. 이는 다름 아닌 앞에 말한 '더블 스탠다드', 곧 편의적 이중기준의 사이를 오가는 것이다. 2015년 8월 특별한 관심을 끌었던 아베(安倍晋三) 총리의 '전후70주년 담화'도 이 틀을 벗어나지 않았다. 한국의 박근혜 정부가 역사 교과서 국정화를 강행하면서 아베 내각과 이른바 '일본군위안부 합의'를 발표하고 이로써 이 문제가 "최종적·불가역적으로" 해결되었다고 주장한 것은 양국의 정치적 리더십이 자만에 치우쳐 있음을 말해 준다. 그렇기 때문에 "동아시아 지역사회에 통용될 수 있는 역사인식"이란 정치적 리더십과 역사연구·역사교육이 병진할 때 비로소 획득될 수 있다. 역사연구와 역사교육이 민주주의의 진전을 중요한 과제로 의식하지 않으면 안 되는 까닭이다.

그렇기 때문에 더욱이 "동아시아 지역사회에 통용될 수 있는 역사인식"이란 일국 안에서 먼저 실증연구에 의거한 대화와 토론을 통해 차이를 좁혀 가는 일로부터 시작될 수밖에 없다. 이것이 국경을 넘어선 국제적 성찰 경쟁을 유발 또는 촉진할 수 있고 이는 다시 일국 안의 성찰 경쟁을 더욱 촉진할 수 있다. 한국의 저명한 문학평론가 황현산(黃鉉産)은 최근의 인터뷰에서 근대일본의 식민지배와 침략이라는 이른바 '과거사 문제'를 대하는 우리의 자세에 관해 다음과 같이 말했다. "과거에 대한 현재의 일본은 과거의 일본에 대한 주체이기도 하고 과거를 딛고 일어선 타자이기도 하지요. [⋯] 타자로서 객관화시켜 보면 많은 문제가 해결됩니다. [⋯] 과거의 문제로 일본의 사과를 요구할 필요가 없다는 게 제 생각입니다. 사실을 인정하기만 하면 됩니다. 국가와 민족을 떠나 순전하게 사람의 입장에서 그 죄를 객관화하는 것이 중요합니다. 이 죄악의 객관화에 한국보다도 오히려 일본 미래의 행불행이 달려 있습니다."[42]

현재의 일본은 과거의 일본에 대한 주체인 동시에 타자이기도 하다는 이치는 한국과 중국, 베트남에게도 마찬가지다. 이들 국가와 국민 역시 시기와 사안에 따라 피해자인 동시에 가해자인 만큼 자국의 국가폭력에 대한 자성의 정도가 그 나라의 미래의 행불행으로 이어지기는 마찬가지다. 그리고 자성의 결핍으로 인한 일국의 행불행은 결코 일국의 일로 끝나지 않는다는 문제의식이야말로 지역사의 출발점이다. 미래의 불행을 최소화하려면 침략과 가해의 '사실을 인정'하는 데서 나아가 그것을 자국의 학생들에게 역사로서 가르치는 용기가 뒤따라야 한다. 그래야 '역사를 거울로 삼는' 의미가 살아난다. 그래서 나는 일본의 역사교육에서 근대사가 자만사관으로 인식되고 가르쳐지는 것이야말로 총리의 사죄담화가 부정되는 것보다 더 우려할 일이라고 생각한다.

---

42 〈황현산, 다르게 사는 법을 배워야 한다〉, 《주간경향》 1128호, 2015. 6. 2, p.102.

제5장

동아시아 역사분쟁의 논리와 그 연원

중화주의 유산

1. 동아시아 역사분쟁, 단지 민족주의 탓인가?

한·중·일 3국 간의 역사분쟁은 2001년에 본격화되었다. 일본 우익세력의 관점을 반영한 후소샤(扶桑社) 교과서가 이웃나라에 대한 일본제국의 침략 사실을 부인하면서 거꾸로 이것이 아시아 해방을 위한 노력이었다는 논리를 펼친 것이다. 이러한 논리의 단초는 1982년 일본의 역사 교과서 검정 과정에서 일본정부의 공식 견해로 나타났으니, 문부성이 이웃나라에 대한 근대일본의 '침략'을 '진출'로 고치라고 지시한 데서 비롯되었다. 한국과 중국은 이를 결코 인정할 수 없다며 반발하였다. 게다가 중국이 2002년부터 '동북공정'을 개시하여 고구려사를 중국사에 편입하려는 시도를 개시하였기에 한국과 중국 간에도 고대사 인식을 둘러싼 역사분쟁이 불거졌다. 2004년 전국역사학대회가 '세계화시대의 역사분쟁'을 공동주제로 다룬 것은 이 문제가 그만큼 학계의 뜨거운 관심사였음을 말해 준다.

그 후 한국과 중국 간 고대사 인식 갈등은 양국 외교 당국자의 긴급 조율로 서둘러 미봉된 채 수면 아래로 내려간 상태이고, 일본과 한국·중국 사이의 근대사 인식 갈등은 아베 정부의 우경화정책에 의해 더욱 증폭되고 있다. 중국의 시진핑(習近平) 주석은 중화민족의 위대한 부흥을 외치고 일본의 아베(安倍晋三) 총리는 야스쿠니 신사를 참배하고 법률을 개정해 일본을 전쟁할 수 있는 국가로 만들었다. 한국의 박근혜 대통령은 역사 교과서 국정화라는 반동적 역사정책을 강행한 바 있다. 각국의 지도자들이 경쟁적으로 자국사의 영광을 극대화하는 방향으로 국민을 이끌고 가는 것이다.

역사인식 차이로 인한 분쟁은 이처럼 한 국가 안에서 자국사를 어떻게 인식할 것인가를 둘러싸고 생겨나 국가 간의 문제로 확대되는 경우가 대부분이다. 자국사의 영광스런 스토리를 일방적으로 과장하면 이웃나라 역사의 자주성을 왜곡하거나 훼손하기 십상이기 때문이다. 이러한 분쟁은 학술적 영역에 그치지 않고 국가지도자의 정치적 리더십과 일반대중의 정서적 반응까지 포함하는 세 영역에서 서로 얽혀 복잡하게 전개된다. 이런 사정을 고려하여 동아시아 각국이 역사분쟁을 일으키고 있는 원인을 그 사상적 연원에 초점을 두어 살펴보고자 한다. 이에 대해서는 여러 가지 견해가 있지만, 가장 흔히 접할 수 있는 견해가 민족주의 탓이라는 것이다. 민족주의가 학술적·정치적·정서적 차원 모두를 관통하는 원인이라고 보는 것일 터다.

우선 일본과 한국에는 일본의 역사 교과서가 식민지 지배와 침략을 부인하는 것을 민족주의 또는 네오 내셔널리즘의 편향이라고 보는 연구자가 많다. 일본에서 이런 진단이 나온 것은 2차대전 패전 후 '민족주의'라는 용어가 군국주의와 동의어로 간주되어 용어 사용 자체가 금기시된 조건에서, 우익의 입장을 대변하는 새로운 역사교과서를 만드는 모임이 "건전한 민족주의의 복권"을 내세우고 활동에 나섰기 때문이다. 근대일본이 조선에 대하여 불평등조약을 강요하고 식민지 지배를 행한 것은 역사발전의 필연적 결과이므로 사죄할 필요가 전혀 없다는 후소샤 교과서의 역사관을 일본학계는 '편협한 내셔널리즘', '극단적인 일본 내셔널리즘', '국가주의 사관'이라 하였다. 혹은 이를 '네오 내셔널리즘'이라 하기도 하는데 '일본군 위안부' 문제를 계기로 1990년대 후반에 새롭게 대두한 내셔널리즘을 지칭한다. 러일전쟁부터 2차대전 패전까지의 근대일본 역사를 태어나지 말았어야 할 존재라는 의미의 "귀태(鬼胎)"라고 부른 시바 료타로(司馬遼太郎)의 역사관을 "메이지 시기의 건전하고 투명해 보이는 내셔널리즘으로의 복귀"라고 보는 견해도 있다.[1] 그러나 이런 견해를 따를 경우 군국주의화된 침략적 민족주의(제국주의)와 그에 희생된 측의 저항적 민족주의를 구별할 수 없게 된다. 둘 다 민족주의이고 배격해야 할 부정적 유산임을 전제하기 때문이다. 그래서는 민족운동사나 독립운동사가 존립할 수 없게 된다. 한국의 연구자가 이런 견해를 따르는 것은 더욱 이해하기 어렵다.

한·중·일 간의 역사갈등을 3국 모두의 민족주의 탓이라고 보는 연구자도 있다. 한국의 유력한 역사학 연구단체와 시민운동단체는 "한·중·일 3국 교과서는 모두 이웃나라를 배려하고 존중하면서 공동의 역사인식을 모색하고자 하는 노력보다 오직 국민국가의 틀 안에서 자기 나라의 역사를 미화하고 합리화하려는 고립된 정체성의 추구에만 몰두해 왔다. 그 전면에 부각되는 것은 내셔널리즘뿐이다"라고 말한 바 있다.[2] 미국의 유력한 학자들은 "하나의 유령이 동아시아의 발목을 잡고 있다. 그것은 (탈냉전과 함께) 부활한 내셔널리즘에 의해 소생된 '과거의

---

1 이원순·정재정 엮음, 《일본 역사교과서, 무엇이 문제인가》, 동방미디어, 2002; 코오모리 요우이치·타카하시 테츠야 엮음, 이규수 옮김, 《내셔널 히스토리를 넘어서》, 삼인, 2000.

2 일본교과서바로잡기운동본부·역사문제연구소 엮음, 《화해와 반성을 위한 동아시아 역사인식》, 역사비평사, 2002, p.5.

기억'이란 유령으로서 한·중·일 3국의 지역협력에 의거한 새로운 국제 관계의 틀을 형성하려는 희망을 날려 버리고 있다"라고 진단한다.[3] 여기서 말하는 '과거의 기억'이란 유령은 야스쿠니 신사 참배, 역사 교과서, 일본군 위안부, 영토분쟁을 가리킨다. 모두 근대일본의 제국화 과정에서 일어난 침략과 식민지배를 어떻게 인식할 것인가를 둘러싼 문제들이다.

그러니 역사분쟁의 원인을 민족주의에서 찾으려는 이 같은 진단은 근대주의에 사로잡혀 있다. 민족(nation)은 근대 이전에도 있었지만 민족과 국가(state)를 일치시켜야 한다고 믿는 민족주의는 근대의 산물이다. 근대 민족국가/국민국가(nation-state)의 관점을 강조한 결과 역사분쟁이 일어났다는 전제하에, 근대일본의 팽창에 대해서도 한국과 중국의 자국사 인식체계에 대해서도 똑같이 민족주의 때문이라는 판정을 내린 것이다. 나아가 한국과 일본의 근대사 인식 문제는 고대사 인식 문제와도 연결되어 있으며 한국과 중국 간에도 고대사 인식을 둘러싼 갈등이 있는데, 이에 대해서는 국민국가의 관점을 과거로 투영한 결과라고 간주할 뿐이다. 그럼으로써 결과적으로 동아시아의 특수성을 직시하지 못하여 문제의 본질을 놓치게 된다. 가령 독일은 전쟁 책임을 인정하고 주변국에 배상했으며, 1998년 미국 의회도 하와이왕국 합병 100주년을 맞아 사죄결의안을 채택했는데, 왜 동아시아에서는 이 정도의 '역사화해'도 없는가에 생각이 미치면 더욱 그러하다. 이에 3국 역사분쟁의 주요 쟁점을 간략히 정리하고 그 연원을 전통적 중화주의와 관련지어 설명해 보고자 한다. 근대의 관점을 과거로 투영한 문제 못지않게 과거의 관점

---

3 Tsuyoshi Hasegawa and Kazuhiko Togo (eds.), *East Asia's Haunted Present: Historical Memories and Resurgence of Nationalism*, Westport: PSI, 2008, p.1. 이 책은 한·중·일 3국의 역사분쟁을 다루었지만, 유감스럽게도 '동북공정'과 같은 중국의 역사수정주의 문제는 빠져 있다.

을 이어받아 근현대로 투영한 탓이 크다고 보기 때문이다.

중화주의는 중국의 전유물이 아니라 협의의 동아시아 각국에 의해 공유되었으며 그로 인해 중국은 물론 한국과 일본, 베트남도 자신을 중화(中華)로 여기고 그 사방의 이웃을 이적(夷狄)으로 간주하는 강렬한 이웃 멸시 관념을 갖고 있다. 그에 의거하는 한, 국가 간의 관계를 상하의 위계 속에서 파악하여 하국에 대한 상국의 교화와 정벌을 당연시한다. 하국은 상국에게 조공해야 하며 '조공하지 않으면 정벌한다'는 중화의 논리에서, 정벌은 하국의 무도함을 바로잡는 정당한 행위여서 결코 침략이 아니다. 이웃나라에 대한 팽창과 영토 확장도 중화가 이적을 교화하는 문명화 과정으로 간주되어서 역시 침략이 아닌 것이다. 이러한 전통적 화이사상의 논리가 근현대 동아시아 3국의 역사인식에 어떻게 투영되어 갈등을 유발하는지에 대해서는 따로 주목되지 않은 듯하여 이를 검토하고자 한다.[4]

2. 동아시아 고대사 인식체계: 중일병진의 구도

중국의 이른바 '동북공정'이 2002년 개시되어 한국과 중국 간에 역사분쟁이 심화되자, 2004년 8월 중국의 외교부 당국자가 급히 서울에 와서 한국의 외교부 당국자를 만나 동북공정의 연구결과를 역사 교과서에 반영하지 않겠다고 구두로 약속하였다. 동북공정은 단순한 학술연구사업

---

4 한·중·일 3국의 역사분쟁을 통합적으로 파악하려 시도한 예로는 송기호, 《동아시아의 역사분쟁》, 솔, 2007; Tsuyoshi Hasegawa and Kazuhiko Togo (eds.), *East Asia's Haunted Present*; 안청시·최종호 엮음, 《동아시아 역사분쟁: 갈등의 현장을 찾아 화해의 길을 묻다》, 서울대학교출판문화원, 2016 등이 있다.

이 아니라 국가권력의 핵심인 중국공산당중앙위원을 포함한 중앙과 지방의 공산당 및 정부 주요 인사가 참여해 '지도하는' 국가적 프로젝트다. 그러니 정부 당국자가 나서 외교 문제로 비화되는 것을 서둘러 봉합한 것이다. 이 약속이 현재까지는 지켜지고 있으나 중등학교의 교과서가 아닌 대학의 역사 교재로 눈을 돌려보면 사정은 달라진다.

현재 중국 각 대학의 역사학과 학생들에게 세계사는 필수과목이며 역사를 전공하지 않는 학생들에게는 교양 선택과목으로 되어 있다. 이를 위한 여러 세계사 교재 중에서 《세계중세기사》(베이징대학출판사, 1990)가 먼저 고구려사를 중국사로 간주하였고, 가장 널리 읽히는 《세계통사》(전 6권, 인민출판사, 1997년판)에 "고구려는 중국 소수민족의 지방정권"이라고 명시되어 있으며, 《세계고대사》(고등교육출판사, 1999년판)도 마찬가지다.[5] 뒤의 두 교재는 20개 내외에 이르는 전국 각지 주요 대학의 교수가 참여해 편찬하였기에 그만큼 널리 사용되고 있으며, 중판을 거듭하여 2016년 현재에도 사용되고 있다. 이들 교재는 한국사가 아닌 '조선사'라는 이름을 사용하였는데, 그 고중세사에 대한 인식은 한마디로 중화민족사관과 황국식민사관의 동거로 요약될 수 있다.

《세계통사》는 1962년부터 간행되었는데, 1996년까지 줄곧 기자(箕子)의 조선건국설은 믿을 수 없는 것이라고 부인해 왔으며, 한의 4군 설치를 조선에 대한 침입으로 규정하고 나중에 고구려가 낙랑을 축출한 것을 조선고토의 수복으로 간주하였다. 그런데 1997년판은 주(周) 무왕이 은(殷) 귀족 기자를 조선후(朝鮮后)에 봉하자 그가 지금의 평양인 왕검성에 기씨조선을 세웠다고 기존 견해를 뒤집었다. 고구려에 대해서도

5 이하 중국 대학의 역사 교재 분석은 유용태, 〈중국 대학 역사교재의 한국사인식과 중화사관: 고중세사를 중심으로〉, 이개석 외, 《중국의 동북공정과 중화주의》, 고구려연구재단, 2005, pp.245-277에 의거한다.

시종일관 백제·신라와 함께 조선의 3국시대를 구성하는 일국으로 서술하였으나 1997년부터 이를 뒤집어 "고구려는 한 현토군 관할하의 중국 소수민족이며 기원전 37년 정권을 수립한 후에도 동한, 위진남북조, 수·당에 이르기까지 줄곧 중원왕조에 예속된 중국 소수민족 지방정권이다"라고 하였다. 그런 다음 고구려의 남진과정, 곧 중국 세력의 남진과정을 간결하지만 빠짐없이 서술하였다. 당의 고구려 침략은 침략이 아니라 정벌, 곧 "중국으로부터 분립하려는 경향을 종식시키기" 위한 통일전쟁으로 간주하였다.[6] 심지어《아시아사》(2006)는 이와 동일한 논리에 의거하여 백제와 신라도 독립된 국가가 아니라 당제국의 지방정권이었다고 주장하기에 이르렀다.[7]

이 같은 중국 대학 교재의 한국사 인식은 1990년부터 등장했는데, 그 귀속논리에 대하여 교재에는 아무런 설명이 없지만 다른 연구논저를 통해 보면 다음의 세 가지로 간추릴 수 있다.

그 하나가 책봉조공의 논리다. 고구려가 줄곧 중원왕조에게 조공을 하였다는 것을 근거로 내세워 이를 중앙에 예속된 지방정권으로 간주한다. 이는 중국과 주변국과의 책봉조공관계를 춘추시대 주왕실과 제후국 간의 봉건관계와 동일한 것으로 보는 견해가 아닐 수 없다. 희한한 일은 중국에게 이렇게 중요한 '조공'이 그들의 중등 교과서는 물론이고 대학 교재에도 전혀 언급되지 않았다는 점이다.[8] 그러나 이 논리는 지나치게

6 崔連仲 主編,《世界通史》古代卷, 北京: 人民出版社, 1997(2004), pp. 437-442.

7 許海山 主編,《亞洲史》, 北京: 線裝書局, 2006, pp. 70-72. 그에 앞서《세계사》(전 6권, 고등교육출판사, 1994년 초판 1쇄, 2004년 13쇄)는 아예 '신라통일 이후의 조선'부터 서술하여 3국시대를 완전히 삭제하였다.

8 가령《세계통사》는 중원왕조와 고대 한국·일본·베트남의 여러 정치세력과의 관계를 각각 "交往結好", "通使交往", "遣使通好" 등으로 표현할 뿐 '조공'이란 용어는 일체 쓰지 않았다. 崔連仲 主編,《世界通史》古代卷, pp. 438-439; 劉明翰 主編,《世界通史》中世紀卷, 北京: 人民出版社, 1997/2014, p. 279.

자의적이어서 다른 모든 조공국들도 중국사에 포함되지 않느냐 하는 반론에 답할 수 없다.

이에 뒤따르는 또 다른 논리가 민족융합론에 의거한 중화민족론이다. 그 골자는 "현재 중국 경내의 모든 민족은 중화민족이며 그들의 역사는 중국사이다"라는 것이다. 이런 중화민족론은 1902년 이래 량치차오(梁啓超)와 쑨원(孫文) 등에 의해 형성되어 중화민국 시기 교과서의 반제투쟁사 인식의 기준으로 되어 왔다. 그런데 1980년대부터 종래의 입장을 바꿔 중화민족이 진(秦) 이전에 성립되었다고 보아 전근대 동아시아에도 적용하였다. 이 논리는 중국강역론과 짝을 이룬다. 그에 따르면 청조의 최대 강역을 기준으로 삼아 이를 고대로까지 소급 적용하면서 "역사상의 중국"이라고 부른다.[9] 이렇게 중화민족이 진 이전에 성립되어 그 후 몇 차례 주변 민족을 융합하여 확대되었다면 고조선·고구려·발해도 황제의 자손이 되어 중국사에 귀속될 수밖에 없다.

그에 따라 이전에 흉노나 몽골·만주족의 남하는 모두 이민족의 중국 '침략'으로 간주되었으나 이제는 중화민족의 '통일'이며 민족융합이라고 간주되었다. 이렇게 되면 중국이 근대 이전에 벌인 모든 전쟁은 통일을 위한 내전이 되고 만다. 이런 역사인식은 중화민족사관의 팽창이라 불러도 좋을 것이다. 미국학계에서는 중화민족론을 "몰역사적 견해"라고 일축할 뿐만 아니라 고구려를 중국사에 귀속시키려는 중국의 기도를 비판하고 고구려는 중국으로부터 독립된 국가이며 한국사에 속한다고 명시하였다.[10]

---

9 윤휘탁, 《신중화주의: '중화민족 대가정' 만들기와 한반도》, 푸른역사, 2006, pp.244-257.

10 Suisheng Zhao, *A Nation-State by Construction: Dynamics of Modern Chinese Nationalism*, Stanford: Stanford University Press, 2004, pp.39-40; Patricia B. Ebrey, Anne W. Walthall, and James B. Palais, *East Aaia: A Cultural, Social, and*

놀라운 것은 이 중화민족사관 안에 일제식민사관이 오래전부터 들어와 동거해 왔다는 사실이다. 인민출판사판《세계통사》는 1962년 이래 일관되게 이른바 '임나일본부설'의 내용을 담고 있는데, 뒤로 갈수록 내용이 양적·질적으로 강화되는 모습을 보여 준다.[11] 1997년판은 "야마토국가(大和國家)는 매우 이른 시기부터 이웃나라 조선을 침략하여 4세기 중엽 조선반도 남단의 변한가야국 수중으로부터 임나(지금의 부산·김해 일대—원문대로)를 탈취하여 북으로의 침략을 계속하는 거점으로 삼았다. 신라의 역량이 강대해진 후 야마토 침략세력을 조선반도로부터 축출하였다"라고 하였다. 심지어 최근에 간행된 일본사와 동아시아사에도 이와 같은 내용이 그대로 실려 있다. 인민출판사판 각국사 시리즈의 하나인《일본사》(2014)는 "369년 (야마토)일본은 백제와 연합하여 신라와 싸워 이긴 후 임나를 점령했는데, 이곳은 장기간 일본의 통치하에 있었고 그 지위는 근대의 식민지와 유사하다", "일본이 고대 조선반도에서 식민지를 갖고 있었던 역사(비록 현재 논쟁 중이지만—원문대로)는 일본의 그 후 대외전략에 중대한 영향을 미쳤다"라고 하였다.[12]《동아시아대역사》(2015)는 광개토왕비문의 "바다를 건너 신라와 백제를 격파하고 신민으로 삼은" 주체를 "왜(倭)"로 간주하고 그 이후 "일본의 조선반도에서의 경영"과 "일본 세력의 조선에서의 후퇴"라는 항목을 설정해 임나는 일본의 "유사 식민지"이며《일본서기》에서 말하는 '임나일본부(任

Political History, New York: Houghton Mifflin Co., 2006, pp.126-127. 고조선과 발해의 역사를 둘러싼 한국과 중국의 인식 차이에 관해서는 송기호,《동아시아의 역사분쟁》, pp.209-244 참조.

11 유용태, 〈중국 대학 역사교재의 한국사 인식과 중화사관〉, pp.265-272.

12 王仲濤·湯重南,《日本史》, 北京: 人民出版社, 2014(2016), pp.24-26. 탕충난(湯重南, 1940년생)은 현재 중국사회과학원 세계사연구소 연구원으로, 중국일본사학회 명예회장을 역임한 이 분야 권위자로 알려져 있다.

那日本府)'의 그 '임나국'이라고 하였다.[13] 제국시기의 일본 교과서에 나오던 내용을 거의 그대로 반복하고 있는 것이다. 광개토왕비문의 해석은 여전히 논쟁적이며 아직 정설이 없는 학계의 연구과제다.

이상의 대학 교재들과 달리 중국의 중등학교 교과서에는 임나일본부설이 들어 있지 않다. 이에 비해 일본에서는 중등학교 일부 교과서에도 여전히 이 설의 골격이 남아 있다. 황국사관을 부활하려는 일본 우익세력의 후소샤판(2009년부터 自由社版) 교과서가 '야마토 조정'이 고구려의 남하에 대응해 "반도 남부의 임나라는 곳에 거점을 구축하였던 것으로 생각된다"라고 한 것이 그 예다. 문부성의 검정을 거치면서 용어와 표현이 일부 후퇴했으나 임나일본부설의 골격을 유지하고 있는 것이다. 이에 비하면 위의 중국 대학 교재들은 훨씬 더 노골적인 표현으로 일본세력의 한반도 지배를 강조한 셈이다.

이처럼 중국의 대학 교재에 중화사관이 일본의 황국사관과 결합하여 동거하는 것은 어떻게 가능했을까? 이는 거꾸로 일본의 역사 교과서에 중화사관의 논리가 살아 있음을 확인하는 방식으로 어느 정도 답할 수 있다. 일본 교과서는 조공관계를 자의적으로 해석하여 일본의 예외성과 우월성을 강조하였다. 이는 후소샤뿐만 아니라 도쿄서적과 제국서원을 비롯한 대다수 출판사의 교과서에서도 마찬가지로 나타난다. 가령 고대시기 중국에 대한 조공을 설명하면서 조선의 조공은 자주성 결여를 의미하는 것으로, 일본의 조공은 (조선 남부에 대한 지배권을 인정받는) 외교 절차로 간주하였다. 일본에서도 중국에서처럼, 조공하는 이적과 조공을 받는 중화의 이분법을 전제로 인접한 국가들을 상하의 위계관계로 파악

13 呂正理,《東亞大歷史: 從遠古到1945年的中日韓多角互動歷史》, 北京: 群言出版社, 2015, pp.185-186. 이 책의 원본인 대만판은 고구려사가 한국사에 속한다고 보았으나 대륙판에서는 관련 내용이 삭제되었다.

하고 하국에 대한 상국의 지배와 복속을 당연시하는 역사인식이 내면화되어 있는 것이다.[14]

이처럼 동일한 논리구조를 가진 중화사관과 황국사관에 의거한 중국과 일본의 역사인식 논리와 체계는 양국을 넘어 미국의 대학 역사 교재와 중등학교 교과서에도 영향을 미쳤다. 대학 교재인 워런 코헨(Warren Cohen)의 *East Asia at Center*(2000)와 로즈 머피(Rhoads Murphey)의 *East Asia*(2001)는 야마토 일본이 한국으로부터 선진문화를 수용하면서도 정치·군사적으로 한반도를 지배한 것으로 보았다. '임나일본부'라는 이름은 사용하지 않았지만 "임나"(일본어로는 '미마나')를 "일본의 식민지(Japanese colony)"로 간주함으로써 사실상 임나일본부설의 골자를 따르고 있다.[15] 단군신화는 전혀 언급하지 않은 채 천황의 정복활동을 묘사한《일본서기》의 내용을 "신화적 역사"로 소개함으로써 이를 뒷받침하고 있다. 교과서의 경우, *World Cultures: A Global Mosaic*(2004)와 톰슨/워즈워드 출판사의 *World History*(2004)도 400년경 야마토 일본이 "한국 남부의 작은 지역을 통치했다"거나 "한반도 남해안에 작은 식민지를 갖고 있었다"라고 하였다.[16]

이들 중 코헨과 머피는 하버드대학 출신으로 페어뱅크(John K. Fairbank)로부터 배웠을 터인데, 그들의 스승인 페어뱅크가 새로운 연구성과를 수용해 자신의 동아시아사 저작을 수정한 것과 대조를 이룬다. 페어뱅크는 1960년판에서 "신공황후의 한반도 정벌 전설은 약간의 역사적

14 유용태,《환호 속의 경종》, 휴머니스트, 2006, pp.247-252.

15 이하 미국 역사 교재에 대한 내용은 유용태, 〈중국, 일본, 미국 역사교재의 한국사 인식: 중화사관과 황국사관의 결합〉,《프린스턴한겨레문화》3호, 2012, pp.55-59에 의거한다. 워런 코헨의 책은 국내에서 이명화·정일준의 번역으로《세계의 중심 동아시아의 역사》(일조각, 2009)로 출판되었다.

16 이길상,《세계의 교과서 한국을 말하다》, 푸른숲, 2009, pp.46-48.

사실을 반영한 것"이라 했으나 1990년판에서는 "미마나에 있던 일본의 근거지를 정복의 산물로 그리고 있지만 이 지역 주민들과 일찍이 일본으로 건너간 집단들과의 연합의 산물로 보는 것이 타당하다"라고 하였다.[17]

그뿐만 아니라 코헨과 머피는 단군조선과 기자조선을 모두 부인하고 한 4군 설치를 한국사의 시작으로 서술함으로써 자기 방식으로 중화사관을 이어받고 있다. 그들은 4군을 "중국 식민지(Chinese colony)"로, 그에 대한 지배를 "중화 제국주의(Chinese Imperialism)"로 규정하였다. 그렇다면 그들이 보기에 한국의 북방이 중국의 식민지로 전락했을 때 그 남부는 일본의 식민지였으니, 한국 고대사는 중일병진의 구도로 파악된 것이 분명하다. 그런데 그들은 동시에 고구려·백제·신라 등 한국의 3국은 모두 문화적으로 중국의 영향을 받으면서도 정치적으로는 그 지배에 지속적으로 저항했음을 강조하였다. 그럼에도 그들에겐 이 저항의 원동력인 한국인의 정치적 자주성이 어디서 유래한 것인지에 대한 문제의식이 없다. 이는 한 4군 이전에 이미 한국인이 오랫동안 자신의 국가를 형성해 온 역사를 갖고 있었음을 부인한 결과 빠지게 된 자가당착이다. 바꿔 말하면 일본의 황국식민사관과 중국의 중화민족사관에 의거한 기록물과 논저를 미국인 연구자들이 무비판적으로 수용한 탓이다.

3. 중일병진 구도의 유래와 계보

한반도를 포함한 동아시아 고대사에 대한 중일병진의 인식 구도는 기본적으로 근대일본의 동양사학에서 유래한다. 동양사학은 메이지 유신 이

17 존 K. 페어뱅크 외, 고병익 외 옮김, 《동양문화사》 상, 을유문화사, 1964, pp. 598-599; 존 K. 페어뱅크 외, 김한규 외 옮김, 《동양문화사》 상, 을유문화사, 1991, pp. 416-412.

후 황국사관과 중화사관이 서로 결합하여 형성된 체계로서 근대식민사관의 구실을 하기도 했다. 메이지 정부는 황국사관에 의거해 (자)국사(일본사) 체계를 세운 다음 이를 동양사에 확대 적용하였다. (자)국사-동양사-서양사로 구성된 근대일본의 역사학 체계는 도쿄제국대학과 교토제국대학의 교수들에 의해 주도되었다.

그들의 성과는 1890년대부터 본격적으로 나타나 근대교육제도에 힘입어 신속히 보급되었다. 시게노 야스츠구(重野安繹) 등 도쿄제국대학 교수 3인의 《국사안(國史眼)》(1890)이 그 대표적인 예로서, 일본사를 천황가의 탄생과 정복활동에 의한 팽창을 중심으로 구성한 황국사로 체계화하였다. 《국사안》은 근대독일의 최신 역사학 방법론을 직수입한 일본 내의 가장 권위 있는 학술기관에 의해 편찬된 것인 만큼 일본 안팎에서 널리 받아들여졌다. 역시 도쿄제국대학 교수 하야시 다이스케(林泰輔)의 《조선사(朝鮮史)》(1892)는 그러한 황국사관을 동양사의 일부인 한국사에 적용한 선구적 업적으로 평가되었다.

위의 두 책에는 임나일본부설의 내용이 상세하게 서술되어 있다. 《국사안》에 따르면 오진천황(應神天皇) 때 "(태후가) 신라와 가야7국을 평정하고" "신라와 백제 등 여러 나라에 관사(官司)를 두고 임나일본부가 이를 총괄하였다. [···] 드디어 고구려도 조공해 와[來貢] 한지(韓地)의 반도는 모두 판도(版圖)에 들어왔다. 후세에 태후를 신공(神功)으로 시호하였다." 그 후 "한지는 대대로 우리에게 복속해 왔"으나 "고려가 신라를 멸한 때에 이르러 한지의 조공이 끝나 없어지고 오직 무역만 허용되었다." 놀랍게도 조공국을 자국의 '판도(版圖)'로 여기고 있는 것이다. 《조선사》도 이런 내용을 수록했을 뿐 아니라, "진국(辰國)이 한(漢)에 조공하고자 해도 우거(右渠)가 이를 가로막으니 무제가 조선을 토(討)하였다"라고 하여 조공을 게을리하거나 방해하면 정벌·토벌한다는 중화의 논리를 당연시하였다.[18] '토(討)'란 확실히 죄가 있는 상대를 공격하는 것을 말한다. 3국이 줄곧 일본의 조공국이었다는 주장이 그 후 반세기 이상 당연시된 연유가 여기에 있다.

이와 같은 황국사관은 도쿄고등사범 교수 구와바라 지츠조(桑原騭藏)가 쓴 중학교 교과서《중등동양사(中等東洋史)》(1898)에 의해 더욱 널리 보급되었다.《중등동양사》는 서술 내용 면에서 중국사 중심으로 짜여진 데다가 시각과 논리 면에서는 황국사관의 바탕 위에 중화사관을 수용하였다. 여기서 신공황후의 정벌 스토리는 빠졌지만 기자조선 및 한 4군과 임나일본부를 결합하여 중일병진의 한국사 인식 구도가 확립되었다. 이 책은 1945년 패전까지 중판을 거듭하여 일본과 식민지 조선에서 가장 많이 읽힌 교과서다.[19] 한말 현채(玄采)의《중등교과 동국사략》(1906)은 하야시 다이스케의《조선사》를 저본으로 한 편역서로서 거기에 크게 강조된 한 4군과 임나일본부 관련 서술을 삭제했는데, 한일병합 직전 통감부로부터 금서로 지정되었다.[20] 중일병진 구도를 당연시하는 제국일본의 역사교육정책에 반하였기 때문일 터다.

일본인이 자신의 황국사관 위에 중화사관을 수용했듯이 중국인은 자신의 중화사관 위에 황국사관을 수용함으로써 중일병진 구도를 완성하였다. 중국은 1903년부터 근대학교제도를 전면적으로 수용하는 개혁을 단행했는데, 교사와 교과서가 준비되지 않은 상황이었기에 일본에서 직수입하는 예가 많았다. 위의《중등동양사》도 바로 이때 이런 필요에 따라 중국어로 번역되었다. 이런 일본판 교과서를 가지고 일본인 교사가 중국 각지의 학교에서 동양사를 가르쳤다. 그리고 일본에 유학한 중

---

18 重野安繹 外,《國史眼》, 東京帝國大學藏版/史學會印行, 1890(1909), pp.16-17, pp.330-331; 林泰輔,《朝鮮史》, 東京: 吉川半七, 1892, pp.21-22.

19 우선주,〈일제강점기 조선의 중등학교 외국사 교육, 1922-1945〉,《사회과학교육》 9집, 2006, pp.50-51.

20 서의식,《한국고대사의 이해와 국사교육》, 혜안, 2010, pp.41-45.

국인이 돌아와 같은 교과서로 가르쳤다. 이것이 20세기 벽두에 황국사관과 중일병진의 한국사 인식 구도가 중국에 널리 수용된 연유다.

일본인과 일본판 교과서에 의존하던 과도기를 거쳐 중국인 자신에 의한 동양사와 조선사가 쓰여진 것은 1920년대의 일이다. 왕통링(王桐齡)은 러일전쟁 직후 도쿄제국대학에 유학한 뒤 귀국하여 베이징사범대학 역사학 교수로 재직하면서 《동양사(東洋史)》(1922)를 간행하였다. 그가 누구에게서 무엇을 배웠을지는 긴 설명이 필요하지 않다. 황옌페이(黃炎培)는 교육 보급에 앞장선 활동가인데, 주로 일본의 자료에 의거해 《조선사(朝鮮史)》(1929)를 펴냈다. 이 두 책은 각기 중국의 해당 분야에서 선구적인 업적으로 평가받았는데, 안타깝게도 메이지시기 일본에서 형성된 한국사 인식 체계가 고스란히 재현되어 있다. 거기에는 구와바라의 교과서에 언급되지 않은 신공황후의 정벌설도 등장한다.[21]

황국사관에 의거한 중화민국시기 중국인의 한국사 인식은 1949년 중화인민공화국 수립 이후에도 그대로 계승되었다. 심지어 이 신중국에 국가체제의 모델을 제공한 소련마저 러일전쟁 패전 이래 2차대전 말기에 연합국의 일원으로 일본제국과 결전을 벌였음에도 일본의 황국사관에 의거한 한국사·동양사 인식체계로부터 자유로울 수 없었다. 소련과학원이 1950년대에 편찬한 《전세계사(全世界史)》(전 10권)가 임나일본부설을 그대로 수용해 기술하고 한국 고대사를 중국인(기자, 위만)에 의해 주도된 것으로 보고 한국의 첫 고대국가는 4세기에 비로소 성립했다고 한 것이 그 단적인 예다. 소련인 스스로 한국사를 연구한 바가 없었기 때문일 것이다. 1963년 북한의 김석형(金錫亨) 등은 이 책의 한국 관련 서술이 엄중한 착오를 범했다고 비판한 바 있다.[22] 당시 중국은 이

21 유용태, 《환호 속의 경종》, pp. 165-172.

22 김석형 외, 〈전세계사(쏘련과학원 편) 조선관계 서술의 엄중한 착오들에 대하여〉,

《전세계사》를 번역해서 대학 교재로 사용하다가 1962년 비로소 《세계통사》를 집필하게 되었다. 이것이 인민출판사판 《세계통사》에 임나일본부설이 실리게 된 직접적인 배경일 것이다.

이상과 같은 중일병진의 한국사 인식 구도는 미국을 비롯한 서양에서도 19세기 후반에 이미 형성되었다. 그리피스(W. E. Griffis)가 쓴 일본통사인 *The Mikado's Empire*(1876)와 한국통사인 *Corea: The Hermit Nation*(1882)이 그 원조에 해당한다. 그는 《일본서기》 같은 신화적 기술을 바탕으로 일본사를 "천황(Mikado)의 제국", 곧 황국이 발전하는 과정으로 파악하여 서술한 후 그 과정에서 얻은 부산물을 가지고 한국사를 인식하고 서술하였다. 이 두 책에서 그는 고구려와 백제도 포함하는 한국은 신공황후의 "신라정벌" 이래로 일본의 조공국이며 이는 1592년 도요토미 히데요시(豊臣秀吉)의 "조선정벌"과 1870년대 초의 "정한론"으로 이어졌다고 하였다.[23] 여기에 임나일본부설 자체는 언급되지 않았지만 그 기초가 되는 신공황후 정벌 신화와 그에 뒤이은 조공설이 사실인 것처럼 명시된 것이 주목된다. 심지어 *Corea: The Hermit Nation*은 제1장의 첫 페이지를 "오랫동안 일본에 조공을 바쳐 온 신라"라는 일본측 주장을 인용하여 시작하였다. 롱포드(Joshep H. Longford)의 한국통사인 *The Story of Korea*(1911)에는 임나일본부설이 명확히 등장하였다. 그에 따르면 가야 왕국은 점차 신라에게 병합되고 최후에 남은 일부가 일본인들에게 '임나' 혹은 '미마나'로 알려졌으며 이곳은 일본군대가 상주한 "보호령(protectorate)" 또는 "식민지(colony)"였다는 것이다. 다만 그는 신공황후의 신라정벌설을 실패에 그친 것으로 간주해 부정하였다.

《력사과학》 5호, 1963.

23 W. E. Griffis, 신복룡 역주, 《은자의 나라 한국》, 집문당, 1999, p.38, pp.69-107; W. E. Griffis, *The Mikado's Empire*, New York: Harper & Brothers, 1876, p.580.

그리피스의 일본통사와 한국통사에 나타난 양국의 역사상은 처음부터 명확히 대비되는 구도로 설정되어 있다. 한국은 나약하고 수세적인 여성이며 처음부터 "은둔의 국가(Nation)"로, 일본은 처음부터 천황의 지휘하에 정복활동을 펼치는 "팽창하는 제국(Empire)"으로 묘사되어 있는 것이다. 그럼에도 불구하고 그리피스는 황국의 예술, 과학, 가옥, 음식, 의복, 건축 등이 대부분 한국에서 기원하였다고 밝혔다. 그에 따르면 신라는 문화가 번성하고 금은보화가 넘치는 풍요로운 국가이며, 신공황후의 신라 정벌은 일본인에게 물질적 욕구를 자극하고 보다 높은 예술과 문명을 가진 국가에 대해 눈뜨게 만들었다고 하였다. 주목되는 점은 신공황후의 신라 정벌에는 어떠한 정당화 논리도 등장하지 않는다는 것이다. 단지 일본 열도 내의 반란을 제압하는 무위(武威) 효과를 높이기 위해서라는 게 전부다. 그리피스가 고대 한일 관계를 이렇게 인식한 것은 특별한 의도가 있어서라기보다 그가 의거한 자료(《고사기》와 《일본서기》)의 편향 탓이다.

이상과 같은 유래와 계보를 보인 일본판 중화사관인 황국사관의 한국사 인식은 2차대전 이후 한일 학계의 실증연구에 의해 부정되었다.[24] 앞서 본 대로 페어뱅크 등의 *East Asia: Tradition and Transformation*(1990, 한국어 번역본 제목은 《동양문화사》)도 임나일본부설을 부정하였다. 이어서 영국 캠브리지대학의 백과사전은 임나일본부설을 신화에 의거한 허구("A Fiction of Mimana")라고 명시하였다.[25] 한일역사공동위원회 연구보고(2005)도 이 설을 부정하였다.[26] 학술연구의 자유가 허용된 2차

---

24 "임나일본부의 활동으로 주목받은 사건이 541-544년에 열린 "임나부흥회의인데, […] 《일본서기》의 기록으로 봐도 이를 주도한 나라는 백제였다." 요시노 마코토, 한철호 옮김, 《동아시아 속의 한일 2천년사》, 책과함께, 2005, pp. 69-82.

25 Richard Bowring et al. (eds.), *The Cambridge Encyclopedia of Japan*, Cambridge: Cambridge University Press, 1993.

대전 이후 세대 연구자들이 집필한 《일본사》(2008)는 이 시기의 "왜국"은 통일국가가 아닌 연합정권으로서 한반도의 철 자원을 확보해 열도 안에서 분배하는 정도의 권력을 갖고 있었으며 5세기 이후 비로소 백제와 신라의 원조로 기마전법을 수용했다고 보았다.[27] 그러니 그 "왜국"이 4세기부터 200년간 한반도 남부를 통치했다는 설은 존립할 수 없는 것이다.

주목할 것은 근대학문의 이름으로 구축된 역사인식체계가 일단 성립되어 국제학계의 시민권을 얻게 되면 나중에 실증연구에 의해 부정되더라도 쉽사리 바로잡아지지 않는다는 사실이다. 역사의 연구와 교육 양면 모두에서 그렇다.

4. 근대일본의 팽창과 역사인식의 이중기준

동아시아의 독립 왕국이었던 유구를 1870년대에 일본이 병합한 것은 제국일본의 첫 대외침략으로서 그 후 태평양전쟁으로까지 끊임없이 확대된 동아시아 침략의 출발이다. 유구는 1372년부터 1876년까지 500년간 중국의 조공국이자 1609년 이래 일본에도 동시에 조공하는 국가로서 동아시아 지역질서 속의 구성 주체였을 뿐 아니라 1850년대에 미국과 프랑스, 네덜란드와 조약을 맺고 수교한 국제법 질서 속의 독립국이었다. 유구는 1879년 일본의 오키나와현으로 편입되었고 2차대전 막바지에 미국과의 본토결전을 막기 위한 결전장으로 선택되어 양측의 총알

26 임나에 '일본부'라는 통치기관은 없었지만 모종의 활동거점이 존재한 것은 부인할 수 없다고 하였다. 《한일역사공동연구보고서》 제1권, 한일역사공동위원회, 2005.

27 宮地正人 外, 《日本史》, 東京: 山川出版社, 2008.

받이가 되었다. 그 후 미국의 관할 아래에 들어가 베트남에서의 열전을 추진하는 전진기지가 되었다가 1972년 일본에 반환되었으나 여전히 미일동맹을 군사적으로 실행하는 심장부로서 '동아시아의 핵심 현장' 중 하나다.

그럼에도 한·중·일 3국의 역사 교과서에는 유구가 1870년대까지 독립된 왕국으로서 동아시아의 일원이었음을 인정하고 일본의 유구병합을 침략이라고 인식한 예는 없다. 아예 언급조차 하지 않은 경우가 대부분이다. 중국에서 2000년대 들어와 사용된 고등학교《중국근현대사》와《세계근현대사》, 그리고 중국사와 세계사를 합쳐 구성한《역사》(모두 인민출판사 발행)의 어디에도 유구는 아예 언급되지 않았다. 중국에서는 일반적으로 조공국의 상실을 "변경 위기"로 간주해 서술하고 있음에도 유독 유구만은 관심 밖에 던져져 있는 것이다. 한국의 세계사 교과서 역사 마찬가지다. 유구가 자국사와도 별 관계가 없고 세계사에서는 유럽 또는 대국 중심의 관점으로 인해 관심 대상이 될 수 없는 것이다. 한·중·일 모두 '국제이해의 증진'을 역사교육 목표의 하나로 중시하고 있음에도 유럽 각국의 교과서가 '이웃나라 국제'를 중시한 데 비해 한국과 중국을 비롯하여 일본과 대만 교과서는 '강대국 국제'를 지나치게 중시하였다. 이는 대국주의의 강렬한 표현이 아닐 수 없다.[28]

이와 달리 일본의 교과서는 유구왕국의 중계무역 활동에 대해 상세

---

28 나카무라 사토루의 조사에 따르면, 한국·중국·일본·대만의 자국사 교과서가 자국 이외의 동아시아(광의)에 대해 서술한 내용은 전체의 3%, 6.8%, 11%, 2.1%이다. 놀랍게도 한국이 중국과 일본보다 더 인색하다. 한국·중국·일본·대만 세계사 교과서의 동아시아 관련 서술은 각각 22.7%, 8.7%, 22.5%, 4.9%인 반면, 세계사 교과서의 유럽 관련 서술은 34.2%, 64.8%, 45.4%, 63.1%로 나타났다. 이는 나카무라 사토루 편저, 한국학중앙연구원 한국문화교류센터 옮김,《동아시아 역사교과서는 어떻게 쓰여 있을까?》, 에디터, 2006, pp.313-314의 표에서 필자가 계산한 수치다.

히 설명하는 데서 나아가 유구가 일본영토로 편입되는 과정을 자국사의 일부로 간주해 서술하였다. 그러나 이를 '병합'이나 '침략' 혹은 '국가주권'의 문제로 인식한 교과서는 없다. 일본사 교과서는 이를 국내 사무의 처리를 뜻하는 (유구) "처분(處分)"이라 하였다. 세계사 교과서도 "동아시아의 대변동"이라는 절에서 "그때까지 일본과 청국 양국에 속해 있던 유구왕국을 유구번으로 한 후, 가고시마현 편입을 거쳐 1879년 오키나와현으로 하였다"라고 인식할 뿐이다.[29] 이 교과서에는 부록으로 주요 용어 해설이 첨부되어 있는데, '병합(併合)'에 대하여 "어떤 국가의 영토의 전부 또는 일부를 자국의 것으로 하는 것"이라 풀이하고 있다. 일본 안에는 유구왕국이 1607년에 이미 사츠마번의 공격으로 멸망했으나 중국을 의식해 형식상으로만 존속시킨 것으로 보는 시각이 있는데, 1879년의 조치를 '병합'이 아니라 '처분'이라 한 것은 이를 전제로 한 용어일 것이다. 소국을 홀시하는 또 다른 형태의 대국주의가 아닐 수 없다.

이러한 대국주의에 의거하는 한 일본은 물론이고 중국과 한국도 민족운동을 서술할 때, '반제민족(反帝民族)'을 독립과 동일의 절내적 주체, 국가형성의 유일한 주체로 삼은 탓에 그 내부의 소수민족은 배제할 수밖에 없다. 그러니 주류민족과 소수민족 사이에 작동하는 위계구조가 시야에 들어올 리 없다. 한·중·일 3국의 자국사와 세계사 교과서에서 유구의 역사가 배제되거나 비주체화된 것도 그 때문이며 티베트와 몽골, 위구르족의 역사가 간과된 것도 그 때문이다.[30]

---

29 岡崎勝世 外, 《明解世界史A》, 東京: 帝國書院, 2015, p. 133. 한편 木村靖二 外, 《詳說世界史B》, 東京: 山川出版社, 2015, p. 300은 단지 "유구 영유"라는 한 마디로 서술하고 "유구번을 폐하고 오키나와현을 두었다"라는 각주를 달았다. 위의 용어 해설에 '영유(領有)' 항목은 없다.

30 '반제민족' 개념과 교과서의 소수민족 서술은 유용태, 《환호 속의 경종》, pp. 414-434에 의거한다.

한·중·일 3국의 자국사·세계사 교과서가 이처럼 유구를 근대 동아시아의 독립된 역사주체로 인정하지 않는 역사인식을 당연시했다면, 동아시아 지역사는 얼마만큼 다른 인식을 보였을까? 먼저 3국 공동 역사 교재를 보자. 《미래를 여는 역사》(2005)는 "유구를 일본 영토에 편입시켜 오키나와현으로 만들었다"라고 하여 일본의 교과서와 다를 바 없는 인식을 보였다. 그러나 두 번째 공동 역사 교재인 《한중일이 함께 쓴 동아시아근현대사》 1·2(2012)는 이를 "유구병합"이라고 명기하여 일정한 진전을 보였으나 한 국가에 대한 침략이라는 인식은 여전히 없다. 한국의 《동아시아사》(2012) 교과서의 경우 교학사판은 "1872년 일본이 유구에 번을 설치하고 이어 1879년 오키나와현으로 바꾸어 일본령으로 편입시켰다"라고 하여 일본의 자국사·세계사 교과서와 다를 바 없는 인식을 보였다. 천재교육판에는 이런 내용조차 없다. 다만 비상교육판이 (일본은 청일수호조규를 맺은) "이후 일본이 유구를 완전 병합(1879)함으로써 청은 유구에 대한 종주권을 상실하였다. 이에 주변국과의 책봉조공관계를 기반으로 유지되었던 중국 중심의 동아시아 질서가 동요하였다"라고 하였다.[31] 유구왕국을 주체로 여기는 관점은 약하지만 일국의 병합과 국제질서의 변동 양면에 관심을 둔 것이다. 이처럼 공동판이든 일국판이든 아직 기대에 못 미치지만 그래도 동아시아 지역사의 관점에서 접근할 경우 상대적으로 실상에 가까운 인식에 다가갈 가능성을 보여 주었다. 다만 유구의 폐멸이 전통적 조공질서의 동요를 의미하는 조공국의 소멸인 동시에 미국·프랑스·네덜란드와 화친조약으로 근대적 외교관계를 맺은 조약국의 소멸이라는 점에서 이제 막 동아시아에 모습을 드러낸 조약질서의 본질을 회의하게 만드는 사태이기도 하다는 점은

31 황진상 외, 《동아시아사》, 비상교육, 2014, p. 177.

간과되었다.

일본의 유구병합으로 시작된 동아시아 침략은 20년 뒤에 일어난 청일전쟁의 전주곡이라 할 수 있다. 이렇게 시작된 일본의 침략은 패전으로 종결되었고 전범재판을 위해 연합국은 침략전쟁의 범위를 정해야 했다. 일본 학계의 주류 견해와 대다수 교과서들은 모두 그 범위를 도쿄재판의 기준에 의거하여 1931년 만주사변 이후로 한정할 뿐 그 이전 한국과 대만 등지에 대한 침략에 대해서는 인정하지 않고 있다.[32] 그 이전의 일본의 팽창은 국제질서에 보조를 맞춘 문명화 과정으로 간주하는 것이어서 '이중기준'의 역사인식이라 하지 않을 수 없다.

일본 정치지도자의 역사인식을 보여 주는 무라야마(村山富市) 담화를 포함하는 역대 총리의 사죄담화도 이중기준에 의거하고 있다. 사죄의 대상이 만주사변 이후의 침략에 한정되어 있다는 점에서 그렇다. 도쿄재판에서 공식화된 일본의 근대사 인식체계, 곧 만주사변 이전과 이후로 나누어 이전의 팽창은 문명화이고 그 후의 팽창만 국제질서에 역행한 침략이라 인정하는 '이중기준'의 구도를 견지한 결과다. 사죄의 형식도 '이중기준'에 의거하였으니, 가령 가장 진전된 사죄 수준을 보여 준 무라야마 총리조차 동아시아 국가들에 대해서는 언론을 통해 일방적으로 간접적으로 전달되는 '담화'인데 비해 영국에게는 당시 메이저(John Major) 총리에게 직접 '친서'를 보내는 차이를 보였다.[33]

---

32 유용태, 《환호 속의 경종》, pp. 260-264.

33 무라야마 담화가 각료회의 결정에 의해 발표된 당일 그 각료 중 9인이 국회의원들과 함께 야스쿠니 신사를 참배하였다. 자민당 각료는 침략을 인정하고 사죄한 총리 담화가 "어디에 어떻게(침략했는지)"라고 명시한 게 아니므로 좋다고 하였다. 1995년 5월 무라야마 총리가 중국을 방문했을 때 중국 당국은 '항전승리 50주년'을 앞두고 일본에 대하여 침략을 인정하고 사죄하고 배상·보상하라고 처음으로 공식 요구했으며, 이를 감안해 3개월 뒤 무라야마 담화가 나온 것이다. 《朝日新聞》 1995년 8월

이처럼 일본의 학계와 교육계 및 정계 주류집단의 동아시아 근대사 인식이 이중기준에 의거해 만주사변 이후의 침략만을 인정하는 것은 도쿄재판에 의해 외부로부터 강요된 결과일 뿐 자기성찰의 결과라 보기 어렵다. 그 이전의 침략도 인정하는 자기성찰의 소수 견해가 있지만 이는 좌익 극단주의로 간주될 뿐이다. 만주사변 이후 시기의 침략조차 인정하지 않는 후소샤 등의 견해는 우익 극단주의라 할 수 있다. 이들 양 극단 사이에서 중립적인 입장(결국 만주사변 이후 시기의 침략만을 인정)을 취하는 것으로 알려진 연구자에 따르면, "좌익이든 우익이든 극단주의적 서술에 대하여 수정을 요구하는 것"이 일본정부의 교과서 검정이라고 한다.[34] 이는 다름 아닌 '이중기준'을 견지하겠다는 입장일 따름이다. 유구병합을 침략으로 직시하지 않는 한 한국병합을 비롯한 1931년 이전의 침략을 인정하기 어렵다. 일본은 왜 이를 인정하지 않는 것일까? 그와는 또 다른 차원에서 한국과 중국 교과서, 심지어 3국 공동 교재는 왜 유구병합의 침략성을 간과하는 것일까?

5. 역사인식 갈등의 사상적 연원

이제 앞에서 확인한 동아시아인에 의한 동아시아 소외 현상과 소국홀시 현상, 그리고 자국사의 영광을 위해 이웃나라 역사를 왜곡하거나 폄훼하는 사상적 연원이 무엇인지 따져 보자. 여기서는 그 연원을 중화주의

15-16일자 관련 기사.

34 Hiroshi Mitani, "The History Textbook Issue in Japan and East Asia: Institutional Framwork, Controversies, and International Efforts for Common Histories", Tsuyoshi Hasegawa and Kazuhiko Togo (eds.), *East Asia's Haunted Present*, Westport: PSI, 2008, p. 85.

의 '조공하지 않으면 정벌한다'라는 논리와 관련지어 살펴보기로 한다. 일본이 유구병합과 한국병합을 침략이 아니라고 강변하는 까닭도 앞에서 본 대로 메이지 일본의 《국사안》은 조공국을 자국의 '판도'로 간주하는 관념의 소산이라고 할 수 있으니 거기서 이미 답은 제시된 것으로 볼 수 있다.

고대 이래 한국·일본·베트남은 당(唐) 대에 확립된 중화제국 모델의 국가제도를 수용해 자기 형편에 맞게 적용하였고, 그 과정에서 당연히 중국적 세계관인 중화의 논리와 제국의 논리도 함께 수용하였다.[35] 이렇게 공유된 중화주의가 각국의 역사편찬에도 적용되어 역사인식의 중요한 이데올로기가 되었음은 이미 잘 알려져 있다. 그러나 '정벌'의 논리가 역사인식에 어떤 문제를 남겼는지에 대해서는 별로 주목되지 않았다.

중국 황제는 자신의 사방에 있는 주변국을 4이(四夷)로 간주하고 이들이 황제의 덕을 흠모하여 자발적으로 조공해 온 것으로 여기고 4이의 수장에게 다양한 이름의 관직을 하사하였다. 따라서 조공을 게을리하거나 조공을 하지 않는 주변국이 있으면 곧 황제의 덕을 부인하는 것으로 간주해 공격하고 신복(臣服)을 받아내면서 이를 '정벌(征伐)'이라 하였다. 정벌은 아랫사람의 무도한 죄를 무력으로 응징하여 바로잡는 행위여서 침략이나 가해가 아니라 도덕적으로 정당한 권위의 행사였다. 한국과 일본, 베트남도 4이를 설정하고 조공을 받은 사실이나 받은 것으로 간주하고 싶은 욕망을 사서에 기록하여 전하였다. 그리하여 조공하지 않으면 정벌한다는 황제의 논리는 이들 4국에 공유되었다. 그러면서도 한

---

35 손승철, 〈朝鮮中華主義와 日本型華夷意識의 대립〉, 《日本研究》 11호, 1996; 古田博司, 〈東アジア中華思想共有圏の形成〉, 駒井洋 編, 《脫オリエンタリスムとしての社會知》, 東京: ミネルヴァ書房, 1998; 孫衛國, 〈中國史學對東亞史學的影響與交流〉, 《歷史教學問題》 2012年 4期.

국·일본·베트남 3국은 동아시아의 중심인 중국에 대한 자국의 조공은 외교전략이라고 대비시켰다. 조공을 하는 쪽과 받는(받고 싶은) 쪽 간의 인식 차이는 이처럼 현격하였으며 이 또한 '이중기준'의 대외인식이라 하지 않을 수 없다.

일본은 8세기 초부터 중국 정사를 모방해 편찬된 《일본서기》에 의존해 천황 혹은 황후가 신라를 "서쪽 오랑캐[西蕃]"로 삼아 조공을 받았다는 전승(傳承)을 신봉해 왔다. 이 책에서 중국의 황제를 모방해 '천황'을 일본국왕의 칭호로 설정함에 따라 조공하는 '서쪽 오랑캐 신라'라는 존재가 필요해졌다. 황제란 이적을 복속하고 천하에 군림하는 천자이며 이를 증명해 주는 조공국이 있어야 했기 때문이다. 그 후에도 신라와 일본은 사절을 교환하였지만 신라는 이를 '조공'이라고 인정한 바 없다. 이에 '서쪽 오랑캐 신라'는 허구로 끝날 수밖에 없었고 그에 따라 일본은 한반도와의 관계를 단절하고 일본 열도 안에서 자족하는 정책으로 선회하였다.[36] 천황의 명을 받은 대장군의 지휘하에 "동쪽 오랑캐[東夷]"를 정복해 영토를 확장하는 팽창정책이 그것이다. 《일본서기》의 '조공하는 서쪽 오랑캐 신라'라는 허구는 관념상의 소천하질서를 유지하는 데 필요했기에 그 후에도 지속되어 한국관의 원형이 되었다.[37]

그로부터 800년이 지난 뒤인 1592년 도요토미 히데요시도 이 논리에 따라 조선이 조공해 오지 않으면 군사를 일으켜 정벌하겠다고 호언하면서 침략을 단행하였다. 이 침략전쟁이 실패한 이후에도 이런 관념은 여러 참전 기록물에 의지해 지속되었고 《대일본사》(1720년 편찬을 개시하여 1906년 완간)에 이르러 임나일본부가 삼한을 통제하였다는 서술로

---

36 요시노 마코토, 《동아시아 속의 한일 2천년사》, pp. 110-121.

37 미야케 히데토시, 하우봉 옮김, 《역사적으로 본 일본인의 한국관》, 풀빛, 1990, pp. 10-17.

정착되었다.[38] 에도 막부는 조선통신사를 줄곧 조공사절로 간주하였다. 그 연장선에서 메이지유신(1868) 직전 요시다 쇼인(吉田松陰)은 조선의 복속을 당연시하면서 천황에게 조공하는 것을 태만히 한 죄를 묻고 불복할 경우에는 정벌해야 한다는 주장을 곧 유신주도세력이 될 제자들에게 가르쳤다. 이런 정이(征夷)의 역사인식은 메이지유신 후 사회진화론과 결합하여 제국주의정책의 일환인 정한론(征韓論)과 아시아주의로 발전하였고 일반인에게도 널리 교육되었다.[39]

이러한 정이·정한의 논리는 그 후 교화의 논리와 동전의 양면처럼 짝을 이루어 지속적으로 강화되다가 마침내 한일병합에 이르러 완전한 형태로 실현되었다. 메이지정부는 조선의 내정개혁을 자신의 '문명화 사명'으로 여기면서 청국이 이를 가로막고 있다고 비난했으며 결국 그 연장선에서 청일개전을 결정하고 이를 정당화하였다. 일본은 중화가 이적을 교화한다는 중화주의의 논리에 기대어 한국의 내정개혁을 요구했고 대청개전을 단행했던 것이다. 청일전쟁 당시 일본 외상(陸奧宗光)이 이 전쟁을 "징청(征淸)의 역(役)", 곧 무도한 칭을 바로잡는 정벌이라고 부른 것을 보라. 중화의 은혜인 교화를 거부하는 자는 무력으로 응징해 바로잡는다는 정벌의 논리가 교화의 논리와 짝을 이루고 있음을 여기서 확인할 수 있다. 그러나 '정청'의 목적은 3국간섭으로 달성하지 못한 채 끝났으니 그 3국 중 하나인 러시아를 격파해야 비로소 '정한'이라도 달성할 수 있을 것이었다. 청일전쟁과 러일전쟁도 그런 면에서 보면 모두 그 본질은 '정한의 역'이라 할 수 있다.

---

38 김은숙, 〈일본의 고대인식과 역사교육〉, 《시대전환과 역사인식》, 솔, 2001, pp. 299-326; 박수철, 〈15-16세기 일본의 전국시대와 豊臣政權〉, 역사학회 엮음, 《전쟁과 동북아의 국제질서》, 일조각, 2006, pp. 196-223.

39 가토 요코, 박영준 옮김, 《근대일본의 전쟁논리: 정한론에서 태평양전쟁까지》, 태학사, 2003, pp. 46-48.

한일병합조약은 이들 두 차례에 걸친 '정한의 역'을 매듭짓는 서로 다른 두 형식절차 중 하나에 불과하다. 병합조약에는 조약문 외에 〈전 한국 황제를 왕으로 책(冊)하는 증서〉를 포함한 세 개의 증서가 첨부되었다.[40] 그에 따라 메이지 천황이 칙사를 파견하여 순종 황제를 '이왕(李王)'으로 책한 조서(詔書)를 전달하는 의식이 8월 28일 거행되었다. 이 의식은 당시 일본의 일간지에 "이왕 책봉식"(《도쿄일일신문》) 혹은 "흥왕 책봉식"(《오사카매일신문》)이란 제목으로 병합조약 전문 혹은 병합조서와 함께 보도되었다.[41] 그 뒤에 편찬된 《순종실록》에도 "흥왕 책봉식"이 거행되었다고 기록되었다. 봉토를 준 것은 아니므로 '책'일 뿐 '책봉'은 아니었음에도 일본인은 이를 책봉으로 간주한 것이다. 그에 앞서 일본은 1872년 10월 천황의 이름으로 유구 국왕을 격하시켜 유구 "번왕(藩王)"에 책봉하고서는 1879년 조약도 없이 무력으로 병합하였다. 왕명이 하필 '번'왕인 것은 '번속(藩屬)'·'번신(藩臣)'의 '번'과 같은 의미로 '일본형 소중화주의의 발상'을 드러낸 것이다.[42] 유구 국왕에 대한 천황의 책봉

---

40 나머지 둘은 "한국병합 증서"와 "李堈·李熹를 公으로 하는 증서"이다. 版野次雄, 《日韓併合: 李朝滅亡, 抵抗の記錄と光復》, 東京: 彩流社, 2010, pp. 83-84.

41 이태진, 《끝나지 않은 역사: 식민지배 청산을 위한 역사인식》, 태학사, 2017, pp. 106-107은 《도쿄일일신문》 보도를 근거로 책봉식이 통감관저에서 이왕(순종)을 대리한 궁내부 대신의 참석하에 형식적으로 거행되었다고 한다. 그러나 《오사카매일신문》은 일본 황궁으로부터 책봉사(冊封使)가 파견되어 흥왕(興王) 이재면(李載冕)(순종)의 저택에서 그의 참석하에 거행되었다고 보도하였다. 〈興王冊封式〉, 《大阪每日新聞》 1910. 8. 29. 당시 궁내부 관리로 근무하면서 책봉식을 목격한 곤도 시로스케는 이 정황을 《조선신문》에 연재한 후 단행본으로 펴냈다. 權藤四郎介, 《李王宮秘史》, 京城: 朝鮮新聞社, 1926, pp. 37-40.

42 유구에 대해서는 칙사의 파견 없이, 천황 친정을 축하하러 도쿄에 간 유구의 경하사(慶賀使)에게 칙서를 내렸다. 西里喜行, 《清末中琉日關係史の研究》, 名古屋: 名古屋大學出版會, 2005, p. 74, p. 292; 波平恒男, 《近代東アジア史なかの琉球併合: 中華世界秩序から植民地帝國日本へ》, 東京: 岩波書店, 2014, pp. 146-149.

도 앞의 이왕 책봉과 마찬가지로 전에 없던 일이다.

'조약'이 공법에 기댄 근대적 버전이라면 '책봉'은 중화주의에 의거한 동아시아의 전통적 버전이다. 전자가 일본인의 '다데마에'(겉모습)라면 후자는 '혼네'(속마음)로서 이웃나라에 대한 일본인의 인식을 밑바닥에서 떠받치는 토양에 해당한다. 이로써 '조공하는 서쪽 오랑캐 신라'라는 8세기 이래의 허구와 그에 기댄 일본의 오랜 꿈이 마침내 실현된 것이다. 요컨대 한국병합은 조공을 게을리한 이적의 죄를 물은 중화의 정당한 '정벌'이니 어찌 이를 '침략'이라 인정할 수 있겠는가? 천황에 의한 '책봉'은 이러한 정당화를 위해 불가결한 절차였던 것이다. 유구는 조선과 달리 실제로 일본의 조공국이었으니 조공국을 자국의 '판도'로 간주한《국사안》의 역사인식은 이렇게 하여 현실화된 것이다.

베트남도 중국 황제에 대한 조공을 통해 무력침략을 피하는 한편, '북의 중화제국'과 대비되는 '남의 중화제국'을 자처하면서 주변에 4이를 설정한 소천하질서를 형성하여 실제로 이웃나라들의 조공을 받으면서 황제국으로 군림하였다. 15세기 이래 베트남은 "조공하지 않으면 정벌한다"라면서 참파를 비롯한 남방의 소국들을 정복하여 끊임없이 영역을 확대함으로써 이를 현실화하였다.[43] 한국도 고대 이래 관념적으로는 중화주의를 공유하고 있었지만 베트남과 달리 실제로는 이를 실현하지 못하였고, 중국과 북방유목세력의 팽창에 따라 영역의 축소를 거듭하였다.

동아시아의 4국이 관념적으로는 중화주의를 공유하였지만 실제로 그 실현의 정도는 이처럼 달랐다. 이런 조건에서 각국은 자국에게 유리한 시점을 선택해 역사인식의 기준으로 삼고 있다. 그 결과 팽창한 나라

---

43 유인선, 〈中越관계와 朝貢제도〉,《中國의 天下思想》, 민음사, 1988, pp. 147-184; 坪井善明, 〈ヴェトナム阮朝(1802-1945)の世界觀〉,《國家學會雜誌》96卷 11 · 12號, 1983.

와 축소한 나라의 역사인식이 서로 충돌하는 것이다. 특히 중화주의를 관철하는 핵심 기제인 교화와 정벌의 관념은 실제와 상관없는 허구로도 오래 지속될 수 있어서 이로 인해 이웃나라에 대한 자국의 제국성을 직시하기보다 정당화하게 된다. 그 결과 동아시아 역내 국가들 간에는 오직 교화와 정벌만 있을 뿐 침략은 없고, 피해자는 있으나 가해자는 없는 기형적 역사인식을 내면화하게 되었다. 한국과 달리 영토 확장의 여유와 힘을 갖고 있었던 중국·일본·베트남도 가해자의식은 취약하고 교화와 문명화를 베풀었다는 시혜자의식과 제국주의 열강과의 관계에서 겪은 경험으로 인한 피해자의식이 강렬하다. 이로 인해 생기는 역사인식의 차이는 앞의 경우보다 더 깊은 심층에 뿌리내린 갈등을 초래할 수밖에 없다.

한국을 포함하는 동아시아 4국은 근대에 들어와서도 중화주의의 제국지향성을 해체하기는커녕 그 토양 위에서 내셔널리즘을 발전시켰기 때문에 각국 국민의 뇌리에 일반적인 의미의 국가주의/민족주의를 넘어선 대국주의와 제국지향성을 내면화하였다. 유구병합의 본질을 간과하는 것도 그 때문이다. 미국과 같이 외부에서 보기에도 이들 4국의 국가정체성은 명분론적 유교문화의 유산과 결합되어 있으며 이는 강렬한 도덕적 순결주의와 대국지향성을 보인다. 이는 대외정책에서 주권 강화와 영토 극대화를 추구하는 데 기여하며 이 과정에서 역사는 늘 그것을 정당화하는 기제로 작용해 왔다.[44] 그런 만큼 역사가 현실정치와 미분화된 채 현실의 필요에 의해 자의로 해석되기 일쑤다. 이를 방치할 경우 보편가치와 괴리된 국가정체성을 조장할 우려가 있다.

---

44 Gilbert Rozman (ed.), *East Asian National Identities: Common Roots and Chinese Exceptionalism*, Stanford: Stanford University Press, 2012, pp. 10-11, p. 16.

6. 동아시아 역사대화의 성과와 전망

국경을 넘어 역사인식의 차이를 좁혀 보기 위한 대화를 '역사대화'라고 한다. 역사대화에서 기본적으로 필요한 자세는 "상대방은 왜 같은 사건에 대하여 다른 방식으로 해석하고 이해하는가?"를 깊이 묻고 헤아리는 것이다.[45] 그 이유와 맥락을 알고 진행할 때 비로소 진정한 대화이지 그렇지 않고 자신의 기준에 의거해 상대를 일방적으로 재단하거나 단지 표현과 용어를 문제 삼는 식이어서는 진정한 대화라 하기 어렵다.

동아시아 역사분쟁의 연원이 중화제국을 모델로 한 대국주의에 있다고 해도 중국과 일본 안에도 그에 비판적인 소국주의 논리 역시 미약하지만 존재하였다. 대국·중심을 상대화할 수 있는 소국·주변의 시각을 부각시키면 대국주의와 제국의식을 성찰하고 상대화하는 자원으로 삼을 수 있을 것이다. 2000년대부터 국경을 넘어 역사대화가 진행되고 있는데, 이런 시각에서 자국사의 제국성에 대한 성찰을 전제로 해야 비로소 의미 있는 진진을 이룰 수 있다. 그 전기는 2001년 검정을 통과한 후소샤 교과서가 근대일본의 식민지 지배와 전쟁 책임을 부인하고 오히려 일본이 아시아의 해방을 위해 노력했다고 주장한 것이다. 정부 차원에서는 역사공동연구위원회가 한국과 일본, 중국과 일본 간에 구성되어 활동하였고, 민간 차원에서도 역사학자나 역사교사, 또는 시민단체가 나서 역사인식의 차이를 좁히기 위한 대화를 시도하였다.[46] 이 과정에서 앞에 말한 중화주의 유산이 어느 정도 자각되고 성찰되었는지 확

---

45 Hiroshi Mitani, "The Histyory Textbook Issue in Japan and East Asia", pp.190-192.

46 한국과 일본 간 역사대화의 전개에 대해서는 신주백, 〈'동아시아형 교과서대화'의 본격적인 모색과 협력모델 찾기(1993-2006)〉, 《歷史教育》 101집, 2007 참조.

인해 보고자 한다.

먼저 정부 차원의 대화를 보자. 한일역사공동연구위원회(1기: 2003-2006, 2기: 2009-2012)에서 한국은 조선통신사가 선린우호의 문화교류를 담당했다고 보았으나 일본 측은 막부에 의해 가상의 조공사절로 간주되었음을 강조하였다. 또 일본 측은 한일병합이 합법이며 식민지 지배는 한국의 근대화를 가져왔다고 주장하였다. 을사보호조약과 한일병합조약이 당시 일본의 국제법 교재의 기준에 따르더라도 구성요건(전권 위임, 비준절차)을 갖추지 못한 불법임이 드러났으나 이를 외면한 것이다. 교과서 문제를 계기로 구성된 위원회임에도 정작 이 문제는 전혀 다루어지지 않았다. 중일역사공동연구위원회(2006-2010)는 의견 차이가 커서 공동연구의 결과를 일부만 공개하였다. 거기서 중국 측은 독립왕국인 유구가 일본에 병합되는 것을 원치 않았으며 청일전쟁과 러일전쟁도 일본의 침략전쟁 범주에 포함된다고 보았으나 일본 측은 모두 인정하지 않았다.

전국역사교사모임(한국)·역사교육자협의회(일본)의 《마주보는 한일사》 1·2(2006)는 후소샤 교과서 문제를 계기로 준비되었고 역사교육연구회(일본)·역사교과서연구회(한국)의 《한일역사공통교재: 한일 교류의 역사》(2007)는 그보다 앞선 1997년부터 준비되었다. 한국과 일본의 역사인식 차이는 앞에 말한 '조공하는 서쪽 오랑캐 신라'라는 일본의 중화주의적 한국관에서 비롯되는데, 앞의 책은 그것이 일본 측의 관념에 불과했음을 상세히 설명하고, 서로의 필요에 따라 교역은 지속되었음을 강조하였다. 뒤의 책은 "신라는 일본이 요구하는 조공외교를 혐오해 대등 형식의 외교를 구하게 되었다"라는 한 줄로 정리하고 양국 간에 대등한 교류가 있었음을 강조하였다.

한·중·일 3국의 학자와 교사로 구성된 공동역사편찬위원회의 《미래를 여는 역사》(2005)와 《한중일이 함께 쓴 동아시아 근현대사》 1·2

(2012)는 후소샤 교과서 문제를 계기로 대화를 시작한 결과물이다. 뒤의 책은 전작의 한계를 넘어서기 위해 노력한 흔적이 역력하다.[47] 그 1권을 국제관계사로 구성하여 3국 간의 관계를 중시하고 비교사의 관점도 일부 도입한 것은 세 나라의 일국사를 합쳐놓은 듯하다는 전작에 대한 평을 의식한 결과일 것이다. 2권은 주제사로 구성하여 1권과 상호 보완할 수 있도록 했다. 특히 3국의 헌법과 입헌정치가 제도화되는 과정을 첫 주제로 다룬 것은 의미가 크다. 그래도 지역사의 인식체계에 대해서는 또다시 지적하지 않을 수 없다.

우선 일본의 침략이 부각되어 있을 뿐 3국의 역사가 상호 긴밀하게 연관된 모습을 드러내지 못했다. 일본의 침략도 1931년 만주사변 이후의 일로 한정하는 일본사 인식체계에 머물러 있다.[48] 이런 인식체계는 2012년판에서도 바뀌지 않았다. 그러다 보니 청일전쟁과 러일전쟁이 2005년판에서는 "개항과 근대화"(1장)에서 근대화 과정의 일환으로 자리매김 되었고, 2012년판에서는 "전통질서의 해체"(2장)와 "열강의 패권경쟁"(3장)에서 각각 서술되었다. 근대일본의 침략이라는 제국성에 대한 성찰은 여전히 도쿄재판사관에 갇혀 있는 것이다.

서구열강의 동아시아 3국에 대한 침략도 인식체계상으로 드러나지 않는다. 2005년판은 "서양열강의 압력과 삼국의 대응"(1장 1절)이라 하고 그 안에서 불평등조약을 서술하였을 뿐이다. 다만 개별 사실의 차원

---

47 전작에 대한 서평 모음은 아시아평화와역사연구소 엮음, 《동아시아에서 역사인식의 국경 넘기》, 선인, 2008 참조.

48 본문이 아닌 2장의 개요에서는 청일전쟁부터 "일본이 군대를 동원하여 동아시아를 침략했다"라고 하였으나, 1장의 개요에서는 그것을 단지 "세력확장"이라고 표현했다. 일본의 침략을 서술하자는 한·중 양국 필자의 요구가 일본 필자에 의해 거부된 결과다. 한중일3국공동역사편찬위원회, 《미래를 여는 역사》, 한겨레신문사, 2005, p.35, p.76.

에서, 서양열강이 난징조약과 베이징조약 등을 통해 중국을 침략했고 일본이 강화도조약을 통해 조선을 침략했다고 서술했을 뿐이다. 서양열강은 불평등조약을 통해 일본에 대해서도 그 관세와 사법 방면의 국가 주권을 침해하는 침략을 행하였음에도 이에 관한 언급은 전혀 없다. 이에 비해 2012년판은 "서구열강의 동아시아 침략"(1장 2절)이라고 하여 '압력'에서 '침략'으로 인식의 변화를 보였다. 그러나 여기서도 그 서술 내용에 들어가 보면 일본이 서양열강과의 조약으로 주권을 침략받았다는 사실은 인정하지 않은 채 오히려 당시 중국이 맺은 조약보다 상대적으로 유리한 내용이었다는 설명이 부가되었다.[49] 일본인 필자가 일본사의 관점에서 이렇게 썼을 것이 분명하다.

청일전쟁에 이르는 '3국의 분쟁'은 일본의 '정한론'·'대만 침공'과 조선에 대한 '청의 파병'·'내정간섭'이 서로 경쟁·대립하는 과정으로 파악되었다. 이 과정에서 조선에 대한 청의 내정간섭이 간섭을 넘어 보호국화를 향하고 있었다는 사실은 직시되지 않았다. 그보다 더 중요한 것은 앞에서 지적했듯이 유구왕국이 '일본의 영토로 편입'된 사실을 언급했지만 유구를 동아시아 지역질서 속의 한 구성주체로 인정하는 인식은 거의 보이지 않는다는 점이다.

끝으로 인식체계상 전쟁이 지나치게 부각되어 있다는 점이 주목된다. 전쟁이 연속적으로 일어났으니 전혀 근거 없는 것은 아니지만 이런 인식체계는 전쟁을 일으키고 주도한 강대국들을 중심으로 하는 스토리로 귀결되기 십상이다. 2005년판도 그런 편향을 보였지만 2012년판은 더욱 심해져서, 8장으로 구성된 1권의 각 장 제목에 '○○전쟁'이 포함된 것이 네 개, '냉전'이 포함된 것이 세 개나 된다. 이런 인식체계는 국

49 한중일3국공동역사편찬위원회, 《한중일이 함께 쓴 동아시아 근현대사》 1, 휴머니스트, 2012, p.41.

제관계사가 곧 전쟁사이며 그것이 동아시아 근현대사인 것처럼 보이게 할 우려를 낳는다. 이는 일본인 필자의 견해에 따른 것으로 보인다. 동아시아 근현대사를 이렇게 '중전사관(重戰史觀)'에 의거해 구성하는 것은 일본에서 흔히 있는 일이기 때문이다. 가령 와다 하루키(和田春樹) 등이 엮은《이와나미 강좌 동아시아 근현대통사》(전 10권, 2010) 중 다섯 권이 '○○ 전쟁'이라는 제목을 달고 있다.

이에 나는 공동교재 편찬이 갖는 의미는 그대로 인정하되 3국 필자들이 각기 자국사의 논리와 인식체계에 갇혀 있어 합의에 이르기 어려운 한계를 보였으니 그것과 다른 차원에서의 시도를 제안하고 싶다. 일국의 필자들이 각기 집필한 이웃나라의 역사 교과서를 서로 번역하여 일반 독자에게도 유통시키고 학교현장에서 교차 사용해 보는 방법을 취해 봤으면 한다. 우선 타국 교과서를 가지고 수업을 해본 다음 이 경험에 의거해 보고서를 작성하고 이를 각국이 공유하면 각국 교과서가 얼마나 자국 중심의 대국주의 시각에서 구성되어 있는지를, 그리고 그것을 상대화할 필요성과 방법을 좀 더 설득력 있게 드러낼 수 있을 것이다. 중화의 논리에 의지해 주변 소국을 침략·정복한 사실을 정벌이라고 정당화하는, '가해의식의 부재'를 직시하고 회복하려면 상대국 국민의 눈으로 자국사를 비춰 보는 역지사지의 자세가 필수적으로 요청된다.[50]

---

50 이때 유네스코가 1949년 제시한 유럽 역사대화의 6원칙(정확성, 공정성, 현대문명에의 적합성, 포괄성과 균형성, 보편가치 지향성, 국제협력)을 비교의 기준으로 참조할 수 있다. 이를 동아시아 공동역사교재 분석에 활용한 예는 김정인의 〈동아시아 공동역사교재 개발, 그 경험의 공유와 도약을 위한 모색〉(《歷史教育》 101집, 2007, pp.44-46)이다. 1970년대 독일의 보이텔스바흐 협약, 곧 새로운 역사교육을 위한 최소한의 3원칙(학생들에게 특정 관점을 강요하지 말고, 논쟁적인 문제는 논쟁으로 가르치며, 학생 스스로 역사적 의미를 파악할 수 있는 능력을 기르도록 한다)도 함께 참고할 수 있다. 지그프리트 쉴레 외 엮음,《보이텔스바흐 협약은 충분한가》, 민주화운동기념사업회, 2009.

이를 통해 동아시아 각국이 모두 피해자라는 의식에서 벗어나 앞서 강조한 제국경험과 제국의식에 유의함으로써 피해자인 동시에 가해자라는 의식을 확인하는 성찰을 촉진할 수 있을 것이다.

엇비슷한 여러 나라가 경쟁하고 견제하는 유럽과 달리 초월적 지위를 가진 중 · 일 · 미 3제국이 차례로 군림해 온 동아시아에서는 이들 제국 · 제국성의 상대화야말로 지역 내 평화와 번영을 위한 필수적 과제가 아닐 수 없다. 현재 중국은 중국공산당 일당체제하에서 중화민족의 위대한 부흥을 외치고 있는데, 중화민족론과 일당체제의 결합을 일본 학계에서는 21세기 동아시아 지역질서의 안정을 위협하는 중대 요인으로 간주한다. 그러나 일본은 천황제를 고수하고 있어 그에 못지않은 위협 요인이 되고 있다. 천황사상은 천황을 신으로 여기며 신은 어느 땅이라도 통치하는 존재이므로 모든 곳의 지배자이기도 하다는 논리, 곧 세계를 병합하는 제국주의 논리를 내장하고 있다.[51] 그러므로 천황제는 단순한 군주제가 아니다. 일본이 미군정에서 벗어나 주권을 회복한 것을 기념하는 '독립기념식' 행사가 그동안 줄곧 민간 우익단체의 주도로 행해진 것과 달리 2013년 4월 28일 처음으로 일본정부 주관으로 치러졌는데, 여기서 아베 총리는 패전 후 처음으로 '천황폐하 만세!'를 외쳤다. 아베 내각은 곧이어 전쟁 관련 법률을 개정해 일본을 전쟁할 수 있는 국가로 만들었다. 황제국이든 천황국이든 자국의 사방에 조공하는 오랑캐를 설정하고 조공하지 않으면 정벌한다는 이웃멸시 관념을 당연시한다. 중국과 일본의 제국전통은 현실의 중화민족론과 천황제 속에 살아남아 역사인식에 영향을 미치고 있다. 이처럼 역사인식 문제는 학술적 차원을 넘어 현실정치의 차원과 복잡하게 얽혀 있다.

---

51 森嶋通夫, 《日本にできることは何か: 東アジア共同體を提案する》, 東京: 岩波書店, 2001, pp. 75-76.

각종 형태의 역사대화와 교과서 교차 사용 등의 노력을 통해 자국사의 중화주의적 편향, 나아가 제국성을 직시한 후에 이를 바탕으로 자국을 넘어 동아시아 이웃나라에서도 통할 수 있는 역사를 새로 쓰지 않으면 안 된다. 자국사와 세계사의 이분법을 넘어 '동아시아 지역사'를 구성할 수 있다면 이것이야말로 동아시아 역사대화를 이끌어갈 수 있는 지름길이 아닌가 한다. 일본과 중국에도 자국사의 제국성을 직시하려는 사람들이 있어 이미 이들이 서로 연대하면서 앞장서고 있다.

이때 난감한 문제의 하나는 한반도를 포함한 동아시아 고대사의 전개를 중화사관과 황국사관에서 벗어나 새롭게 입증할 우리 자신의 사료가 부족하다는 점이다. 고대의 화이사상과 고대사 인식은 근현대사 인식의 원형으로 작용하고 있는 만큼 중국과 일본의 사서가 사실상 쌍생아인 중화사관과 황국사관에 의해 윤색되었음을 감안하고 그 사서를 비판적으로 활용하는 자세가 필수적이다. 일찍이 액튼(John Acton)과 헐버트(H. B. Hulbert)가 한국의 초기 기록이 일본의 그것보다 훨씬 신뢰할 만하다고 인정한 사실에 유의하면서 제국의 논리에 의해 축소되고 폄하된 한국사상(韓國史像)을 복원해 낼 필요가 있다.

이때 근거 없이 한국사의 영광을 과장하려는 자기만족의 관점을 경계하는 자세를 취해야 비로소 중심국의 팽창이나 제국성에 의해 축소되고 흡수된 주변국들의 역사를 복원한다는 의미를 살려 한국사를 넘어 동아시아 지역사를 구성하는 과제에 도달할 수 있다. 이런 작업을 시대에 뒤떨어진 국가주의·민족주의와 혼동하는 사람들도 있는데, 이것이야말로 제국의 논리에 장단 맞춰 춤추는 꼴이 아닐 수 없다. 동아시아 지역사의 시각에서 제국의 논리를 상대화하는 작업은 평화와 공존을 지향하는 공공의 역사학, 역사학의 민주화로 나아가는 길이라고 나는 믿는다.

한국의 베트남전쟁 인식과 한국-베트남 역사화해의 길

'역사화해'란 역사상의 사건으로 생겨난 대립과 갈등을 대화와 토론을 통해 평화적으로 해결하여 서로 좋지 않은 감정을 풀어내는 것을 말한다. 그것은 결국 그 사건에 대한 당사자들 간의 역사인식 갈등을 해결하는 문제로 귀착된다. 거기서 관건은 피해자의 요구가 아니라 가해자의 자기성찰이다. 그동안 한국인에게 그것은 주로 대국이나 제국과의 관계에서 자신을 피해자 위치에 둔 채 논의되었다. 따라서 베트남전쟁 인식을 둘러싼 한국과 베트남의 역사화해란 한국의 제국성과 직면하는 새로운 문제가 아닐 수 없다.

베트남전쟁 인식을 둘러싼 갈등은 크게 두 가지 문제로 나뉜다. 첫째, 베트남전쟁의 성격과 한국군의 참전 이유다. 베트남인에게 그 전쟁은 민족해방전쟁이었다. 그러나 한국정부와 한국군은 그것을 공산세력의 확장에 대한 '반공성전'으로 규정하고 참전하였다. 참전군인 중 일부는 그런 줄로만 알고 참전했기에 인식의 격차가 더욱 조장되었다고 주장한다. 둘째, 한국군에 의한 민간인 학살 여부다. 당시 한국군이 주둔하고 작전을 펼쳤던 중부 5개 성(꽝남, 꽝아이, 빈딘, 푸옌, 카인호아)의 수많은 마을에는 학살자를 증오하고 복수하기 위한 '복수비'('증오비'로 번역되기도 함)와 억울하게 죽임을 당한 민간인의 영혼을 달리기 위한 '위령비'가 서 있다. 그러나 한국정부와 한국군은 게릴라전의 특수성과 상황논리를 내세워 민간인 학살을 인정하지 않는다.

이 문제들은 한국과 베트남 양국관계에서는 물론이고 한국사, 나아가 동아시아사의 핵심 쟁점임에도 불구하고 1999년 5월부터 1년간 《한겨레21》이 보도하기 전까지는 사회적 논의의 대상이 될 수 없었다. 그런 논의 자체가 '반공국시'를 위반하는 중대 범죄로 단죄될 우려가 컸기 때문이다. 그런 점에서 이 문제에 관한 본격적인 논의는 1987년 6월 민주항쟁 이후 10여 년간 진행된 한국사회 민주화의 한 결과물이라 할 수 있다. 그것은 군사독재의 구조화된 국가폭력에 맞서 개인의 자유와 사회의 민주, 인권과 평화를 열망하면서 한국의 현대사를 성찰하는 노력의 일환이다. 따라서 이에 대한 논의는 미국의 제국성에 편승한 한국의 하위 제국성을 성찰하는 문제다. 그에 대한 성찰적 인식이 김대중·노무현 정부 시기에 급진전되다가 이명박·박근혜 정부 시기에 뚜렷하게 후퇴한 것은 결코 우연이 아니다.

이하에서는 한국의 베트남전쟁 인식과 관련한 두 가지 쟁점, 그와 관련한 갈등을 줄이기 위한 정부와 시민단체의 노력을 점검하고 그 성과와 한계를 짚어 볼 것이다. 그럼으로써 바람직한 역사화해의 길이 자연스럽게 드러나도록 해보고자 한다. 화해를 위한 노력은 시민단체의 베트남전쟁 진실규명운동, 전국역사교사모임의 평화를 위한 역사교육 활동, 정부의 인도적 지원사업으로 나누어 검토하기로 한다.

1. 베트남전쟁의 성격에 대한 인식 차이

우리가 말하는 '베트남전쟁'을 베트남인들은 '항프전쟁', '항미전쟁(抗美戰爭)'이라 부른다. 여기에는 프랑스와 미국의 침략에 대한 베트남인의 저항전쟁, 곧 민족해방전쟁이란 의미가 담겨 있다. 그러나 한국을 비롯하여 일본과 중국, 미국에서는 그냥 '베트남전쟁'이라고 부른다. 이 용어는 '베트남인의 항미전쟁'을 의미하는 것이 아니어서 전쟁의 성격을 모호하게 만들며 전쟁의 성격을 둘러싼 다양한 논의를 불러일으킨다.

한국 안에서는 그에 관해 크게 다섯 가지 견해가 대립하고 있다. 공산 대 반공의 이념전쟁론, 민족해방전쟁론, 양자중첩론, 내전론, 발전전쟁론이 그것이다. 1964년 첫 파병 이래 1987년 6월 민주항쟁까지는 반공 이념전쟁론이 거의 절대적 지위를 차지했으나, 그 후 이를 비판하는 민족해방전쟁론이 진보적 학자와 시민사회로부터 제기되어 점차 확산되기 시작하였다. 그에 따라 양자중첩론이 소수의 보수학자들과 관변 연구자들로부터 제기되었다.

첫째, 공산세력의 확대에 대한 자유수호 이념전쟁론은 한국정부와 한국군의 공식 견해이자 미국정부의 공식 견해이기도 하다. 정부와 군은 한국군의 파병 기간(1964-1973)과 그 이후 지금까지 줄곧 변함없이 이 견해를 견지하고 있다. 이는 박정희 대통령의 연설문과 담화문, 국회에 보낸 국방부의 파병동의 요청서(1-4차 파병)에서 확인된다.[1] 그중에서도 베트남전쟁은 "1956년 베트콩의 소규모적인 게릴라전으로 시작"되었으나 "이제는 우리나라 휴전선과 직결된 우리의 제2전선"이라는 박정희의 견해가 특히 주목된다.[2] 그 기점이 하필 1956년인 것은 바로 그

1 최용호, 《한권으로 읽는 베트남전쟁과 한국군》, 국방부군사편찬연구소, 2004, pp.147-168.

전해에 제네바협정(1954)을 파기한 채 성립된 남베트남정부(베트남공화국)를 남북 대치 상황의 한국과 동일시한 결과로 보인다. 나아가 그는 공산중국의 위협을 강조하면서 미국을 도와 베트남에서 공산세력을 격퇴하는 것은 곧 "동아시아의 안보를 위해서도 우리의 중대한 책무"라고 보았다.

그래서인지 한국의 학계에서는 이 견해가 우세하다. 이와 같은 견해는 베트남사 전공자가 없던 당시의 대다수 세계사·동양사 개설서에서 확인될 뿐만 아니라 최근에는 베트남사 전공 학자의 글에서도 이어지고 있다. 최병욱은 베트남전쟁이 프랑스를 상대로 한 시기(1946-1954)에는 분명히 "반식민지 독립전쟁"이었으나 그 이후에는 "자본주의 진영과 공산주의 진영 간의 전쟁"으로 바뀌었다고 보았다.[3] 그는 이 전쟁을 반외세 투쟁의 연장으로 간주하는 것은 북베트남을 역사의 주체로 설정한 견해일 뿐이라고 일축하였다. 그러나 사실 그 "반식민지 독립전쟁"에서도 1950년 1-2월부터 중국과 소련은 북베트남에 대규모 지원을 제공했고 미국은 프랑스군을 지원해 그 전비의 대부분을 부담하였다. 그렇다면 전쟁의 성격이 이미 그때부터 바뀐 것으로 봐야 최소한 논리적 일관성이라도 유지할 수 있는 게 아닐까. 이런 모순을 안고 있는 그의 견해는 미국 주류학계에서 일찍이 제기된 것과 일치한다.[4] 한편 송정남

---

2 〈주월 국군에게 보내는 메시지〉(1966. 10. 21), 《駐越韓國軍戰史》 2권, 대한민국국방부 전사편찬위원회, 1968, p.763. 전쟁이 1956년 베트콩의 공격으로 시작되었다는 주장은 베트남 역사의 맥락을 거두절미한 독단에 불과하다.

3 아울러 그는 여기에 16세기 이래 남북 간 대립이 연장된 측면도 반영되었다고 보았다. 최병욱, 〈베트남 역사 개관〉, 양승윤·구성열·김기태 외, 《경제개혁으로 21세기를 여는 민족주의의 나라 베트남》, 한국외국어대학교출판부, 2000.

4 J. K. Fairbank et al., *East Asia: Tradition and Transformation*, Boston: Houghton Mifflin Co., 1978, pp.879-883.

은 1950년부터 독립전쟁이 이념전쟁으로 변질되었다고 보면서도 "더러운 전쟁", "명분 없는 전쟁"이라고 이해하여 눈길을 끈다.[5] 전쟁은 프랑스가 재식민화를 위해, 미국이 반공이념을 위해 베트남을 침략함으로써 발생했기에 그렇다는 것이다.

둘째, 민족해방전쟁론은 진보적 지식인사회와 시민단체들이 견지하는 견해다. 전쟁 당시에는 가장 진보적인 잡지의 하나로 꼽히던 《사상계》조차 베트남전쟁의 진실을 찾으려는 노력을 기울이지 않았을 정도로 당시의 한국 지식인과 언론은 정부가 주도하는 반공전쟁론의 압도적 지배하에 놓여 있었다.[6] 그런 상황에서 리영희(李泳禧)는 1970년대에 해직과 투옥의 고난 속에서도 전쟁의 진실을 알리기 위해 고군분투하였다. 그가 처음으로 민족해방전쟁론의 시각에서 베트남전쟁을 다룬 《전환시대의 논리》(1974)는 정부의 금서 목록에 올랐음에도 진보적 학생들과 지식인들에게 은밀하게 큰 영향을 미쳤고, 이윽고 《베트남전쟁》(1985)의 출간으로 이어졌다.

당시 리영희는 제네바협정의 통일선거 규정을 중시하는 한편 미국의 베트남전쟁 목적을 분석하여 민족해방전쟁론을 확립하였다. 그에 따르면 미국정부도 겉으로는 이념전쟁론을 내세우고 있었지만 실제로는 거의 대부분 자국의 이익을 위한 전쟁으로 이해하고 있었다.[7] 전쟁을 기

---

5 송정남, 《베트남의 역사》, 부산대학교출판부, 2000, p.569, pp.574-575.

6 김우성, 〈베트남 참전시기 한국의 전쟁 선전과 보도〉, 서울대학교 석사학위논문, 2005.

7 맥노튼(John McNaughton) 국방차관보가 맥나마라(Robert McNamara) 국방장관에게 보낸 〈베트남을 위한 행동계획〉(1965. 3. 24)에 따르면 미국의 베트남전쟁 수행 목적은 ① 세계에서 미국의 굴욕적인 패배를 저지하기 위해서(70%), ② 공산중국의 위협으로부터 남베트남 및 이웃 나라를 지키기 위해서(20%), ③ 베트남 국민의 자유와 민주를 지키기 위해서(10%)였다. 리영희, 〈베트남전쟁 2〉, 《전환시대의 논리》, 창작과비평사, 1974, pp.317-321.

획하고 지휘한 맥나마라(Robert McNamara)는 자신의 회고록(*In Retrospect: The Tragedy and Lessons of Vietnam*, 1995)에서 미국의 패인을 열한 가지로 나누어 정리하였는데, 그 요지는 미국식 사명감의 독선에 빠져 "각성한 민족이 발휘하는 내셔널리즘의 힘"에 무지했다는 것이다. 이 한심한 회고록은 리영희의 견해를 보강하는 또 하나의 근거로 주목되었다.[8]

한편 베트남 근현대의 독립운동사 맥락에서 민족해방전쟁론을 주장한 견해도 1986년 유지열(유용태)에 의해 제기되었다. 전쟁은 항프 민족운동세력을 망라한 베트남독립동맹(베트민)이 1945년 9월 베트남민주공화국을 수립했으나 프랑스가 이를 부인하고 베트남을 재식민화하기 위해 침략함으로써 시작되었다. 베트남의 승리로 2년 안에 통일선거를 실시한다고 명시한 제네바협정(1954)이 체결되었으나 이 협정이 1년 만에 남부의 프랑스 괴뢰국(베트남국)과 미국에 의해 무시되고 분단국가(베트남공화국)가 수립됨으로써 통일과 해방을 위한 베트남인의 항전은 계속될 수밖에 없었다.[9] 물론 이 항전을 중국과 소련이 지원했지만 그렇다고 민족해방전쟁의 기본 성격이 사라지거나 변질되는 것은 아니다. 역사상 외국의 지원을 받지 않은 독립전쟁이나 민족해방전쟁의 예가 있는가? 그 후 유용태는 전쟁이 동아시아 차원의 남북대결로 확대된 사실과 중국군의 파병이 담당한 역할을 중시하면서도 민족해방전쟁의 기본성격이 견지되었음을 분명히 하는 한편, 미국이 베트남공화국을 성립시켜 그 군대를 전선에 앞세움으로써 전쟁을 베트남화한 사실에도 주목하여 내전적 성격이 부차적으로 추가되었음을 환기하였다.[10]

---

8 리영희, 〈베트남 인민에게 먼저 사죄를 하자〉, 《반세기의 신화》, 삼인, 1999, pp. 349-351.

9 유지열 엮음, 《베트남 민족해방 운동사》, 이성과현실, 1986; 유지열, 〈남베트남 민족해방전선과 항미국투쟁의 승리〉, 원성묵 외, 《제3세계 민족해방운동연구》, 친구, 1990.

민족해방전쟁론은 1987년 전후 한국사회의 민족민주운동의 진전 속에 군사독재정권에 대한 성찰의 분위기를 타고 베트남전쟁 성격 논의의 한 축으로 자리잡았다. 이 과정에서 한국군의 베트남 파병을 다룬 정치학 박사학위논문이 다수 발표되어 사회적 논의를 위한 실증적 근거를 제공해 주었다. 이런 조류 속에 베트남전쟁을 한국현대사의 일부로 파악한 연구도 나오게 되었다.[11] 이러한 학술적 연구와 사회적 논의의 진전은 일부 정부 주요 인사들의 시각에도 중대한 변화를 불러일으켰다. 양자중첩론도 그 영향의 산물로 보인다.

셋째, 반공이념전쟁과 민족해방전쟁의 두 성격이 중첩되어 있다는 견해는 최근에 제기되었다. 베트남의 한국대사관에서 근무(1999-2002)한 외교관 이용준은 이 전쟁이 베트남인의 입장에서는 민족해방전쟁이었으나 미국과 한국의 입장에서는 냉전시대의 이념전쟁이라고 하였다.[12] 그에 따르면 제네바협정이 명시한 남북통일선거가 남측과 미국에 의해 거부되었을 때 북측과 남베트남민족해방전선(이하 '남민전')을 중심으로 한 베트남인의 저항은 "베트남의 대외 항쟁사에 비추어볼 때 지극히 당연한 선택"이었고, 이를 저지하려는 미국의 노력 또한 "냉전시대의 논리로는 불가피한 선택"이었다는 것이다. 다만 "당시 한반도는 냉전체제의 핵심에 있었고 베트남은 미지의 나라였기 때문에 민족해방전쟁의 성격이 있음을 이해할 수 없었"을 뿐이라고 하였다. 이 무렵 국방

---

10 1955-1973년의 전쟁은 '만들어진 내전', '위장된 내전'이었고, 미군·한국군·중국군이 철수한 1973-1975년에는 베트남인들 간의 내전이었지만 사실상 민족해방전쟁의 최종 국면에 불과하다. 유용태, 〈동아시아의 베트남전쟁: 남북 3각동맹의 대응〉, 《환호 속의 경종》, 휴머니스트, 2006, pp.343-344.

11 한홍구, 〈박정희 정권의 베트남 파병과 병영국가화〉, 《역사비평》 62호, 2003.

12 이용준, 《베트남, 잊혀진 전쟁의 상흔을 찾아서》, 조선일보사, 2003, pp.30-31, p.64, p.221. 이 책은 그의 활동기록을 담은 귀중한 자료다.

부군사편찬연구소의 베트남전쟁 인식도 기본적으로 이 중첩론의 시각을 취하였다.[13] 나는 이 중첩론이 김대중·노무현 정부 시기에 외교부 관료와 국방부 산하 연구소에 의해 공개적으로 표출된 사실에 주목한다.

넷째, 베트남인의 내전이라는 내전론은 전쟁 당시 미국의 대학생과 시민들이 반전운동의 근거로 제시한 견해다. 이는 1954년 제네바협정으로 베트남이 남북으로 분단된 것으로 보고 그 결과 이듬해 남쪽에 수립된 베트남공화국의 실체를 인정한 결과다. 이때 내전의 쌍방이 누구인가에 대한 이견이 있어 남북 간의 전쟁이라고 보는 견해와 남베트남 정부에 대한 남부민중의 전쟁이라고 보는 견해로 나뉜다. 이런 차이는 남민전을 북베트남 노동당의 지령을 받는 외곽조직이라 보는가, 아니면 남부민중의 독자적 투쟁조직이라고 보는가에 따른 것이다. 어느 쪽이든 내전론은 그 후 미국 학계의 주류 견해로 자리잡았으나 반공이념전쟁론이 지배하는 냉전시기의 한국에는 수용되기 어려웠다. 그런데 최근 박태균이 남베트남정부와 그에 맞서는 남민전('베트콩') 간의 내전이라는 견해를 세기하였다.[14]

다섯째, 탈냉전의 조건에서 부각된 전쟁인식으로서 전쟁의 이념적 성격보다 경제특수를 중시하는 발전전쟁론이다. 박근호와 윤충로는 공히 '베트남특수'가 한국의 경제성장에 중대하게 기여했다고 강조하였다.[15] 윤충로에 따르면 대외적으로 국위선양뿐만 아니라 한국이 드디어

---

13 다만, 다른 데서는 "남베트남 주민들이 민족주의로 위장한 공산주의 세력을 구분하지 못하였다"고 하여 반공이념전쟁론의 시각이 부분적으로 남아 있음을 보여 준다.《증언을 통해 본 베트남전쟁과 한국군》3, 국방부군사편찬연구소, 2003, p.610, p.615.

14 박태균,《베트남전쟁: 잊혀진 전쟁, 반쪽의 기억》, 한겨레출판, 2015, p.134, p.193.

15 朴根好,《韓國の經濟發展とベトナム戰爭》, 東京: 御茶の水書房, 1993; 윤충로,《베트남전쟁의 한국사회사》, 푸른역사, 2015.

빈곤과 저개발이라는 야만에서 반개화의 지위로 오르게 된 계기로 인식되었다. 참전군인의 인터뷰에 의거한 그의 사회학적 연구에 따르면, 전쟁 당시 한국정부와 한국군은 국위선양을 외쳤고 병사들은 "현지인을 미개인시하는 선민의식과 식민주의적 열망에 가득했음"을 확인하고 이를 "식민지 시기 일본인의 그것을 연상케 할 정도였다"고 하였다.[16] 이 같은 전쟁인식은 전쟁 당시 참전군인들 사이에 존재했으나 반공이념전쟁이라는 공식 기억에 의해 억눌려 있다가 탈냉전의 진전에 따라 제 목소리를 내면서 급부상한 결과라 할 수 있다. 발전전쟁론은 탈냉전의 조류를 타고 이념전쟁론을 급속하게 대체하였는데, 최근의 역사 교과서에 잘 반영되어 있는 데서도 알 수 있듯이 최근 한국사회 일반을 지배하는 주류 견해로 급속히 부상하였다.[17]

이상으로 한국의 베트남전쟁 인식이 인식주체 간에 어떻게 다르고 또 시간의 추이에 따라 어떻게 변화되었는지를 검토하였다. 그러나 시종일관 변하지 않은 것도 있으니, 미국은 패배했지만 한국과 한국군은 패배하지 않은 전쟁이라는 기묘한 인식이다.[18] 이념전쟁론과 발전전쟁론은 자기만족의 역사인식으로서 자기성찰의 기회를 근원적으로 차단한다. 그에 비해 최소한 내전론이나 중첩론의 시각에서만 보아도 베트남인이 자신의 민족해방전쟁에 한국군이 참전한 것 자체를 부정적으로 인식할 정당한 이유가 있음을 인정하게 된다. 더구나 만일 한국군의 민

16 한국군의, 베트남에 대한 식민지적 의식은 미국에 대한 식민지적 무의식과 동전의 양면과 같은 관계에 있었다고 한다. 윤충로, 《베트남전쟁의 한국사회사》, pp.110-125.

17 윤충로, 《베트남전쟁의 한국사회사》, p.130, p.365. 실제로 2003년 한국군의 이라크 파병 시 국민의 50%가 찬성했는데, 그 이유 중 하나로 전쟁특수(국익)에 대한 고려가 중시되었다. 이에 관해서는 박태균, 《베트남전쟁》, pp.324-327 참조.

18 윤충로, 《베트남전쟁의 한국사회사》, p.105.

간인 학살이 사실로 확인된다면 현지 주민이 이를 "하늘에 가 닿을 죄악"이라고 증오할 만한 이유는 더욱 커진다. 정말 그럴 만한 정당한 이유가 있는지 민간인 학살 문제를 검토해 보자.

2. 한국군의 민간인 학살 의혹에 대한 인식 차이

'학살'이란 국립국어원의 《표준국어대사전》에 따르면 "가혹하게 마구잡이로 죽임"을 의미한다. '민간인 학살'이란 교전상황이 아닌 조건에서 비무장 민간인이 학살당한 것으로서, 교전상황에서 불특정 다수의 민간인이 죽거나 다친 '민간인 피해'와는 명백히 다른 문제다. 민간인 학살에서 관건은 '가혹하게'보다 '마구잡이'에 있다. 다시 말하면 그것은 특정 마을의 주민을 적대행위 여부를 식별하는 아무런 절차도 없이 마구잡이로 죽인 문제인 것이다. 학살행위가 지휘 계통의 명령을 따른 것인지의 여부는 그 다음의 문제다.

베트남전 참전 한국군에 의한 민간인 학살 의혹은 《한겨레21》이 1999년 5월부터 1년간 연속 보도함으로써 처음으로 제기되었다. 당시 하노이에서 유학 중이던 구수정 씨의 현지조사와 유족 인터뷰, 그녀가 입수한 베트남 측 자료, 기자들의 참전 한국군 인터뷰 등이 그 근거로 제시되었다. 이 보도는 한국사회에 엄청난 충격과 갈등을 불러일으켰다. 참전전우회 측은 곧바로 한겨레신문사를 습격하여 항의했고 보수언론은 이를 비호하면서 의혹 제기를 근거 없는 일방적 주장에 불과하다고 비난하였다. 이에 맞서 시민단체들은 서로 연대하여 '베트남전 진실위원회'를 결성하고 진실 찾기 작업에 나섰다.

그 결과 지금까지 한국군에 의한 학살 의혹으로 제기된 것은 80여 건(9천여 명)에 달한다. 이는 1980년대에 작성된 베트남 공산당 정치국의 자료인 〈전쟁범죄 조사보고서: 남부베트남에서의 남조선군대의 죄악〉에 나타난 불완전한 통계(5천여 명)보다 많은 수치인데 체계적인 조사가 진행되면 그 수는 더 늘어날 수 있다고 한다.[19] 그러나 어느 쪽이든 모두 피해자인 베트남인들의 주장에 근거한 것이다. 가해자 측이라 할 수 있는 한국군 중에서는 극히 일부의 장교와 사병들만이 자신들의 전쟁경험을 증언한 바 있다. 한국정부 당국은 한국군에 의한 민간인 학살은 전혀 없었다고 공식적으로 부인했다. 따라서 이 사건들은 의혹으로 남아 있었다고 할 수 있다.

그런데 2000년 6월 1일 미국에서 기밀해제된 한국군의 만행에 관한 주월미군사령부 감찰부의 조사보고서가 공개되었다. 이 자료를 입수해 검토한 베트남전 진실위원회는 그것을 의혹들 중 적어도 일부가 사실임을 입증해 주는 최초의 문헌자료라고 보았다.[20] 당시 미군 당국은 자체 조사 결과를 주월한국군사령부와 주월한국대사관, 그리고 한국정부에 통보했으나 한국정부와 한국군은 그런 사실이 없다고 전면 부인하였다. 가령 채명신 주월한국군 사령관은 한국군 복장을 한 베트콩의 소행이라고 답변하였다. 따라서 미국 측 보고서만을 근거로 이 의혹을 사실로 확정지을 수도 없다. 이에 베트남전 진실위원회는 한국정부에 사실조사를 요구했으나 정부는 응하지 않았다.

---

19 팜 데우 응옥, 〈베트남전쟁 관련 한국 단체들의 활동과 베트남의 반응〉, 성공회대학교 시민단체학과 석사학위논문, 2006, p.22. 여기서는 이 자료의 작성 주체를 '베트남 정치국'이라 표기했으나 '베트남 공산당 정치국'을 지칭한 것으로 보인다.

20 이들 문서 중에는 꽝남성 디엔반현 퐁니마을(희생자 69명, 1968. 2. 12), 꽝남성 쑤옌짜현 호앙쩌우마을(희생자 4명, 1968. 10. 22), 꽝남성 디엔반현 푹미마을(희생자 22명, 1969. 4. 15) 등 3건의 학살 의혹 사건에 대한 보고서가 포함되어 있다. 푹미마을 사건은 보고서의 작성 주체가 한미월군 합동조사반으로 되어 있다. 한홍구, 〈미국의 관심은 학살 은폐책임〉, 《한겨레21》 334호, 2000. 11. 23.

한국정부가 조사에 나서지 않은 이유는 베트남 측에서 "베트남정부는 과거사에 대한 일체의 논의에 반대한다"라는 입장을 전해왔기 때문이라고 한다.[21] 관련 공식 문서가 공개되지 않은 상황에서 이를 확인할 길은 없다. 어쨌든 이렇게 미국 측의 새로운 자료가 공개되었음에도 불구하고 정부 차원의 조사가 이루어지지 않았기 때문에 의혹과 갈등은 더욱 증폭되었다. 청룡부대 참전군인들의 지원으로 건립된 하미마을의 위령비는 이와 관련한 중요한 사실을 시사한다.

꽝남성 디엔반현 디엔즈엉사(社, 縣 밑의 행정단위) 하미마을의 위령비는 청룡부대 참전군인들이 현지 주민을 찾아가 사과하고 지원한 돈으로 2000년 8월 건립되었다. 그 비문에는 "1968년 1월 24일(음) 청룡부대가 학살한 하미마을 주민"이라는 제하에 "청룡부대 군인들이 갑자기 나타나 흉포하게도 양민들을 미친 듯이 학살하였다"라는 내용이 희생자 135명의 이름 · 나이와 함께 기록되어 있다. 희생자는 거의 대부분 젖먹이, 어린이, 여자, 노인 등이었다. "시체가 30가구의 가옥과 함께 불타고", "무덤이 탱크로 짓뭉개졌다", "이 깊은 상처를 남긴 그때의 한국인이 지금 찾아와 용서를 구하였다"라는 내용도 들어 있다.[22]

그런데 기공식에도 참석했던 청룡부대 참전군인들은 준공식을 앞두고 비문의 내용이 알려지자 '학살'이란 용어와 일부 문장의 수정을 요구하였다. 자신들이 사과 목적으로 건립 비용을 지원하여 세운 비에 학살행위가 생생하게 묘사되어 있는 것을 보고 그렇게 요구한 것이었다.[23]

---

21 이용준, 《베트남, 잊혀진 전쟁의 상흔을 찾아서》, p. 46.

22 비문의 전문은 이용준의 《베트남, 잊혀진 전쟁의 상흔을 찾아서》(pp. 99-102)와 김현아의 《전쟁의 기억, 기억의 전쟁》(책갈피, 2002, pp. 262-264)에 번역되어 있는데, 후자에는 날짜가 1월 26일(음)로 되어 있다. 《전쟁의 기억, 기억의 전쟁》은 시민단체 '나와우리'의 활동기록을 담은 귀중한 자료다.

23 김현아, 《전쟁의 기억, 기억의 전쟁》, p. 268; 伊藤正子, 〈韓國軍のベトナム派兵を

이 위령비의 건립자인 '디엔즈엉사 당·정부·주민'들은 그들의 요구를 수용하지 않은 채 비를 준공했고, 참전군인들은 한국정부가 나서서 비문이 수정될 수 있도록 해달라고 요청하였다. 그들이 하미마을을 찾아가 사과하고 위령비 건립 비용을 지원했으면서도 비문의 수정을 요구한 것은 무엇을 의미할까? 두 가지 해석이 가능할 것 같다. 최소한으로 보면, 게릴라전의 어쩔 수 없는 상황에서 불가피하게 민간인 여자와 노약자를 죽인 사실을 인정하고 용서를 구하면서 그 넋을 위령하되 학살한 것은 아니라는 뜻일 터이고, 최대한으로 보면 의도적 학살의 사실을 인정하되 사과하고 건립기금을 지원했으니 그런 끔찍한 기록을 남기지 말아 달라는 것일 터다.

어느 쪽으로 해석하든 이로써 적어도 하미마을에서 한국군에 의한 민간인 피살자가 다수 발생한 사실이 참전군인들에 의해 확인된 것이다. 그뿐만 아니라 현지답사와 인터뷰를 통해 조사한 연구에 따르면 한국군의 하미 학살은 미군의 미라이 학살과 마찬가지로 그 직전에 있었던 남민전의 '뗏 공세'(음력 설날의 총공세)에 대한 보복작전 과정에서 "효과적인 군사전략의 일환으로 계획되고 수행된 폭력행위", "보복학살"이었다.[24] 그럼에도 한국정부는 "과거를 닫고 미래를 보자"는 베트남정부의 방침에 의거해 조사에 나서지 않았다. 그러나 그에 관해서는 상반된 해석이 나오고 있다.

베트남주재 한국대사관의 이용준은 베트남정부의 방침을 일체의

めぐる記憶の比較研究: ベトナムの非公式記憶を記憶する韓國NGO〉, 《한국, 일본, 동남아의 상호의존성: 인간, 자본, 문화의 이동》(제1차 한국동남아학회·교토대학 동남아연구소 공동국제학술대회, 2009. 6), p. 96.

24 권헌익, 유강은 옮김, 《학살, 그 이후: 1968년 베트남전 희생자들에 대한 추모의 인류학》, 아카이브, 2012, pp. 94-95; 伊藤正子, 〈韓國軍のベトナム派兵をめぐる記憶の比較研究: ベトナムの非公式記憶を記憶する韓國NGO〉.

과거사 논의를 그만두자는 의미로 받아들였다. 그 근거는 두 가지다. 하나는 자신이 한국군 주둔 지역을 답사하고 거기에 학교와 병원을 건설하는 임무를 수행하던 중(1999. 12-2002. 2) 만난 중앙과 지방의 당·정부 지도자, 그리고 베트남 재향군인회 간부들이 하나같이 입을 모아 그렇게 말했다는 것이다. 예컨대 재향군인회 부 수안 빙 상무위원(전쟁 당시 공군사령관)은 한국군에 의한 잔혹행위가 있었으나 미군의 강요로 참전했고 이미 오랜 과거의 일이므로 거론하는 것을 원치 않는다고 했다 한다.[25] 양민학살 의혹 지역 리스트가 있으면 달라는 자신의 요청에 베트남정부는 "그에 대해 아는 바가 없고 알려고 하지 않으며 내부적으로 조사한 적도 없다"고 잘라 말했다고 한다. 이를 근거로 그는 "베트남 정부가 과거사에 대한 조사도 사과도 보상도 원치 않는 상황"이라고 판단하였다.[26] 그의 베트남 활동 기록을 담은 책이 "과거사 논쟁 그만두고 화해의 악수를"이라는 프롤로그로 시작되는 것도 그 때문이다.

반면 시민단체 '나와우리'의 대표로 거의 같은 시기에 현지를 방문하여 주로 유족과 마을주민을 인터뷰한 김현아는 한국정부 측의 그런 해석은 편의적인 오해라고 일축한다. 이용준과 김현아의 견해차는 각각 베트남정부의 입장과 현지 주민의 입장 차이로 볼 수도 있다. 경제개발에 온 힘을 집중해야 하는 당과 정부의 입장에서는 과거사가 개혁·개방의 걸림돌이 되지 않도록 단속할 필요가 있다고 판단했을 가능성이 있다. 반면 유족과 현지 주민들의 입장에서는 하미마을의 비문으로 미루어 보건대 이를 선뜻 수용하기가 어려웠을 것이 분명하다. 그래서인지 초기에 건립된 비의 명칭은 대부분 '복수비'로 되어 있었다. 꽝아이성 빈선현 빈호아사의 어느 비문에는 "하늘에 가닿을 죄악, 만대토록 기억

25 이용준, 《베트남, 잊혀진 전쟁의 상흔을 찾아서》, p.62.

26 이용준, 《베트남, 잊혀진 전쟁의 상흔을 찾아서》, pp.52-53.

하리"라고 새겨 놓았다. 이것이 '위령비'로 바뀐 것은 1986년 전후의 일이다.[27] 베트남정부가 개혁·개방 정책을 취하면서 전쟁과 관련한 과거사에 관하여 "과거를 닫고 미래를 보자"라는 지침을 내렸기 때문이다.

김현아의 인터뷰 기록을 보면 현지 유족들은 정부 방침이 이렇게 바뀌지 않았다면 여전히 한국군에 대하여 원한을 품고 증오했을 것이라고 입을 모았다. 빈딘성 떠이선현 떠이빈사 안칸마을의 주민이기도 한 당서기장은, "솔직하게 내 감정을 얘기하면 나는 여러분과 마주앉아 얘기하고 싶지 않다. 내 마음의 증오가 너무 깊기 때문이다. 그러나 당과 정부의 방침에 따라 가급적이면 내 마음의 증오를 다스리려고 노력한다"라고 말하였다.[28]

그런데 베트남의 당정 고위 간부들이 김현아를 비롯한 한국 측 시민단체에게 한 말을 보면 이용준의 주장과 상반된 견해를 보여 주는 예가 있어서 주목된다. 한국군에 의한 학살 의혹이 제기된 지역의 하나인 푸옌성의 당서기장 탄 꽝은 김현아에게 이렇게 말하였다. "과거를 닫고 미래를 보자는 말은 진실을 얘기하자는 것이다. 과거를 덮어 주자는 말이 아니다. […] 만일 양국이 모두 자신의 독립을 지키고자 노력하는 과정에서 어느 한쪽이 다른 나라에 가서 사람들을 죽였다면 분명 그 한쪽의 잘못이다. 분명한 것은 한국군대가 다른 민족의 독립을 위해 싸운 것은 아니라는 점이다. […] 진실을 찾지 않고서는 용서가 가능하지 않다. 과거를 닫는 노력은 양국이 함께 해야 한다."[29] 베트남 외무장관 응웬지 니엔 역시 한국의 시민단체에게 보낸 서신에서 같은 취지의 말을 했다. "베트남 인민에 대항하는 침략전쟁에 참여한 일부 국가들 속에 한국

27 팜 데우 응옥, 〈베트남전쟁 관련 한국 단체들의 활동과 베트남의 반응〉, p. 11.
28 김현아, 《전쟁의 기억, 기억의 전쟁》, p. 149.
29 김현아, 《전쟁의 기억, 기억의 전쟁》, pp. 150-151.

이 포함되어 있는 것은 엄연한 역사적 사실입니다. […] 현재 베트남이 관용과 인도주의, 우호의 전통에 의거해 미래를 위해 잠시 과거를 접어두자고 주장하고 있기는 하지만 각 관련 국가들은 그 전쟁의 후유증을 극복하기 위해 베트남과 함께 진정하고도 효과적으로 협력할 필요가 있습니다. 그것이야말로 도의적으로 합당한 일일 뿐만 아니라 과거에 대한 (관련국의) 열등감을 지우는 일입니다."[30]

베트남 측의 이 같은 입장에 대하여, 베트남전 진실위원회 공동대표의 한 사람인 한국의 한 학자는 과거를 닫자고 한 베트남정부의 방침을 "반역사적 고육지책"이라고 비난하였다.[31] 그러나 문맥을 잘 들여다보라. 과거를 '잠시'(!) 닫자는 것은 베트남의 현재 필요에 따라 하는 말이며, 진실을 밝히고 전쟁의 후유증을 극복하는 일이야말로 침략전쟁에 참여한 한국의 열등감을 해소하는 길임을 분명하게 주장한 것이다. 가해자인 한국군이 피해자인 베트남과 똑같은 자세로 이 문제를 인식하고 접근해서는 안 된다는 메시지다. 베트남의 시인 지니는 이 점을 분명히 말하고 있다. "과거를 닫자는 것은 우리의 고통을 완화하기 위해 우리가 하는 말이다." 그 참혹한 과거의 원한에 묶여서는 자신이 살아갈 수 없기 때문에 하는 말이라는 것이다.

상반된 두 자료를 검토하면서 드는 한 가지 의문은 베트남정부와 재향군인회 관계자들의 말이 한국정부를 상대로 할 때와 민간인을 상대로 할 때 각각 달랐다는 점이다. 한국정부에 대해서는 그로부터 각종 지원과 경제협력이 절실한 처지였기에 스스로 긁어 부스럼을 만들기보다 당분간 과거사를 묻어 두자는 입장을 표명한 것으로 보이는 반면, 베트

30 서신 전문은 《한겨레21》 324호(2000. 9. 7)에 공개되어 있다.

31 강정구, 〈한국군 베트남전쟁 참전과 베트남 민간인의 참상〉, 《한국군의 베트남 참전 재조명》(군사평론가협회 · 베트남전진실위원회 공동토론회, 2000. 12).

남전쟁 진실 찾기에 나선 민간단체에 대해서는 그들의 활동에 응하여 협조하는 자세를 보인 것이 아닌가 싶다. 베트남 측이 민간인 학살 의혹에 관한 조사자료를 갖고 있지 않다는 말도 그렇다.

베트남정부 관계자들이 한국대사관의 이용준에게는 조사자료가 없다고 잘라 말했다고 하지만 김현아와 팜 데우 응옥(Phạm Diệu Ngọc)은 각각 베트남정부 문화통신부 자료와 베트남 공산당 정치국 자료를 입수해 인터뷰에 활용하였다. 김현아의 인터뷰 중에는 "전쟁이 끝나고 양민학살 피해에 대해 조사했는데 대단했다"라는 현지 주민의 증언이 있다. 이용준은 베트남정부로부터 제공받지 못한 자료를 하노이의 한국인 유학생으로부터 제공받았다. 그것은 베트콩 측 자료, 재향군인회 자료, 현지박물관 자료 등인데, 이를 바탕으로 그는 한국군에 의한 학살의혹이 제기된 지역에 학교를 건립하기로 하고 그 부지를 선정하였다.[32] 베트콩 측 자료는 전쟁 당시의 것일 터이고 재향군인회 자료는 전쟁 후의 것일 터다. 재향군인회의 공신력은 이용준도 인정하였다.[33]

요컨대 베트남정부의 "과거를 닫고 미래를 보자"라는 방침은 과거의 원한과 분노를 접자는 것이지, 사실을 확인하고 인정하고 사과하는 것을 그만두자는 것이 아님을 알 수 있다. 다만 현재로서는 정부 차원에서 한국 측에 그에 대한 조사를 요구하지 않고 있을 뿐이다. 팜 데우 응옥은 베트남정부가 민간인 학살에 대해 사과를 요구한다면 그것은 미군에게 먼저 요구하여 해결한 다음에 한국에게 요구하는 것이 순리라는

32 이용준, 《베트남, 잊혀진 전쟁의 상흔을 찾아서》, p. 128.

33 베트남의 재향군인회는 한국의 그것과 달라서 회원자격이 외국 침략자에 대한 저항전쟁(항프전쟁, 항미전쟁, 항중전쟁)에 참전한 군인들로 엄격히 제한되어 있다. 참전 경험이 없거나 베트남 자신의 침략전쟁(캄보디아 침공)에 참전한 군인들은 가입할 수 없다. 이용준, 《베트남, 잊혀진 전쟁의 상흔을 찾아서》, p. 62.

견해를 보였다.[34] 이는 그 혼자만의 생각이 아니어서 베트남정부와 적지 않은 민간인들이 한국군의 민간인 학살을 사실로 간주하면서도 한국인의 감정으로는 뜻밖이라 할 정도로 관용의 자세를 보이는 이유에 대해 시사하는 바가 크다. 김현아는 현지답사 내내 왜 그들은 우리에게 이렇게 따뜻하게 대해 줄까 하는 의문을 갖고 그 답을 찾으려 노력하였다. 그는 전쟁 승리자의 여유, 사회주의 도덕, 역사적으로 형성된 베트남인의 문화적 기질, "과거를 닫고 미래를 보자"는 당과 정부의 방침 등을 꼽았다.

나는 이를 부인하지 않지만 한 가지 중요한 이유를 추가하고 싶다. 그것은 정부관계자든 일반 주민이든 베트남인이 참전 한국군을 미군의 용병으로 간주하고 있다는 것, 따라서 한국군의 잘못은 모두 미군의 책임이라고 믿는 것과 관련되어 있다. 이는 이용준, 김현아, 팜 데우 응옥의 인터뷰 기록에서 공통적으로 확인된다. 이용준은 대사관 참사관답게 그들에게 한국군은 미국의 압력에 의해 참전한 용병이 아니라 한국 자신의 판단과 필요에 따라 참전하였고 주월한국군 사령관의 작전지휘권 아래 독자적으로 작전을 수행하였다고 반박했을 정도다.[35] 여기에 한국정부와 한국군의 딜레마가 있다. 용병이라고 인정하면 학살 책임이 덜어지지만 국가의 위신이 추락하고, 용병이 아니라고 주장하면 한국군이 저지른 모든 잘못의 책임을 짊어져야 하기 때문이다.

34 팜 데우 응옥, 〈베트남전쟁 관련 한국 단체들의 활동과 베트남의 반응〉, p. 128.
35 이용준, 《베트남, 잊혀진 전쟁의 상흔을 찾아서》, p. 63.

3. 전쟁의 진실규명을 위한 노력

베트남전쟁과 관련한 역사화해는 전쟁의 진실을 규명하고 이해함으로써만 가능하다. 그러나 전쟁의 양측 당사자들이 이 전쟁을 각기 자국의 독립과 안보를 지키기 위해 싸울 수밖에 없는 성전(聖戰)이었다고 믿고 있는 상황에서 진실규명이 단기간에 완결될 수는 없다. 따라서 여기서는 전쟁의 진실을 규명하는 직접적인 활동과 밝혀진 전쟁의 진실을 역사로 가르쳐 되풀이되지 않도록 하는 역사교육활동을 중심으로 하되 그와 상관없이도 추진될 수 있는 인도적 지원사업을 포함시켜 논의하고자 한다. 인도적 지원사업은 양국 간의 상호 교류와 이해를 증진함으로써 진실규명을 촉진하는 효과를 가져올 수 있기 때문이다.

전쟁의 진실규명과 사죄운동

전쟁 종결 이후 한국과 베트남의 수교는 1992년 12월 이루어졌지만 한국군의 참전으로 인한 과거사에 대해 정부 차원의 유감 표명이나 사과 발언은 없었다. 당시의 분위기는 문민정부를 자처한 김영삼 정부 시절에도 정부의 공식 견해와 다른 베트남전쟁 인식을 드러냈다가 2명의 장관이 물러난 사태를 통해 짐작하고도 남음이 있다.

한승주 외무장관은 1994년 5월 20일 베트남 대통령궁을 방문하여 "우리 두 나라는 과거 양국관계에 상처를 준 일도 있었다"라고 말하여 큰 논란을 불러일으켰다. 그것이 사과의 표시냐 유감의 표시냐 하는 논란이 정부 안팎과 언론에서 제기되자 청와대는 "반공이라는 뚜렷한 명분을 갖고 참전했기에 사과도 유감도 표명할 이유가 없다"라고 해명하였다.[36]

---

36 〈참전 유감 불끄기 부산〉, 《세계일보》 1994. 5. 22.

그의 이 발언은 결국 다른 문제와 겹쳐 장관직 사임으로까지 이어졌다. 김숙희 교육부 장관은 1995년 5월 10일 국방대학원 강연에서 한국군이 용병으로 베트남전에 참전했다는 발언을 했다가 3일 만에 전격 해임되었다.[37] 이런 분위기를 감안하면 김영삼 정부 시기에는 이용준 같은 외교관이 있다 하더라도 베트남전쟁은 한국의 이념전쟁인 동시에 베트남인의 민족해방전쟁이라는 견해를 발표할 수 없었을 것이다. 그것을 가능하게 한 직접적인 요인은 김대중 정부의 출범이었다.

김대중 대통령은 1998년 12월 15일 베트남을 방문했을 때 "냉전이라는 세계사의 흐름 속에서 양국이 불행을 겪었던 시기가 있었다"며 모호하게나마 유감을 표명하고 호치민 묘소를 참배하였다.[38] 그 후 2001년 8월 23일 한국을 방문한 베트남 국가주석 쩐 득 르엉과의 정상회담에서, 그는 "우리가 불행한 전쟁에 참여하여 본의 아니게 베트남 국민들에게 고통을 준 점을 미안하게 생각하고 위로의 말을 전한다"라고 사과하였다.[39] 앞의 단순한 유감 표명에서 이렇게 단기간에 사과(아직 사죄는 아니다!)로 진전된 것은 《한겨레21》과 시민단체의 베트남전쟁 진실찾기 운동의 성과가 반영된 결과로 보인다. 김대중은 국회의원 시절부터 파병에 반대해 온 소신 위에서 노벨평화상 수상자로서 이를 어떻게든 수용하지 않을 수 없었을 것이다. 다만 이 사과는 민간인 학살 의혹에 대한 것이라기보다 참전 자체에 대한 언급일 가능성이 높다. 정부 차원의 공식적인 조사도 없이 의혹에 대해 사과할 리는 없기 때문이다. 한국대사관이 참전군인들의 요청에 따라 2001년 1월 한국군의 민간인 학살을

---

37 〈김숙희 교육 발언 시비〉, 《조선일보》 1995. 5. 12.

38 〈김대통령-두옹주석 정상회담〉; 〈불행했던 과거 자발적 언급〉, 《한겨레》 1998. 12. 16.

39 〈김 대통령 베트남에 사과〉, 《동아일보》 2001. 8. 24; 〈대통령도 '미안해요 베트남'〉, 《한겨레21》 374호, 2001. 9. 6.

기록한 하미마을 위령비 비문 수정을 베트남 중앙정부에 요구해 관철시킨 것도 이와 무관하지 않을 듯싶다.

대사관은 그 비문의 내용이 "과거를 닫고 미래를 보자"는 방침에 위배되지 않느냐는 이유를 들어 베트남 중앙정부에 수정을 요구하였다. 중앙정부의 수정 지시가 내려가자 지방정부와 현지 주민들은 완강하게 반발했으나 결국 타협하였다. 그렇다고 수정 요구를 받아들이지도 않았다. 건립주체인 사(社)의 당·정부와 현지 주민은 "역사를 왜곡하여 기록하느니 차라리 기록하지 않겠다"라는 이유로 비문 전체를 없애기로 했다고 한다.[40] 그러나 실제로는 용어가 수정되지도 비문 전체가 철거되지도 않았으며, 원래의 비문 위에 연꽃 문양의 대리석 판을 덧씌운 것일 뿐이다.[41] 따라서 그 밑에 원문은 그대로 남아 있으며, 그것은 언제든 다시 겉으로 드러날 수 있다. 더구나 그와 거의 동일한 내용의 비문은 다른 마을에 수없이 많이 남아 있다.

이런 한계 속에서도 김대중 정부의 전향적 베트남전쟁 인식은 노무현 정부로 이어졌다. 2005년 9월 한국 외교통상부는 베트남의 참전전우회를 한국에 초청하여 양국 참전전우회 간의 교류를 다졌다. 정부가 직접 교전 상대자들의 만남을 주선한 것은 대통령의 사과를 바탕으로 역사화해의 노력을 한 단계 진전시킨 것이라고 볼 수 있다. 이때 한국정부는 참전에 대해 사과하고 파병 이유를 설명했다고 한다. 미국의 동맹으로서 불가피하게 참전할 수밖에 없었고 북한의 침략에 대비하기 위해 한국군대를 훈련시켜야 했다는 것이다.[42] 이는 반공전쟁론을 견지하면서도 베트남의 민족해방전쟁이라는 성격을 인정한 결과라 할 수 있다.

---

40 이용준, 《베트남, 잊혀진 전쟁의 상흔을 찾아서》, pp. 111-112, p. 120, p. 139, p. 151.
41 김현아, 《전쟁의 기억, 기억의 전쟁》, p. 275.
42 팜 데우 응옥, 〈베트남전쟁 관련 한국 단체들의 활동과 베트남의 반응〉, p. 40.

역시 참전 자체에 대한 사과일 뿐 민간인 학살 의혹에 대해서는 여전히 거리를 둔 것이다.

정부의 이런 전향적 태도를 이끌어낸 직접적인 힘은 언론과 시민단체의 진실규명운동이었다. 《한겨레21》은 1999년 5월부터 1년 넘게 한국군 민간인 학살 의혹을 보도하면서 "부끄러운 역사에 용서를 빌자"는 사죄운동을 벌이는 동시에 모금운동을 전개하였다. 그 돌파구는 하노이에 유학 중이던 구수정 씨에 의해 열렸다. 이렇게 모인 1억 원이 넘는 돈으로 2002년 푸옌성에 평화공원을 기공하여 이듬해에 완공하였다. 그 사이 2000년 1월 초 인권과 평화를 위한 국제민주연대의 제안으로 여러 시민단체가 연합한 '베트남전 민간인학살 진실위원회'(이하 '진실위')가 결성되었다. 여기에는 나와우리, '베트남을 이해하는 젊은 작가들의 모임'(이하 '작가모임'), 민주화를 위한 변호사모임, 천주교인권위원회, 함께 가는 사람들, 일본군 위안부 역사관, 자주평화통일민족회의 등이 참여하였다. 진실위는 문화제와 학술토론회를 개최하면서 관련 자료 수집에 나섰다. 그러던 중 기밀해제된 주월미군사령부 자료를 입수하여 2000년 11월 《한겨레21》에 공개하면서 한국정부가 민간단체와 함께 조사에 나설 것을 요구하였다. 2002년에는 참전군인 5인의 증언을 채록하고 자료집을 발간했으며 한국-베트남 평화예술제 '평화의 손 맞잡고'를 개최하였다.

진실위 참여단체의 하나인 나와우리는 한국군의 민간인 학살 의혹 지역을 상대로 '시민과 함께하는 답사'를 다녀왔다. 1999년 4월부터 2001년 8월까지 네 차례 답사를 통해 유족들과 현지주민의 아픈 얘기를 듣고 위로했는데, 이 과정에서 유족들의 참상이 국내에 알려지기 시작하였다. 참전군인들이 명예로운 전사로서 국가의 보상과 보호를 받고 있는 것과 달리 민간인 학살 피해자의 유족들은 한국과 베트남 양국 모두로부터 버림을 받은 처지가 부각된 것이다. 그들은 부모형제의 제사도 지내지 못할 정도의 생계난과 자녀의 교육·의료 문제 등 극도로 열악한 환경에 처해 있었다. 이런 활동을 통해 나와우리는 양국 간 화해의 방법과 방향을 설정하는 데에 중요한 디딤돌과 교훈을 얻어낸 것으로 보인다. 정부 차원에서는 사실의 조사·확인도 인정과 사과도 없이 경제적·문화적 지원사업으로 한정하려는 자세를 보인 반면, 시민단체는 현지주민과의 직접 대화를 통해 그들의 아픔을 처음으로 묻고 듣고 공감하고 인정하는 정감상의 소통을 시도함으로써 좋은 반응을 이끌어낸 것이다.

베트남평화의료연대는 2000년 3월부터 매년 현지를 방문해 주민들에게 무료 진료활동을 전개하였다. 2006년까지 매년 평균 2,500여 명의 환자를 진료했는데(총 15,069명), 2005년에는 그 수가 3,850명에 달했다. 의료연대는 2005년부터 나와우리와 공동으로 베트남 현지에 연락사무소를 설치하고 사무원을 파견하였다. 이로써 현지 주민과 상시적으로 소통할 수 있는 채널이 확보되었다. 작가모임은 앞의 단체들보다 더 일찍부터 베트남문학을 한국에 소개하는 한편 베트남전쟁의 진실을 연구하고 알리며 가난한 베트남 어린이와 라이따이한을 돕는 활동 등을 전개하였다.[43]

그러나 진실위의 직접적인 진실규명 활동은 2002년부터 침체되었으며, 그에 따라 평화역사관 건립 쪽으로 활동 중점을 바꾸게 되었다. 한국정부가 응하지 않았을 뿐만 아니라 베트남정부도 소극적이었기 때문이다. 한국유학생 팜 데우 응옥이 2006년 5월 현지를 찾아가 만난 푸옌성 정부 주석은 민간인 학살 문제가 해결되어야 한다는 점에서는 진실위와 입장을 같이하지만 접근 방식에는 차이가 있다고 했다. 한국의 시민단체가 감춰진 상처를 드러내어 물로 깨끗이 씻으려 한다면 베트남

43 이상 두 시민단체의 활동내용은 팜 데우 응옥, 〈베트남전쟁 관련 한국 단체들의 활동과 베트남의 반응〉, pp. 61-68 참조.

측은 좀 더 기다려 상처가 아물기를 바라는 입장이라는 것이다.[44]

'베트남 피에타'상

김현아의 기록에 따르면 가난한 현지마을에서는 위령비 건립 지원을 가장 절실하게 원하고 있다. 그래서인지 이용준의 기록에 따르면 현지 재향군인회 간부들은 이구동성으로 "과거사 극복의 차원에서 한국 재향군인회 대표단이 조만간 방문해 주기를 원한다"라는 요구를 하였다.[45] 이런 요청이 한국정부에 전달되어 한국정부가 2005년 베트남재향군인회 대표단을 초청하는 형식으로 양국 재향군인의 만남을 주선한 것으로 보인다. 하지만 이것이 베트남 측의 바람은 아니었다. 더구나 2008년 보수적인 이명박 정부가 등장함에 따라 정부 차원의 성찰과 진실규명 노력은 뚜렷하게 후퇴하였다.

이런 우여곡절 속에서도 민간 차원의 진실규명과 화해의 노력은 지속되어 2016년 4월 한베평화재단의 설립으로 이어졌다. 이 재단은 그러한 활동의 일환으로 한국과 베트남 양국에 '베트남 피에타'상을 세우기로 하고 2017년 4월 제주 강정마을에 이를 세웠다. 베트남어로는 '마

---

44 팜 데우 응옥, 〈베트남전쟁 관련 한국 단체들의 활동과 베트남의 반응〉, pp. 50-51.
45 이용준, 《베트남, 잊혀진 전쟁의 상흔을 찾아서》, pp. 86-87, pp. 109-110, pp. 197-198.

지막 자장가'란 이름의 이 상은 한국군에 의해 희생된 엄마와 그 품안에 잠든 아기를 형상화한 것이다. 조각가 김서경의 작품인데 그가 주한일본대사관 앞에 세워진 '평화의 소녀상' 작가이기도 하다는 사실은 상호 연관성을 보여 준다는 점에서 의미심장하다.

평화를 위한 역사교육

한국정부가 포괄적으로나마 사과한 상황에서 양국에게 남겨진 과제의 하나는 불행했던 과거가 재발하지 않도록 역사교육을 어떻게 실행할 것인지 하는 것으로 모아진다. 이는 두 방면에서 접근할 수 있다.

첫째, 현지에 역사관을 건립하여 살아 있는 역사교육의 장으로 활용하는 방법이다. 가령 베트남정부 문화통신부 자료에 한국군 최대의 민간인 학살지로 기록된 빈딘성 떠이선현의 떠이빈사 안칸마을 당서기장은 이렇게 말하였다. "우리는 양민학살 20주년이 되는 1986년부터 전시관 설립의 절실한 소망과 계획을 갖고 있다. 전시관이 건립되면 과거의 상처를 치유하는 큰 역할을 할 수 있을 것이다. 이런 소망들이 한국인의 손으로 이루어졌으면 하는 간절한 바람을 갖고 있다." 떠이빈사 당서기장은 "사실 작년에 어떤 한국 참전군인이 와서 전시관을 지어주겠다고 해서 설계도까지 완성했는데 그 후로 연락이 없다"라고 하였다.[46] 이미 미군에 의한 민간인 학살지에 세워진 미라이전시관은 학생들에게 역사교육의 장으로 활용되고 있다. 이런 바람은 다른 지역에서도 마찬가지로 갖고 있을 것이다.

그뿐만 아니라 이런 전시관은 현지를 방문하는 한국 학생들에게도 그런 기회를 제공할 것으로 기대된다. 한국에 건립된 일본군 위안부 역

---

46 김현아, 《전쟁의 기억, 기억의 전쟁》, pp. 142-143, pp. 170-171.

사관이 그곳을 찾아오는 한국인 학생뿐만 아니라 일본인 학생들에게도 똑같이 역사교육의 장으로 활용되고 있다는 사실을 상기하자. 진실위가 학살 의혹 지역에 평화역사관을 건립하기 위한 활동을 전개한 것도 그래서 주목된다. 더구나 그 건립기금은 한국인 위안부 할머니 두 분이 정부로부터 받은 생활보조금을 모아 진실위에 기탁한 돈을 바탕으로 마련되었다는 점에서 더욱 의미가 크다.[47]

둘째, 역사 교과서에 전쟁의 진실을 서술하여 가르치는 방법이다. 양국의 역사 교과서는 주로 미국과의 관계에서만 이 전쟁을 서술하고 있다. 그래서 가령 베트남의 고교 3학년용 베트남사 교과서는 그 밖의 참전국에 대해서는 "미국이 남베트남 전쟁터에 무기를 가진 용병들을 불러들였다"라고 짧게 서술하고 각주에 "남조선, 호주, 필리핀, 태국, 뉴질랜드"라고 부연하였을 뿐이다. 한국의 국사 교과서는 냉전시기 국정교과서 체제하에서는 공산세력으로부터 자유세계를 수호한다는 명분을 강조했으나, 1990년대 탈냉전과 민주화에 따라 '자유수호'가 빠지고 '반공'과 '경제특수'를 강조하는 변화를 보였고, 일부 검정 한국사 교과서가 한국군 희생자뿐 아니라 "베트남 민간인 희생" 문제를 언급했다.[48] 동아시아사 교과서는 대부분의 한국사 교과서처럼 한국군의 참전을 한국사의 시각에서만 다루었고 세계사 교과서는 참전 사실 자체를 언급하지 않았다. 따라서 그 전쟁을 냉전시대의 미국과 소련, 동아시아 각국이 직·간접적으로 참여한 세계사적 전쟁임을 파악하고 평화의 관점에서 성찰하는 역사교육이 절실히 요청되는 것이다.

---

47 문명금 할머니와 김옥주 할머니가 그들이다. 각각 4,300만 원과 2,100만 원을 기탁하였다. 김현아, 《전쟁의 기억, 기억의 전쟁》, pp. 287-288.

48 주진오 외, 《한국사》, 천재교육, 2014, p. 327; 왕현종 외, 《한국사》 두산동아, 2014, p. 295.

그럼에도 한국의 고등학교 역사 교사들은 베트남전쟁을 대부분 가르치지 않는다. 진실위 활동을 계기로 사회분위기가 상당히 호전된 상황이던 2005년 조사에서도 한국근현대사 과목에서는 교사의 47%, 세계사 과목에서는 교사의 81.7%가 베트남전쟁에 대하여 가르친 경험이 없는 것으로 나타났다. 그 주된 원인은 현대사에 대한 이해가 부족한 상태에서 현대사 수업 자체를 기피하는 풍토 때문이다. 조사대상 교사의 7%만이 대학 때 배운 강의를 활용한다고 답할 정도로 그동안 대학의 역사교육은 현대사와 베트남사를 소홀히 다루어 왔다.[49] 또 반공이념이 지배적인 보수적 교단에서 자칫 이념 문제와 관련한 오해를 자초하지 않으려는 이유도 그에 못지않게 중요한 요인으로 작용하였다.

한국군의 베트남전쟁 참전에 대해 대통령의 사과가 나온 만큼 그런 잘못이 되풀이되지 않도록 하기 위해서라도 이를 역사교육에 반영하는 것이 바람직하다. 전국역사교사모임은 2003년 베트남 역사와 문화 강좌를 열고 현지답사를 다녀왔으며, 베트남전쟁을 다룬 수업 사례를 발표하여 회원들과 공유하였다.[50] 그들은 "우리 현대사에 대한 성찰 속에서 우리 역사가 화해와 평화의 길로 가도록 하기 위하여 베트남을 통해 우리를 비추어 보는 과정"을 통해 "한 번도 전쟁의 상처를 치유한 적이 없이 전쟁을 정당화하며 전쟁분위기 속에서 아무런 문제의식을 못 느끼며 살고 있는 우리들 내면의 상처를 극복할 문제의식"을 얻고자 하였다.[51]

한 교사가 서울의 정규 고등학교에서 베트남전쟁을 다룬 수업 후 학생들(한 학급 29명)의 생각을 조사한 결과가 흥미롭다. ① 내가 한국군 파

---

49 박영희, 〈베트남전 참전 의미의 인식을 위한 역사수업 방안〉, 한국교원대학교 석사학위논문, 2006, p.45, p.50.

50 《베트남 프로젝트: 베트남답사자료집》, 전국역사교사모임, 2004 참조.

51 한석주, 〈베트남 프로젝트〉, 《베트남 프로젝트: 베트남답사자료집》, p.1.

병 당시 국회의원이었다면? 파병 반대 19명, 파병 동의 10명, ② 민간인 학살에 대해 정부가 보상해야 하는가? 그렇다 18명, 아니다 11명, ③ 역사 교과서에 서술해서 가르쳐야 하는가? 그렇다 23명, 아니다 6명, ④ 평화역사관 건립 기금 1,000원을 낼 생각이 있는가? 있다 20명, 없다 1명, 잘 모르겠다 8명. 역사 교과서에 서술해 가르쳐야 한다는 항목의 지지도가 가장 높게 나타난 것이다. 그 속에는 심지어 파병에 동의한 학생도 포함되어 있는 것으로 보여서 더욱 그렇다.[52]

한국의 베트남전쟁 진실규명운동은 이처럼 우리의 역사인식과 교육에만 영향을 미친 것이 아니다. 5개 성의 현지 주민들을 제외한 대부분의 베트남인은 한국군에 의한 민간인 학살 의혹에 대해 모르고 있었다. 베트남 역사 교과서가 승리사관에 의거해 강대국 미국과 싸워 이긴 영광스런 얘기들로 채워져 있기 때문이라 한다. 그런데 한국의 사회운동과 접촉한 베트남인 유학생과 작가들을 포함한 일부 베트남인들은 이를 계기로 비로소 구국(救國)의 비장함과 자긍심으로 이 전쟁을 바라본 그동안의 인식에서 벗어나 베트남 국민들이 입은 상처를 생각해 보게 되었다고 고백하였다. 이는 2005-2006년에 한국 시민단체의 베트남전쟁 진실규명과 사회운동에 대한 베트남 측(정부, 언론, 지식인, 청년학생 등)의 반응을 조사한 연구보고서에 의해 확인된다. 이 연구보고서는 한국의 진실규명과 사회운동이 그동안 승리감만을 중심에 두어 온 베트남이 전쟁의 피해와 상실의 의미에 대해 어떻게 인식해야 하는지를 생각하도록 돕는 데 심대한 영향을 미쳤다고 평가하였다.[53] 이제 비로소 베트남

---

52 수업 후 생각이 바뀐 사람이 14명, 수업 전과 변함없는 사람이 15명이었다. 바뀐 사람 중 전쟁불가피론으로 바뀐 1명을 제외하고는 모두 전쟁의 심각성을 깨닫고 반대하거나 피해야 한다는 쪽으로 바뀌었다. 최현삼, 〈고등학생들은 베트남전쟁을 어떻게 볼까?〉, 《베트남 프로젝트: 베트남답사자료집》, pp. 233-241.

53 팜 데우 응옥, 〈베트남전쟁 관련 한국 단체들의 활동과 베트남의 반응〉, p. 4, p. 127.

인들은 30년이나 지속된 자신들의 전쟁과 그 승리가 그토록 처참한 상처를 간직한 채 얻어진 것이었는지 성찰해 볼 기회를 갖기 시작한 것이다. 이는 그들의 역사인식에 중대한 변화가 일어나기 시작했음을 시사한다. 그런 변화는 점차 그들의 역사교육에도 반영될 터이니 동아시아 차원의 연쇄 반응을 일으키기 시작한 셈이다.

인도적 지원사업

한국정부가 외교통상부 산하 기관인 한국국제협력단(KOIKA)을 통해 전쟁 이후의 베트남을 지원하기 시작한 것은 수교 직전인 1991년부터다. 그러나 이는 개발도상국 지원 프로그램의 일환일 뿐 아직 한국군의 베트남전 참전과 관련된 인도적 지원사업이라고 보기는 어렵다. 그것은 전쟁인식을 둘러싼 과거사 극복 문제에 전향적 자세를 취한 김대중 정부에 의해 수행되었다.

정부는 한국군에 의한 민간인 학살 의혹이 보도된 직후인 1999년 12월 의혹이 제기된 지역에 학교를 건립하는 인도적 차원의 지원을 시작하였다. 하노이 주재 한국대사관의 주관하에 5만 달러 상당의 초등학교 40개를 2년 안에 건설하기로 결정하고 한국국제협력단을 통해 사업을 추진하였다. 부지 선정을 위해 현장을 답사한 대사관 참사관 이용준에 따르면 한국군이 주둔했던 5개 성(꽝남, 꽝아이, 빈딘, 푸옌, 카인호아)은 "전쟁 종결 이래 한국의 대사관 직원은 물론 상사 직원들도 접근하지 못했던 반한감정의 피가 맺힌 지방"이었다. 그는 베트남 측에 의해 작성된 5개 성의 민간인 학살 관련 자료들을 검토한 후의 소감을 이렇게 말하였다. "얼마나 많은 지역에서 얼마나 많은 사람이 아직도 한국인에 대한 피맺힌 기억과 원한을 간직하고 있을지 상상하는 것은 어렵지 않았다. 어떤 기록들은 상황묘사가 너무나 상세하고 절절하여 눈물 없이는 도저히 읽을 수가 없었다." 그럼에도 그와 대사관은 이 의혹을 조사도 인정도 하지 않은 채 학교건설사업을 추진하였다. 양국 관계자들이 참석한 가운데 현지에서 기공식과 준공식을 거행하였지만 한국정부는 의혹에 대한 구두 사과조차 하지 않았다. 그럼에도 베트남의 중앙정부는 물론 현지의 성-현정부들도 모두 이 사업을 전폭적으로 환영하였다. 그 결과 사업은 2002년 8월 완료되었다.[54] 그 후속사업으로 곧바로 5개 성에 병원 하나씩 총 5개(총 300만 달러)를 건립하는 사업이 추진되어 노무현 정부에 의해 완공되었다. 그 연장선에서 노무현 정부는 2006년 1월 다낭시에 한국-베트남 친선IT대학 건설에 착공하여 이듬해 개교하였다.

이처럼 한국정부의 지원사업이 한국군 주둔지와 민간인 학살 의혹 지역에 집중된 것은 어떤 의미를 갖는 것일까? 한국정부는 이런 지원사업이 개발도상국을 지원하는 프로그램의 일환으로 추진한 것일 뿐 한국군의 민간인 학살 의혹과는 무관하다고 선을 그었다. 그리고 한국정부는 현지 주민들 역시 고대한 것은 과거사에 대한 규명이나 사과가 아니라 그들의 어려운 사정을 이해하고 보살펴 줄 친구의 따뜻한 손길이었다고 보았다.[55] 반면 베트남인들은 그것이 "과거에 한국군이 저지른 일과 관련이 있다"고 생각한다는 사실이 베트남인 유학생의 현지 방문 조사에서 확인되었다.[56] 그에 관해 한국정부가 명시적으로 인정도 사과도 하지 않았지만 하필 그런 지역만을 골라서 학교와 병원을 건설해 준 것에 대하여 현지 주민들이 이렇게 여기는 것은 당연할 것이다.[57] 그렇다

---

54 40개 학교의 이름과 위치는 이용준, 《베트남, 잊혀진 전쟁의 상흔을 찾아서》, p.50 참조.

55 이용준, 《베트남, 잊혀진 전쟁의 상흔을 찾아서》, pp.207-208.

56 팜 데우 응옥, 〈베트남전쟁 관련 한국 단체들의 활동과 베트남의 반응〉, p.39.

57 이용준도 이런 상관관계를 완전히 부정하지 못한 듯하다. 그가 보기에 학교 건물은 "한국군에 의해 억울한 죽음을 당했을지도 모르는 베트남인을 위한 살아 있는 위령

면 이런 지원사업도 지금 같은 초기상태에서는 불충분하지만 역사화해의 의미 있는 밑돌이 되고 있다고 볼 수 있다.

양국 간 역사화해를 위한 노력을 종합해 볼 때, 베트남정부로서는 한국 대통령이 한국군의 참전 자체가 베트남인에게 고통을 주었음을 인정하고 사과하였으며 동시에 민간인 학살 의혹 지역에 각종 인도적 지원사업을 벌이고 있는 마당에 학살 의혹에 대한 확인과 사과를 요구할 필요는 없다고 판단했을 가능성이 있다. 더구나 현지 주민들은 이미 인도적 지원사업을 한국군의 행위에 대한 사과의 뜻으로 받아들이고 있다.

4. 남겨진 과제와 역지사지의 자세

베트남은 전쟁 종결 이후 지금까지 한 번도 미국을 비롯한 참전 국가들에게 보상이나 사과를 요구한 적이 없다. 그들에게 주된 상대였던 미국에 대해서도 요구하지 않은 사과와 보상을 그의 "용병으로서 불가피하게 참전할 수밖에 없었던 한국의 처지를 이해한다"라고 말하는 베트남의 당·정부 주요 인사들이 한국에 대해서 그런 요구를 할 이유는 더욱 없어 보인다. 그들은 만일 그런 요구를 해야 한다면 한국은 미국의 다음 순서라야 순리에 맞는다는 판단을 하고 있다.

이런 상황에서 한국의 언론과 시민단체가 진실규명과 '사죄'운동을 벌이고 정부가 '사과'한 것은 베트남인들에게 상당히 인상적으로 받아들여졌다. 가해국 측에서 스스로 먼저 이런 행동을 보인 예가 없다는 반응이다.[58] 따라서 위에서 검토한 정부와 민간인의 노력은 극히 일부를

비이기도" 했다. 이용준, 《베트남, 잊혀진 전쟁의 상흔을 찾아서》, p. 161.

58 팜 데우 응옥의 〈베트남전쟁 관련 한국 단체들의 활동과 베트남의 반응〉은 베트남

제외하고는 베트남과의 역사화해를 위한 중요한 밑돌이 되었다고 본다. 나아가 이런 노력들은 일본의 지식인들에게도 식민지배와 전쟁을 둘러싼 역사화해를 이루지 못하고 있는 일본 자신의 존재방식에 대하여 자성하는 계기로 받아들여지기도 했다.[59]

안타까운 것은 한국정부의 노력이 정치적 리더십의 변화에 따라 급격히 달라진다는 점이다. 김대중·노무현 정부 시기에 괄목할 만큼 진전된 정부 차원의 사과와 전쟁인식 및 인도적 지원 활동은 2008년 보수적인 이명박 정부가 출범함에 따라 눈에 띄게 후퇴하였다. 예컨대 2009년 10월 초 정부는 '국가유공자 등 예우 및 지원에 관한 법률'의 개정안을 발의하면서, "세계평화 유지에 공헌한 월남전쟁 참전 유공자로 인정하여 월남전쟁 참전 유공자의 자긍심을 고취하고"라 하여 베트남전쟁 참전군인을 참전유공자로 인정하여 수혜 대상에 포함시키려 하였다. 이에 대해 베트남정부는 "베트남이 세계평화를 해치는 세력으로 규정한 것이나 마찬가지"라며 강력히 반발하였다. 10월 하순에 양국 정상회담이 예정되어 있던 상황에서 다급해진 유명환 외교통상부 장관이 10월 12일 급히 하노이를 방문해 주석·총리·외교장관을 잇달아 만나 "'월남전쟁'을 빼고 '참전유공자'로만 표현할 방침"이라고 설명하지 않을 수 없었다.[60] 그러나 이듬해 한국 교육부는 일부 역사 교과서의 베트남전쟁 관련 서술이 정부의 자유수호전쟁론(반공이념전쟁론)과 다르다는 이유로 수정을 요구하였다. 이는 한국 보수세력의 베트남전쟁 인식이 성찰을 결여하고 있음을 보여 주는 예인데, 일본에서 정권이 바뀔 때마다 식

인 유학생으로서 이런 사실을 확인해 준 의미가 있다.

59 伊藤正子, 〈韓國軍のベトナム派兵をめぐる記憶の比較研究: ベトナムの非公式記憶を記憶する韓國NGO〉, p. 104, p. 112.

60 〈국가유공자법서 '월남전' 단어 뺀다〉, 《동아일보》 2009. 10. 14.

민지 지배와 침략에 대한 인식이 달라지는 것을 상기시킨다. 역지사지(易地思之)의 자세가 절실한 까닭이 여기에 있다.

그렇기 때문에 우리는 그동안의 성찰적 노력들을 따져 보고 성과를 딛고 지속적으로 한계를 극복해 나가야 한다. 이를 위해서는 "화해란 그렇게 간단하지도 명쾌하지도 않으며 섣부른 화해가 자초하는 상처와 소외"를 헤아릴 수 있어야 한다.[61] 앞으로 이런 노력이 계속 이어질 때 그 위에서 무거운 화해의 문이 한 단계씩 확대될 것이다. 이는 상대가 있는 일인 만큼 반드시 양국이 동의하는 방법과 수준으로 진행되어야 한다. 그렇다면 한국 시민단체가 현지 유족과 주민을 인터뷰하면서 당신들이 양민이었다는 증거가 어디 있느냐고 따지듯 캐묻고 베트남의 한국대사관이 위령비 비문의 수정을 요구한 것은 명백히 그들의 처지를 고려하지 않은 일방적인 접근 방식이다.

그런데 문제는 민간인 학살 의혹과 전쟁의 성격을 둘러싸고 한국과 베트남 간에는 물론이고 양국 안에서도 국가와 민간 사이의 인식차이가 크다는 점이다. 심지어 참전군인들과 민간인들 내부에서도 차이는 크다. 이들 여러 인식주체 중에서 진정한 역사화해는 피해 당사자(유족과 현지 마을 주민)와 가해자로 지목받고 있는 참전군인들 사이에 인식의 일치가 이루어져야 가능하다. 혹은 인식의 차이를 서로 인정하는 방식으로 화해에 도달할 수도 있지만 그것 역시 쉽지 않은 일이다. 그럼에도 이상의 검토를 통해 우리가 이미 다음과 같은 중대한 진전을 이룩하였음을 확인하고 이를 디딤돌로 삼아 한 걸음씩 앞으로 나아갈 필요가 있다.

첫째, 베트남전쟁의 성격과 관련해서는 이미 한국의 외교부 관료와 국방부군사편찬연구소조차 한국에게는 이념전쟁이었으나 베트남인에

61 김현아, 《전쟁의 기억, 기억의 전쟁》, p. 257.

게는 민족해방전쟁임을 인정한 사실에 주목하고 거기서 다시 출발해야 한다. 양국의 대다수 교전 당사자들이 서로 상반된 자신의 입장을 견지하는 현재로서는 전쟁인식을 어느 한쪽으로 일치시키기가 어렵다면 두 성격이 중첩되어 있다는 절충론이 하나의 돌파구가 될 수 있다. 그러나 한국이 공산세력의 위협 상황에서 반공을 위해 참전할 수밖에 없었다는 불가피성을 일방적으로 강조한다면, 제국일본이 서구열강의 위협 상황에서 자국의 안위를 위해 한반도에 파병할 수밖에 없었다는 불가피론을 부정할 수 있을까?

둘째, 민간인 학살 의혹과 관련해서는 하미마을의 예에서 이미 참전군인들이 사죄하고 용서를 구한 사실에 주목하고 거기서 다시 출발해야 한다. 그들은 다수의 무고한 민간인을 죽였다는 사실을 인정했으되 이를 '학살'로 규정하는 기록을 남기는 것에는 반대하였다. 실제로 남민전은 전쟁 당시 각 사마다 적의 동정을 감시·보고하는 30명 내외의 "비정규 요원"을 운용했으므로 한국군이 말하는 이른바 "적과 내통하는 분자들"이 마을마다 한두 명씩은 있었음이 분명하다.[62] 그러나 그렇더라도 민간인 학살 의혹이 제기된 마을마다 적게는 수십 명, 많게는 수백 명의 무고한 주민들을 그런 요원인지 아닌지를 식별하는 어떤 절차도 거치지 않은 채 무차별적으로 살해한 것은 민간인 학살에 속한다. 따라서 한국정부는 베트남전 참전을 결정하고 이들 참전군인들을 자의와 상관없이 파견한 주체로서 그에 대해 조사하고 사죄·배상할 책임이 있다. 그러지 않는 한 산 자의 평화를 깨버린 데서 나아가 죽은 자의 평화, '죽음 이후의 평화'마저 찾을 수 없도록 가로막는 두 번의 범죄가 아닐 수 없다.[63]

---

62 전쟁 당시 남민전 푸옌성 총사령관이던 옹 반 부이의 증언이다. 이용준, 《베트남, 잊혀진 전쟁의 상흔을 찾아서》, pp. 197-198.

진실위 관계자를 포함한 많은 사람들이 우리는 왜 일본에게 사죄와 보상을 요구하면서 베트남에게는 그렇게 하지 않는지 비판하기도 한다. 이는 우리가 스스로 성찰하기 위해 하는 말이다. 만일 일본인이 이런 말을 우리에게 하면서 자신의 책임을 회피하려 한다면 한국과 일본 간의 역사화해는 더욱 멀어질 것이다. 마찬가지로 베트남인이 "과거를 닫고 미래를 보자"고 말할 때 그것은 자신들 내부에서 스스로에게 하는 말이다. 만일 한국정부가 이 말을 근거로 의혹에 대한 조사와 사과의 책임을 회피하는 구실로 삼는다면 베트남인이 원하는 진정한 화해를 저해할 수 있다.

한국과 베트남의 역사화해 문제를 통해 우리는 동아시아 차원의 상호연관 속에서 접근할 때 역사화해의 효과를 크게 증대시킬 수 있음을 알 수 있다. 한·중·일·베 4국은 각기 양국 간에 역사인식의 갈등을 안고 있다. 두 나라 간의 양자관계를 각기 따로 보지 말고 상호 연관 속에서 이해한다면 역지사지의 자세를 취하기가 훨씬 용이해질 것이다. 4국은 공히 자기보다 강대한 나라와의 관계를 앞세워 자신을 피해자로 인식하지만 자기보다 약소한 이웃 나라에 대해서는 가해자였다. 역지사지의 자세는 4국 모두 이 양면성을 공유하고 있다는 사실을 인정할 때 보다 쉽게 취해질 수 있다. 앞서 말한 '베트남 피에타'상과 '평화의 소녀상', 그리고 일본군 위안부 할머니의 베트남평화역사관 건립기금 출연이 이를 웅변한다.

---

63 인류학자 권헌익에 따르면 죽은 자에게는 추모를 받고 원통한 죽음의 경위에 대한 해명을 들을 권리, 그리고 유가족들의 추모를 받을 권리가 있다. 폭력적 죽음으로부터 해방될 죽은 자의 권리는 문화적 인권 개념에 포함된다. 나는 이런 권리의 향유를 '죽음 이후의 평화'라고 말하고 싶다. 마을 단위의 집단학살 중 가장 원통한 죽음은 피학살자의 가족 전체가 절멸되어 죽은 자가 추모와 위령을 받을 수조차 없게 된 경우다. 권헌익, 《학살, 그 이후》, p. 213.

그런데 국가권력은 그 본질상 자발적으로 자신의 과오, 곧 자국의 가해자성과 제국성을 인정하지 않으려 한다. 그러므로 시민단체가 먼저 언론과 함께 자국 내의 사회여론을 조성하여 국가로 하여금 자신의 과오를 인정하지 않을 수 없게 만드는 지렛대 역할을 수행하는 것, '죽음의 각인'으로 일컬어지는 참전군인들의 육체적·정신적 고통을 인정하고 위로하는 것이 긴요하다.[64] 그래야 그들 마음속에서 고백의 증언을 할 명분과 용기가 생겨날 것이다. 이는 시민단체가 가장 중시해야 할 역할로서 베트남 현지를 찾아가 유족들에게 섣불리 따져 묻거나 성급하게 사죄하는 일보다 훨씬 중요하다. 역사화해는 무엇보다도 우리들 내부의 평화를 증진하는 자신과의 싸움, 한국현대사에 대한 성찰이기 때문이다. 성찰이 빠진 승리사관의 역사교육은 평화를 위협하는 씨앗이 될 뿐이다.

64 '죽음의 각인'이라는 전쟁의 정신의학적 상처는 죽을 때까지 지워지지 않는 영구적인 내적 폭력으로 작용한다. 2005년 10월 평화박물관 건립추진위원회가 이 문제에 관한 심포지엄을 처음 연 것은 매우 중요한 의미를 갖는다. 〈전쟁이 끝나도 계속되는 전쟁〉, 《한겨레21》 580호, 2005. 10. 18.

제3부

가능성의 유산을 찾아서

〈제7장 근대사 인식체계 속의 민주주의: 한·중·일·베 4국 교과서 비교〉는 국제학술회의 '역사교육과 근대'(역사교육연구회·동북아역사재단 공동주최, 2014. 8)에서 발표한 〈역사교과서 속의 민주주의: 한·중·일 3국의 비교〉(《歷史敎育》 132집, 2014. 12 게재)를 확충한 것이다.

〈제8장 20세기 동아시아의 신민주주의(1): 직업대표제 민의기관〉과 〈제9장 20세기 동아시아의 신민주주의(2): 연합정부와 혼합경제〉는 전국역사학대회 '역사 속의 민주주의'(2012. 10)에서 발표한 〈신민주주의, 20세기 중국의 정치유산〉(《역사와현실》 87집, 2013. 3 게재)을 바탕으로 새로 쓴 것이다.

근대사 인식체계 속의 민주주의

한·중·일·베 4국 교과서 비교

1. 동아시아 근대사의 서사구조와 데모크라시의 소외

오늘날 우리는 흔히 독립된 국민국가의 양대 과제로 민주화와 산업화를 꼽는 데 주저하지 않는다. 그것을 위한 노력은 독립된 국민국가를 수립하는 과정에서부터 진행되어 왔으므로 역사 교과서는 그 역사적 맥락을 파악할 수 있도록 제시해야 한다. 이 두 과제는 현대사의 핵심 주제일 뿐만 아니라 근대사의 핵심 주제이기도 하다. 그중에서 민주화는 정치적 근대화와 근대성의 영역에서 가장 중요한 문제 중 하나이지만 동아시아 근현대사의 인식체계 속에서 거의 소외되어 있다.

한 · 중 · 일과 베트남의 개혁 · 혁명 세력은 19세기 말-20세기 초 서세동점의 위기 상황에서 내정개혁과 국권수호의 과제를 효과적으로 수행하기 위해서는 반드시 헌법에 의거한 의회정치를 실행해야 한다고 믿었다. 처음에는 구미 열강의 예를 보아서 그러하였고 청일전쟁과 러일전쟁 이후에는 가까운 이웃 일본의 예를 보아서 그러하였다. 국민대표로 구성된 의회를 설립해 헌법을 제정하고 그에 의거한 입헌정치를 펴는 것이야말로 온 국민의 의지와 역량을 하나로 모아 국력을 극대화함으로써 자강과 부강으로 나아가는 지름길이라고 받아들여졌다. 그리고 실제로 이를 사상적·제도적으로 추구한 다양한 노력이 줄기차게 이어졌다. 이 과정에서 인민의 민권이 먼저인가 국가의 국권이 먼저인가, 참정주체로서 인민의 범위는 어디까지인가 하는 논쟁도 벌어졌다. 1차대전을 지나면서는 참정주체를 극소수 상층 엘리트로부터 일반 대중으로까지 넓혀서 그 제도와 사상이 더욱 넓고 다양한 형태로 모색되었다. 일본을 제외한 다른 나라들은 국권을 아예 상실한 식민지 혹은 반(半)식민지로 되었기 때문에 이러한 처지의 차이는 민주주의의 모색과 제도화에 중대한 차이를 가져왔으며, 서로 간에 의미 있는 영향을 미쳤다.

그럼에도 한·중·일·베 4국의 역사 교과서에서 의회정치(입헌정치)와 민주주의의 제도화는 거의 다루어지지 않았으며 중요한 학습요소가 아니었다. 이는 교과서의 서사구조 자체가 각각 민족운동사(한국·북한·중국), 혁명사(북한·중국·베트남), 제국사(일본)를 축으로 짜인 것과 관련이 있다고 볼 수 있나. 한국근대사의 경우 외세의 침략과 그에 대한 구국·독립운동이, 중국근대사의 경우 반(半)식민지·반봉건사회의 형성과 그 극복을 위한 연속된 혁명운동이 강조되었으며, 일본근대사의 경우 연속된 전쟁을 통한 제국의 팽창 과정이 강조되었다.

이런 서사구조 속에서는 근대의 핵심 과제인 국민형성의 문제, 특히 민주공화와 헌정의 제도 및 가치가 국가형성의 문제에 압도되어 소외되고 왜소화될 수밖에 없다. 그런 까닭에 역사 교과서에 민주주의가 어떻게 서술되어 있는가 하는 문제는 그동안 거의 관심의 대상이 아니었다. 이는 일차적으로 역사연구에 의해 규정된 결과다. 가령 "근대사상의 헌정과 법치를 비롯한 민주화 문제가 민족·민중 문제에 가려 상대적으로 역사학계의 연구 관심을 덜 받거나 왜곡되는 경향이 있다는 사실에 새삼 주목할 필요가 있다"라는 진단을 보라.[1]

근대 민주주의의 핵심 내용은, 로크(John Locke)의 정의에 따르면 민선의 의회가 입법권을 행사하는 것이고, 루소(Jean-Jacques Rousseau)의 정의에 따르면 주권이 군주가 아닌 전체 인민에게 있어야 한다는 것이다. 민주주의는 전자의 기준에 따르면 입헌군주제도 포함하지만 후자의 기준에 따르면 이를 배제하고 공화제만을 의미하게 된다. 그리고 대표에 의한 대의민주가 아니라 인민에 의한 직접민주라야 한다. 이것이 '데모크라시(democracy)'(인민의 통치) 본래의 의미다. 그러나 근대민주란 대의민주이며 그 하나의 형태인 입헌군주제를 근대민주의 범주에서 제외할 이유는 없다. 다수 인민의 직접지배가 곤란한 근현대사회에서는 흔히 선출된 대표에 의한 간접지배 형태를 취하고 있음을 상기할 필요가 있다.

근대 동아시아에서 대의민주정치는 두 유형으로 제도화되었다. 입헌군주제 모델(1890년 일본, 1932년 시암)과 민주공화제 모델(1912년 중화민국, 1919년 대한민국 임시정부, 1924년 몽골인민공화국, 1945년 베트남민주공화국)이 그것이다. 어느 쪽이든 그 성패를 가르는 제도적 관건은 국민의 의사를 대표하는 민의기관인 의회다. 누가 어떻게 민의를 대표하도록 할 것인가, 이것이 대의민주주의 제도화의 관건인 것이다. 그리고 그와 짝을 이루어 다수 인민에 의해 선출된 정부를 요구한다. 정치적 근대성은 이 점에서 가장 상징적·집중적으로 구현된다.

이 글에서는 민주주의가 한·중·일·베 4국의 교과서에서 어떻게

1 조병한, 〈중국 근대의 형성과 문화〉, 《東洋史學硏究》 115집, 2011, pp.104-105. 민주주의 시각에서 근현대사를 조망한 연구가 나온 것은 그 후의 일이다. 유용태, 《직업대표제, 근대중국의 민주유산》, 서울대학교출판문화원, 2011; 박찬승, 《대한민국은 민주공화국이다》, 돌베개, 2013; 김육훈, 《민주공화국 대한민국의 탄생》, 휴머니스트, 2012; 김정인, 《민주주의를 향한 역사》, 책과함께, 2015 참조. 한편 전국역사학대회는 2012년 10월 '역사 속의 민주주의'를 공동주제로 다루었고, 그 발표문은 《역사와 현실》 87호(2013)에 특집으로 게재되었다.

다루어졌는지 살펴보고자 한다. 이를 위해서는 현재의 서사구조 자체를 비판적으로 검토하는 가운데 민주주의의 사상·운동과 제도에 대하여 교과서가 어떤 관점에서 무엇을 다루고 있는지 검토할 필요가 있다. 의회정치의 폐해가 갈수록 커지는 상황에서 그 결함을 각국의 당시 사람들은 어떻게 인식하고 대처하였는지 그 대안의 모색까지 내다보는 시야가 긴요하다.

민주주의와 관련된 역사적 사실은 사실대로 파악하되 이 사실 파악은 개념 파악과 결부될 때 이해의 수준을 높일 수 있다. 이에 이 글에서는 먼저 '민주(주의)'라는 용어와 그 의미가 어떻게 쓰였는지를 검토한 다음 민주제도를 시행하기 위한 4국의 노력을 검토하여 비교할 것이다. 각국의 처지와 조건이 달랐던 만큼 이를 고려한 위에서의 비교라야 비로소 의미를 가질 수 있음에 유의하고자 한다.

한·중·일·베 4국은 각기 처한 역사적 조건이 다른 위에서 '민주'의 개념에 대해서도 서로 다르게 정의했기 때문에 이들 교과서 속의 민주주의를 함께 묶어서 비교한다는 것은 쉬운 일이 아니다. 그럼에도 4국은 서로 영향을 주고받으면서 민주주의의 사상, 운동, 제도, 가치에 대한 이해와 경험을 공유하며 지내 왔으므로 연관과 비교의 시각에서 거칠게나마 함께 살펴볼 필요가 있다. 역사교육에서의 민주주의 문제에 관한 관심은 최근에 와서야 주목을 받기 시작하였다.[2]

분석 대상 교과서는 한·중·일 3국의 고등학교용 현행 자국사 교과

2 김한종, 〈역사교육에서 민주주의의 역사가 가지는 의미〉, 《역사교육》(전국역사교사모임) 77호, 2007; 김육훈, 〈민주공화국의 시민을 기르는 역사교육 시론〉, 《역사교육연구》 18호, 2013; 김민수, 〈동아시아사 관점에서 구성한 민주주의 수업〉, 《역사교육연구》 19호, 2014; 황현정, 〈역사교육 내용선정 원리로서의 민주주의〉, 《역사와 교육》 10호, 2014; 김한종, 《민주사회와 시민을 위한 역사교육》, 서울대학교출판문화원, 2017.

서(모두 검정제)와 베트남의 중학 역사(자국사와 세계사를 별도의 장으로 구성해 병렬) 교과서(국정제)다. 4국의 교과서 중에서도 자국사의 통사를 중심으로 하되 민주주의 문제를 좀 더 상세히 다루었을 가능성이 큰 근현대사 교과서를 함께 검토하기로 한다. 한국의 경우 한국근현대사 과목이 최근 폐지되었지만 중국 및 일본과의 형평을 고려해 이를 포함시키고자 한다. 분석에 사용된 교과서는 한국의 《한국사》(천재교육, 2013)와 《한국근현대사》(금성출판사, 2006; 대한교과서, 2009), 중국의 《역사》(人民教育出版社, 2007)와 《중국근현대사》(人民教育出版社, 2003), 일본의 《일본사B》(實教出版, 2010)와 《현대의 일본사》(山川出版社, 2013), 베트남의 《역사》(국정교과서, 2014) 등이다. 중국의 고교 교과목에는 '중국고대사'와 '중국근현대사'만 있을 뿐 통사로서의 '중국사'가 없어서 그 대신 중국사와 세계사를 통합한 '역사'를 분석 대상으로 선택하였다. 다루는 시기는 다양한 사상과 제도가 모색된 19세기 후반부터 1945년 직후까지로 한정한다.

2. 민권에서 민주로, 다시 신민주로: 용어와 개념

민주제도를 도입하는 정치 근대화 과정은 4국에서 공히 군주입헌제 모색으로 시작되었다. 그중 일본만 제도화에 이르렀고 한국과 중국, 베트남은 그 길이 실패하자 민주공화제로 나아갔다. 그 분기점은 신해혁명과 1차대전 사이이다.

동아시아에 서양의 근대정치제도가 소개된 것은 아편전쟁 직후인 1840년대부터이지만 '민주(주의)'라는 용어로 표현되지는 않았다. '데모크라시(democracy)'가 한자어 '민주(民主)'로 처음 번역된 것은 청조 총리아문이 휘튼(Henry Wheaton)의 국제법 저서를 번역해 출간한 《만국공법(萬國公法)》(1864)에서다. 그때 'democratic republic'도 '민주'나 '민주헌정'

으로 번역되었다. 'republic'의 번역어로서의 '공화(共和)'는 근대일본에서 만들어졌지만 초기에 그것은 군주입헌제와 대비되는 민주입헌제를 의미하였다.[3] 따라서 한동안 '민주'는 '공화'와 혼용되었다. 《만국공법》은 당시 한자문화권 네 나라에 공유되었다.

물론 전통시대 중국 고문헌에도 '민주'와 '공화'란 말은 있었으나 그 의미는 근대의 그것과 다르다. 고문헌 속의 '민주'는 '민의 주인', 곧 군주를 가리켰다. 데모크라시의 번역어 '민주'는 그것과 정반대의 의미로서 '민이 주재하다'라는 뜻이다. 이런 관계는 민주제도가 전통중국의 정치제도와는 질적으로 다른 것임을 드러낸다. 한편 '공화'는 원래 《사기(史記)》에서 군왕의 부재중에 상층 귀족 엘리트가 담당한 통치를 의미하는 용어로 쓰였으므로, republic의 번역어와 상통한다. 더구나 번역어 '공화'는 정치를 공공의 사무로 여기고 참정자의 시민윤리와 자치능력을 요구한다. 따라서 '공화'는 근대중국에서 그러한 참정자의 요건을 갖춘 것으로 자임한 엘리트, 곧 신사층에게 '민주'보다 상대적으로 쉽게 수용될 수 있었다.[4]

그런데 실제로 19세기 후반 동아시아 각국은 처음으로 민주정치의 원리와 제도를 논하거나 실현하는 과정에서 흔히 데모크라시를 '민주'가 아닌 '민권(民權)'이라는 용어로 표현하였다. 그래서인지 오늘날의 교과서 서술도 마찬가지다. 일본사에서는 자유민권운동이, 한국사에서는 독립협회의 민권사상·민권의식과 민권신장운동이, 중국사에서는 변법유신파의 민권사상과 민권진흥론이 그러하다. 다만 베트남 교과서는 이

---

3 배경한, 〈근현대 중국의 공화정치와 국민국가의 모색〉, 《歷史學報》 200집, 2008, p. 486; 狹間直樹, 〈對中國近代'民主'與'共和'觀念的考察〉, 中國史學會 編, 《辛亥革命與二十世紀的中國》 下, 北京: 中央文獻出版社, 2002, pp. 1588-1591.

4 진관타오·류칭펑, 양일모 외 옮김, 〈공화에서 민주로〉, 《관념사란 무엇인가》 2, 푸른역사, 2010, pp. 272-273, p. 290.

와 달리 민권이라는 용어를 쓰지 않고 입헌군주제를 추구한 베트남유신회 등의 활동(1905-1909)을 "자산계급 민주주의에 의해 나라를 구하려는 운동"이라 하였다.[5] 오늘날 우리에게 민권은 '인민의 권리(right)'로서 민주의 일부 구성요소일지언정 동의어는 아닌데, 왜 민주가 아니라 민권으로 표현되었을까?

'민권'은 동아시아 고문헌에 나오지 않는 용어로서, 근대에 만들어진 말이다. 민권은 일본에서 데모크라시의 번역어로 만들어졌고, '인민의 권력(power)'을 의미하였다. 그렇다면 이는 데모크라시의 어원이 갖는 의미를 정확히 반영한 조어다. 번역어 성립 사정에 따르면 1870년대 초 일본에서는 '정부 관할의 권(權)'과 대립하는 '인민 자주의 권'이란 표현이 자주 쓰였고 이때의 '권'은 right라기보다 power를 의미하였다. 자유민권운동가들이 요구한 민권은 분명 정부의 권력과 동등한 인민의 권력이었다. 하지만 자유민권운동이 진압되어 힘을 잃게 되자, 민권은 이제 추상적인 관념인 'right(권리)'라는 의미로 차츰 이해되었다.[6] 아니, 그 후부터는 민권도 주로 '권리'를 의미하는 것으로 바뀌거나 혹은 권력(광의)과 권리(협의)를 각각 지칭하는 의미로 분화된 것으로 보인다.[7] 일본의 《대한화사전(大漢和辭典)》에 따르면, 민권은 단지 "정치상에 있어서의 인민의 권리"일 뿐이고 일본 교과서에서도 민권은 '인권 · 권리'를 의미

5 宮原武夫 · 石山久男 外, 《日本史B》, 東京: 實教出版, 2010, p.156; 김한종 · 홍순권 외, 《한국근현대사》, 금성출판사, 2006, pp.84-85; 人民教育出版社歷史室 編, 《中國近現代史》 上册, 北京: 人民教育出版社, 2003, p.61; Phan Ngọc Liên et al., *LICH SU*, Hanoi: Nhà xuất bản giáo dục, 2014(《베트남역사교과서》, 역사교육연구소 번역본, 내부자료, 2015, p.152).

6 야나부 아키라, 김옥희 옮김, 《번역어의 성립》, 마음산책, 2011, pp.170-171.

7 중국의 연구에 따르면 그 후 민권은 인민의 권력과 권리를 각각 의미하는 것으로 분화되었다. 韋杰廷, 《孫中山民權主義探微》, 桂林: 廣西師範大學出版社, 1994, p.24; 熊月之, 《中國近代民主思想史》, 上海: 上海社會科學院出版社, 2002, p.10.

할 뿐인 것으로 되어 있다. 반면 같은 사전에서 '민주'는 "국가의 주권이 전체 인민에게 있는 정체, 공화제의 정체"로 풀이되어 있고 '민주국'은 곧 '공화국'이라고 되어 있다.[8] 민주를 곧 공화로 여겨 온 메이지 이래의 관념이 응축되어 표현된 것이다.

그러므로 천황주권을 천명한 메이지 일본에서 데모크라시를 '민주'로 번역·표기하는 것은 극히 곤란한 일이었다. 거기서 민권은 인민의 권력과 인민의 권리 중 어느 의미로 쓰였든 천황주권을 인정한 위에서 모색될 수밖에 없었다. 나카에 조민(中江兆民)을 위시한 자유민권운동 좌파조차 루소의 인민주권론을 수용한 것으로 알려져 있지만 군주와 국회가 공동으로 주권을 행사하는 "군민동치(君民同治)"에 머물렀다.[9] 정부가 헌법에 반하여 국민의 권리를 짓밟을 경우 정부를 타도할 수 있다고 한 우에키 에모리(植木枝盛)의 주장도 천황제 국가 안에서의 정부(내각) 교체를 의미한 것이다. 1898년 오자키 유키오(尾崎行雄) 문부상은 일본이 공화제라면 재벌이 대통령 후보가 될 것이라는 연설을 했다가 곧바로 파면되었다. 따라서 근대일본에서 고전적 의미의 공화주의자나 순수한 인민주권론자는 천황제를 부정하는 사회주의자들이 나오기 전에는 거의 없었다.[10] 일본이 데모크라시를 '민주'라 하지 않고 '민권'이라 번역

---

8 諸橋轍次 編, 《大漢和辭典》 6卷, 東京: 大修館書店, 1957(1985), pp. 838-839; 宮原武夫·石山久男 外, 《日本史B》, p. 156. 한편 중국의 《사해(辭海)》에 따르면, '민주'는 "인민의 권력을 가리키는 것으로 국가제도상으로는 전제(專制)와 대립한다." 《辭海》, 上海: 上海書辭出版社, 1989(1994), p. 4722. 무슨 연유인지 한국의 《국어대사전》(이희승 엮음, 민중서관, 2004)도 '민주'를 '공화'와 같은 의미로 풀이하였다.

9 坂野潤治, 《明治デモクラシ》, 東京: 岩波書店, 2005, p. 135, p. 139.

10 宮原武夫·石山久男 外, 《日本史B》, p. 158은 자유민권운동기에 "황제(천황)가 헌법을 지키지 않고 폭위(暴威)로 인민의 권리를 억압했을 때 인민은 전국투표로 황제를 교체할 권리를 행사할 수 있다"라는 평론을 소개하였다. 상당히 급진적인 주장이지만 역시 천황제 자체를 부정하는 공화정의 논리는 아니다.

한 것은 천황주권과의 충돌을 피하기 위한 고민의 소산으로 보인다.

당시 한국과 중국에서도 입헌제를 추진하면서 '민주'보다 '민권'이 선호된 것 역시 민주는 곧 군주제를 부정하는 공화제와 같은 의미로 받아들여졌기 때문이다. '데모크라시'가 1864년《만국공법》에서 이미 '민주'로 번역되었음에도 이를 기피하지 않을 수 없었던 것이다. 이는 1874년 정관잉(鄭觀應)이《이언(易言)》에서 서방 각국을 '군주국-군민공주국(君民共主國)-민주국'의 세 유형으로 나누었을 때 민주국이 공화국을 지칭한 데서 확인된다. 이 책의 증보판이 갑신정변 직전에 한글로 번역되었으니 거기에 나타난 '민주'의 용법은 당시 조선에도 영향을 직접적으로 미치게 되었다. 그 후 청말의 입헌운동 과정에서 '군주입헌론'에 맞서 '민주입헌론'이 대립한 것 역시 그러하다. 민주입헌론은 사실상 공화입헌론의 다른 이름이었다. 이때 군주입헌파의 허치(何啓)와 후리위안(胡禮垣)이 "민권이란 그 나라의 임금[君]이 그 지위를 여전히 세습하는 것이며, 민주란 그 나라의 임금이 국민에 의해 선출되어 몇 년을 임기로 하는 것이다"라고 한 것을 보라.[11] 이들은 후자를 "民之國"(=民主國=民國)이라 하고 이는 당시 중국 현실에 맞지 않는다고 주장하였다.

한국에서도 이런 용법이 흔하였다. 가령 1884년《한성순보》가 구미 각국의 "입헌정체는 군주 및 민주를 막론하고 모두 상하의원을 설치하여 일체의 국가대사를 논의하고 가결한다"[12]라고 했을 때의 민주 역시 공화제를 의미하였다.《한성순보》는 외국의 사례를 소개할 때에 한하여 '민주'를 이와 같은 의미의 용어로 사용했을 뿐이고,《독립신문》역시

11 그래서 초기에는 president를 '민주'로 번역하였으며, 나중에 가서야 '총통', '대총통', '대통령' 등으로 옮겼다. 韋杰廷,《孫中山民權主義探微》, p.25.

12 김용직, 〈근대 한국의 민주주의 개념:《독립신문》을 중심으로〉, 하영선 외,《근대 한국의 사회과학 개념 형성사》, 창비, 2009, p.297.

의도적으로 민주주의라는 용어를 사용하지 않았다.[13] 더구나 군주입헌은 일본에서 먼저 제도화되었고 중국과 한국이 이를 모델로 삼아 근대국가 체제를 정비하려고 노력하였으니, 데모크라시를 민주 대신 민권으로 표현할 이유는 더욱 컸다. 요컨대 이제 '민주'는 '공화'와 같은 의미를 가진 것으로서 '군주제'와 상반되는 용어로 간주되었다.[14]

이에 따라 군주입헌론자들은 '민권'을 선호하고 '민주'를 반대하거나 폄하하는 경향을 보였다. 천츠(陳熾)와 캉유웨이(康有爲) 등은 민주를 군주권에 도전하는 "犯上作亂의 온상"이라 비난하면서 민권을 제창하고 민주에 반대하였다. 량치차오(梁啓超) 역시 민권과 민주는 그 의미가 전혀 다른 별개의 용어라고 주장하였다. 이런 구분과 분기는 민주를 "民主之"(인민 스스로 주재한다) 혹은 "人民作主"(인민이 주권자다)로 파악하여 군주권과 병존할 수 없는 개념으로 이해한 데 비해, 민권은 인민의 권력·권리이되 인민이 다 가질 수도 군주와 나눠 가질 수도 있어서 후자의 경우 군주권과 타협·병존할 여지가 있었던 데서 연유한다.[15] 그러나 군주제를 부정하는 공화혁명파는 민권과 민주를 이렇게 구분할 이유가 없었다. 쑨원(孫文)과 중국동맹회가 삼민주의 중 하나로 '민권주의'를 제시하여 민권을 민주와 같은 의미로 계속 사용한 것이 이를 말해 준다. 그는 민권주의를 영어로는 democracy라 표기하였다. 다만 그의 민권주의는 선거권 외에 '직접민권'(파면권 = 국민소환, 창제권 = 국민발안, 복결권 = 국민투표)까지 포함하는 것이라는 특징이 있다. 'democracy'의 어원

13 김용직, 〈근대 한국의 민주주의 개념〉, p. 306.

14 1904-1915년 중국에서 근대적 의미의 '민주'는 세 가지로 쓰였는데, 그중 가장 많은 용례는 군주제와 상반되는 정치제도 곧 '공화'의 의미로 쓰인 것이었다. 그 다음이 데모크라시=인민의 지배의 의미, 그 다음이 민선 영수=대통령 순이었다. 진관타오·류칭펑, 양일모 외 옮김, 〈공화에서 민주로〉, pp. 276-277의 표 5-1 참조.

15 熊月之, 《中國近代民主思想史》, p. 11.

인 'demos kratia'는 원래 인민의 직접 통치에 의해 발휘되는 권력을 의미했으므로 그가 '민권주의'라는 용어를 선택하여 민주의 직접성을 강조한 것은 그 나름의 의미가 있었다.

오늘날 우리가 인정하듯이 동아시아에서 '민주'가 데모크라시의 의미로 자연스럽게 받아들여진 것은 1910년대를 지나면서부터다. 이는 민주가 공화와 뒤섞여 혼용되는 관행이 종식되고서야 비로소 가능해졌다. 신해혁명, 1차대전, 러시아 혁명을 거치면서 공화제가 거스를 수 없는 대세로 굳어졌기 때문이다. 쑨원과 중국동맹회·국민당이 민권주의를 계속 견지한 것을 제외하고는 다수가 '민권'을 '민주'로 바꿔 표현하였다. 그 사이 일본이 한국을 병합하여 제국주의 본색을 노골적으로 드러냈기에 일본 모델의 군주입헌제를 추구해 온 동아시아 각국에게 이 모델의 의미가 급감한 탓도 크다. 심지어 신해혁명 직후 중국에서조차 군주제를 회복하려는 반혁명 시도가 1915-1917년에 일어났으나 이런 대세를 거스를 수 없었던 것이다.

이제 일본을 제외하고는 군주제가 종식되었기에 그것과의 충돌을 염려하여 '민주'라는 용어 사용을 기피할 이유는 사라졌다. 그 이전에 군주제를 부정하는 것은 민주라기보다 공화라는 인식이 자리를 잡게 되었다. 중국의 경우 1905년 7월 청조 황실 스스로 군주입헌을 추진하기로 결정하고 쑨원 등에 의해 공화혁명을 추구하는 중국동맹회가 결성되자 신문잡지에서 '공화'라는 용어의 사용이 급증하였다.[16] 한국에서는 일제와 통감부에 의해 고종이 폐위되어 군주권이 부정된 1907년 공화제를 추구하는 신민회(新民會)가 결성되었고, 여러 애국계몽단체들도 공공연히 공화제를 논의하였다.[17] 식민통치하의 베트남에서는 프랑스 당

---

16 진관타오·류칭펑, 〈공화에서 민주로〉; 배경한, 〈근현대 중국의 공화정치와 국민국가의 모색〉 참조.

국에 의해 마지막 왕조의 군주제가 명목상 유지되고 있었는데, 중국에서 군주제가 붕괴하자 베트남인들도 1912년 베트남광복회를 결성하여 공화제를 추구하기 시작하였다. 그럼에도 이런 주장은 여전히 소수 선각자에게 한정된 것이었고 1차대전 직후에 가서야 비로소 대세가 되었다. 1915-1917년 중국에서 군주제를 회복하려는 반동이 실패한 것과 동시에 《신청년(新青年)》 잡지가 '민주와 과학'을 제창한 것, 중국에서 활동하던 한인 독립지사들이 1917년 대동단결선언을 통해 공화정을 목표로 삼고, 1919년 대한민국 임시정부가 '민주공화제'를 채택한 것은 이러한 대세의 정착을 상징하는 사건이다. 이런 추세는 1924년 몽골인민공화국의 수립으로 이어졌다.

이와 달리 천황주권하의 일본에서는 여전히 '민주'가 금기어였기 때문에 데모크라시는 '민본주의(民本主義)'로 번역될 뿐이었다. 요시노 사쿠조(吉野作造)는 1916년 "민주주의라고 하면 국가의 주권은 인민에게 있다고 하는 위험한 학설과 혼동되기 쉽다"라고 전제한 뒤, 이에 비해 민본주의는 "국체가 군주제인지 공화제인지를 묻지 않고 널리 통용할 수 있는 주의이다"라고 주장하였다. 당시에도 그랬지만 오늘날의 일본사 교과서도 다이쇼 시기(다이쇼 천황의 재위기간인 1912-1926년을 중심으로 그 전후 몇 년을 추가한 시기를 일컫는다)의 정치와 사조를 '데모크라시'나 '민본주의'로 표현하고 있다. 심지어 이 시기에 극히 예외적으로 국민주권론을 명확히 주창한 이시바시 단잔(石橋湛山)조차 민주주의가 아닌 민본주의 항목 속에 서술되었다.[18] 일본에서 '민주(주의)'란 용어가 일반화

---

17 박찬승, 〈한국의 근대국가 건설운동과 공화제〉, 《歷史學報》 200집, 2008; 서희경, 《대한민국 헌법의 탄생: 한국 헌정사, 만민공동회에서 제헌까지》, 창비, 2012, pp. 40-66.

18 鳥海靖·三谷博 外, 《現代の日本史》(日本史A), 東京: 山川出版社, 2013, p. 88. 교과서가 천황주권하의 역사를 다루면서 '민주주의'라는 용어로 설명된 것은 극히 예

된 것은 1945년 패전 이후의 일이다. 이는 오늘날 일본의 교과서에도 그대로 반영되어 있다.

일본에서 데모크라시가 천황제의 질곡에 묶여서 처음에 '민권'으로 표기되다가 '민본'으로 정착되는 동안 중국과 한국, 베트남의 민주는 참정주체와 방법을 일신하여 신민주주의(新民主主義)로 진화하였다. 다음 장에서 살펴보겠지만 '신민주주의'라는 용어는 원래 1차대전 종전 후 유럽에서 정당 중심의 대의정치(자산계급 민주주의)를 혁신하기 위해 제기된 'new democracy'의 번역어로 1922년 중국에서 등장하였다. 그것은 세 유형으로 나타났는데, ① 민의기관 구성원리와 방법을 제한선거에서 보통선거로 바꾸며 구역대표제에서 직업단체 중심의 직업대표제로 바꾸려는 유형, ② 토지와 자본의 소유한도를 정하여 인민대중의 기본생계를 보장하는 경제민주를 정치민주와 결합하려 한 유형, ③ (반)식민지 조건에서 공산당의 주도하에 사회주의를 실현하기 위한 과도기 제도로 추구한 유형 등이다. 세 유형 모두 종래의 선거제도와 대의정치가 각 지역구의 소수 상층 엘리트의 이해만을 대변할 뿐이라는 성찰에서 나온 혁신방안으로 노동자와 농민을 비롯한 다수 인민의 참정을 제도화하기 위한 고민의 소산이라 할 수 있다.

당시 일본에서는 '민주주의'라는 용어조차 금기어로 되어 있었던 만큼 이러한 신민주주의 개념이 논의될 수 없었다. 다만 보통선거 실시를 촉구하는 운동이 전개되어 1928년 25세 이상 남자의 참정권을 실현한 것이 주목된다. 이는 재산이나 교육 정도를 기준으로 참정권을 제한

외적인 것으로, 근대 사상과 학문을 소개하면서 "나카에 조민이 루소의 사회계약설을 소개하여 민주주의 사상을 제창하고"라 한 것과 정당정치를 설명하면서 정당내각의 성립이 "반드시 의회민주주의의 확립이라고는 할 수 없었다"라고 한 사례에서 찾아볼 수 있다. 宮原武夫 · 石山久男 外, 《日本史B》, p. 172; 鳥海靖 · 三谷博 外, 《現代の日本史》, p. 96.

하던 제한선거에 비하여 참정주체를 확대한 점에서, 특히 노동자와 농민의 이해를 대변하는 무산계급정당이 출현하여 의회에 진출(8석)한 점에서 새로운 민주주의의 한 모습이라 할 수 있다. 일본에서는 이를 '사회민주주의'라 부르기도 하는데, 일본정부가 치안유지법을 강화함으로써 노동대중의 정치적 진출은 극도로 억압되었다.[19] 따라서 보통선거는 형식상의 정치민주에 그칠 뿐 경제민주와 결합되어야 비로소 실질적 민주로 진전될 수 있다는 경제개혁 요구가 나온 것이다.

오늘날의 교과서는 이러한 민주주의의 진화 과정과 그 의미를 어떻게 반영하고 있는지 살펴보자. 신민주주의 이전의 구형 민주주의, 곧 자산계급 의회정치에 대해서는 이를 제도화한 일본의 교과서가 제국의회의 개설과 '헌정' 실시에 초점을 맞춰 비중 있게 서술하였다. 한국·중국·베트남의 교과서는 (반)식민지 조건하에서 의회 자체가 없거나 잠깐 있었어도 유명무실했기 때문에 그 제도 운영에 대한 서술은 없고 다만 그것을 요구한 사상과 운동에 대해서만 간략히 다루었다. 신민주주의에 대해서는 과도기형 신민주주의만을 중국과 베트남의 교과서가 다루었을 뿐이다.

중국 교과서는 5·4운동에서 노동자 계급이 정치적 주체로 등장한 것을 근거로 이를 "중국 신민주주의 혁명의 출발점"이라고 하였고, 그 노력이 성취된 결과 1949년 10월 중화인민공화국이 "신민주주의 즉 인민민주주의 국가"로 건립되었다고 하였다.[20] 베트남 교과서는 베트남민주공화국 수립 직후의 과도기 '인민민주주의'(1945-1954)를 다루었다.[21]

---

19 그러나 일본에서는 의회가 군부, 관료, 재벌의 힘에 좌우되어 사회민주주의가 뿌리내리기 어려웠다. 조지 O. 타튼, 정광하·이행 옮김, 《일본의 사회민주주의운동, 1870-1945》, 한울, 1997, pp. 425-432.

20 《中國近現代史》上册, p. 115, 下册, p. 88; 人民教育出版社歷史室 編, 《歷史》1册, 北京: 人民教育出版社, 2007, p. 67, p. 94.

21 《베트남역사교과서》, pp. 168-192. 이 책은 국정교과서이며 8-10학년용이다. 베트

이는 좌우합작의 민족통일전선인 베트남독립동맹(1941)이 마오쩌둥(毛澤東)의 신민주주의론으로부터 영향을 받아 추구된 것으로 1945년 베트남민주공화국 수립의 이념이 되었다. 실제로 1946년 베트남노동당 서기장 쯔엉찐은 베트남민주공화국이 "신민주주의 성격을 띤 인민민주주의 체제"라고 하였다.[22] 그러나 양국 교과서 모두 이 용어의 의미에 대해서는 설명이 없어 역사적 맥락을 이해하기 어렵다.

3. 운동사 · 혁명사 속의 민주공화: 한국과 중국, 베트남

이제 민주주의의 제도화 과정에 대하여 어떤 내용이 어떤 맥락에서 서술되었는지 살펴보자. 한국과 중국은 민족운동사 · 혁명사 속의 민주공화를, 일본은 제국사 속의 헌정을 강조하는 특징을 보였다. 민주공화는 헌정을 필요조건으로 삼지만 헌정이 곧 민주인 것은 아니다. 형식상 헌정의 이름 아래 진행된 독재나 파시즘의 사례를 우리는 흔히 보아 왔다. 여기저기 분산적으로 서술된 내용들을 모아 검토해 보자.

한국의 경우, 《한국근현대사》는 한말 "구국 민족운동의 전개"에서 민권의식이 신장되는 과정을 서술하였다. 우선 동학농민운동과 갑오개혁을 통해 신분제가 폐지됨에 따라 평등사회의 기틀이 마련된 조건에서, 독립협회의 민권사상과 국회 개설 및 국민참정권 운동이 전개된 사실이 다루어졌다. 그러나 금성출판사판 교과서는 헌정연구회의 입헌군주제 모색과 신민회의 공화제 모색을 무시하였다. 대부분의 교과서가

남의 역사 교과서는 2018년부터 국정제에서 검정제로 바뀔 예정이다.

22 "The August Revolution"(1946), *TRUONG-CHINH: Selected Writings*, Hanoi: The Gioi Publishers, 1994, p.22.

이 시기의 민권을 '인민의 권리'라는 뜻으로 서술하였다. 다만 대한교과서판이 자료로 제시한《독립신문》논설들 중 "정당이 당의 본의와 정책을 모든 국민에게 알려 (선거를 거쳐) 권력을 가지고 정부 일을 하게 되면"은 특별히 주목된다.[23] 이는 '인민의 권력'이 선거를 거쳐 정당과 의회, 나아가 정부로까지 제도화되는 정당내각 원리를 제시한 것이기 때문이다. 이어서 제시된 논설, "정부에서는 국민의 생명과 재산에 관계되는 권리를 어디까지든지 보장할 일"은 인민 개인의 권리를 정부가 보장해야 하는 의무를 제시한 것이어서 두 자료가 짝을 이루고 있다.

1910-20년대 "민족독립운동의 전개"에서는 대한민국 임시정부가 삼권 분립의 민주공화제로 운영되었음이 다루어졌다. 금성판은 신규식(申圭植) 등의 대동단결선언이 국민주권의 공화정을 주장하고 윌슨(Woodrow Wilson) 대통령이 '세계평화와 민주주의'를 선언한 직후, 독립운동세력이 공화주의와 복벽주의의 대립을 종식하고 공화주의를 채택하게 되는 과정을 서술하였다. 그리고 대한민국은 민주공화제이며 임시정부가 국회에 해당하는 임시의정원의 결의에 의하여 통치한다는 내용의 임시헌장을 자료로 제시하였다.

1923년 소집된 국민대표회의는 대부분의 교과서에 언급되었으나, 국민대표가 어떻게 구성되었는지에 대해서는 간과하였다. 천재판만이 이에 관심을 기울였는데, 그것은 "새로운 독립운동의 지도기관을 세우기 위해 임시의정원의 해산을 요구"하면서 소집되었으며 "지역대표와 단체대표로 인정된 130여 명"으로 구성되었다고 하였다.[24] 이 회의는 독립운동사상 최대 규모의 회의로 약 4개월간 계속되었으며, 결국 합의 도출에는 실패했지만 대표 구성의 방법과 원리 면에서 주목할 만한

---

23 한철호 외,《한국사》, 미래엔, 2012, p.98.

24 주진오·박찬승 외,《한국사》, 천재교육, 2013, p.238.

변화를 보여 준다.[25] 지역대표로만 구성된 대한민국 임시의정원과 달리 지역대표 외에 단체대표가 추가된 것이 그것인데, 이는 당시 유럽과 중국에서 신민주주의의 주요 내용으로 인정되고 있던 민의기관 구성의 새로운 원리인 직업대표제를 반영한 것이라 할 수 있다.

1930-40년대 "민족독립운동의 전개"에서는 임시정부 건국강령을 서술한 교과서들이 주목된다. 금성출판사판은 앞서 본 대로 건국강령의 주의를 "새로운 민주주의"로 이해한 점에서 남다른 시각을 보여 주었으나 삼균주의의 내용에 대해서는 "정치 · 경제 · 교육의 균등을 추구한다"라는 포괄적인 설명에 그쳤다. 이에 비해 천재판은 새로운 민주주의라는 설명은 없으나 삼균주의의 내용에 대해서는 "대기업의 국영화, 토지의 국유화, 자영농 위주의 토지개혁 실시"가 경제 방면의 건국강령에 담겼음을 분명히 하였다.[26] 이는 해방 직후 건국 과정에서 여러 정치세력들에게 주목되었고, 대한민국 제헌헌법에도 일부 반영되었다.

대한민국 임시의정원은 우여곡절 속에서도 임시정부의 민의기관으

25 1921년 5월 상하이의 여운형과 안창호 등은 대표성이 취약한 임시정부 문제를 해결하기 위해 국민대표회의나 다른 방법으로 일반민의를 모아 통일을 도모해야 한다고 요구하였다. 논의 결과 국민대표는 구역대표와 단체대표로 구성하되 전자는 국내와 국외 교민사회를 포함하며 후자는 국내외의 독립운동 · 종교 · 노동 · 교육 · 청년 단체를 포함하였다. 농회와 상회 등이 빠진 것은 식민지 현실에 비추어 변형된 결과라 하겠다. 金喜坤, 《中國關內韓國獨立運動團體硏究》, 지식산업사, 1995, p. 150; 박영석, 《韓民族獨立運動史硏究》, 일조각, 1982, pp. 299-306.

26 주진오 · 박찬승 외, 《한국사》, p. 277. 한철호 등이 쓴 《한국사》(p. 247)에서는 삼균주의 건국강령의 내용을 좀 더 상세히 설명하고 나아가 1942년 조선독립동맹의 건국구상 중 "민주공화국을 수립하고 일제의 자산과 토지를 몰수하며, 8시간 노동제, 의무교육과 무상교육을 실시한다"라는 것도 제시하였다. 그리고 1935년 좌우합작의 통일단체로 성립한 조선민족혁명당이 민주공화국 수립, 토지국유화, 민주적 권리의 보장 등을 강령으로 내걸고 활동했음을 언급하였다(한철호 외, 《한국사》, p. 186).

로서 줄곧 존속하였는데, 의원을 어떻게 개선하고 회의를 운영했는지에 대한 관심 역시 매우 취약하다. 이에 관심을 기울인 것은 한국근현대사가 아닌, 한국사 교과서여서 뜻밖이다. 천재판은 임시의정원이 출신 지역별로 선임된 의원으로 구성되었으며 행정부보다 우위에 있었음을 서술하였다. 나아가 건국강령을 제정하기 직전 상황을 간략히 소개하였다. "임시정부는 선거를 실시하여 중간·좌파 인사들을 임시의정원 의원으로 선출하였다. 이후 임시정부의 내각에는 한국독립당과 민족혁명당의 인사들이 함께 참여하게 되었다. [...] 이로써 명실상부한 좌우통합 정부의 성격을 띠게 되었다"라고 한 것이다.[27] 신설된 부주석에 김규식(金奎植), 군무부장에 김원봉(金元鳳)이 임명된 사실을 덧붙였는데 이들은 조선민족혁명당 소속이다. 다른 교과서들은 이를 단지 독립운동세력의 통합으로 간주하였을 뿐, 임시정부의 의정원과 국무원의 구성 및 운영상의 통합이란 시각에서 설명하지는 않았다.

1945년 이후의 단원에서는 남북한 통일정부 수립운동, 4·19혁명과 민주주의의 빌진, 5·16군사정변과 유신체제에 맞선 민주화운동과 민주주의의 발전이 다루어졌다. 한국사 교과서에서 민주주의가 장이나 주제(절)의 이름으로 제시된 경우는 1960-90년대를 다룬 장이 유일하다. 《한국근현대사》의 "민주주의의 시련과 발전"과 《한국사》의 "민주주의의 굴곡과 진전"이 그것이다.

한편 '자유민주주의'라는 용어가 2014년 한국사 교과서에 등장하였다. 이 용어는 중국과 일본, 베트남의 분석 대상 교과서에서는 보이지 않는다. 이는 정치권의 요구를 반영한 한국정부의 지침에 의해 갑자기

27 주진오·박찬승, 《한국사》, p. 277. 그 직전까지 임시정부와 의정원은 일당제하에 운영되었다. 이에 관해 좀 더 자세한 설명은 박찬승, 《대한민국은 민주공화국이다》, 3장 참조.

추가된 것이어서 그 맥락을 찾기 어렵다. 정부 지침을 충실히 따른 교학사판의 경우 자유민주주의를 공산주의에 대응하는 개념으로 제시하였다. 그리하여 "냉전은 자유민주주의 체제와 공산주의 체제 사이의 경쟁"이라 규정하고 이 이분법적 인식을 그 이후 시기에도 시종일관 적용했으며, 심지어 그 이전 시기의 임시정부 건국강령과 삼균주의까지도 '자유민주주의'를 추구한 것으로 파악하였다.[28] 이는 냉전의 진영대립에서 당연시된 이분법을 소급 적용한 비역사주의적 시각이 아닐 수 없다.

이를 비역사주의적 견해라고 하는 까닭은 1차대전 이후 나타난 사상계의 변화를 역행하는 해석이기 때문이다. 1920년 전후 신민주주의가 추구된 이래 1950년대 냉전체제가 굳어지기까지 사상계의 주된 흐름은 개인보다 사회를, 시장의 효율성보다 공동체의 공익(공공성)을 중시하는 방향으로 일신되었다. 이는 민주선진국을 자처한 유럽 국가들의 자기파괴 행위였던 1차대전의 참화 속에서 일구어낸 성찰의 소산인데, 시장이 이를 외면하였기에 대공황이 일어났지만 그 후 수정자본주의가 등장함에 따라 이런 경향은 더욱 강하게 지속되었다. 혹자는 이를 "자유주의의 사회민주주의화"라고 표현했는데, 하버마스(Jürgen Habermas)는 이를 "자유민주주의"와 대비되는 "공화민주주의"라고 분류하였다.[29] 이런 추세는 1950년 전후의 열전과 냉전을 거치면서 역전되었고 이 반전을 마무리 지은 전사(戰士)는 냉전의 꽃인 매카시즘이다. 이런 맥락을 고려하여 삼균주의를 굳이 구분한다면 공화민주주의에 귀속시키는 게 자연스럽다. 공화민주주의 경향은 1차대전 후 추구된 신민주주의 일반의 주요

28 권희영 외, 《한국사》, 교학사, 2014, p. 290, pp. 300-301.

29 하버마스의 논법에 따라 민주주의를 자유민주주의와 공화민주주의로 나누어 보는 견해에 대해서는 정원규, 《공화민주주의》, 씨아이알, 2016; 成慶, 〈自由主義與共和主義: 現代中國思想史中的兩種民主觀〉, 《天津社會科學》 2005年 4期 참조.

특징이기도 하다.

중국의 경우, 《중국근현대사》 17개 장 중 '민주'를 제목에 내건 것은 "자산계급 민주혁명과 청조의 멸망"뿐이다. 여기에는 4개의 절을 두어 쑨원과 동맹회의 민권주의, 중화민국 임시약법과 국회개설을 비중 있게 다루었다(19쪽 분량). 그리고 "인민해방전쟁" 장의 1절 "평화와 민주주의를 쟁취하기 위한 투쟁과 내전의 폭발"(2쪽 분량)이 있다. 그 내용은 공산당이 국공담판과 정치협상회의에서 주도적으로 인민의 민주와 자유를 향유할 권리를 촉구하고 정치의 민주화와 군대의 국가화를 요구하여 그 대강에 합의가 이루어졌으나 국민당이 이를 파기함으로써 내전으로 치달았다는 요지다. 그 밖에 "중화민족의 항일전쟁" 장에서 간략히 언급된 예로는, 국민정부의 반공정책과 독재에 맞서 "중간파와 애국민주인사들"이 연합하여 자유와 민주의 쟁취를 요구하면서 중국민주동맹을 결성하여 "민주역량의 발전"에 기여하였다고 한 것, 공산당이 항일근거지에서 33제 원칙의 선거를 통해 각급 참의회와 정부를 구성한 것을 "항일민주정권"이라고 한 것이 있다.[30]

이렇게 혁명정당 중심의 민주혁명운동만 강조되다 보니 인민대중의 자율적 민주화 요구와 실천운동은 무시되었다. 신해혁명은 쑨원과 동맹회 중심으로 서술되었고, 국민회의운동은 쑨원이 1924년 11월 제기하고 "공산당과 인민이 지지하여" 전개된 것으로 서술되었다.[31] 국회가 군벌관료에 휘둘려 들러리로 전락하는 것을 지켜본 인민대중이 직업단체를 기반으로 각계연합을 조직하고 직업대표제의 원리에 의거해 국

30 《中國近現代史》 下册, p.39, p.44. 33제는 의석 상한을 공산당·진보당파·중간당파 각각 3분의 1로 정하여 공산당을 포함한 어느 당파도 의석의 3분의 1 이상을 점할 수 없도록 한 제도다.

31 《中國近現代史》 上册, p.126.

민회의를 구성함으로써 국회를 대신하려 한 노력은 철저히 외면된 것이다. 1927년 난징국민정부 성립 이후 각계연합을 비롯한 자율적 사회단체와 군소정당들의 민주헌정운동, 1938-1948년 국민정부가 소집한 전시 준민의기관으로서 민주동맹 결성의 토대가 되었던 국민참정회(國民參政會)는 무시되었다. 정치협상회의가 강조되었으나 기실 그것 또한 국민참정회(1946년 290명)를 인적·물적 기반으로 하여 그 축소판(38명)으로 성립된 것임에도 그 모체는 철저히 외면된 것이다.[32] 결국, 중국의 민주주의가 1927년 이전은 쑨원과 국민당 중심으로, 그 이후는 공산당 중심으로 인식되고 서술된 것이다.

중국사와 세계사를 통합한 《역사》 1책(1책: 정치사, 2책: 경제사, 3책: 문화사)의 경우 민주주의를 주제로 한 장절이 《중국근현대사》의 경우보다 많다. 그러나 《역사》도 《중국근현대사》처럼 각계연합을 비롯한 자율적 사회단체들의 아래로부터의 민주화 요구와 사상 및 운동은 거의 무시한 채, 국공양당이라는 혁명정당 위주로 서술하였다. 반면 1913년 개설되어 해산과 회복을 거듭하면서도 1924년까지 존속한 다당제하의 국회와 지방의회가 어떻게 운영되었는지, 그리고 국민당 주도하에 1938년 소집되어 10년 동안 존속하면서 항일전쟁기와 국공내전 시기에 민의기관 구실을 한 국민참정회와 성시(省市) 임시참의회가 무시된 것은 공산당 중심 사관에 의거한 편향이 아닐 수 없다.

베트남 교과서의 서술은 종주국인 프랑스의 정치 동향에 따라 다른 모습을 보였다. 자국사와 세계사를 합친 《역사》(2014)는 1차대전 직후 식민통치하에서 자산계급 정치세력이 자유와 민주주의를 요구한 '공개적인 민족민주운동'(1919-1925), 프랑스 인민전선과 연동하여 사회주의

---

32 각계연합의 국민회의운동, 그리고 국민참정회와 정치협상회의 구성 및 운영에 대해서는 유용태, 《직업대표제, 근대중국의 민주유산》 참조.

자들의 주도하에 전개된 반파시즘 통일전선의 '민주운동'(1936-1939), 그리고 베트남독립동맹이 주체가 되어 베트남민주공화국을 수립하고 실행한 '인민민주주의'(1941-1954)를 각기 다른 장에서 다루었다. 1920년대의 민주운동이 자산계급 주도하의 구형 민주주의에 대한 서술이라면 그 후의 민주운동은 무산계급을 대표하는 공산당 주도하의 신민주주의에 대한 서술이라 할 수 있다.

1920년대의 민주운동은 1차대전 직후의 세계적 민주주의 사조를 배경으로 입헌당과 국민당을 비롯한 도시 자산계급 정당이 헌정실시와 자유권적 기본권을 요구한 것을 말한다. 그 이후의 민주운동은 1936년 프랑스에서 좌파연합의 인민전선 정부가 출범하여 식민지 베트남에도 약간의 자유화와 민주화 정책을 적용함에 따라 일어났다. 그 내용은 공산당의 지도에 따라 대중이 참여하는 반파시즘 민주연합전선을 결성하여 민주적 권리(정치범 석방, 자유권적 기본권의 공포, 8시간 노동, 노동조합 결성, 임금인상, 유급휴가, 노동법과 사회보험 시행, 세금·소작료·이자의 경감 등)를 요구한 것을 말한다.[33] 일본의 식민지였던 조선이나 대만과 달리 베트남에는 식민지 의회가 있었기에 민주연합전선은 이 시기에 의원 선거에도 참여해 소수의 당선자를 냈으나 교과서에는 이에 관한 언급이 없다.

베트남 교과서는 이어서 "1945년 8월혁명과 베트남민주공화국의 성립"에서 민주공화제도를 다루었다. 그에 따르면, 전국적 총선거를 실시해 333명의 대표로 구성된 국회를 개설하고 거기서 헌법기초위원회와 항전 연합정부를 선출했으며, 동시에 각급 지방행정 단위에서도 보통선거의 원칙에 따라 인민평의회를 구성하고 거기서 각급 행정위원회를 성립시켰다.[34] 이를 '인민민주정권'이라 하였는데, 의회권력이 행정

33 《베트남역사교과서》, pp. 180-181.

34 《베트남역사교과서》, p. 192.

기관을 선출하는 의행합일(議行合一) 체제이며 거기에 참여할 수 있는 주체는 네 계급(노동자계급, 농민계급, 소자산계급, 민족자산계급)의 '인민'으로 한정되었다. 그리고 독립적 인민의 권리 · 책임 · 자발성과 공화국민의 자격에 대해서는 관심을 두지 않은 채 당의 지도만 강조하였다.

요컨대 한국과 중국, 베트남의 교과서는 제도로서의 민주보다 운동으로서의 민주에 편중되어 있다. 운동으로서의 민주란 혁명 · 개혁 수단으로 반민주세력을 타도하고 인민주권의 민주공화국을 수립하는, 혁명 · 개혁 운동 그 자체였던 것이다. 이때 반민주세력은 흔히 제국주의와 봉건세력을, 봉건세력은 지주계급(중국의 경우 군벌과 관료자본까지 포함)을 지칭하였다. 그러나 운동으로서의 민주는 1945년까지는 이들 3국 모두에서 일당제를 당연시하는 혁명정당의 우세를 초래하였고 이는 혁명의 대상을 타파하는 힘을 증강시킨 반면 운동 · 혁명 세력의 내부 민주주의를 취약하게 만드는 요인이 되었다.

이들 3국은 비록 1945년 이후에 혁명정당제를 지속한 경우(중국 · 대만 · 북한 · 북베트남)와 의회정당제를 채택한 경우(남한 · 남베트남)의 두 유형으로 갈라졌지만, 그 연장선에서 '운동의 결과' 구세력을 대신하여 등장한 새로운 세력도 일단 집권세력이 되고 나면 꼭 민주의 제도화를 보장하지는 않았다. 그러므로 '운동의 과정'에서부터 당시 조건에서 국회와 정당 혹은 그 밖의 다양한 형태의 민의기관이 어떻게 요구되고 구성되어 운영되었는지, 선거는 어떤 원칙에 의거해 어떻게 시행되었는지 등의 제도 운용에 대한 구체적 관심이 필요하다.

제도로서의 민주가 내실을 기하려면 언론 · 출판과 집회 · 결사의 자유와 권리가 보장되어야 한다. 근대시기 중국은 반식민지 상태에서도 자신의 국가가 있었기에 군벌정부와 국민당정부 치하에서 그런 자유와 권리를 실현하기 위한 요구와 실천이 강렬하게 이어졌다. 이 과정에서 '민권'보다 더 보편적 가치인 '인권'의 요구까지 제기되었다. 이에 비해 한국은 일제강점하의 식민지였던 데다가 1930년대부터는 독립운동 세력의 중심이 해외로 옮겨졌고 국내에서는 유혈탄압이 더욱 가중된 탓에 이런 요구와 운동이 상대적으로 취약했던 것으로 보인다. 특히 집회와 시위는 운동으로서의 민주를 추동한 중요한 동력이며, 나아가 제도로서의 민주에 대해서도 대의민주(간접민주)의 한계를 보완해 줄 직접민주의 의미를 갖고 있는 만큼 이를 특정 정당의 지도나 동원에 의한 것으로 폄하하지 말고 각계각층 대중의 자발적 참여의 진화 과정으로 파악해 제시할 필요가 있다. 운동으로서의 민주를 강조한 교과서라 해도 이런 방면의 운동까지 포괄할 수 있다면 역사 속의 민주유산을 더욱 풍부하게 복원할 수 있을 것이다.

4. 제국사 속의 헌정과 정당정치: 일본

일본사 교과서에는 한국사와 중국사에 비해 제도로서의 민주가 부각되어 있다. 그것은 처음에 '민권'으로 표현되다가 1910-20년대에 '민본주의' 혹은 '데모크라시'로 바뀌었고, 2차대전 종전 이후 비로소 '민주(주의)'로 바뀌었다. 대다수의 교과서가 '일본의 민주화'라는 항목을 두어 미군정하에서 단행된 민주개혁을 다루고 있는 것이 눈길을 끈다. 국민주권이 이때 비로소 제도화되었다는 의미다.

《일본사B》(實教出版)는 "대일본제국의 탄생" 장에서 "민권사상과 국회개설운동", "사의헌법(私議憲法)과 정당의 결성" 등의 절을 두어 다루었고, "대일본제국의 전개" 장에서 "다이쇼 데모크라시", "보통선거법과 치안유지법", "다이쇼 데모크라시와 문화" 등의 절을 두어 다루었다. 패전 후의 "일본국헌법과 현대의 세계" 장의 "일본국헌법과 민주교육" 절에 와서야 비로소 그동안 기피되어 온 '민주'라는 용어를 사용하여 "민주일본의 건설", "헌법의 민주화", "교육의 민주화" 등이 서술되었다.[35] 《현대의 일본사》의 경우 "근대국가의 형성과 발전"이라는 장에서 "입헌정치를 둘러싸고", "헌법의 제정과 의회의 개설"의 절이, "제1차 세계대전과 다이쇼 데모크라시"라는 장에서 "데모크라시의 고조와 정당", "정당정치의 시대" 등의 절이 설정되었다. 그리고 "점령하의 일본"이라는 장에는 "전후 민주주의의 정착", "정치경제의 재건" 등의 절을 두어 정당정치의 부활을 다루었다.

일본의 두 교과서 모두 아래로부터의 자율적 요구와 정부 및 국회의 법제를 함께 다루었으나, 자유민권운동과 1·2차 헌정옹호운동을 제외하고는 역시 후자를 중심으로 서술하였다. 여기서 자유민권운동은 국회개설 요구로 귀결되었는데, 국회개설이 왜 필요했는지에 대해서는 두 가지 관점으로 나눠진다. 하나는 정부의 시각으로 "국제사회에서 선진국에 뒤지지 않는 국가를 만들기" 위해서이고, 다른 하나는 정부 바깥의 시각으로 "관료가 정권을 독점하고 있는 현상을 비판"하기 위해서다.[36] 어느 쪽이든 군주권과의 관계는 논외로 되어 있고 자유민권운동이 '정한론'(조선침략론)과 연계된 사실에도 관심을 두지 않았다. 1880년대 초에 정부에서 소외된 사족과 지주 및 호농(豪農, 부농)이 자유당과 입헌개진당을 비롯한 여러 정당과 사회단체로 결집하고 언론의 지원을 받으면서 상호 연대하여 전국적 연합조직인 국회기성동맹(國會期成同盟)을 만들어 낸 것은 상당한 의미를 갖는다. 직접민주의 기초가 되는 집회·결사와 언론의 자유를 정착시켜 가는 과정이었기 때문이다.

---

35 대다수의 교과서는 입헌국가의 성립과 다이쇼 데모크라시를 절 수준에서 다루었으나 장 수준에서 다룬 예도 있다. 大津透 外, 《新日本史》(日本史A), 東京: 山川出版社, 2010.

36 鳥海靖·三谷博 外, 《現代の日本史》, p.34; 宮原武夫·石山久男 外, 《日本史B》, p.156.

1890년 국회(직접국세 15엔 이상 납세자에 한하는 제한선거를 통해 구성된 국회로, 유권자는 인구의 1.1%)가 개설된 이후에는 교과서에 더 이상 '민권운동'이란 용어가 등장하지 않고 '헌정옹호운동[護憲運動]'으로 대체되었다. '헌정옹호운동'이란 헌법이 천황대권(天皇大權)을 신성불가침으로 규정하고 인민을 신민(臣民)으로 간주해 그 자유와 권리를 크게 제한하였음에도 이미 제정된 헌법에 따른 정치를 하라는 요구다. 그 핵심은 국회 다수당이 내각을 구성하는 정당정치를 정착시키라는 것이다. 교과서는 국회선거와 각 정당의 활동, 정부의 선거간섭과 정당·국회 경시, 그리고 1차 호헌운동(1912-1913)과 2차 호헌운동(1924)을 서술하였다. 2차 대전 이후 '일본의 민주화' 이전에 이른바 '선출된 정부'는 이 시기에만 존재했다. 그 결과 1918-1932년 "헌정의 상도(常道)"가 지켜지는 정당내각의 시대가 열렸다고 하였다. 호헌운동에는 정당뿐 아니라 산업화의 진전에 따라 생겨난 각계 사회단체와 지식인을 비롯한 시민들이 참여했음에도 그 주체를 정당에 한정하여 서술하는 경향을 보였다.[37]

'나이쇼 데모크라시'의 핵심 내용으로 중의원의 다수당이 내각을 구성하는 정당내각제의 관행이 정착되었다고 강조된 것과 동시에 그것의 취약한 기반도 지적되었다. "수상 추천권은 여전히 원로에게 있어서 헌정=정당내각도 원로의 의향에 좌우되는, 뿌리가 약한 것이었다."[38] 다른 교과서는 정당내각의 성립이 "반드시 의회민주주의의 확립이라고는 할 수 없었다"라고 평가하였는데, 내각 구성에 군부·추밀원·관료가 영향력을 행사한 때문이라는 것이다.[39] 선거로 확인된 민의가 국회

37 宮原武夫·石山久男 外, 《日本史B》, p.180에서 예외적으로 1차 호헌운동의 주체를 "정우회, 상업회의소, 유력자본가, 기자, 변호사 등"으로 넓혀 서술하였다. 그러나 2차 호헌운동에 대해서는 호헌 3파 정당만을 거론하는 것에 그쳤다.

38 宮原武夫·石山久男 外, 《日本史B》, p.191.

39 鳥海靖·三谷博 外, 《現代の日本史》(日本史A), p.96.

는 물론 내각 구성에도 반영되어야 한다는 의회민주주의의 원칙이 의회 바깥의 세력에 의해 훼손되었다는 지적이다. 군부·추밀원·관료도 실은 유신을 주도한 특정 번 출신의 '번벌세력(藩閥勢力)'의 다른 표현이었고 '벌족(閥族) 타파'가 헌정옹호운동의 최대 구호로 부각되었음에도 결과는 이처럼 기대 이하였던 것이다. 이때 야당 스스로도 의회 밖의 세력과 결탁하여 정권을 장악하려 함으로써 의회주의 원칙을 훼손하는 데 가담했음이 지적되었다. 정당이 이처럼 외부세력에 의존한 것은 정당 내의 대립과 분열의 소산이며, 외부세력은 끊임없이 이를 조장하였다. 이와 달리 재벌을 번벌세력과 함께 정당정치의 걸림돌로 지적한 교과서는 보이지 않는다.

어렵사리 출범한 정당내각은 이른바 다이쇼 데모크라시의 꽃이었지만, 의회 안팎의 반의회주의 세력 때문에 너무나 자주 교체되었다.[40] 당시 진정으로 민의를 대표하는 공당(公黨)으로서의 정당이 나타나서 번벌과 그 아류인 정우회(政友會) 세력을 몰아내고 평민정치를 실현할 것이 기대되었으나, 이 기대에 부응할 정당과 정당 지도자는 거의 없었다. 각 선거구의 엘리트들(시장, 사업가, 교장 등)이 집권당을 지지하고 그 반대급부로 집권당이 지역 숙원사업을 해결해 주는 식의 거래가 성립되었다.[41] 이런 사정은 1928년 보통선거(유권자는 25세 이상 남자로 인구의

---

40 정당내각은 1918-1932년 동안 열한 차례 바뀌었으니 각 내각의 평균 존속기간은 1.27년에 불과하다. 그중 1923년 9월부터 1924년 6월까지 1년이 채 안 되는 기간에 두 번 교체되었는데, 이 두 내각은 모두 초연내각(超然內閣)이지 정당내각이 아니었다. 앤드루 고든, 김우영 옮김, 《현대 일본의 역사: 도쿠가와 시대에서 2001년까지》, 이산, 2005, p.304. 국내의 연구로 근대일본의 민주주의 모색을 다룬 예는 거의 없고, 다만 전후 시기의 그것을 다룬 논문이 몇 편 있을 뿐이다.

41 마쓰오 다카요시, 오석철 옮김, 《다이쇼 데모크라시》, 소명출판, 2011, p.86; 앤드루 고든, 《현대 일본의 역사》, pp.313-315.

20.8%)가 시행된 이후에도 달라지지 않았다. 그러므로 다이쇼 데모크라시를 정당정치에 한정하지 말고 지역 단위 시민정사(市民政社)가 출현해 일상생활과 밀접한 현안(영업세, 전기요금, 소작료, 쌀값 등) 해결에 나선 '풀뿌리 민주주의'로까지 넓혀서 이해해야 한다.[42]

정당내각의 불안정한 틈을 노리고 1932년 군부가 정치의 전면에 나섬에 따라 다이쇼 데모크라시는 종식되었다. 마침내 정당 자체를 해산하고 모든 사회단체와 직업단체를 재편하여 정부의 통제하에 두고 동원하는 "파시즘체제"가 수립되었다.[43] 동아시아 최초로 시도된 헌법과 의회를 통한 정치, 이른바 헌정이 이처럼 일시적 성취에도 불구하고 파행을 거듭하다가 마침내 파시즘으로 귀결되고 만 것은 한국과 중국을 비롯한 이웃 동아시아 나라들의 민주헌정을 향한 도정에 적지 않은 부정적 영향을 미쳤다. 특히 의회와 정당은 사적 이해를 다투는 사악한 집단이라는 부정적 이미지를 조장한 것, 그리고 헌정의 사상적 기초인 자유주의를 "공산주의의 온상"으로 간주하여 탄압하고 국가폭력과 전체주의적 사고를 당연시하게 만든 것이야말로 가장 치명적인 영향을 길고 깊게 남겨놓은 것으로 보인다.[44]

그 후 정당내각이 부활한 것은 1945년 패전 후 미군정에 의해 이른바 '민주개혁'을 거친 뒤였다. 새로 제정된 인민주권의 헌법에 따라

---

42 마쓰오 다카요시, 《다이쇼 데모크라시》, pp. 107-130.

43 宮原武夫 · 石山久男 外, 《日本史B》, p. 201.

44 의회와 정당은 무뢰한의 집합소로, 의원은 돈과 후원자를 구걸하는 창녀에 비유되었다. 오죽하였으면 정당내각 시기에도 주요 정당은 정우회와 헌정회 등의 예에서 보이듯 '○○당'이란 명칭을 기피했겠는가. 자유주의 외에 심지어 민주주의도 공산주의의 온상으로 지목되었다. 피터 두으스, 김용덕 옮김, 《일본근대사》, 지식산업사, 1992, p. 187; 토야마 시게키 외, 박영주 옮김, 《일본현대사》, 한울, 1988, pp. 102-103, p. 148.

1946-1947년 실시된 국회선거에서 눈에 띄는 특징은 사회당의 약진이다. 패전 후 첫 선거인 1946년 4월 선거에서 사회당은 92석으로 진보당(여당) 94석, 자유당 140석을 바짝 추격할 정도로 돌풍을 일으켰고, 이듬해 4월 선거에서 사회당은 142석으로 자유당(131석)과 민주당(121석)을 제치고 제1당으로 급부상하였다. 진보성향의 민주당이 급부상한 것도 주목된다. 민주개혁과 세계적인 민주주의 풍조를 감안하더라도 이는 특별한 설명을 요하는 현상이다.

이것을 일시적 돌출이 아닌 역사적 맥락을 가진 민주정치의 일보 진전으로 이해하기 위해서는 1926-1937년 '사회민주주의 세력의 약진'에 대해 언급하지 않으면 안 된다. 반노 슌지(坂野潤治)는 보통선거 실시를 계기로 노동자와 농민의 이해를 대변하는, 무산정당을 위시한 이들 세력의 약진을 '쇼와 데모크라시'라 부르면서, 자유민권운동의 '메이지 데모크라시', 보통선거 쟁취운동의 '다이쇼 데모크라시'를 잇는 근대 일본의 3대 '아래로부터의 데모크라시'로 파악하였다. 무산정당은 이 시기 국회선거에서 5%(1927년 48만 표)에서 10%(1937년 100만 표)의 득표율을 보였다.[45] 그러나 교과서는 단지 무산정당이 1928년에 치안유지법과 일본군의 산둥출병(山東出兵: 중국 국민혁명군의 북벌이 급진전되어 통일된 중국의 출현이 임박하자 이를 저지하기 위한 군사 개입)에 반대한 사실만을 겨우 한두 문장으로 서술했을 뿐이다.[46]

사회당의 급부상은 이와 같이 형성된 정당활동의 경험 위에서 전후 분출된 일본 민중의 개혁요구, 그리고 이러한 내인을 추동한 가장 강력한 힘인 미 점령당국의 민주개혁이 결합되어 나타난 것이라 할 수 있다.

---

45 조지 O. 타튼, 《일본의 사회민주주의운동, 1870-1945》, pp.333-337. 그러나 사회민주주의 세력도 대외관계에서는 침략전쟁을 지지하는 입장을 취하였다.

46 宮原武夫 · 石山久男 外, 《日本史B》, p.195.

이 양자의 힘에 의한 개혁을 저지하려는 군국주의 세력(군부·관료·재벌)이 온존해 있었고 이를 위해 온갖 방법으로 점령당국에 로비하였다. 그러므로 민주개혁의 정도는 이들 삼자 간 힘의 관계에 의해 규정될 터였다.[47]

그럼에도 같은 교과서는 당시 민주개혁이 점령당국의 지시에 따라 단행된 것으로 서술하였다. 이러한 외인론의 시각으로 "헌법의 민주화"(국민주권, 전쟁포기, 기본적 인권 보장), "경제의 민주화"(재벌해체와 농지개혁), "교육의 민주화"(황국사관을 주입해 온 수신 교과서와 역사 교과서를 평화와 민주주의의 새 교과서로 대신) 등이 서술되었다.[48] 다른 교과서는 "민주화의 추진" 항목에서 5대 개혁(여성해방, 노동조합 결성 장려, 교육민주화, 탄압기구와 압제적 사법제도 철폐, 경제기구의 민주화)을 다루었다.[49]

한편 1948년 1월부터 점령당국의 정책이 개혁보다 반공을 우선하는 정책으로 전환됨에 따라 군국주의자들이 권좌에 복귀하고 민중운동은 급격히 억압되어 퇴조하였다. 이는 1949년 1월 총선에서 선명하게 반영되어 민자당(자유당과 기타 우익정당의 합당) 264석, 사회당 49석, 공산당 39석으로 나타났다. 교과서는 이처럼 사회개혁의 진퇴와 총선에서 나타난 민의의 추이가 상호 긴밀하게 연관된 사실에 관해서는 관심을 두지 않았다.

근대일본이 동아시아 유일의 산업화된 입헌국으로서 문명국임을 자처하였지만, 근대세계사에서 산업화된 입헌국이 성취한 정치적 근대성의 핵심 중 하나인 자유주의를 용인하지 않고 가차없이 탄압하여 질식시킨 것은 일본의 비극을 넘어 동아시아 차원의 비극이 아닐 수 없다.

---

47 오에 시노부, 〈전후개혁〉, 다카하시 고하치로 외 엮음, 차태석·김이진 옮김, 《일본근대사론》, 지식산업사, 1981, pp. 335-339.

48 宮原武夫·石山久男 外, 《日本史B》, pp. 211-213.

49 田中彰·天野さゆり 外, 《日本史A: 現代からの歴史》, 東京: 東京書籍, 2008, pp. 164-165.

이웃나라에 대한 그 영향은 식민통치를 통하여, 혹은 유학생 엘리트를 통하여, 혹은 신문잡지와 도서를 통하여 직·간접으로 깊고 길게 미쳤기 때문이다.[50]

5. 민주와 공화주의 · 자유주의의 관계

동아시아 근대사 속의 데모크라시는 '민권'에서 '민주'를 거쳐 '신민주'로 진화하는 과정을 거쳤다. 그러나 교과서 속의 민주는 이러한 역사적 맥락이 파악되지 못한 채 각기 민족운동사(한국), 혁명운동사(중국), 연속된 전쟁과 팽창의 제국사(일본) 속에 분절된 모습으로 제시되어 있다. 그 결과 민주주의가 시행착오와 실패를 거듭하면서도 어떻게 지속되어 한 걸음씩 진전되어 왔는가를 보여 주기 어렵게 되었다. 이는 한국의 경우가 특히 심한데, 일본·중국과 달리 국가 자체가 망하여 사라진 식민지 조건에서 국가를 되찾기 위한 운동이 강조될 수밖에 없었던 때문일 것이다. 그러나 운동과 사상으로서의 민주는 물론 제도로서의 민주도 개별 단체나 통일전선 안에서 부분적으로 끊임없이 추구되었으니 그 유산을 되살려 재음미할 필요가 있다.

교과서의 강조점은 각기 상당한 차이를 보였다. 일본은 천황제하의 제한된 조건 속에서 헌정과 정당내각을 중시하였다. 일본에서 공화가 언급조차 되지 못한 것과 달리 한국과 중국에서는 민주가 공화와 결

50 식민지 유산이 한국 민주주의에 미친 영향에 대해서는 최근에 와서야 학계의 관심 대상이 되기 시작했다. 행위자와 사회구조, 그리고 각종 법제에 초점을 맞춘 분석으로 정근식·이병천 엮음, 《식민지유산, 국가형성, 한국민주주의》, 책세상, 2012 참조. 그러나 여기서도 자유주의 문제는 주목되지 않았다.

부된 채로 '민주공화국' 수립이 건국목표로 강조되었다. 여기서 민주는 법제보다 개혁운동 또는 혁명운동으로 파악되었다. 일본 교과서가 공화를 논외로 한 것은 그들의 정치상황에 부합하지만, 한·중·베 3국의 교과서는 공화의 이념과 제도가 무엇이며 민주와 어떻게 다른지 설명해야 한다. 그러나 이들 3국의 교과서에는 그런 설명이 없다.

공화는 민주와 혼동되기도 하였지만, 대한민국 임시헌장이 '민주공화제'를 명시한 것처럼 민주제와 공화제의 어느 하나만으로는 담아낼 수 없는 의미가 따로 있다. 정치사상으로서의 공화주의는 국가 사무와 정치를 군주 개인이나 특정 집단의 사적 사무가 아니라 공공의 사무로 간주하며, 따라서 국민이 정치에 참여할 때의 도덕(공덕)을 중시한다.[51] 그리고 이 도덕의 물적 기초인 개인의 독립적 생계를 필요로 한다. 그것이 있어야 공공의 사무에 대한 개인의 독립적 판단과 독립적 여론의 형성이 가능하다고 보기 때문이다. 이 점에서 항산(恒産)이 있어야 항심(恒心)이 유지된다는 맹자의 정전론(井田論)은 공화주의 이념과 통한다. 이 전통을 이어받아 토지와 자본의 소유한도를 적절히 규제하겠다는 쑨원의 민생주의나 조소앙(趙素昻)의 삼균주의 역시 그러하다. 사회주의는 바로 이 점에서 공화주의와 통한다. 그럼에도 공화는 그저 세습군주를 폐지하고 주석 혹은 대통령으로 대신하는 의미로만 전제되어 있다.

공화는 끊임없이 국가의 공공성을 환기시키는 이념적 기제다. 하버마스가 민주를 공동체 우선의 '공화민주'와 개인 우선의 '자유민주'의 두 유형으로 구분한 것은 우리에게 공화의 의미를 재음미하도록 촉구한다. 20세기 전반기 한·중·일·베 4국의 민주는 이념상으로는 자유민주보

---

51 조승래, 〈공화주의〉, 김영한·임지현 엮음, 《서양의 지적 운동》 1, 지식산업사, 1994, pp. 247-251. 2008년 전국역사학대회는 '역사상의 공화정과 국가 만들기'를 공동주제로 설정하여 공화의 이념과 제도를 집중적으로 다룬 바 있다.

다 공화민주에 치중하는 모습을 보였다. 공화민주는 냉전체제가 형성되고 강화되는 과정에서 억압되어 기형화되었다. 중국·북한과 베트남의 공화민주는 국가사회주의로, 한국·일본의 공화민주는 자유민주주의로 대체되는 극좌와 극우의 편향을 보인 것이다. 이러한 역사적 맥락과 분절된 채, '자유민주주의'라는 용어가 4국 가운데 한국 교과서에서만, 그것도 정부의 강요에 의해 사용되었다. 여기서 우리는 공화주의와 긴장관계를 가지는 자유주의의 사상사적 의미에 대해 관심을 기울일 필요가 있다. 자유주의는 원래 국가권력의 억압과 간섭으로부터 개인의 자유와 권리를 지키려는 사상과 운동이므로, 국가권력의 부당한 확장과 횡포를 견제할 이념적 기초가 된다. 그 가치에 의거하여 우리는 냉전시기 일본·한국·대만에서 국가권력을 장악한 지배집단이 (가짜) 자유주의를 자신의 호신부로 둔갑시켜 전유함으로써 (진짜) 자유주의를 질식시킨 국가폭력을 드러낼 수 있다. 냉전진영의 이쪽에서든 저쪽에서든, 장엄한 성립 선언과 함께 출범한 공화국들이 우여곡절 끝에 일당독재로 귀결되고 만 까닭의 하나는 자유주의 토양이 취약한 조건에 있었다는 사실과 관련이 있을 것이다.[52]

한편 의회민주주의에서 그 제도적 주체는 정당인데, 한·중·베 3국의 이에 대한 관심이 일본보다 취약하다. 구국·건국을 위한 혁명정당이 의회정당보다 돌출되었기 때문일 것이다. 그러나 4국 모두 현재 선거를 통한 국회 혹은 전국인민대표대회를 민의기관으로 하는 민주제도를 채택하고 있는 만큼 자국 역사상의 의회정당에 대한 서술을 늘려나갈 필요가 있다. 혁명정당이든 의회정당이든 자신의 사회적 기반을 확보하려면 그것을 떠받치는 자율적 사회단체와 이익단체가 있어야 한

---

52 냉전시기 동아시아에서 일어난 자유민주주의의 전유와 전복에 대해서는 유용태, 〈거시역사와 미시분석: 분업과 협업〉, 《역사비평》 58호, 2002, pp. 44-48 참조.

다. 이 둘의 관계에 대한 교과서의 관심은 더욱 취약하다. 사회적 기반에 해당하는 각계의 자율적 결집이 여러 가지 제약 속에서도 한 걸음씩 역량을 키워 가는 모습이 주목될 수 있도록 해야 비로소 민주주의의 기초와 뿌리를 건전하게 만들 수 있다. 자율적 사회단체와 긴밀히 소통하지 않는 정당은 이제 그 의미를 갖기 어렵게 되었다.

노동조합과 농민조합은 4국 교과서에서 사회운동 혹은 사회주의운동으로서만 다루어졌을 뿐, 자율적 단체활동을 통한 민주의식과 자치능력의 함양이라는 관점에서 다루어진 바 없다. 심지어 노동기본권 문제는 언급조차 되지 않았다. 노농단체는 물론 그 밖의 각계 사회단체나 직업단체들도 중요하다. 그들은 노동권을 기반으로 자신의 권익을 증진할 뿐 아니라 국가의 법제를 개혁하여 정치와 경제의 민주화를 촉진하는 등의 활동을 벌였다. 정당 불신 풍조가 강하고 정당원 자체가 극소수인 조건일수록 이들에 대한 관심이 더욱 중요해진다. 그럼에도 한국과 일본의 교과서는 상층 엘리트를 주요 당원으로 하는 정당 중심의 부르주아 민주에 한정되어 있다. 그리다 보니 자산계급 민주주의(구민주주의)에서 신민주주의로의 진전, 곧 정치주체의 확장이라는 변화가 간과되었다. 반면 중국과 베트남 교과서는 자산계급 민주주의를 무시하고 인민민주주의만을 강조하여, 그것이 본의를 상실한 채 일당독재의 들러리로 전락한 사실을 은폐하고 있다. 북한 교과서도 이와 마찬가지다.

근대사의 곡절의 과정에서 추구된 민주주의의 이상은 크고 높았다. 전쟁과 혁명의 시기에 꿈꿨던 그런 이상을 평화가 지속되는 탈냉전기에 다시 소환하여 가능성의 유산으로 재음미하는 것은 시대의 요청이라 할 수 있다. 절차적 민주화 이후 실질적 민주주의가 오히려 퇴보하고 있다는 현실이 이런 요청을 더욱 절실하게 만들고 있다. 운동사·혁명사·제국사를 넘어선 제도와 이념과 가치를 구현하기 위한 시행착오의 과정을 미시적으로 복원하고 그 속에서 사유의 지평을 확장해 가는 작업이 긴요하다.

20세기 동아시아의 신민주주의(1)

직업대표제 민의기관

근대 동아시아 각국의 민의기관은 구역 단위로 정당이 후보를 내고 해당 구역에 거주하는 유권자의 직접선거로 뽑힌 구역대표들로 구성되었다. 앞 장에서 본 대로 유럽 선진국의 의회민주정치는 1차대전을 지나면서 근본적인 비판과 극복의 대상으로 떠올랐다. 정당으로 하여금 극소수 상층 유력자의 이해를 대변하게 하는 자산계급 의회제에 대한 불만이 하필 이때 터져 나온 것은 근대문명을 곧 입헌의회제와 등치시켜 자신들만의 전유물인 듯 자부하던 유럽 국가들이 1차대전을 거치면서 왜 그 문명의 상징인 의회가 참혹한 전쟁을 막지 못했는가를 성찰하게 되었기 때문이다.

이런 성찰적 탐색을 통해 제시된 대안적 민의기관은 구역대표가 아닌 직업대표, 제한선거가 아닌 보통선거로 구성해야 마땅한 것으로 인식되었다. 나아가 그것만으로는 대의민주의 폐단을 근본적으로 해소할 수 없다는 판단에 따라 직접민주 요소(국민투표, 국민발안, 국민소환)까지 적극 도입해야 하는 것으로 여겨졌다. 그리하여 직업대표, 보통선거, 직접민주 이 셋을 종래의 극소수 상층 유력자의 대의민주(구민주주의)와 대비하여 '뉴 데모크라시'라 불렸다. '새로움'의 의미는 주관적으로 판단될 소지가 많지만 적어도 다음 몇 가지는 주목할 만한 차이라 할 수 있다.

참정권을 재산과 교육 수준에 따라 부여하던 제한선거를 보통선거로 바꾸고 각 직업단체의 성인 회원은 누구나 참정권을 행사할 수 있게 되면 참정주체를 하층 대중에게로 확대하여 다원화할 수 있어 사회구성원 각각의 이해와 요구를 두루 반영하기 용이하다. 의석 수는 직업별 인구수에 따라 배분되는 것을 원칙으로 하였으니 농민과 노동자의 대표가 다수를 차지하게 될 터다. 따라서 의회를 지배해 온 자산계급의 주도권은 무너질 수밖에 없지만 그렇다고 자산계급 대표를 배제하는 것도 아니다. 이 점에서 무산계급 일변도의 소비에트제와 다르다. 이 글에서는 서구식 자산계급독재와도 다르고 소련식 무산계급독재와도 다른 신민주주의의 제도설계로 제시된 직업대표제가 20세기 동아시아에서 어떻게 추구되었는지를 살펴보기로 한다.

흔히 20세기의 신민주주의라 하면 마오쩌둥(毛澤東)과 중국공산당의 진유물로 여기는 경향이 있으니 이는 사실과 다르다. 신민주주의는 1차대전 이후 그와 상관없이 정당 중심의 구역대표제 의회정치의 한계를 성찰하면서 이를 혁신할 대안으로서 모색되었으며 다음의 세 유형으로 나뉜다. 첫째, 1920년 이래 대두한 사조로서, 직업단체의 회원이 직선한 대표로 의회를 구성하여 정당 중심의 의회를 대신하거나 보완하자는 것이다. 둘째, 1929년 대공황 이후 대두한 사조로서, 인민대중에게 최저한도의 생계를 보장하는 경제민주를 정치민주와 결합하여 동시 병행하자는 것이다. 셋째, 1940년 이후 대두한 사조로서, 낙후한 (반)식민지 조건에서 혁명정당(공산당)의 주도하에 사회주의를 실현하기 위한 과도기의 제도로 추구된 것이다. 마오의 신민주주의는 이에 속하며 앞의 두 갈래 사조도 참조하여 재구성되었다.

세 유형의 신민주주의는 1차대전 이전의 민주주의를 상층 유력자의 이해만을 대변하는 구식 민주주의라 비판하고 각기 다른 방법으로 그 대안을 제시한 것이라 할 수 있다. 이는 당시 중국에 망명하여 독립운동을 펼치던 한국과 베트남의 인사들에게도 필요에 따라 선택적으로 받아들여졌다. 이 글에서는 이들 세 유형 중 첫 번째의 직업대표제형 신민주주의에 대한 구상과 실천을 조명하고 나머지 둘에 대해서는 다음 장에서 다루기로 한다.

직업대표제를 핵심제도로 하는 신민주주의는 한 사회 안의 다양한 직업계와 직업단체의 서로 다른 이해와 요구를 전제로 한다. 따라서 직업대표제는 토론과 협상을 통해 그 각각의 요구를 직접 대표하고 상충되는 요구를 조정하는 대의과정에서 대의민주의 직접성과 대표성을 제고하는 효과를 가져올 수 있다. 이 점에 유의하여 정당 중심의 구역대표제를 당연시하는 통념에 가려져 왔던 직업대표제의 경험과 유산, 그리고 중국의 민주주의 모색의 특징을 드러내고자 한다. 이는 개혁·개방 이후 중국의 당면한 정치개혁에 대해서는 물론이고, 정당 중심의 의회정치를 민주주의의 최고 모델이라고 전제하는 한국·대만·일본의 '민주화 이후 민주주의'를 성찰하는 데에도 모종의 시사점을 제공해 줄 수 있지 않을까 한다.

1. 민주주의에서 신민주주의로: 참정주체의 범위와 방법

중국에서 민주의 주체는 처음에 국민(인민)이 아니라 신사층에 국한되어 파악되었다. 서양의 하원 의회를 '향신지회(鄕紳之會)'나 '향신방(鄕紳房)'이라 하고 의원(議員)을 '의신(議紳)'이라 한 것은 이런 사정을 뒷받침한다.[1] 간혹 "상원은 紳主之, 하원은 民主之"라 하여 신사와 구별되는 민인(民人)을 의회의 주체 중 하나로 간주하기도 했지만, 민인의 자치는 곧 개명자인 신사의 계도에 의해 이루어진다고 보았다. 민주는 인민의 직접 통치, 세습군주제와 대비되는 공화국을 지칭했기에 적절히 통제되지 않을 경우 민주전제(民主專制)에 이를 것이라는 우려가 뒤따르기도 했다. 신사들이 (민주)정치의 주체를 자기들로 한정하고 일반의 민인으로 확대하지 않으려 한 것도 그 때문이다. 그래서 청말에서 민국 초에 민권은 신권(紳權)으로 인식되었고, 정당정치를 통해 모색된 민주는 "신사민주(gentry democracy)"의 범주를 넘어설 수 없었다.[2] 실제로 당시에 당선된 의원의 절대다수는 신사였다. 재산과 교육 정도를 기준으로 선거권을 부여한 제한선거제도가 이를 뒷받침하였다.

이 같은 신사민주는 1919년 5·4운동을 전후하여 대중민주로 발전하였다. 재산 정도 등을 기준으로 참정자격을 제한하지 말고 참정주체를 인민대중으로 넓혀야 한다는 1차대전 직후의 보통선거 요구가 반영된 변화다. 5·4운동기에 데모크라시는 평민주의·민주주의·민본주의·민권주의·민치주의·서민주의 등으로 번역되었는데 그중 가장 많이 사용된 것이 평민주의다.[3] 이는 명백히 신사나 부르주아 등 소수 엘리트 주도의 정치에 대한 비판이 담긴 용어 선택이다. 5·4운동을 거치면서 '인민 속으로'(브나로드)가 지식청년들의 모토로 받아들여진 것도

---

1 상원은 오작지방(五爵之房) 혹은 작방(爵房)이라 하여 그 주체가 귀족임을 나타냈다. 耿雲志 外, 《西方民主在近代中國》, 北京: 中國青年出版社, 2003, p.3, pp.9-10, p.20; 李春馥, 〈서구의회제도에 대한 중국근대 지식인들의 인식과 그 의의〉, 《中國近現代史研究》 34집, 2007, pp.6-7.

2 민두기, 〈改革運動에 있어서의 民權論·平等論〉, 《中國近代改革運動의 研究》, 일조각, 1985, pp.288-294; Mark Elvin, "The Gentry Democracy in Chinese Shanghai, 1905-1914", Jack Gray (ed.), *Modern China's Search for a Political Form*, Oxford: Oxford University Press, 1969.

3 顧昕, 〈"五四"激進思潮中的民粹主義主題, 1919-1922〉, 許紀霖 編, 《二十世紀中國思想史論》 上卷, 上海: 東方出版中心, 2000, p.515.

이와 상응하는 사회현상이다. 그 밑바닥에는 유교의 대동이념과 호응하는 평등주의가 깔려 있어 이러한 정치현실과 상호작용을 일으켰다. 그 구체적 사례는 차이위안페이(蔡元培)의 평민주의와 평균주의 사상이 대동사상을 바탕으로 무정부주의를 수용해 형성된 데서 볼 수 있다.

데모크라시를 단지 '민주'로 표기하던 관행을 넘어서 '주의(主義)' 두 글자가 추가된 '민주주의'로 표기하기 시작한 것은 이 무렵부터다. 이는 1차대전 직후 쏟아져 들어온 자유주의·사회주의·무정부주의 등 각종 '주의'와 함께 신사조의 하나로 파악된 사정, 그리고 그동안 제도로 인식되던 민주가 이때부터 사상과 가치로 인식되기 시작한 사정이 반영된 결과다. 그 이후 사회운동과 여론을 주도하는 새로운 지식청년이 증가하고 신사층의 사회·정치적 영향력이 약화됨에 따라 '평민'이라는 용어가 필요 없게 되자 '평민주의'는 '민주주의'로 대체된 것으로 보인다. 그렇더라도 평민주의란 용어에 담겼던 인민주의적 경향은 지속되었으며,[4] 이는 급기야 '인민민주주의'라는 용어를 낳았다.

'신민주주의'는 'new democracy'의 번역어로 1920년 전후부터 쓰이기 시작하였다. 가령 1922년 2월 《뉴욕타임스》의 자매지인 《커런트 히스토리(Current History)》에 게재된 〈유럽의 신민주주의〉가 그해 11월 중국의 유력한 《동방잡지(東方雜誌)》(상하이)에 전재되었다.[5] 거기서 직업대표제, 보통선거, 직접민주 등이 신민주주의의 제도적 장치로서 주목

4 張灝, 〈中國近代轉型時期的民主觀念〉, 許紀霖 編, 《二十世紀中國思想史論》 上卷, pp.160-162 참조.

5 Raymond L. Buell, "The New Democracies in Europe", *Current History*, Vol. 15 No. 5, 1922; 狄侃, 〈歐洲四新興國憲法之比較觀〉, 《東方雜誌》 19卷 22號, 1922. 유럽 4개국(독일·폴란드·체코·유고)의 신헌법에 도입된 신민주주의 제도들이 설명되었다. 본문에 열거한 것 외에 비례대표제, 국회 상설위원회 설치, 지방의회 설치 등이 포함되었다.

되었고, 이것들은 "최선의 정치사상에 적합하며 국민공의의 정부를 존중"하는 것으로 간주되었다. 그에 앞서 장캉후(江亢虎)는 1921년 6월부터 직업대표제와 직접민주 등을 "신민주주의"라 부르면서 강연과 간행물을 통해 선전하였다.[6] 그는 1913-1920년 미국 캘리포니아대학(LA)에 체재했으니 그때 이를 수용했을 것이다. 그 무렵 쑨원(孫文)은 직접민주가 있어야 "진정한 민국"을 건설할 수 있다 하고 얼마 후 직업대표제를 수용하였다. 각계 사회단체들은 직업대표제 민의기관을 건립해야 비로소 "진정한 민주"를 실현할 수 있다고 믿기 시작하였다. 이는 직업대표제형 신민주주의라 할 수 있다.

이와 달리 형식상의 정치민주를 실질적인 경제민주로 발전시키려는 신민주주의 구상이 대공황 직후에 나타났다. '자산계급민주'가 재부의 집중과 빈부격차를 낳아 공황·파시즘·전쟁의 악순환을 유발했다는 사실에 대한 성찰의 결과였다. 다수 인민의 생계를 보장하는 경제민주가 실현되어야 이러한 구민주주의의 근본 한계를 극복할 수 있다는 것이다. 당시 중국에서 활동하던 한국의 독립운동가들, 가령 조소앙(趙素昂)과 한국독립당은 1930년 1월 채택된 강령에서 정치·경제·교육의 균등을 기초로 하는 "신민주국"을 건설한다고 하였다. 그 후 한국독립당은 이를 "뉴 데모크라시", "신민주주의" 등으로 표기하면서 구미식 민주주의의 부르주아 독재나 소련식 민주주의의 프롤레타리아 독재와 다른 새로운 민주제도라고 주장하였다.[7] 1935년 좌우합작으로 성립

6 江亢虎, 〈新民主主義新社會主義說明書〉, 《東方雜誌》 19卷 16號, 1922. 이는 1921년 6월 코민테른 3차 대회에 출석해 행한 보고에 의거한 것이다. 그가 1911년 창건한 중국사회당은 2년 뒤 정부에 의해 해산되었으나 1924년 이를 재건했다.

7 조범래, 《한국독립당연구, 1930-1945》, 선인, 2011, pp.202-235; 조소앙, 〈韓國獨立黨黨義解釋〉(1940), 삼균학회 엮음, 《素昂先生文集》 上, 횃불사, 1979, p.218. 조소앙은 1919-1921년 유럽과 러시아를 방문하여 견문을 넓히고 신사조를 수용하였다.

된 조선민족혁명당도 정치·경제·교육의 평등을 기초로 한 "진정한 민주공화국" 건설을 목표로 설정하고 토지 및 대기업의 국유화와 계획경제의 실행을 추구하였다.[8] 이는 경제민주형 신민주주의라 할 수 있다.

경제민주형 신민주주의에 대한 기대와 모색은 1945년 전후에 급속히 확산되었다. 그런 예는 우선 삼균주의가 1945년 안재홍(安在鴻)에 의해 신민주주의론으로 명확히 계승된 데서 찾아볼 수 있다. 그는 "자본주의적 계급독재"와 "볼셰비키 혁명의 계급독재" 모두 초계급적 통일민족국가를 형성해야 하는 한국의 현실에 부합하지 않는다면서, "대중공화(大衆共和)와 만민공생(萬民共生)의 신민주주의"를 그 대안으로 제시하였다. 신민주주의란 대중의 최저 생활수준을 보장하는 균등사회의 경제적 토대 위에 대중적 정치평등의 체제를 수립하는 것이며, "정치·경제·교육의 균등을 실현하는 수단으로서의 삼균제도·삼균주의야말로 자본적 민주주의에 대위(代位)할 만민공생의 신민주주의"라는 것이다. 이런 입장은 당시 정치 지형에서 흔히 '중간노선'으로 불렸으나 안재홍은 '중간'이란 좌와 우를 기준으로 전제하는 판단이라고 비판하고 "스스로 독존하는 민주주의", "진정한 민주주의"라고 하였다.[9]

그 무렵 중국에서도 경제민주형 신민주주의론이 전개되었다. 중국국가사회당 지도자 장둥쑨(張東蓀)은 의회민주정치를 사회주의 계획경제와 결합하여 생산증대와 함께 경제적 평등을 촉진하자면서 이를 "수정민주주의"라 부르다가 1945년에 "신형 민주주의"라 하였다.[10] 중국의

---

8 강만길, 《조선민족혁명당과 통일전선》, 화평사, 1991, pp. 82-86.

9 안재홍, 〈신민족주의와 신민주주의〉(1945), 《民世安在鴻選集》 2, 지식산업사, 1983, pp. 49-58; 〈민주독립과 공영국가〉(1947), 《民世安在鴻選集》 2, pp. 217-218; 〈역사와 과학과의 신민족주의〉(1947), 《民世安在鴻選集》 2, pp. 229-230.

10 강명희, 《근현대 중국의 국가건설과 제3의길: 비자본주의의 이론과 실천》, 서울대학교출판부, 2003, pp. 136-142.

국민당 독재를 비판하면서 헌정운동을 전개하던 중간파 지식인들의 잡지 《헌정월간(憲政月刊)》이 1944-1945년에 경제민주를 강조하는 "신민주주의" 사조가 전 세계로 확산되고 있음에 주목하고 이를 어떻게 중국에 실현할 것인가를 모색한 것도 그런 예다. 거기서 쑨원의 삼민주의는 소비에트형 신민주주의나 일부 자본주의 국가가 모색하는 신민주주의와 대비되는 또 하나의 유형으로 파악되었다.[11] 1948년 《신로(新路)》 잡지도 경제민주는 정치민주와 분리될 수 없는 하나의 민주로서 "전 세계 인민의 일치된 요구"라고 전제하고 그 의미와 실현방법에 관해 지상토론을 벌였다.[12]

한편 그와 거의 동시에 신민주주의는 낙후한 (반)식민지 조건에서 공산당의 주도하에 사회주의를 실현하는 과도기적인 제도로서 추구되기도 했다. 1940년부터 마오쩌둥과 중국공산당이 신민주주의를 프롤레타리아의 지도하에 반식민지 중국이 사회주의 사회로 나아가는 과도기의 정치·경제제도라는 의미로 사용한 것이 그런 예다. 앞의 신민주주의론과 비교해 보면, 프롤레타리아(공산당)의 지도 여부와 과도 단계의 유무라는 차이가 있다. 하지만 양쪽 모두 소련 모델의 프롤레타리아 독재와 구미 모델의 부르주아 독재를 넘어서려는 고민의 산물로서, 산업자본가의 우위를 상대화하는 동시에 노농독재를 상대화할 수 있도록 고안된 장치다. 1940년대 베트남의 호치민과 베트남독립동맹, 한국의 백남운(白南雲)과 신민당 등에서도 신민주주의를 이처럼 사회주의에 이르는 과도기로 이해하고 실천하려는 건국구상이 나타났다. 백남운은 1946년

11 沈志遠, 〈歷史新階段的政治民主與經濟民主〉, 《憲政月刊》 1944年 4號; 張明養, 〈從政治民主到經濟民主〉, 《憲政月刊》 1944年 7·8合號; 甘祠森, 〈論經濟民主的現實意義〉, 《憲政月刊》 1945年 12·13合號.

12 劉大中, 〈政治民主與經濟民主〉, 《新路》 1948年 1卷 13號. 여기에는 샤오치엔(蕭乾), 우징차오(吳景超) 등 4명의 토론문과 리우다쭝(劉大中)의 답변이 게재되어 있다.

이를 영미식 "자산가 독재의 자유민주주의"나 소련식 "무산자 독재의 프로 민주주의"와 구별되는 "연합성 신민주주의"라고 불렀다.[13] 이런 의미의 신민주주의는 당시 동유럽의 용법에 따라 '인민민주주의'로도 일컬어졌다.

민주주의가 이처럼 참정주체와 방법 면에서 진화를 거듭하는 동안 '공화'에 대한 논의는 상대적으로 부진했다. 그러나 민주를 '공화'와 관련지어 따져봐야 민주 개념의 진화도 제대로 이해할 수 있다. 동아시아에서 공화제를 처음 도입한 중국의 경우를 중심으로 이 문제를 살펴보자. 진관타오(金觀濤)는 1919년 5·4운동을 전후하여 공화는 민주와 분리되어 관심 밖으로 버려졌으며 결국 민주전제(民主專制)로 귀결되고 말았다고 보았다. 그러나 공화는 일방적으로 버려진 것이 아니라 일면 홀시되는 속에서도 일면 심화되어 간 것으로 보인다.

우선 평민주의적 민주혁명론이 대두함에 따라 국가권력의 견제와 균형이라는 공화의 정치적 가치가 홀시되고 왜곡된 면이 있다. 노동하는 평민 혹은 인민을 균질적인 하나의 집단으로 파악하여 이를 지고무상의 주체로 숭배하고, 이들의 민의를 예전의 천의(天意)처럼 정당성의 원천으로 받드는 관념이 형성되었다.[14] 반면 신사와 지주가 봉건세력의 화신으로 간주되어 '그들에 대한 반대=반봉건=민주'라는 등식이 성립되었다. 혁명건국의 노선을 추구한 국공양당이 장차 수립할 진정한 민주공화국에서 주권자는 혁명적 인민으로 한정되었다. 이 혁명민권론은 쑨원이 창안한 것으로 알려져 있지만 국공양당에 공유되었다. 인민의 총의(민의)를 대행하는 권력의 집중이 강조될 뿐 권력에 대한 견제와 균형은 홀시되었다.

13 백남운, 《조선민족의 진로·재론》, 범우사, 2007, p. 29.

14 張灝, 〈中國近代轉型時期的民主觀念〉, pp. 161-162.

그러나 공화의 가치가 심화된 면도 있으니, 이는 직업대표제의 추구(다음 절에서 서술)와 공화의 경제적 가치에 대한 이해의 진전에서 확인된다. 공화의 실질을 채우려면 공화국민이 정치를 공공의 사무로 인식하고 그에 적극 참여하는 시민윤리와 자치능력을 갖추어야 한다. 이 점을 직시한 양창지(楊昌濟)는 1916년 《신청년(新青年)》에서 일반 국민의 독립적 생활을 뒷받침하는 직업이 있어야 독립적 사고를 할 수 있고 진정한 여론이 형성되어 정부와 의회를 감독할 수 있는데, 그렇지 못한 탓에 공화가 유명무실해졌다고 지적하였다.[15] 중화민국 초대 교육부 장관으로서 공화국민의 양성을 주창해 온 차이위안페이(蔡元培)가 황옌페이(黃炎培) 등과 함께 1917년 중화직업교육사(中華職業教育社)를 설립하고 2세 국민이 생산적 직업을 가질 수 있도록 도운 것도 같은 맥락이다. 여기에는 노동과 생산을 중시하는 평민주의 사조, 그리고 대중민주주의에 대한 기대가 투영되었다.[16] 국공양당과 대다수 군소당파들도 쑨원이 제창한 경자유전(耕者有田)과 절제자본(節制資本)의 취지를 공유함으로써 토지와 상공업자본의 소유 상한을 설정하여 공화국민의 독립적 생계를 보장하는 강령을 마련하고 이를 실현하고자 했다. 이것이 바로 신민주주의의 특징인데, 진관타오는 이에 주목하지 않았던 것이다.

---

15 楊昌濟, 〈治生篇〉, 《新青年》 2卷 4號, 1916. 양창지는 독일에서 윤리학을 공부하고 돌아와 후난제1사범학교 교수로 있을 때 이 글을 썼고 이듬해 베이징대학으로 옮겨갔다. 마오쩌둥은 그가 사범학교 재직 시절 아끼던 제자다.

16 이런 추세를 반영한 제도화 사례로는 영국 노동당의 집권과 국제노동기구의 창설을 들 수 있다. 운동 차원에서는 1918년 11월 베이징대학 차이위안페이 총장이 천안문 광장에 운집한 학생들에게 "노동은 신성하다!"라는 제목의 강연을 행하고 학생이 학업에만 몰입하는 것도 노동자가 노동에만 몰두하는 것도 청산해야 할 '구생활'이니 양자를 병행하는 '신생활'을 실천하라고 호소한 것, 1920년 조선노동공제회가 "노동은 신성하고 일하는 자는 존귀하다"라고 선언할 수 있었던 것 역시 이 같은 세계적 추세를 반영한다.

공화의 의미에 대한 탐구가 그 이후 지속되지 않은 까닭은 앞서 본대로 세 유형의 신민주주의를 추구함으로써 상당 정도 대체효과를 거둔 때문이 아닌가 싶다. 1930-40년대 중간파(중도파) 지식인들이 사회주의를 '제3의 문명'이라 부르면서 세계의 대세로 인정하고 점진적·평화적 방법으로 실현하고자 한 것도 그런 맥락에서 이해될 수 있다. 자유주의자의 상징적 대표로 일컬어지는 후스(胡適)조차 예외가 아니었다. 그는 줄곧 사회주의에 우호적인 자세를 취해 왔으나 미국과 소련의 얄타밀약(1945. 2)을 계기로 소련에 실망하여 결별하였다. 개인보다 사회가, 자유보다 공화의 경제적 가치가 중시된 것이다. 오늘날의 개념에 비추어 볼 때 그것은 분명 자유민주주의가 아니라 공화민주주의 혹은 사회민주주의에 속한다. 그래서 쉬지린(許紀霖)은 이런 현상을 "자유주의의 사회민주주의화"라고 부른다. 옌푸(嚴復)와 량치차오(梁啓超) 이래 중국 자유주의자들에게 자유란 개인의 자유가 아니라 단체의 자유였으며, 개인의 자유를 줄이고 단체를 결성하여 국가적 단결을 촉진하는 것이 급선무로 여겨졌다.[17]

그 결과 20세기 중국의 민주이념은 줄곧 자유시장 원리에 의거한 자유민주가 아니라 공동체의 가치를 우선하는 공화민주를 지향하였다. 이는 동아시아 전통의 민주이념(孟子가 天命論에서 제시한 '인민에 의한 정부', 孔子의 '인민을 위한 정부', 荀子의 '인민의 정부' 등)과 경자유전론을 비롯한 평균이념을 배경으로 1차대전 이후 유럽의 비자본주의적 급진사조가 수용된 결과라 할 수 있다.[18] 이는 중국뿐만 아니라 한국과 베트남에

17 羅志田, 〈胡適與社會主義的合離〉, 許紀霖 編, 《二十世紀中國思想史論》 上卷, pp.60-102; 許紀霖, 〈現代中國的社會民主主義思潮〉, 許紀霖 編, 《二十世紀中國思想史論》 上卷, p.27; 閻潤魚, 《自由主義與近代中國》, 北京: 新星出版社, 2007, pp.309-315.

18 중국 전통의 민주주의적 이념과 제도에 관해서는 Roger V. Des Forges, "Democracy

서도 자유와 민주가 구국을 위한 국력 결집의 수단으로 수용된 것과 궤를 같이한다. 이런 조건에서, 민의 결집의 여러 가지 방안이 모색되었는데, 사회단체는 각계연합의 방식을 선호한 반면 혁명정당은 자신이 그것을 대행해야 한다고 보았다. 군소정당의 의회주의는 그 사이에서 사회적 기초를 확보하지 못한 채 흔들렸다.

2. 각계연합의 신민주주의: 직업대표제 민의기관

민주의 개념이 이렇게 시대와 주·객관 조건에 따라 달라졌다면 그것을 실현하려는 수단과 방법도 달라질 수밖에 없다. 민주를 담보할 제도적 장치에 대한 탐색이 필요한 까닭이다. 흔히 우리는 그것이 정당과 의회로 구체화된 대의제도라고 알고 있다. 그런데 정당정치가 한창 정착되어 가던 20세기 초 유럽의 길드사회주의자들이 정당제의 폐단을 간파하고 그 대안으로 제시한 것이 직업대표제다. 이는 각 직업단체의 후보 중에서 각 직업단체 회원이 대표를 직선하여 의회를 구성하는 것이다. 물론 특정 사상을 전제로 하지 않고서도, 또 그 이전에도 이런 정치적 구상과 지향은 있었다. 직업대표제의 주체인 직업단체란 원래 같은 직업에 종사하는 사람들의 이익을 위한 자율적 사회단체로서 정권 장악을 목표로 하는 정당과는 전혀 다르다. 그럼에도 20세기 초 유럽과 중국의

---

in Chinese History", Roger V. Des Forges, Luo Ning, and Wu Yen-bo (eds.), *Chinese Democracy and the Crisis of 1989*, Albany: State University of New York, 1993, pp.22-46 참조. 중국인은 일찍이 사유재산을 발전시켰으나 국가와 사회에 미치는 결과를 고려하지 않은 채 보호해야 할 자연권이나 신이 부여한 권리로 인식한 적이 없다. 그래서 중국인은 사유재산과 상업관계가 사회윤리의 기초로 작용하는 것을 의심하였다.

직업단체는 직업상의 이해를 도모하는 한편 스스로 자신의 대표를 선출하여 민의기관을 구성해야 비로소 진정한 민의를 대변할 수 있다고 믿고 이를 실천하였다. 왜 이런 모색이 나오게 됐는지를 알려면 사단정치(associational politics)에 대한 이해가 필요하다.[19]

단체생활의 사회학과 정치학에 따르면, 국민이 자신의 취향과 이해에 따라 자발적 각종 사회단체(associations, 社團)를 만들고 그 안에서 민주적 토론과 의사결정 방식을 훈련해야 민주시민의 자질을 기를 수 있다. 이들 각종 단체 중 직업단체 또는 직능단체[20]가 특별히 중시된 사실이 눈길을 끈다. 헤겔(Hegel)의 단체이론에 따르면, 개인은 특수한 이익을 추구하는 존재이지만 그것을 충족하기 위해서는 필연적으로 타인에 의존하며 타인과 함께 단체를 결성해 공동으로 노력하지 않으면 안 된다. 그에 따르면 특히 동질적인 노동으로 동질적인 이익을 공동으로 추구하는 직업단체의 기능이 중요하며, 따라서 시민사회 안에서 '대표'될 필요가 있는 것은 구역이 아니라 직능적 단위다. 그가 구역대표제의 의회제를 봉건제도의 잔여물이 변질되어 생긴 귀족과두정치라고 비판하고 직능(이익)대표제야말로 국가와 사회의 본질에 합치하는 민의기관의 구성원리라고 본 것은 이 때문이다. 뒤르켐(Emile Durkheim)도 시민의 실제생활과 사회적 관계의 다수를 차지하는 직능단체의 자율적 활동을 통해 공익과 민주주의를 함양하는 것이 가장 바람직하다고 보았다.

그렇다고 해서 시민의 단체생활이 정당 중심 의회정치의 폐단을 치유하고 민주주의의 진전을 가져다주는 특효약이라는 확인된 증거는 없

19 이하의 내용은 유용태, 《직업대표제, 근대중국의 민주유산》, 서울대학교출판문화원, 2011, pp. 9-13에 의거함.

20 '직능'은 '직업'보다 확장된 개념으로, 직능단체는 청년 · 학생 · 여성 · 장애인 등 직업은 아니지만 일정한 사회적 의미를 가진 기능집단까지 포함한다.

다. 다만 국가가 국민에게 자유로이 단체를 만들 결사의 권리를 부여하지 않는 어떤 민주주의도 민주주의라 할 수 없다는 점은 널리 공인되어 있다. 그 원칙 위에서 보면 생활과 밀착된 사회 영역의 자율적 단체들이 민주주의를 활성화하는 토양 구실을 얼마만큼 할 수 있느냐는 국가 영역의 정치제도라는 거시적 맥락, 시민의 일상생활의 구조라는 미시적 맥락, 그리고 이 양자 사이에 위치한 자율 단체의 특징(규모, 활용 가능한 자원, 내부구조, 참여기제 등)의 상호작용 속에서 결정될 것이다.

이런 사단민주주의(associational democracy) 원리에 의거한 직업대표제는 1차대전 직후 새로운 민주주의의 제도적 장치로 주목을 받았으나 결국 구역대표제의 정당정치라는 기존 정치구조를 바꾸지는 못했다. 권력과 자본이 구역대표제의 장점을 바탕으로 정당정치를 고수하려는 관성이 막강했기 때문이다. 구역대표제의 장점은 지역 단위 행정체계를 바탕으로 국가의 권위를 보증하고 권력집중을 강화하며 시행상의 편리함이 있다는 점, 의원을 특정 이익단체의 위임이라는 구속으로부터 벗어나게 하여 상호 내립적인 요구들을 조정할 수 있게 돕는다는 점 등이다. 그래서인지 정당과 구역대표제는 지역구 내의 정치적으로 두드러진 소수 상층의 이익을 대표하는 것이 일반적이라고 지적되었다. 하지만 오히려 그렇기 때문에 직업대표제는 그에 대한 대안으로서 꾸준히 주목되었다. 따라서 대의제 문제에 접근할 때 우리는 국가와 사회, 당과 사회단체 양측 간의 타협과 경쟁·갈등에 유의해야 한다. 아울러 국가와 사회, 정당과 사회단체의 복잡한 관계를 이해하려면 국가와 사회를 상호 대립관계로 파악하는 시민사회론의 이분법에서 벗어나야 한다.

동아시아에서 사단정치를 정당정치를 혁신하는 대안 모델로 간주하여 추구한 선구는 20세기 초 이래 중국의 지식인과 각 직업단체들이다. 1912년 성립된 중화민국은 민주공화제 국가로서 당시 각국의 일반적 민의기관 형태인 정당 중심의 의회제를 채택하였다. 그런데 그것이 실험된 기간은 1913-1924년에 불과하다. 그 사이에 국회는 두 번의 선거, 두 번의 해산과 회복을 거쳤으며 전체 존속기간은 6년이 채 안 된다. 그때 내각은 다수당 일당에 의해 구성되는 정당내각이 아니라 모두 혼합(연립)내각이었다.[21] 이는 이중당적을 가진 자와 수시로 당적을 바꾸는 자가 많았기 때문이지 합의제 모델의 연합정부와는 전혀 다르다. 중국에서 정당은 1910년 집회결사율(集會結社律)의 공포에 따라 처음 허용되었고 신해혁명 직후 우후죽순처럼 등장했으나, 정당원의 잦은 이합집산과 군벌의 무력 탄압으로 뿌리를 내릴 수 없었다. 헌법도 제정하지 못한 채 임시참의원에 의해 마련된 임시약법(臨時約法)이 그것을 대신하였다. 이처럼 단기간의 실험으로, 정당정치는 실패한 것으로 간주되었다.[22] 거기에는 여러 가지 요인이 작용했지만, "군자군이부당(君子群而不黨)"(《論語》)이라는 전통적 붕당관에 의거한 부정적 정당관도 큰 영향을 미쳤다. 이처럼 정당을 사리 추구의 도구로 간주해 멸시하는 관념은 구미에서도 정당정치 시행 초기에 흔히 나타난 현상이며 오랜 동안의 실험을 통해 특히 자본주의의 발달에 힘입어 점차 극복되었으나, 당시 중국은 그런 시간적·물질적 여유를 갖고 있지 못했다.

그런 조건에서도 민주공화는 구국의 방도로 여겨졌던 만큼 그 실질을 채우기 위한 욕구는 강렬했으니 이제 새로운 모색이 필요하였다. 그

---

21 張玉法, 신승하 옮김, 《중국현대정치사론》, 고려원, 1991, pp. 84-88.

22 근대중국 정당정치의 패인으로 흔히 민주적인 사상과 정치·사회 세력의 미성숙, 잦은 전쟁과 군사주의의 득세, 갈등을 용인하지 않고 조화를 중시하는 정치문화, 사회·경제의 저발전과 시민사회의 미성숙, 헌법과 제도의 불비 등이 지적된다. Andrew J. Nathan, "The Chinese Democracy: The Lessons of Failure", *China's Transition*, New York: Columbia University Press, 1997, pp. 66-76; 張朋園, 《中國民主政治的困境, 1909-1949: 晩淸以來歷屆議會選擧述論》, 臺北: 聯經, 2007, pp. 214-221.

하나는 혁명정당에 의한 민주혁명운동이다. 첫 국회 선거에서 제1당이 된 국민당은 혁명정당(중국동맹회)에서 의회정당으로 변신했으나 국회가 해산되자 다시 혁명정당(중화혁명당, 중국국민당)으로 복귀하였다. 이어서 갓 탄생한 중국공산당과 손잡고 반제 · 반군벌의 국민혁명운동(1923-1928)을 추진하였다. 다른 하나는 각계연합의 국민회의운동이다. 각계 직업단체가 자신의 대표를 선출해 민의기관인 국민회의를 구성하고 그 결정에 따라 헌정국가를 수립하자는 것이다. 둘 다 임시약법을 부정하는 점에서는 동일하다. 국민회의론은 청말 이래 중국 사회단체의 민의 결집 경험과 유럽의 직업대표제 이론이 결합된 결과 1920년 여름 형성되었다. 그 경과를 간략히 살펴보면 다음과 같다.

먼저 청일전쟁 이후 국가존망의 위기 속에, 단체를 결성해야만 그 조직된 힘으로 나라를 구할 수 있다는 합군구국론(合群救國論)이 광범한 사회심리로 정착되었다. 이에 정당보다 앞서 각종 사회단체가 우후죽순처럼 등장했으니, 청조가 1903년부터 직업단체 결성을 허용하고 법으로 공인한 것과 '군사군이부당'의 전통적 관념이 이러한 합군(결사)을 촉진하는 요인으로 작용했음이 분명하다. 이때 성립된 직업단체, 지역단체, 학술단체 등 각종 단체 중에서도 직업단체가 특히 중시되었다. 직업은 "일국의 강성을 좌우하는 국민의 생산능력", "문명진보의 필수적인 요건"으로 인식되었기 때문이다. 따라서 1907-1911년의 이권회수운동과 국회개설운동에서, 각종 사회단체의 연합체인 각계연합이 결성되었을 때 그 중심은 각지의 상회 · 농회 · 교육회를 비롯한 직업단체였다. 각계연합은 집행부와 평의부를 두어 사무를 처리했는데, 평의부를 각 직업계의 대표로 구성하였다. 1910년 레인쉬(P. S. Reinsch)는 이를 직업대표제의 이익대표 원리에 합치하는 현상으로 주목하고 여기에 참가한 사회단체들을 곧 사실상의 의회라 보았다.[23]

직업대표제는 이러한 각계연합회의 경험 위에 신해혁명부터 5 · 4운동 시기에 전래된 비의회주의적 신사조의 영향을 받으면서 국민회의론으로 구체화되었다. 우선 무정부공단주의(생디컬리즘)는 각종 동업공회(同業公會)를 통한 생산과 소비의 자치를 추구하였다. 여기에는 청대의 동업조합인 행회(行會, 길드)가 도시의 자치행정에 참여한 전통이 작용하였다.[24] 1차대전 직후 유럽의 길드사회주의자들은 의회제의 대안으로 직업대표제를 제기했는데, 이는 위와 같은 경험을 배경으로 5·4운동 시기의 중국에 쉽게 수용되었다. 1919-1924년《동방잡지》와《해방과 개조》가 이를 적극 소개하였고,《노력주보(努力週報)》를 비롯한 다른 잡지와 신문도 이를 세계정치의 신조류로 소개하였다. 이념적 배경은 다르지만 소련의 소비에트 제도가 비의회주의적 사조를 부추긴 것도 직업대표제 여론의 확산에 도움을 주었을 것이다. 소비에트 제도는 지주와 자본가를 배제한 제한된 범위의 직업대표제라 할 수 있는데, 1918년부터 1922년 사이 유럽의 신생 공화국들(독일·폴란드·체코·유고)이 직업대표제를 도입한 것도 대항적이든 수용적이든 소련 요인과 무관하지 않을 터다.

그동안 각 성시(省市) 단위로 성립된 각계연합회는 1918-1919년 전국 단위에서 결집하여 전국각계연합회로 발전하였고, 국회의 실패가 분명해지자 진정한 민의기관을 자처하고 나섰다. 이는 그 스스로 민주적 절차를 거쳐 집행부에 대응하는 평의부를 구성해 온 사단민주주의 경험에서 나온 자신감의 표현이었다. 이를 바탕으로 새로운 민의기관은 직업단체의 대표로 구성해야 한다는 주장이 제기되었다. 이때 전통적 지

---

23 유용태,《직업대표제, 근대중국의 민주유산》, 1부 1·2장 참조. 이하 직업대표제의 지속과 변화에 관한 서술은 특별한 각주가 없는 한 이 책에 의거한다.

24 백영서,〈중국에 시민사회가 형성되었나?: 역사적 관점에서 본 민간사회의 궤적〉,《아시아문화》(한림대 아시아문화연구소) 10호, 1994, pp. 219-220.

연관계를 배경으로 상당한 영향력을 갖고 있던 동향회가 자기 몫을 주장했지만 거부되었다. 이는 당시 전래된 직업대표제 이론에 의해 정당화된 결과다.

그렇다면 왜 직업대표제가 구역대표제보다 민주주의에 더 부합한다는 것인가? 당시 중국에서 주목된 웹(S. Webb), 콜(J. D. H. Cole), 러셀(B. Russel) 같은 길드사회주의자들에 따르면, 인간은 직능에 따라 자신을 분별하고 단체를 만들어 생활해 왔으며 사회란 그런 사람들의 총합이므로 의회정치에서 대표 선출의 단위는 구역이 아니라 직능이어야 한다. 그래야만 진정한 민주주의가 실현될 수 있다. 지리적 구역은 치안과 징세 등 행정적 편의를 위한 것이어서 대표 선출의 단위가 될 수 없다. 헤겔에 따르면 원래 구역대표제 방식의 의회제는 봉건제의 잔여물이 변질되어 생긴 귀족과두정치에 불과하다. 구역 단위 선거는 구역 내에 거주하는 주민의 다양한 이해를 대변하지 못하고 다만 유력한 상층 엘리트의 이해를 대변하며 그들의 의회 진출을 보장하는 데 그치기 때문이다. 그래서 민의기관의 구성에서 대표될 필요가 있는 단위는 지역이 아니라 직업이라는 것이다.[25]

이러한 사상적 바탕 위에서 직업대표제론자들은 직업대표제로 기존 의회제의 폐단을 다음과 같은 점에서 극복할 수 있을 것으로 기대하였다. 첫째, 직업단체 단위로 대표를 선출하면 대표가 제한된 목적과 직능에 한하여 권한을 행사하므로 의원이 지역유권자의 전체 의지를 대신하여 모든 영역에 있어서 만능적 대표로 군림하는 폐단을 방지할 수 있다. 둘째, 유권자가 직업단체 단위로 조직되어 있으므로 이를 바탕으로 의원과 지속적으로 만나 대의과정(代議過程)을 형성하고 의정활동을 감

25 유용태, 《직업대표제, 근대중국의 민주유산》, pp. 98-100.

시하며 나아가 임기 전에 교체할 수도 있어 직접민주주의를 실행하기에 용이하다. 셋째, 의회를 재력과 권력을 가진 소수의 기관으로부터 다양한 각 직업종사자를 대표하는 진정한 국민대표기관으로 변화시켜 진정한 다수에 의한 정치를 할 수 있다. 그 결과 정치적 민주뿐만 아니라 사회·경제적 민주를 실현하기가 용이하다. 넷째, 각 직업 방면의 경험과 지식을 바탕으로 의정활동의 전문성과 효율성을 증대시킬 수 있다.

직업대표제를 중국에 도입할 경우, 정당 중심의 구역대표제를 아예 부정하는 대안으로 삼을 것인가 아니면 그것과 병행하는 혁신적 보완장치로 삼을 것인가의 문제가 있었다. 원래 유럽의 직업대표제 이론가들 사이에서도 이런 분기가 있었으니, 정당 중심의 구역대표제 경험이 길었던 만큼 당연하다. 그렇지 않은 중국에서는 대안론보다 보완론으로 기우는 경향이 강했는데, 이는 이른바 '대일통(大一統)'으로 표현되듯이 집권지향이 강한 전통 위에서 영역지배와 권력집중에 효과적이라는 구역대표제의 장점을 쉽게 포기할 수 없었기 때문이다.

이때 대안론에 힘을 실어 준 것이 레인쉬와 양뚜안류(楊端六)다. 레인쉬는 1913-1919년 베이징 주재 미국공사로 재임하면서 민국 초의 정치과정을 지켜보았고, 1920년 8월 중화민국 베이징정부 법률고문 자격으로 직업대표제에 의거한 국민회의를 소집하라고 국무총리에게 공개적으로 제안하였다.[26] 그는 헌법제정국민회의와 그 이후의 국회 모두 직업단체 스스로 선출한 대표로 구성해야 공공민의에 부합하는 헌정국가를 수립할 수 있으며 이것이 세계정치의 대세라고 하였다. 이때 그는 성(省)의회를 각종 직업단체와 함께 참정주체로 포함시켰는데, 이는 당시 성의회가 각계연합의 일원으로 참여하고 있던 현실을 인정한 결과

26 〈芮恩施對於中國時局建議〉, 《申報》, 1920. 8. 30-31.

다. 한편 당시에 《동방잡지》 편집인이었던 양뚜안류는 1916-1920년 영국 유학에서 직업대표제론을 직접 접하고 돌아온 만큼, 직업단체들만으로 국민회의를 구성해야 하며 성의회를 배제하되 학생연합회를 포함시켜야 한다고 주장하였다. 이는 학생을 비롯한 지식층의 영향력이 큰 중국의 특징을 살린 것으로서 각계의 지지를 받았다. 요컨대 국민회의론은 1920년 8-9월 레인쉬와 양뚜안류에 의해 체계적으로 형성되었다.[27]

이렇게 탄생한 국민회의론은 각계와 언론의 뜨거운 호응을 받으면서 새로운 민의기관 구성 방안으로 자리잡아 갔다. 곧바로 각계 사회단체들에 의해 국민회의 촉성운동이 개시되어 1927년 봄까지 이어졌다. 자율적 사회단체들은 이 방식으로 먼저 성자치(省自治)를 실현하고자 노력하였으나 군벌정권의 탄압에 밀려 실패하였다. 이에 그들은 1923-1924년부터 군벌정권 타도라는 공동의 목표를 위해 혁명정당(국민당, 공산당)과 연대하기 시작하였다. 천두슈(陳獨秀)와 공산당은 1923년에, 쑨원과 국민당은 1924년에 각각 국민회의론을 수용하였다. 쑨원은 이때 농회, 공회, 상회, 교육회 등의 직업단체 외에 혁명군과 각 정당도 참여 주체로 포함시켰다. 이는 레인쉬가 그랬던 것처럼 당시 중국의 현실을 반영한 변형이었다. 쑨원과 국공양당이 직업대표제를 수용하자 국민회의 운동은 급속히 발전하여 전국 각지에 혁명사조를 확산시키는 계기가 되었다.

원래 다원주의에 의거한 직업대표제는 원리상 국공양당의 당치제(黨治制)[28]를 부정하므로 양자의 연대는 논리적으로 모순이었으나, 이를 통해 혁명정당은 대중적 기초를 확보하기를 기대하였고 사회단체는 군

---

27 유용태, 《직업대표제, 근대중국의 민주유산》, pp. 111-117.

28 초월적 지위의 일당이 국정을 담당하며, 이를 뒷받침하기 위해 당·정부·군대의 일체화를 추구하며 각급학교와 공장기업, 사회단체에 당세포를 심어 통제하였다.

벌의 무력탄압을 물리칠 수 있기를 기대하였다. 물론 당치제를 거부한 위에서, 직업대표제와 구역대표제를 병행함으로써 대의제의 한계를 극복하려는 모색도 있었으나 혁명과 전쟁 속에서 힘을 받지 못하였다.[29] 혁명정당은 일당제를 추구해 공화의 원리에 반하는 지향을 갖고 있으나 직업대표제는 각 직업계의 참여를 고루 보장하는 다원주의와 단체생활을 통해 시민적 자질과 공공사무에의 참여를 촉진한다는 면에서 공화주의의 원리를 적극 뒷받침해 줄 수 있다.

3. 직업대표제의 지속과 변화: 구역대표제와 병행

1923년 이후 중국국민당과 공산당이 직업대표제론을 수용하고 국민회의 촉성운동에 나섬에 따라 국민회의론은 중국의 국민혁명운동을 추동하는 수레바퀴가 되었다. 군벌이 축출된 지역에서 1927년 봄 국민회의식 지역정권이 수립되었다. 상하이(上海) 시민회의, 창사(長沙) 시민회의, 후난성민회의(湖南省民會議)가 바로 그런 사례인데, 거기서 정부위원(政府委員)을 선출함으로써 의행합일(議行合一)의 혁명정권을 탄생시켰다. 이는 국민혁명군 총사령 장제스(蔣介石)의 쿠데타로 인해 곧바로 붕괴되었지만 국공양당과 직업단체가 공동으로 지역 차원의 연합정부를 세운 경험은 이후 지속적인 영향을 미쳤다. 그로 인해 각계연합 방식의 민의 결집 경험은 사회관행으로 정착되었으며 대중운동의 주요한 형태로 지속되는 동시에 국가권력에 의해 부분적으로 수용되어 민의기관의 한시

---

29 그 예는 1925-1927년 천중밍(陳炯明)의 건국구상에서 보인다. 김세호, 〈陳炯明의 국가건설구상: '中國統一芻議' 분석을 중심으로〉, 《동아연구》(서강대 동아연구소) 50집, 2006, pp. 292-295.

적 제도화를 낳았다.

1927년 중화민국 난징국민정부가 수립되자 국민당의 당치제가 시행되었고, 이는 직업대표제 시행에 중대한 걸림돌이 되었다. 국민당이 각 사회단체를 심사하여 승인 여부를 결정하였고, 인민의 자치능력을 훈련한다는 쑨원의 훈정론(訓政論)을 명분으로 통제를 강화했기 때문이다. 그러나 그 속에서도 사회단체와 혁명정당은 민족민주주의 실현이라는 공동 목표를 위해 상호 협력하였다. 그 결과 각계연합 방식의 민의 결집 구조는 대중운동 차원에서는 물론이고 민의기관의 제도 차원에서도 지속되었다. 국민당 주도의 난징국민회의(1931)와 국민참정회(1938-1947), 정치협상회의(1946), 국민대회(1946-1948), 공산당 주도의 인민정치협상회의와 각계인민대표회의(1949-1954) 등이 대표적인 예들이다. 그 과정에서 직업단체는 레닌식 당치제를 추구한 국공양당이 자신의 사회적 기반을 확대하는 데 이용되기도 했다. 국공양당의 일당통치에 반대하던 소규모 의회정당들(중국청년당, 국가사회당, 제3당, 중국민주동맹)도 당의 강령이나 건국구상에 직업대표제를 병시하여 정당 중심의 의회제와 직업대표제를 조화시키려고 하였다. 따라서 이런 상황에서 직업대표제의 의미를 살리려면 스스로를 국가와 동일시하는 혁명정당과의 관계에서 직업단체의 자율성을 확보하는 것이 중요한 문제였다.

1920년대 당시 한국과 일본에서도 직업대표제에 대한 기대는 중국인에게는 못 미치지만 주목할 만한 선례를 남겼다. 한국의 경우, 1923년 상하이에서 대한민국 임시정부의 취약한 대표성을 제고하기 위해 '국민대표회의'가 소집되었는데, 그 대표는 구역대표와 단체대표로 구성되었다. 참가단체는 독립운동단체(정당·무장단체 포함), 노동단체, 교육단체, 청년단체, 종교단체 등이다.[30] 직업단체로 한정되지 않았으나 직

30 金喜坤, 《中國關內韓國獨立運動團體研究》, 지식산업사, 1995, p. 150; 박영석, 《韓

능별 조직원리를 고려한 점에서 직업대표제의 변형이라 할 만하다. 당시 임시정부의 의회에 해당하는 임시의정원은 구역대표제에 의거해 의원(議員)을 선출하였다. 따라서 국민대표회의가 직업대표 원리를 수용한 것은 구역대표제만으로는 대표성을 충분히 확보할 수 없다고 판단한 결과였으며, 이는 큰 변화가 아닐 수 없다. 프랑스 식민통치하의 베트남에서는 코친차이나 식민지의회가 있었고 1921년부터 베트남인도 선거에 참가할 수 있었으나 직업대표제와 보통선거 등 신민주주의 도입에 관한 논의가 있었는지는 확인되지 않는다. 한국과 베트남은 자신의 정부·의회가 없는 식민지였고 산업화가 왜곡되고 지체되어 직업단체가 활성화되지 못해 직업대표제에 대한 관심이 일어나기 어려운 조건에 놓여 있었다.

이와 달리 의회제가 도입되고 각종 직업단체가 발달한 일본은 보통선거와 직업대표제에 대한 관심이 클 수 있는 객관조건을 갖추고 있었다. 1차대전 직후 일본에서는 보통선거운동이 활발하게 전개되었으며 1925년 보통선거법이 제정되어 1928년에 실행되었다. 즉, 25세 이상 남자(당시 인구의 20.8%)는 누구나 평등하게 선거권과 피선거권을 가지는 것으로 되었다. 여자가 배제된 한계가 있지만 이로써 노동자와 농민의 이해를 대변하는 무산정당이 등장할 가능성이 열렸다. 동시에 쑨원의 제창을 계기로 중국에서 직업대표제 국민회의 촉성운동이 광범하게 전개되던 1925년 1월 귀족원(貴族院) 개혁 방안으로 직업대표제가 주목되었다. 다이쇼 시기 유력 언론인 이시바시 단잔(石橋湛三)은 《동양경제신보(東洋經濟新報)》의 사설에서 귀족원을 개혁하여 하원이 아닌 제2원으로 만들고 그 의원을 '직능대표'로 구성하여 구역대표제 중의원의 결점을 보완하자고 제안하였다. 직능대표는 각 분야의 지식과 경험을 갖고

民族獨立運動史硏究》, 일조각, 1982, pp.299-306.

있어서 전문성이 취약한 구역대표를 보완할 수 있고 의회 안에 농회와 노동조합을 비롯한 '민중세력'의 대표를 진입시켜 자산계급 편중을 시정할 수 있다는 것이다.[31] 그러나 재벌과 결탁된 자산계급정당들의 기득권 체제의 장벽에 막혀 논의가 더 이상 지속되지 못하였다. 당시 일본에서는 '민주주의'와 마찬가지로 '신민주주의'란 용어도 사용될 수 없었고, '다이쇼 데모크라시'처럼 외래어 '데모크라시'가 그것을 대신하였다.

그 후 일본에서는 경제공황에 대응하는 과정에서 군부가 정치의 전면에 나서 천황제 파시즘을 형성함에 따라 다이쇼 데모크라시가 억압되고 의회제 자체가 사실상 부정되는 극단의 체제로 나아갔다. 그러한 전환의 초기인 1931년 12월 다치바나 시라키(橘樸)가 곧 건립될 만주국을 직능단체의 자치에 의한 분권적 자치국가로 구성하자고 제안하여 직업대표제에 대한 논의를 이어갔다. 그가 구상한 자치국가는 행정급별 지역자치 외에 경제자치체(농회, 상회, 공회, 길드 등)와 사회자치체(문화단체, 종교단체, 각종 상호부조 단체)의 직업자치를 병행하는 것으로 되어 있다. 그리하여 직업단체의 자치를 통해 궁극적으로 길드사회주의자들이 추구한 사회주의 국가 형성을 목표로 하였다.[32] 이는 직업대표제를 일본 안의 의회제 혁신의 방안으로 고려할 여지가 그만큼 적었음을 뜻하지만, 제국의 변방에 해당하는 만주에서라도 이를 실현시키려 한 그의 의지는 눈길을 끈다.

---

31 〈貴族院改革の目標〉(社說), 《東洋經濟新報》 1925. 1. 24. 이런 취지의 사설은 〈護憲の二字を裏切る〉(1925. 2. 28)에도 보인다. 이 사설을 쓴 주간 이시바시 단잔은 자유주의 언론인으로서 1921년 이래 만몽포기론(滿蒙拋棄論)을 주장하며 대일본주의(大日本主義)를 비판하고 소일본주의(小日本主義)를 제창하였다. 이에 관해서는 채수도·김경일, 〈이시바시 단잔의 소일본론과 평화구상〉, 《일본문화연구》 22호, 2007 참조.

32 酒井哲哉 編, 《近代日本の國際秩序論》, 東京: 岩波書店, 2007, pp. 178-182.

한국인이 직업대표제를 명확하게 주장한 예는 일본의 식민통치에서 벗어난 직후인 1945년 안재홍에게서 보인다. 그의 신민주주의 건국구상에 따르면, 의회제는 민주정치 실현의 필수적 방식이니 의원은 "각층·각계를 대표케 하되 구역(區域)의 외에 직역(職域)별로 선출하여 국민 각 부문의 의사와 이익을 대표하게 할 것이니, 지역별 소선거구를 설정함을 피(避)하고 대체로 인구 10만 명에 대의원 1명씩으로 선출하면 의정원의 대의원 수는 300명 내외로 될 것"이라 하였다.[33] 직업대표제를 시행해야 비로소 각계각층의 이해를 두루 대표하게 할 수 있다는 전제하에 이를 구역대표제와 병행하자는 것이다. 이 제도에 대해서는 그가 《조선일보》 기자로서 1925년 직업대표제의 국민회의 촉성운동을 전개하던 중 사망한 쑨원의 조사를 쓴 데서 짐작할 수 있듯이 일찍이 알고 있었을 터이나 식민지 상태에서 벗어나기를 기다려 건국구상의 하나로 제기한 것으로 보인다. 이때 구역대표도 오늘날 우리가 당연시하는 소선거구제가 아닌 다른 방식(가령 중대선거구제)으로 뽑자는 것이니, 지역구 내 상층 엘리트의 이해만을 대변하는 구역대표제(정당정치)의 폐해를 극복하려는 그의 의지가 돋보인다. (한국)국민당의 정강정책에 대한 해설 중 일부에서 그는 이러한 직업대표제를 연합정부와 함께 "조선독자의 대중적 신민주주의"라 불렀다.[34] 다만 유감스럽게도 구역대표와 직업대표를 동시에 선출하는 구체적인 방법을 제시하지는 않았다. 1948년 4월 평양에서 열린 남북조선제정당사회단체대표자연석회의는 중국의 정치협상회의와 흡사하게 기본적으로 이러한 민의 결집 방식이 구체

33 안재홍, 《신민족주의와 신민주주의》, 민우사, 1945, p. 51. 《民世安在鴻選集》 2(p. 68)에는 "지역별 소선거구를 설정함을 選하고"로 되어 있어서 원본과 다르다. '避하고'가 아니라 '選하고'로 보면 앞뒤 문맥이 연결되지 않는다.

34 안재홍, 《신민족주의와 신민주주의》, p. 55.

화된 사례라 하겠다.

중국에서도 1950년대의 국유화와 집단화로부터 20년이 지난 후 개혁 · 개방 정책의 시행에 따라 각종 직업단체가 부활되자 1980년대에 직업대표제의 기억이 다시 상기되었다. 1980년 10월 덩샤오핑(鄧小平)의 측근 이론가 랴오가이룽(廖蓋隆, 中共中央黨校 교수)은 근대중국의 역사적 경험을 바탕으로 기존 전국인민대표대회의 대표 수를 3,000명에서 1,000명으로 줄여 토론을 활성화하는 동시에, 구역대표제의 구역원(區域院, 300명)과 직업대표제의 사회원(社會院, 700명)으로 이원화하고 양쪽에 대등한 권한을 부여하여 서로 경쟁하고 감시하도록 하자는 정치개혁안(일명 庚申改革案)을 제출하였다. 이는 보수파의 저항으로 구체화되지 못하였다.

그 직후 1985년부터 홍콩과 마카오의 정치민주화 과정에서 입법기관인 입법국(立法局) 의원 선거에 국민회의식 직업대표제가 도입되어 구역대표제와 같은 비중으로 병행되었다(유권자는 각기 구역과 직업 단위로 두 개의 투표를 한다). 중국에의 반환을 앞두고 장차 일당제가 도래할 것에 대비하여 홍콩 당국이 미리 위로부터의 민주화를 추진한 결과다. 1990년 중국 당국은 홍콩특별행정구기본법으로 이를 승인하였다. 경제의 개혁 · 개방에 상응하여 정치의 개혁 · 개방이 요구되는 오늘의 중국에서 직업대표제의 경험은 여전히 살아 있는 불씨라 할 수 있다. 개혁 · 개방 정책으로 신민주주의 경제가 부활되었으니 그에 상응하는 신민주주의 정치도 부활되어야 한다면 그때의 민의기관 선거에서는 근대중국의 정치유산으로 축적된 직업대표제의 원리와 정신을 활용하는 지혜가 필요하다.[35]

35 '정치상의 신민주주의'도 회복되어야 한다는 최근의 주장은 張木生, 《改造我們的文化歷史觀》, 北京: 軍事科學出版社, 2011, pp. 413-419 참조. 중국의 학계에서는 개혁 · 개방이 신민주주의 경제의 회복인가, 사회주의 초급 단계의 보완인가를 둘러싸

이상을 종합하여 20세기 동아시아에서 추구된 직업대표제의 지속과 변화 사례들을 유형화하면 다음과 같다.

① 순수 직업대표제

국민회의 구상/촉성운동(1920-1923)

② 직업대표 + 구역대표(혁명정당)

대한민국 임시정부 국민대표회의(1923), 중국 국민회의 촉성 운동(1924-1927), 상하이/창사시민회의(1927), 후난성민회의(1927), 난징 국민회의(1931)

③ 직업대표 + 구역대표(혁명정당 + 의회정당)

국민참정회(1938-1947), 정치협상회의(1946), 국민대회(1946-1948), 중국인민정치협상회의/지방각계인민대표회의(1949-1954), 중국인민정치협상회의(1954-현재), 경신개혁안(1980)

④ 직업대표 + 구역대표(의회정당)

이시바시 단잔의 일본 국회개혁 구상(1925), 안재홍의 통일한국 국회 건립 구상(1945), 홍콩/마카오 입법기관(1985-현재)

이 유형화에서 보듯이 중국의 직업대표제는 '직업대표 + 구역대표' 유형이 대세였고 주도권은 혁명정당에게 있었다. 때로는 거기에 의회정당도 참가했으나 그 존재감은 극히 미약하였다. 혁명과 전쟁의 연속이

고 논란이 있다. 于光遠 著, 韓鋼 詮注, 《新民主主義社會論的歷史命運》, 武漢: 長江文藝出版社, pp.239-241.

군대를 가진 혁명정당의 위상과 역할을 특별하게 만들었기 때문이다. 일본과 한국, 홍콩에서는 시기와 객관조건의 차이로 인해 의회정당과 직업단체가 경쟁적으로 선거에 참여하는 방식이 추구되었다. 대표의 선정 방법은 당연히 회원의 직접선거를 원칙으로 하였지만 (반)식민지 조건에서는 협상이나 지명에 의한 경우도 많다.

20세기 동아시아에서 직업대표제를 실제로 시행한 나라는 중국과 홍콩밖에 없다. 중국에서 직업대표제는 1920-40년대에는 군벌정부와 국민당 독재를 비판하고 그 대안을 모색하는 민주화 추동자의 구실을 담당하였다. 그러나 중화인민공화국 성립 이후 연합정부(네 계급 인민을 대표하는 각 정당이 공동으로 구성)를 바탕으로 민주주의를 한 걸음 더 진전시켜야 할 단계에서 거꾸로 1954-1957년 일당정부로 후퇴하는 것을 막지 못하였다. 직업단체들은 사회적 견제세력으로서의 역할을 담당하지 못하고 일당제를 보완하는 구실밖에 하지 못한 것이다.

여기에는 직업단체 내부의 원인과 국가영역 차원의 외인이 작용하였다. 내인으로는 우선 직업단체의 역량이 미약하고 그 안에 대표권 분배를 둘러싼 갈등이 있어서 종횡으로 단결하기 어렵게 만드는 약점을 초래했다는 점이다. 직업단체 회원 수는 당원 수보다는 많았지만 1946년 말 800만 명 정도로 5억 인구의 1.6%에 불과했다. 국가와의 관계에서 볼 때, 직업단체는 일상생활 및 생산활동과 직결되어 있기 때문에 당치제를 상대로 한 비일상적 정치투쟁에 역량을 집중하기가 어렵다. 특히 1954년 이후 국유화와 집단화로 인해 각 직업단체의 자율성을 뒷받침할 경제 기반이 소멸된 것은 직업단체의 무력화를 초래한 가장 큰 원인이다.

직업단체와 정당의 관계가 상호 보완하면서 민주성 강화로 나아가는가, 일방의 주도하에 다른 일방을 들러리로 만드는가는 국내외 조건의 변화에 따라 규정되었다. 중국의 시행과정에서 직업대표제의 원리가 충분히 발휘되지 못한 것은 직업단체가 발달하지 못한 일당제 조건에서 시행되었기 때문이다. 유럽에서 시도된 직업대표제는 자본가 계급의 반발에 부딪혀 실패하고 의회 바깥에서 특정 부문의 이해갈등을 조정하는 코포라티즘으로 변형되었다. 이때 일당제 조건하에서는 나치독일에서처럼 파시즘에 이용되는 국가코포라티즘으로 구체화되었지만 다당제 조건하에서는 2차대전 이후 독일과 북유럽에서처럼 사회적 코포라티즘으로 제도화되는 차이를 보였다.[36] 직업대표제가 본래의 의미를 실현하려면 일당제가 철폐되고 다당제가 허용되어야 하고, 무엇보다 각 직업별 단체의 결성과 활동이 자유롭게 보장되지 않으면 안 된다. 직업대표제가 이런 조건에서 실행된다면 구역대표제의 폐해를 혁신하고 보완하는 대안이 될 수 있다.

4. 직업대표제의 현실적 의미: 정당정치 혁신을 위한 가능성의 유산

이상으로 20세기 중국과 한국·일본의 신민주주의 모색을 직업대표제에 초점을 맞추어 살펴보았다. 중국이 직업대표제를 특별히 강렬하고 지속적으로 추구한 것은 중국의 역사적 경험(청대 이래 업종별 동업조합인 行會가 지방자치의 주체로서 활약한 경험)과 관련해서 이해될 수 있다. 20세기 동아시아는 혁명정당이 득세하는 식민지와 열전·냉전의 조건에 놓여 있었기에 중국에서는 시행되었다 하더라도 왜곡되거나 변형되어 한계를 가질 수밖에 없었고 다른 나라에서는 논의 자체가 지속되지 못했다. 그때에 비해 조건이 달라진 탈냉전기인 오늘날 동아시아 각국은 직

36 유럽의 사회적 코포라티즘에 대해서는 김수진, 《민주주의와 계급정치: 서유럽 정치와 정치경제의 역사적 전개》, 백산서당, 2001, pp. 265-292 참조.

업대표제를 시행할 만한 조건을 훨씬 더 많이 갖추고 있다.

탈냉전이 도래한 1990년대 이래, 노동자의 이름으로 자행된 프롤레타리아 독재가 무너지자 상공업자의 정치적 주도권을 강조하는 연구(商會와 상공업자 관련 연구)가 급증하였다. 이런 경향은 1980년대 이래 신자유주의의 돌진 속에 노동조합 세력이 약화된 사정과도 관련이 있다. 그러나 이는 부르주아 독재를 정당화하는 시각과 논리로 이어질 우려가 있다. 그에 비해 직업대표제 연구는 상공업자를 여러 직업단체 중 하나로 보고 각 직업계 대표들 간의 상호 경쟁과 견제, 타협으로 균형잡아 특정 집단의 정치적 주도권을 상대화하는 제도적 장치를 강조한 점에서 다르다. 20세기 유럽과 중국의 직업대표제 모색의 경험은 오늘의 우리에게 다음 몇 가지 점에서 정당과 의회의 틀에 갇혀 있는 민주주의를 획기적으로 발전시키는 가능성의 유산이 될 수 있다.

앞서 보았듯이 직업대표제의 장점은 다음의 다섯 가지로 요약된다. 의정과 참정 주체의 다양화, 직접민주주의 강화, 노동자·농민 등 하층계급 대표를 포함한 진정한 다수에 의한 정치와 사회·경제적 민주주의 진전, 대의활동의 전문성 강화, 대표 권한의 합리적 제한 등이 그것이다. 이런 다섯 가지 효과를 실현하는 제도설계로 가장 먼저 주목되는 것이 대표할당제다. 직업별 인구수에 비례하여 각 직업단체에 대표 수(의석 수)를 배분하는 것인데, 이를 통해 참정주체의 폭을 확대하고 다원화함으로써 비례성과 대표성, 그리고 직접성을 획기적으로 제고할 수 있다. 특히 소외되던 노동자와 농민의 대표가 그 인구수에 비례해 다수를 차지하게 된다. 그리고 모든 대표는 본래 자신의 직업을 갖고 자기 직업계의 이해를 직접 대변했으며 무보수로 그 직무를 수행하였다. 직업별 이해 당사자가 스스로 선출한 대표로 하여금 자기 영역의 이해를 대표하게 한다는 점에서 직접민주주의 원리에 한발 더 근접한 방식이다.

이러한 대표할당제의 의의는 서방의 정치학자에 의해서도 확인된다. 다니엘 벨(Daniel A. Bell)에 따르면, 정당 중심의 구역대표제하에서는 "가장 자유롭고 공정한 선거조차 정치과정에서 부자들이 자신의 이해를 불균형하게 확보하도록 허용한다. […] 이를 줄이는 유일한 길은 가난한 자와 소수자를 대표하는 명백한 사명을 가진 정치제도를 디자인하는 것이다. 예컨대 의석을 비특권화된 사람들을 위해 분배하는 것이다."[37] 데이비드 헬드(David Held)에 따르면, "자유에 대한 도전은 평등이 아니라 불평등, 특히 기업의 이윤을 극대화하기 위한 불평등한 자유에 있다."[38] 어느 쪽도 선거에서의 '1인 1표'가 사실은 '1원 1표'에 불과하다는 뒤틀린 현실에 대한 성찰이다. 일찍이 량치차오가 직업대표제 도입에 대한 가장 큰 저항세력은 자본가라고 보았던 통찰이 서방 학자들에 의해 부활된 듯하다.

이상과 같은 장점을 가진 직업대표제를 도입할 경우 기대할 수 있는 효과로 나는 다음 두 가지를 추가하고 싶다. 첫째, 직장 단위의 내부 민주주의를 강화할 수 있다. 유권자 스스로 각 직업단체가 민주적으로 운영되어야 직업대표제가 제구실을 할 수 있음을 깨닫고 직장민주주의(workplace democracy)를 실현하는 데 적극 나서게 만들 것이기 때문이다. 민주화를 위해 노력하는 사람들도 흔히 직장에서는 일방통행과 불법을 눈감고 지내면서 그 바깥의 광장에서 의회민주를 외친다. 민주는 곧 의회민주가 아닐뿐더러 직장민주의 기초가 없는 의회민주는 사상누각에 불과하다. 둘째, 자유민주주의를 공화민주주의로 한 걸음 진전시킬 수 있다. 공화주의는 개인의 자유보다 공공의 가치를 중시하며, 개인의 독

---

37 Daniel A. Bell, "Deliberative Democracy with Chinese Characteristics: A Comment on Baogang He's Research", Ethan J. Leib and Baogang He (eds.), *The Search for Deliberative Democracy in China*, New York: Palgrave Macmillan, 2006, pp. 150-151.

38 데이비드 헬드, 이정식 옮김, 《민주주의의 모델》, 인간사랑, 1989, p. 225.

립적 생활을 뒷받침하는 경제 기반인 직업이 있어야 정부와 의회를 감독하는 시민윤리와 독립적 사고와 언론이 살아난다고 믿는다. 4년에 한 번 투표하면 그만인 '의회민주'를 넘어 생활과 직결된 각 직장의 수장권력에 대한 감시와 견제를 일상화하는 '직장민주'에 주목해야 하는 이유가 여기에 있다.

이러한 대표 구성의 원리와 방식은 동아시아 각국이 직면한 정당정치의 위기를 성찰하고 대안을 모색하는 자산이 될 수 있다. 원래 정당(party)은 그 어원이 말해 주듯이 민의(民意)의 한 부분(part)만을 대표할 뿐이므로, 이해관계가 각기 다른 국민은 다당제가 정착된 속에서만 비로소 온전한 민의기관을 가질 수 있다. '다당선거'만 있고 '다당의회'는 없으니, 정당정치(party politics)의 본뜻이 사라진 것이다. 양당 간의 정권교체가 빈번한 영국과 미국에서도, 무늬만 다당제인 한국과 일본에서도 정당정치 자체의 폐단은 정점에 이른 듯하다.[39] 젊은 층의 선거 외면과 투표 불참이라는 '탈정치화'·'탈정당화' 현상이 갈수록 두드러지고 있으며, 거대 정당은 주로 거대 기업집단의 이해를 대변하는 경향이 커지고 있다. 이른바 '기업사회'의 정치적 현상이다. 정당정치가 민의와 괴리되는 원인은 선거 자체가 과두제의 산물이라는 시각에서도 찾을 수 있지만, 나는 선거의 정치공학 탓이 크다고 본다. '부분'을 대표할 뿐인 정당의 본뜻을 왜곡하여 경쟁적으로 상대당의 정책을 베껴 가면서 국민 전체를 대표하는 '국민정당'임을 자처하여 표를 구걸하거나 돈으로 사들이는 사기극이 각국에서 속출하고 있다. 직업단체는 각기 그 직업적

---

39 동아시아에서 정당정치의 경험이 가장 긴 일본에서조차 야당이 의석의 3분의 1을 확보해 평화헌법 개정을 저지할 뿐 선거를 통한 정권교체가 없다는 점을 들어 '세미데모크라시'(반쪽 민주주의)에 불과하다고 보아 정당 수준의 대의정치보다 사회 수준의 운동(집회와 시위)에 의거한 직접민주정치에 기대를 건다는 진단을 보라. 山口二郎, 〈戰後70年の民主主義〉, 《歷史評論》 794號, 2016.

이해가 다르기에 다른 단체의 정책을 베껴 쓸 수 없고 온전히 자기 단체의 이해를 대표한다. 그렇기 때문에 단체 이기주의에 빠질 우려가 있으나 이는 다른 단체와의 토론과 견제를 통해 조정될 수 있다.[40]

몇 년 전 조사에 따르면 한국 국민의 81%가 정당이 국민의 민의를 대변하지 못하고 있다고 응답하면서도 여전히 보다 나은 정당을 기대할 뿐 다른 형태의 대의제도를 상상하지 못하고 있다. 그 주체를 지역에 기초한 정당 하나로 절대화할 이유는 없고, 지역을 단위로 해서만 대표의 의석을 할당할 이유도 없다. 비례대표제로 그 폐단을 보완한다고 하지만 그 후보가 제왕적 정당대표에 의해 낙점되는 한 그것은 정당의 들러리일 뿐이다. 정당의 생명은 이념에 있으며 이념에 충실한 정당은 필요하고 키워야 한다. 그래야 현실적 이해에 치중하는 직업단체의 한계를 넘어 미래비전을 제시할 수 있다. 또 환경과 주거 등 거주지 구역 단위의 이해도 중요한 만큼 구역대표제를 버릴 이유도 없다. 이런 점에서 직업대표제는 망국적 지역주의의 포로가 된 채 노동을 비롯한 다양한 이해집단과 진보세력의 국회 진입을 가로막는 한국의 정당정치를 혁신하는 장치로 도입될 만하다.

물론 직업대표제에 대해서도 비판이 있다. 직업이 자주 바뀌는 상황에서 선거인명부 관리가 어렵고, 직업이기주의로 인해 국정의제를 공정하게 심의·의결하기 어렵다는 지적이 그것이다. 그러나 관리의 편리성을 기준으로 삼는 것은 민주주의의 원리에 반하며, 정보화 시스템을 활용하면 직업별 선거인명부도 충분히 관리할 수 있다. 직업적 이해와 공정성의 충돌을 우려하는 시각도 민주주의란 원래 복잡한 이해관계를 바탕으로 지루한 토론과 타협을 거쳐 합의에 이르는 과정임을 망각하

40 이하는 유용태, 〈직업대표제: 정당정치 혁신을 위한 새로운 민주모델〉, 다른백년연구원 세미나 발표문(2016. 8. 5)에 의거함.

고 있는 점에서 넌센스가 아닐 수 없다. 각기 다른 사회세력이 상호작용하는 속에 감시와 견제를 행하여 정부로 하여금 어쩔 수 없이 각기 다른 계층과 이익집단의 요구 사이에서 균형을 취하도록 만드는 것이 민주제도의 근본 원리임을 환기하고 싶다. 이 점에서, 자본과 권력의 로비에 의해 좌우되는 정당들의 상호작용보다 자신의 직업이해에 의거해 국정의제를 심의하는 직업대표들의 상호작용이 덜 공정하다고 볼 근거는 없어 보인다.

대의제는 그 자체로서 태생적 한계를 갖고 있다. 구역대표제는 소수 상층 유력자를 과다 대표하되 대다수 하층 대중을 과소 대표하며 직업대표제는 각 직업계를 고루 대표하되 퇴직자와 무직자를 외면한다. 따라서 양자를 병행함으로써 상호 보완하는 지혜가 필요하다. 그러니 우선 시험적으로 비례대표 선출을 위한 현행의 정당명부식 투표 대신 정당으로부터 독립된 일정수의 직업대표(무직자나 장애인 같은 직능도 추가하여)를 신설하고 이를 각 회원(혹은 직업·직능 종사자로 넓혀)이 직선하도록 하고 경과를 보아 그 수를 점차 확대하는 접근법이 현실적일 듯하다. 아울러 정당 중심의 구역대표세 역시 유럽에서와 같은 연계형 비례대표제 선거를 도입해 득표율에 따라 의석 수가 분배될 수 있도록 개혁하지 않으면 안 된다. 그렇지 않으면 지금과 같이 특정 지역에서 특정 정당의 후보를 무조건 지지하는 '묻지마 투표'로 나타나는 망국적 지역정당의 고질병을 벗어날 수 없을 것이다.

제9장

20세기 동아시아의 신민주주의(2)

연합정부와 혼합경제

1. 잊혀진 유산, 연합정부와 혼합경제

앞 장에서 본 대로 동아시아의 비판적 지식인들은 1920년대 초부터 신민주주의를 모색하면서 새로운 국가 모델을 탐색하였다. 민의기관 구성의 새로운 원리와 방식으로 직업대표제가 주목되었다면 정부 형태와 경제체제의 새로운 대안으로 연합정부(coalition government)와 혼합경제(mixed economy)가 추구되었다. '연합정부'는 다당경쟁의 조건에서 다수의 정당이 공동으로 구성하는 정부 형태이며, '혼합경제'는 국영경제와 사영경제 등 이질적인 경제제도를 병행하는 것을 말한다. 어느 세력이 어떤 이념과 목적에서 시행하느냐에 따라 그 성격은 다양하게 나타난다.

연합정부와 혼합경제 구상은 2차대전 종결 직후 동아시아 각국이 새로운 국가체제를 수립하는 과정에서 실행되었다. 그 예는 일찍이 근대국가를 형성한 일본과 몽골인민공화국을 제외하고 (반)식민지 상태에서 벗어난 중국과 남북한, 베트남의 정치세력에게서 찾아볼 수 있다. 이런 형태의 국가를 추구한 세력들은 이를 '신민주주의 국가'라 부르면서 서구식 자산계급 공화국이나 소련식 소비에트 공화국과 다른 새로운 형태의 공화국으로 이해하였다.

그러나 안타깝게도 이 새로운 형태의 건국 구상과 실천은 1950년대 말까지 냉전과 열전 속에서 억압되어 사라졌다. 중국과 남북한은 내전으로, 베트남은 재식민화를 기도한 프랑스에 대한 민족해방전쟁으로, 그리고 이들 4국 모두에게 가해진 미소 냉전의 대립으로 그렇게 된 것이다. 특히 미군과 소련군의 군정이 실시된 남북한은 중국과 베트남에 비해 새로운 민주주의의 제도화를 가로막는 커다란 외인과 직면하지 않으면 안 되었다. 불리한 조건에 처해 있던 남한에서도 가령 대한민국 제헌헌법에는 혼합경제 요소가 어느 정도 포함되어 있었으나 이내 억압되어 사라졌다.

그 후 동아시아 각국의 정치는 냉전체제의 지속과 더불어 두 유형의 극단화된 체제를 고착화시켰다. 하나는 국영경제를 기반으로 일당제를 고수하는 유형으로, 그 정부는 시종일관 일당정부다. 중국과 북한, 베트남이 이에 속한다. 다른 하나는 사영경제를 기반으로 다당경쟁의 선거를 허용하는 유형으로, 한국과 일본이 이에 속한다. 그런데 한국과 일본도 1997년, 2009년 각각 대항정당에 의한 정권교체를 이룩하기까지 하나의 지배정당이 여타의 군소정당을 통제하는 사실상의 일당지배 상태에 놓여 있었다. 냉전시기 각기 다른 진영에서 일당제를 취한 대만과 몽골은 1990년대 초에 다당제를 허용하여 선거에 의한 정권교체를 이루었다. 그러나 정권교체를 이룩한 어느 나라에서도 정당정치는 여전히 유권자의 기대를 충족시키지 못하고 있다. 더구나 이들 국가의 정부도 정해진 임기 동안 사실상의 일당정부여서 두 유형 간에 본질적인 차이를 찾기 어렵다. 권력에 대한 감시와 견제의 효과를 기대하기 어렵기는 마찬가지인 것이다. 이는 '다수제 모델'의 정부 형태가 갖는 폐해라 할 수 있다.

이러한 정치·경제 체제의 극단화 못지않게 염려스러운 것은 양쪽 진영 모두에서 그 극단의 체제를 신성시하는 지적 불구화를 낳았다는 점이다. 일당제 정부와 유사일당제 정부는 각각 획일화된 국영경제와 획일화된 사영경제를 절대화하면서 그것 없이는 국가안보도 경제성장도 있을 수 없다고 정당화하였고, 그것과 다른 대안적 질서에 대한 탐색을 철저히 억압하였다. 그리하여 민주정치에는 선거에서 한 표라도 더 얻은 정당이나 후보자가 권력을 독식하는 '다수제 모델'만 있는 줄 알고 협상과 조화를 중시하는 '합의제 모델'이 있음을 망각하게 되었다. 합의제 모델의 정부는 정당 중심의 의회제 틀 안에서 그 결함을 최소화하기 위한 제도적 보완책이다. 그것은 정당 간의 대연합, 비례대표제에 의거한 군소정당 배려, 소수자의 거부권, 분할된 자치권을 주요 특징으로 한다.[1] 연합정부는 다당 간의 연합으로 구성원리상 합의제 모델의 역사적 사례로서 참여정당의 범위를 극대화한 경우다.

합의제 모델의 연합정부와 짝을 이루는 경제제체가 혼합경제 모델이다. 냉전시기에 서로 적대하던 두 진영에서는 각기 계획일변도의 단일 국유경제와 시장 일변도의 단일 사유경제가 자신의 순수성을 자랑하면서 양극단으로 치달아 혼합경제 모델이 있음을 망각하게 되었다. 그러나 소유제란 사회적 생산력에 조응하여 성립되고 변화하는 사회적 생산관계의 총화여서 특정 시기에 특정 세력이 원하는 형태로 인위적으로 단일화해서는 결코 지속될 수 없다. 실제로 계급과 국가가 출현한 이후, 어떠한 지배적인 하나의 소유 형태도 이전 사회의 소유제를 일소하

1 Arend Lijphart, *Democracies: Patterns of Majoritarian and Consensus Government in Twenty-One Countries*, New Haven: Yale University Press, 1984(최명 옮김, 《민주국가론》, 법문사, 1985); 선학태, 《민주주의와 상생정치: 서유럽 다수제 모델 vs 합의제 모델》, 다산출판사, 2005.

고 순수한 단일 소유제를 만들어 낸 적이 없다.[2] 이 사실은 냉전시기의 국유든 사유든 순수 단일 소유제에 대한 신성화가 얼마나 반역사적인 폭력이었는지를 말해 주는 동시에 오늘날 우리에게 혼합경제야말로 인간사회의 자연스런 본성에 부응하는 경제제도일 수 있음을 환기해 준다.

다행스럽게, 동아시아에서는 냉전시기에 국영경제를 신성시해 온 진영에서 먼저 자신의 극단화된 체제를 바로잡는 실험이 시작되었다. 1980년대에 시작된 중국과 베트남의 개혁 · 개방이 그것으로, 이는 훨씬 더 오랫동안 존속되었어야 하나 조기에 종결된 신민주주의 단계를 뒤늦게 회복한 것이라 할 수 있다. 당내 급진파를 자극하여 조기에 국유화 · 집단화를 단행하게 만든 열전과 냉전이 1970년대 중반을 지나면서 그치고 탈냉전이 완연해지자 급진파의 과오와 그로 인해 급조된 사상누각의 극단화된 국가체제를 성찰하고 혁신할 수 있게 된 것이다. 이른바 '사회주의 시장경제론'은 이런 실험을 설명하기 위한 이론으로서, 중국 학계에서는 이를 혼합경제론의 시각에서 조명하는 연구들이 잇달아 나오고 있다.

유감스럽게도, 사영경제를 신성시해 온 진영에서는 승리감에 도취된 탓인지 그 극단적 경향을 바로잡기보다 오히려 더욱 가속화하는 신자유주의 정책에 매달리고 있다. 한국이 특히 그러한데, 혼합경제에 대한 관심과 연구가 거의 없는 것은 우리 학계의 지적 편향을 보여 준다.[3] 이와 달리 프랑스의 라파이(Jean Dominique Lafay)와 르카이용(Jacques Lecaillon)은 혼합경제가 "계획경제의 극단적 간섭주의가 명백히 실패하

---

2 曺立,《混合所有制研究: 兼論社會主義市場經濟的體制基礎》, 廣州: 廣東人民出版社, 2004, 第1章.

3 4월혁명 직후, 혼합경제를 스웨덴의 사례로 다룬 논문과 경제체제론의 하나로 다룬 저서가 있을 뿐이다. 고승제, 〈혼합경제와 수정자본주의〉,《사상계》9권 3호, 1961, pp. 92-99; 홍우 엮음,《후진국경제론》, 일조각, 1961, pp. 216-235.

고 자유주의 사조가 사유화와 국가의 퇴각 및 규제철폐를 고취함으로써 제기된 사태에 대한 쌍방향의 예방조치"가 될 수 있다고 진단하였다.[4] 그에 따르면 혼합경제는 협동(합작)과 공동 노동의 논리에 기초하며, 이에 의거해 국가와 사영 부문 쌍방이 각기 자신의 최대능력을 발휘하게 할 수 있다는 것이다. 1990년 전후 동유럽과 소련의 현실사회주의가 붕괴되었을 뿐 아니라 돌진하는 신자유주의가 1997년과 2008년 동아시아와 미국에서 금융위기에 직면한 상황까지를 시야에 넣고 이 진단을 음미해 보면 혼합경제는 국유 일변도의 계획경제와 사유 일변도의 시장경제를 동시에 극복할 대안으로 삼을 만하다. 그리하여 거기서부터 출발하여 자기 현실에 맞게 조율해 나가는 지혜가 필요해 보인다. 그런 면에서 20세기 전반 동아시아인의 연합정부와 혼합경제에 대한 사유는 냉전진영의 양쪽에서 이렇게 극단화된 국가체제를 탈냉전기의 조건에서 돌이켜 성찰하고 새로운 대안의 기억을 되살리는 탐구의 대상이 될 만하다.

기실 탈냉전기의 이런 성찰과 혁신 노력은 '글로벌화'라는 세계적 신자유주의 물결과 맞부딪히면서 자기중심을 잡고 좌우의 극단 사이에서 균형감을 유지해야 하는 곤경에 놓여 있다.[5] 그러나 이전의 제국주의 시대나 열전과 냉전이 교차하던 시대에 비하면 더 나쁜 조건이라 할 수는 없으니, 극단화하기 이전의 신민주주의 건국구상을 가능성의 유산으로 음미해 보는 것은 시장만능과 계획만능을 각각 맹종했던 양쪽 진영 모두에게 절실하다 하겠다. 특히 그 양쪽 진영의 최전선이었던 남북한

---

4 Jean Dominique Lafay et Jacques Lecaillon, *L'Economie Mixte*, Paris: Presses Universitaires de France, 1992(宇泉 譯,《混合經濟》, 北京: 商務印書館, 1995, p. 1).

5 혼합경제에 대한 신자유주의의 도전 및 그와 관련한 학계의 논쟁에 대해서는 Claus Nielsen, "The Mixed Economy, the Neoliberal Challenge, and the Negotiated Economy", *The Journal of Socio-Economics*, Vol. 21, 1992, pp. 325-351 참조.

에게는 더욱 그러할 터다.

2. 중국의 연합정부와 혼합경제 구상

20세기 중국에서 연합정부 구상이 명확하게 나타난 것은 1940년 마오쩌둥(毛澤東)의 〈신민주주의론〉부터라고 알려져 있다. 1937년 일본의 전면 침략에 맞선 중국의 항일전쟁에 참여하는 각계각층이 민족민주통일전선을 형성하고 그 구성주체들의 대표가 모두 참여하는 "연합정부"를 제시한 것이다. 그러나 연합정부 구상의 원형은 이미 1931년 일본의 만주침략 직후 중간파 지식인들에 의해 제기되었으며 마오에 의해 계승·발전된 것이라 할 수 있다. 좀 더 거슬러 올라가면 1920년대 국민혁명 과정에서 수립된 지역정권(상하이시 정부, 창사시 정부, 후난성 정부 등)이야말로 실제로 구성된 연합정부의 사례이며, 마오 자신도 1945년 이를 연합정부의 구체적인 선례로 꼽은 바 있다.[6]

1931년 9월 18일 일본이 만주를 점령하고 이듬해 만주국을 수립해 지배하자 중국의 각계는 국민당 독재정부로는 이에 효과적으로 대처할 수 없다면서 각 당파가 두루 참여하는 정부를 수립하자고 주장하였다. 먼저 만주사변 일주일 만에 중국사회민주당은 공산당에 대한 내전을 벌이고 있던 국민당 일당정부를 타도하고 각 당의 "연합정부"를 조직하자고 전국 동포에게 호소하였다. 여기서 항일 연합정부 주장이 처음 등장한 것이다. 그해 9월이 가기 전에 상하이 각 대학의 교수 200인도 국민당 일당통치가 인민의 권리를 박탈하여 진정한 민의가 억압되었음을 비

6 〈論聯合政府〉(1945. 4), 毛澤東文獻資料研究會 編,《毛澤東集》9卷, 東京: 蒼蒼社, 1983, p.227.

판하고 각계의 인재를 널리 구하여 "국방정부"를 조직하라고 촉구하였다. 1932년 4월 상하이시 교육계구국회연합회가 정당결성의 자유를 허용하고 전국 각계의 인재를 모아 "국난정부"를 수립하라고 촉구한 것도 그와 거의 흡사하다.[7]

이와 같이 각계의 항일 민의가 국난을 극복하기 위한 연합정부 수립으로 모아지자 중국공산당도 계급투쟁 노선을 버리고 이에 호응하였다. 1935년 8월 1일 공산당이 항일구국사업에 참가하는 각 당파, 민간단체, 저명 학자, 정치가 등이 공동으로 "국방정부"를 수립하자고 제안한 것이다. 이에 대하여, 이듬해 6월 전국각계구국회연합회는 "통일적인 구국정권"을 수립하자고 호응하였다. 1937년 7월 2차 국공합작이 성립하자 중국민주동맹을 비롯한 중간파 세력은 물론이고 일반의 여론도 어느 일당의 정부보다 연합정부 또는 국방정부 수립을 촉구하는 쪽으로 모아졌다. 이런 구상과 여론을 이어받아 마오는 1940년 〈신민주주의론〉에서 장차 건립될 신중국은 "연합정부" 형태를 취할 것이라고 하였다. 이전의 그것과 달라진 점은 참정주체를 네 계급(노동자계급, 농민계급, 소자산계급, 민족자산계급)으로 명확히 구분한 것뿐이다. 국민당 안에서도 민주파는 연합정부 구성에 찬성하였다. 1944-1945년 국민당정부가 무능과 독재로 인해 항일 역량 결집에 한계를 보이자 미국도 중국 각계의 연합정부 구성안에 지지를 보냈다.

마오가 〈신민주주의론〉과 〈연합정부론〉에서 제시한 연합정부와 혼합경제 구상의 골자는 다음과 같다.[8] 첫째, 민의기관인 각급 인민대표대

---

7 유용태, 《직업대표제, 근대중국의 민주유산》, 서울대학교출판문화원, 2011, pp. 269-277.

8 〈新民主主義論〉(1940. 1), 《毛澤東集》 7卷, pp. 158-162; 〈論聯合政府〉(1945. 4), 《毛澤東集》 9卷, pp. 219-220, pp. 227-228.

회(중앙-성-현-구-향)는 앞에서 언급한 네 계급의 인민이 보통선거를 거쳐 소집한다. 둘째, 정부는 위 민의기관에 의해 구성되는 네 계급 대표의 연합정부이며, 국공양당의 군대는 이 정부에 귀속시켜 군대의 국가화를 실행한다. 따라서 한 계급의 독재와 정부기구에 대한 일당의 독점을 불허하며 어떠한 정당이나 사회단체 및 개인도 공산당을 적대하지 않는 한 허용한다. 셋째, 연합정부는 국영경제·사영경제·합작사경제가 병존하는 혼합경제를 발전시킨다. 기간산업과 관련된 대기업은 국유로 하되 중소기업과 토지는 사유로 하여 중소자본가와 부농의 성장을 보호한다. 따라서 평균지권(平均地權)과 절제자본(節制資本)을 시행하여 토지와 자본의 소유한도를 정하되 "개성의 발전과 개인 자본주의의 발전"을 허용한다.

마오는 연합정부와 혼합경제를 쑨원의 이름으로 정당화하면서, 새로 건립될 중화민주공화국을 "신민주주의 공화국", "신삼민주주의 공화국"이라 불렀다. 동시에 당 내의 급진파를 향하여, 이는 "일정한 역사시기의 국가형태로서 반드시 거쳐야 하되 쉽게 바꿀 수 없는 형태"이며 "이 기간은 상당히 길며 결코 일조일석에 성취할 수 있는 것이 아니다"라고 선을 그었다. 마오는 이 과도기를 건너뛰거나 단축하려는 당내 급진파의 견해를 "좌경공담주의(左傾空談主義)"나 "완전한 공상"이라고 비판하였다.[9]

이 같은 연합정부를 구성할 때 그 안에서 국정의 지도권을 누가 행사할 것인가가 중요한 문제로 떠올랐다. 1946년 1월 연합정부 구성을 위한 정치협상회의에 참여한 공산당을 포함하는 각계 대표들은 국민당의 지도권을 명시하는 데 합의하였다. 민주동맹을 비롯한 중간파 정치

9 〈新民主主義論〉(1940. 1), 《毛澤東集》 7卷, p.169; 〈論聯合政府〉(1945. 4), 《毛澤東集》 9卷, p.224.

세력과 지식인이 국민당의 지도권을 인정한 것은 국민당정부의 적극적인 민주화 조치를 조건부로 전제하고서의 일이었다. 이는 그들이 국민당정부에게 '정치의 민주화'를, 군대를 거느린 국공양당에게 '군대의 국가화'를 촉구하여 정치협상회의 합의문에 명시한 데서 알 수 있다. 그에 앞서 그들은 1944년부터 장제스(蔣介石)의 국민당정부가 민주화되지 않을 경우 항일통일전선의 지도권을 가질 수 없다고 주장한 바 있으니 당연한 귀결이다.[10] 공산당은 본래 네 계급 연합독재론을 내세워 특정 계급의 지도권을 부인해 왔으나 이때 국민당의 지도권을 인정한 것(공산당은 지도에 참여)은 현실적으로 장제스와 국민당의 지배적 지위를 인정하지 않을 수 없었던 데다가, 국민당 주도의 연합정부 구성이 실현되기 어려울 것임을 예견하고 여론에 부응하는 호의를 과시할 필요가 있다고 판단한 결과로 보인다.

국민당은 그해 6월 평화건국의 민의를 무시하고 전면내전을 발동했으며 이듬해 후반부터 패전을 거듭하였다. 공산당은 전장의 승세를 잡은 상황에서 자기 주도하의 연합정부 구성을 위한 신정치협상회의 소집(1949년 인민정치협상회의로 이름을 바꾸어 소집)을 제안하였고 각계는 이에 호응하였다. 이때부터 연합정부에 참여한 각계는 공산당의 지도권을 인정하지 않을 수 없었고 이에 따라 1949년 9월 인민정치협상회의 공동강령에 공산당, 즉 "노동자계급이 지도하는 노농연맹을 기초로 한 인민민주독재의 국가"라고 명시되었다.[11]

연합정부가 실제 그 이름대로 운영되려면 네 계급의 연합독재론에 의거하는 것이 적절하다. 이 연합독재론은 네 계급의 대표가 연합하

---

10 백영서, 〈항일전기 중국민족운동의 과제와 통일전선〉, 《창비 1987》, 창작사, 1987, p. 394.

11 〈論人民民主主義專政〉(1949. 6), 《毛澤東集》 10卷, pp. 295-296.

여 지주계급, 외세와 결탁한 자산계급, 관료자본 등 신민주주의혁명의 타도 대상에 대한 혁명적 조치를 단행하기 위해 제기되었다. 이처럼 각계 대표들이 군대를 가진 어느 일당의 지도권을 인정한 것은 다원적 민주주의의 발전에 중대한 걸림돌이 될 수 있었지만 무력대결이 지속되는 당시로서는 형세에 따른 부득이한 선택이었다. 어느 일당이 군대를 독점한 조건에서 다당연합, 곧 네 계급의 연합이란 군대를 보유한 일당의 의지에 따라 좌우되기 쉬우므로 이를 견제할 장치가 따로 필요했으나 당시에는 없었다.

정부 형태로서의 연합정부에 상응하는 경제제도가 혼합경제다. 세계경제공황 직후인 1930년대 초부터 중국의 경제학자들 사이에서는 영미식 케인즈주의(수정자본주의)와 소련식 계획경제를 쑨원의 민생주의(socialism의 쑨원식 번역어)에 의거해 비판적으로 재구성한 시장 위주의 통제경제론이 형성되었다.[12] 이는 항일전쟁기 국민당정부의 통제경제정책을 뒷받침하기도 했지만, 그 과정에서 전시와 상관없이 대안적 경제체제로서의 가능성을 탐색하는 이들에 의해 혼합경제론이 형성되었다. 국민당의 주도로 소집된 1946년 1월의 정치협상회의 결의안에 따르면, 경제건설의 골자는 다음과 같다. 첫째, 쑨원의 실업계획에 따라 경제건설계획을 제정한다. 둘째, 관료자본의 발달을 방지하며, 독점 성질의 기업과 개인의 자본으로 감당할 수 없는 것은 국영으로 하며 그 밖의 기업은 인민의 사영으로 한다. 외국 자본과 기술의 합작을 환영한다. 셋째, 토지법을 실행하여 "경자유전(耕者有田)"의 목표를 달성하며 노동법을 실행하여 노동조건을 개선한다.[13] 쑨원 민생주의의 핵심 개념인 절

12 김하림, 〈1930년대 중국의 통제경제론과 비자본주의의 길〉, 연세대학교 박사학위논문, 2016, pp.66-73.

13 〈政治協商會議決議案〉(1946. 1. 31), 《政治協商會議資料》, 成都: 四川人民出版社,

제자본, 평균지권, 경자유전의 원칙을 수용한 것이다. 혼합경제의 원리는 당시 경제건설의 각 부문에 적용될 것이어서 가령 1947년 국민당의 기관지 《중앙주간(中央週刊)》에는 인민자치의 단위인 현(縣)에서 정부와 인민의 합작 방식으로 현립은행을 건설하고 이를 전국적으로 체계화하여 중앙은행을 만들자는 제안도 나타났다.[14]

원래 쑨원의 민생주의는 1905년 전후 얼개가 그려진 후 점차 진화하다가 5·4운동과 레닌(Lenin)의 신경제정책으로부터 영향을 받으면서 1920년대 초에 새롭게 정립되었다. 그에 따르면 개인자본을 절제하고 국가자본을 발달시켜 점진적으로 도달할 최종 목표는 자본제도의 타파와 공산주의 이상의 실현이다. 그의 경제건설 구상에는 국영경제와 사영경제 외에 지방공영경제와 합작경제도 있으며 특히 합작경제가 중시되었다. 쑨원의 유시에 의거해 국민당정부가 공포한 토지법은 토지소유의 한도를 정하고 그 한도를 넘어선 부분을 국가가 유상매수할 수 있으나 주로 조세정책(地價稅와 개발로 인한 토지가치 증가분에 대한 增值稅)에 의해 장기간에 걸쳐 지주의 토지가 농민에게 이전되도록 하며 토지국유를 전제로 농민에게는 경작권만 부여하기로 하였다.[15] 각계연합과 민주동맹을 비롯한 중간파 정치세력과 지식인들도 혼합소유제를 지지하였다. 가령 《신로(新路)》 잡지는 1948년 혼합경제와 계획경제 사이의 선택을 주제로 지상토론을 벌였는데, 혼합경제를 기본으로 전제하고 있음이 주목된다.[16] 토지문제 해결방안에 대해서는 유상매수와 유상분배를 선

1981, pp. 276-277.

14 陳康文, 〈混合經濟銀行制度芻議〉, 《中央週刊》 1947年 9卷 26號.

15 偉杰廷, 《孫中山民生主義新探》, 哈爾濱: 黑龍江教育出版社, 1991, 3·4章.

16 陳振漢, 〈混合制度與計劃制度中間的選擇〉, 《新路》 1948年 2卷 5號. 이 잡지에는 우징차오(吳景超), 리우다쭝(劉大中) 등 4명의 토론문과 그에 대한 필자의 답변이 게재되어 있다.

호하였다.[17] 이는 경자유전을 국가가 일거에 해결하는 것으로서 쑨원의 조세정책에 의한 것보다 훨씬 급진적인 방안이다. 국민당이 이 같은 방법에 의해 경자유전을 실행하려는 입장으로 선회한 것은 국공내전에서 패하고 대만으로 퇴각한 이후의 일이다.

공산당도 1940년부터 국공합작과 항일통일전선의 조건 속에서 네 계급 연합독재론에 조응하여 혼합경제를 추구했는데, 국영경제 · 합작경제 · 사영경제(농민과 수공업자의 개체경제, 개인자본주의경제)의 병행발전이 그 골자다. 공사겸고(公私兼顧)와 노자양리(勞資兩利)가 이를 묶어 주는 원칙이다. 토지 문제는 유상매수와 유상분배 방식으로 해결하고자 했으나 국공내전이 격화됨에 따라 1947년 지주 토지의 무상몰수와 무상분배로 급진화하였고, 이듬해부터 무산계급(공산당)의 지도권을 분명히 하는 쪽으로 선회하였다. 그에 상응하여, 당초에는 쑨원의 구상이 그랬듯이 국가자본주의 성질의 경제영역으로 규정했던 국영경제를 사회주의 성질의 경제로, 그리고 합작경제를 반(半)사회주의 성질의 경제로 새롭게 규정하고 국가자본주의경제(公私합영기업 등)를 별도의 영역으로 분리하여 추가한 것이 그런 예다.[18] 이런 변화에도 불구하고 마오와 공산당의 혼합경제 기조는 바뀌지 않았다.

공산당이 1949년에도 혼합경제 구상의 기조를 견지한 것은 마오 스스로 "현재 중국의 근대공업은 국민총생산의 10% 내외에 불과하다"라는 현실을 직시했기 때문이다. 그는 이를 발전시키기 위해 도시 상공업과 농촌의 부농 등 자본주의 요소를 이용하고 민족자산계급과 단결해야 하며, 농업의 사회화는 근대공업이 충분히 발전하고 국유화된 이후

---

17 이들의 혼합경제 구상에 관해서는 강명희, 〈1940년대 중국 민주당파 지식인의 혼합경제 구상〉, 《東洋史學研究》 84집, 2003 참조.

18 유용태, 〈현대중국의 혼합경제 구상과 실천, 1940-1956〉, 《중국근현대사연구》 74집, 2017.

에야 비로소 가능하다고 강조하였다.[19] 류사오치(劉少奇)는 1951년 6월 민족자산계급의 대표가 출석한 인민정치협상회의에서, "사영 상공업의 생산 적극성을 훼손하는 것은 인민에게 무익하고 사회적 생산력의 발전을 파괴하는 짓"이라고 경고하면서, 여건이 성숙되어 사회주의 단계로 진입할 경우에도 이행의 방식은 평화적인 설득과 토론이 될 것이라고 강조하였다.[20] 다만 유상매수의 '토지개혁' 방침이 무상몰수의 '토지혁명'으로 전화하여 동유럽 국가들의 토지개혁(파시스트 토지는 무상몰수, 일반 지주 토지는 유상매수)에 비해 급진화된 점에서 혼합경제에서 사영경제의 범위는 당초 예상보다 축소되었다.

이상과 같은 혼합경제 구상에서 주목되는 점은 이념과 정파를 초월하여 합작사(合作社=협동조합)가 '경제민주'와 '진정한 민주'의 실현 방안으로 중시되었다는 사실이다. 거기에는 두 가지 기대가 걸려 있었다. 합작사는 자유로운 개인들의 연합체로서 극단적 사유와 국유의 폐단을 극복하고 사영경제와 국영경제 사이의 균형을 잡아 줄 것이라는 기대와 사원들의 민주주의 훈련장 기능을 담당할 것이라는 기대가 그것이다. 소유와 경영 양면에서 볼 때 합작사는 "경제상의 주권재민", 곧 "인민의, 인민에 의한, 인민을 위한 경제"를 실현하는 데 최적의 형태이며, 사원들이 출자액에 상관없이 1인 1표의 원칙에 따라 대의기관·집행기관·감독기관을 구성하여 운영할 수 있다는 것이다.[21]

국민당정부는 일찍이 쑨원이 합작사를 중시한 이래 1939년 합작사법을 수정하여 공포하고 1940년부터는 공업합작사를 항전 승리 후 수

---

19 〈論人民民主主義專政〉(1949. 6), 《毛澤東集》 10卷, pp. 302-304.

20 中共中央文獻研究室 編, 《劉少奇年譜》 下, 北京: 中央文獻出版社, 1996, p. 279.

21 徐日琨, 〈經濟民主化與合作制度〉, 《學識雜誌》 1947年 1卷 11號; 彭師勤, 〈我國民主經濟之前途〉, 《學識雜誌》 1947年 1卷 11號.

립될 '신경제의 기초'로 중시하였다. 국민당정부는 이를 구체화하기 위해 연구소를 쓰촨성 청두(成都)에 설립하고 국내외의 합작사 전문가를 초빙하였다. 군소당파와 지식인들은 그들대로 합작사를 바람직한 경제체제로 추구하였다. 상공업자의 이해를 대변한《전업월보(錢業月報)》가 1930년대 초에 정치민주와 짝을 이루는 경제민주의 가장 중요한 실현 방법으로 합작사를 주목한 것은 이런 사정과 관련이 있다.[22] 공산당이 합작사를 포함하는 혼합경제 구상을 수립한 것도 이런 여론과 호응하고 소통한 결과라 할 수 있다. 당시 국민당정부의 합작경제 구상과 노력은 서방의 관찰자에게도 "최초의 진정한 민주주의 실현의 길을 보여 줌으로써 장래 세계의 민주주의 진전에 공헌할 것"으로 기대되었다.[23] 쑨원과 국민당의 민생주의는 온건한 수단에 의해 점진적으로 사회주의 사회에 도달한다는 목표를 분명히 하고 있었다.

3. 남북한과 베트남의 신민주주의 건국구상

연합정부와 혼합경제를 골자로 하는 신민주주의에 대한 기대는 당시 한국의 건국구상에도 보인다. 대한민국 임시정부의 여당인 한국독립당은

---

22 19세기 후반부터 산업이 발달한 국가에서는 노동자의 생활개선을 위한 '경제민주운동'이 일어났으며 그 방법으로 합작사, 사원주주, 노동자의 이익균점과 기업관리 참여 등이 있는데, 그중 합작사운동이 가장 보편적이고 유력하다고 하였다. 王逢辛, 〈近代經濟民主運動之展開與趣向〉,《錢業月報》1931年 11卷 8 · 9號.

23 W. G. Goddard, "The Min Sheng: A Study on Chinese Democracy" (Morrison Lecture at the Australian Institute of Anatomy, June 5, 1941), *East Asian History* (Institute of Advanced Studies, The Australian National University), No. 34, 2007, pp. 149-152.

1930년대에 정치 · 경제 · 교육의 균등을 실현한다는 조소앙의 삼균주의를 '뉴 데모크라시' 혹은 '신민주주의'라 부르면서 당의 이념으로 채택하였다. 이 신민주주의 이념은 그 후 좌우합작의 조선민족혁명당을 거쳐 1941년 임시정부의 건국강령에 포함되었다. 그런 맥락에서 해방 후 안재홍은 《신민족주의와 신민주주의》(1945)를 간행하고 백남운(白南雲)은 1946년 4월 《서울신문》에 신민주주의 건국구상을 연재한 후 이를 단행본(《조선민족의 진로》, 1946)으로 출간하였다.

당시 정치지형에서 중도우파로 분류되던 안재홍의 건국구상을 살펴보자. 1945년 그는 "자본가계급 독재"와 "노농계급 독재" 모두 초계급적 통일민족국가를 건설해야 할 조선에는 맞지 않는다고 전제한 뒤, "중산계급, 즉 중소지주 및 중소기업가 계급과 노동자 · 농민이 병진 · 협진하는" 정치제도를 건설하자고 주장하였다. 그는 좌우합작 추진에도 적극적이었던 만큼 중소지주까지 포함하는 연합정부를 추구한 셈인데, 여기에는 흔히 말하는 지식인(소부르주아)이 빠졌지만 앞뒤 문맥으로 보아 포함될 것이 분명하다. "대중을 각각 최저 생활수준의 위에 그 확실성을 보장함이 균등사회의 기본이요, 균등사회의 경제적 토대 위에 대중적 정치평등의 체제를 수립하는 것이 신민주주의다. 이 진정한 민주주의를 기축으로 재건조국을 완전독립의 경제에 확립하게" 하자고 호소하였다.[24]

그중 신민주주의 경제건설 구상의 골자는 다음과 같다. 첫째, 일본인의 토지와 기업을 포함한 자산은 공유와 사유를 막론하고 몰수한다. 몰수된 일본인의 토지는 농민에게 유상(최저리 25년 분할 상환)으로 분배한다. 둘째, 조선인 지주의 토지는 자원하여 국가에 매각하도록 하고 몰수나 강제 매수를 피하되 고율의 상속누진세를 부과한다. 토지는 국

24 안재홍, 〈民主獨立과 共榮國家〉(1947), 《民世安在鴻選集》 2, p. 217.

유를 원칙으로 하여 매매와 저당을 법률로 금지하되 농민의 세습소유를 인정한다. 셋째, 상공업 분야에서 의·식·주·행(行, 교통)의 네 부문에 속하는 중요 산업과 국방공업은 국영으로 하고 그 밖에 중·경공업과 무역·상업 등은 자유 경영케 한다. 넷째, 노자관계와 대외무역은 국가가 조정하고 통제한다.[25] 그중 토지의 유상매수와 유상분배론은 1946년 10월 유상매수와 무상분배론으로 바뀌었는데, 이는 북한의 무상분배 실시 등의 영향이 반영된 결과로 보인다. 그는 이러한 신민주주의 정치경제 구상이 조선 특유의 '만민공생의 도(道)'인 '다사리' 철학에 부합한다고 보았다. 그 후 우파세력에 의해 제정된 대한민국 제헌헌법에서조차 혼합경제 요소가 적잖이 수용되었다.[26] 그러나 이런 요소는 한국전쟁을 지나면서 억압되고 사영경제 일변도로 나아갔다.

해방 직후 정치지형에서 중도좌파로 분류되던 세력은 백남운의 조선신민당, 여운형(呂運亨)의 조선인민당 등이다. 조선신민당은 중국 옌안(延安)에서 활동하다 귀국한 조선독립동맹의 후신이고 조선인민당은 건국준비위원회를 이어받은 정당인데, 그 정강정책은 대동소이하다. 두 당 모두 반동분자만을 제외하고 노동자·농민, 근로 인텔리와 소시민, 양심적 자본가·지주까지 포함하는 대중정당을 표방하였다. 여운형의 주도로 수립되었으나 단명으로 끝난 조선인민공화국은 이들 각 계급의 이해를 대표하는 정당들의 연합정부 형태를 취했다. 백남운은 자신의 건국구상을 "연합성 신민주주의"(1946) 혹은 "인민성 민주주

25 안재홍, 《신민족주의와 신민주주의》, 민우사, 1945, pp.56-59.

26 "토지는 농민에게 분배하며" "사기업에 있어서는 근로자는 법률이 정하는 바에 의하여 이익의 분배에 균점할 권리가 있다"고 규정하고 "각인의 경제상의 자유"는 "사회정의의 실현과 균형 있는 국민경제의 발전"이라는 한계 내에서 보장된다고 하였다. 〈제헌국회의 대한민국헌법〉(1948. 9), 《현민 유진오 제헌헌법관계 자료집》, 고려대학교출판부, 2009, p.227, p.235.

의"(1947)라 불렀다. 두 당 모두 지주와 자본가까지 연합정부 구성주체로 포함한 것은 조선이 아직 민족해방 혹은 완전독립을 달성하지 못했다는 판단에 따라 이를 수행하기 위해서다.[27] 안재홍과 달리 여운형과 백남운은 모두 신민주주의를 사회주의에 이르는 과도기로서 추구했으나 언제 어떻게 이행할 것인지에 대한 구체적인 프로그램을 내놓지는 않았다. 박헌영(朴憲永)의 공산당은 거기서 지주와 자본가를 제외했고 공산당의 지도권이 확립됨과 동시에 사회주의로 이행한다고 본 점에서 크게 다르다.

인민당과 신민당은 지주와 자본가를 연합정부에 포함시킨 데 조응하는 혼합경제를 추구하였다. 토지 문제에 대하여 인민당은 친일파 토지만 몰수하고 일반 지주의 토지는 유상매수하여 유상분배하는 방식으로, 신민당은 10정보 이상의 조선인 지주 토지도 무상으로 몰수해 무상으로 분배하기로 하였다. 두 당은 주요 산업의 국유화와 그 밖의 상공업의 사영 외에 협동조합경제가 병행 발전하기를 기대하였다. 박헌영의 공산당은 자본주의 생산력이 미성숙한 현실을 인정하고 혼합경제를 과도기의 경제체제로서 추구했으나, 모든 토지를 몰수하여 무상으로 분배하고 국영기업 우선정책을 추구한 점에서 인민당·신민당과 다르다. 북한에서도 김일성 등 동북항일연군(東北抗日聯軍) 계열과 북조선민주당 등은 지주와 자본가를 포함하는 연합정부와 혼합경제를 추구했으며 이들이 통합해 결성한 조선노동당은 더욱 그러하였다. 다만 소련 군정의 강한 영향 아래서 1946년 3월 5정보 이상의 토지를 무상몰수하여 무상

27 김광식, 〈8·15 직후 정치지도자들의 노선 비교〉, 강만길 외, 《해방 전후사의 인식》 2, 한길사, 1985; 방기중, 《한국근현대사상사연구: 1930-40년대 백남운의 학문과 정치경제사상》, 역사비평사, 1992, 3장; 백남운, 《조선민족의 진로·재론》, 범우사, 2007, pp. 27-30, pp. 38-50, pp. 133-134.

분배하는 '토지개혁'을 단행함에 따라 연합과 혼합의 범위는 급속히 좁아져 갔다.[28]

당시 남북한의 건국구상에서 국영경제와 사영경제 사이의 균형을 잡아 줄 또 하나의 경제주체로서 협동조합경제를 중시한 것은 따로 주목할 가치가 있다. 북한에서는 '조선적 신민주주의'를 주장한 천도교청우당(天道教青友黨)이, 남한에서는 좌파인 민주주의민족전선과 우파인 시국대책협의회 등이 모두 일제시기의 운동 경험을 바탕으로 협동조합이 금융·유통·이용 등의 영역에서 국가와 시장 사이의 균형자 구실을 담당할 것으로 기대하였다.[29] 그러나 곧바로 닥쳐온 열전과 냉전 속에 협동조합은 남과 북에서 각기 사회주의 국영경제로 나아가는 징검다리 또는 국가 통제하에서 시장경제의 하위 주체로 극단화됨으로써 혼합경제의 취지에 반하는 전개를 보였다.

베트남에서는 1941년 베트남독립동맹(베트민)이 결성됨에 따라 신민주주의가 추구되었다. 베트민은 1930년대 인도차이나공산당이 시도한 소비에드혁명노선의 실패, 반파쇼민주연합전선(1936-1939)과 반제민족통일전선(1940-1945)의 경험을 바탕으로 성립되었다. 그 지도자 호치민에 따르면, 베트남의 당면 건국 목표는 민주공화국이며 이는 식민지 반(半)봉건 상태의 낙후된 농업국가 조건임을 감안해 "신민주주의 정신"에 의거해 3단계로 건립될 것이었다. 독립전쟁에 승리한 후(1단계) 반(反)봉건 개혁을 단행하여 신민주주의(인민민주주의)를 발전시키고(2단계), 이를 기초로 사회주의로 이행한다(3단계)는 것이다.[30] 신민주주의란

---

28 김성보, 《남북한 경제구조의 기원과 전개》, 역사비평사, 2000, 1부 3장; 서동만, 《북조선사회주의체제 성립사, 1945-1961》, 선인, 2005, 1·2장.

29 이경란, 〈한국 근현대사에서 공생적 관점의 도입과 협동조합운동사〉, 《사학연구》 116호, 2014, pp. 360-371.

30 Võ Nguyên Giáp (ed.), *Hồ Chí Minh Thought and the Revolutionary Path of Viêt*

정치 분야에서 보통선거에 의거한 인민대표회의와 연합정부, 언론·출판·결사·종교·신념의 자유를 비롯한 민주적 권리의 보장, 매국행위자의 자산 몰수, 소수민족의 민족자결 등이다. 경제 분야에서는 공정한 세금, 은행의 국유화, 토지개혁, 국영경제·합작경제·사영경제가 병행 발전하는 복합경제(the multi-sector economy), 노동자와 자본가의 공동 이익 추구 등이다.

이러한 이념을 기초로 베트민에 참여한 네 계급(노동자계급, 농민계급, 소자산계급, 민족자산계급)은 임시 연합정부 형태의 베트남민주공화국을 1945년 9월 수립하였다. 베트민의 핵심 세력인 베트남노동당이 사실상 지도권을 행사했지만, 이 공화국은 연합정부를 근거로 "프랑스의 부르주아 의회제와 다르며", "소련의 프롤레타리아 독재에 의거한 민주제와도 다른 신민주주의 체제"라고 하였다.[31] 1946년 1월 최초의 보통선거에 의해 국회를 구성하고 국회의 결의에 의거해 정식 연합정부를 수립하였다. 이 국회와 정부는 베트민에 참여한 각 계급·정당·단체 대표로 구성되었다. 그해 말 베트남을 재식민화하려는 프랑스에 맞서 독립전쟁이 일어남에 따라 정부와 국회 안에서 호치민과 베트남노동당의 지도권이 크게 증대했으나 토지개혁도 미루어 둔 채로 지주·자산계급과 연합한다는 기조는 유지되었다.

이는 1953년 '토지개혁'을 앞당겨 시행하면서 호치민이 제시한 원칙에서도 확인된다. 그가 그해 12월 국회에서 행한 보고에 따르면 "토지에 대한 농민의 요구를 충족시키는 동시에 항전과 생산에 유리한 방

Nam, Hanoi: The Gioi Publishers, 2011, pp. 122-125.

31 Võ Nguyên Giáp (ed.), *Hồ Chí Minh Thought and the Revolutionary Path of Việt Nam*, pp. 132-140, pp. 153-155; "The August Revolution"(1946), *TRUONG-CHINH: Selected Writings*, Hanoi: The Gioi Publishers, 1994, pp. 48-49.

식으로 민족통일전선을 강화·발전시켜야 한다. 이를 위해 지주에 대해서는 각각의 정치적 태도에 따라 몰수, 유상 또는 무상 징수(徵收, requisition) 등 다양한 수단을 차등 있게 적용해야지 단선적으로 전면 몰수(沒收, confiscation)나 전면적 무상 징수를 남발해서는 안 된다."[32] 이것이 신민주주의 단계에 부합하는 토지문제 해결방안이었으나 그 후 실제 실행과정에서는 전면 몰수로 급진화되었다. 이는 1950년 초부터 중국의 지원을 받아 항전을 수행하면서 중국식 토지개혁의 영향이 커져 당내 급진파를 자극한 결과라 할 수 있다.[33]

당시 동아시아에서 '토지개혁'과 '토지혁명'은 혼용되기도 했으나 이는 명백히 다른 개념이다. 가령 안재홍은 토지개혁을, 백남운은 토지혁명을 추구하는 차이를 보였으나 둘 다 '토지개혁=유상매수와 유상분배', '토지혁명=무상몰수와 무상분배'의 의미로 구분하였다. 각국의 공산당도 이전에는 그러했으나 1946년 3월 북조선노동당이, 1946년 5월 중국공산당이 무상몰수와 유상매수를 구분하지 않은 채 '토지개혁'이라 부르면서 북한과 중국에 이어 베트남에서도 '토지개혁'이 '토지혁명'을 대신하는 용어의 반전이 일어났다.[34] 그러나 신민주주의 단계에 부합하는 경자유전의 방법은 무상몰수의 토지혁명이 아니라 유상매수의 토지개혁이며 동유럽 국가들에서는 이 원칙이 상당 정도 지켜졌다.

산업화 수준이 극히 낮은 동아시아의 객관조건을 감안하면 연합정부와 혼합경제는 장기간 유지될 수밖에 없다. 마오는 신민주주의 단계가

32 Bernard B. Fall (ed.), *HO CHI MIN on Revolution: Selected Writings, 1920-1966*, New York: Praeger, 1967, p.265.

33 중국과 베트남의 토지혁명에 대해서는 유용태 엮음, 《동아시아의 농지개혁과 토지혁명》, 서울대학교출판문화원, 2014, 7·8장 참조.

34 두 용어의 의미와 반전에 대해서는 유용태 엮음, 《동아시아의 농지개혁과 토지혁명》, pp.237-245 참조.

'장기간' 존속할 것이라고 당의 공식 문서에 누차 명시하였으며, 1949년 9월에는 그게 구체적으로 몇 년이냐는 질문에 30년은 되어야 한다고 답한 적도 있다. 호치민은 1946년 프랑스의 한 신문기자와의 회견에서 "베트남에서 공산주의는 50년 이내에는 수립될 수 없다"라고 밝혔다.[35] 김일성이 이처럼 장기간의 과도기에 대한 숙고를 하였는지는 확인되지 않는다. 그의 이론적 성향 탓도 있겠지만 똑같이 소련군의 점령하에 있었던 동유럽 국가들과 마찬가지로 그럴 만한 여유를 가질 수 없었던 객관 조건이 더 크게 직접적으로 작용한 결과일 것이다.

4. 연합정부와 혼합경제의 조기 종결

사회주의에 이르는 과도기로서의 신민주주의는 상당히 긴 기간 지속되어야 하는 것으로 전제되었음에도, 여러 요인으로 조기에 종결되었다. 중국은 1953년부터, 북한은 1954년부터, 베트남은 1957년부터 신민주주의 단계를 앞당겨 종결하고 토지와 자본을 국유화 또는 집단화하는 사회주의 단계로 이행하기 시작하였다. 그 이전에는 북한과 북베트남에서도 공산당 주도하의 연합정부가 형식상 유지되었고 비공산당원의 참여폭은 중국과 베트남보다 북한이 훨씬 좁았다. 북한 지도부의 조급성과 급진성은 토지몰수를 가장 먼저 개시한 데서도 상징적으로 드러났다. 3국 모두 집단화와 국유화 이후에는 참여폭이 축소되던 연합정부마저 무너지고 일당정부로 변질되었다. 그와 짝을 이루어 혼합경제는 국유경제로 단일화되었다. 그에 따라 자율적 사회단체가 존립할 경제적

---

35 Võ Nguyên Giáp (ed.), *Hồ Chí Minh Thought and the Revolutionary Path of Việt Nam*, p. 145.

기반이 거의 사라졌다. 농민협회와 노동조합은 유명무실화했으며 공상연합회는 퇴직한 국영기업 간부들의 차지가 되었다. 따라서 직업대표제 방식으로 구성된 민의기관도 제구실을 할 수 없게 되었다. 개인의 경제적 독립이 불가능한 조건에서 형식상의 직업단체는 당의 거수기로 전락하지 않을 수 없었다.

장기간 지속될 것으로 예상되었던 신민주주의는 왜 이렇게 단기간에 포기되었는가? 마오의 것이든 호치민의 것이든 신민주주의론은 원래 하나의 통일전선전술에서 나온 것이어서 자신의 집권 이후 버려질 운명이었다는 견해가 냉전시기에 큰 영향력을 가졌다. 이를 뒷받침할 급진파의 혁명론도 공산당 안에 버티고 있었던 게 사실이다. 가령 베트남노동당 급진파 지도자 쯔엉친(1941-1956년 당 서기장)은 1946년 9월 신민주주의에서 사회주의로의 이행에 관해 다음과 같은 입장을 취했다. "이 혁명은 반드시 사회주의혁명으로 나아가야 한다. 만일 프롤레타리아 지도권이 노농동맹의 기초 위에 확립되기만 하면, 그리고 우리나라에서의 사회주의혁명의 대의가 사회주의 국가와 인민민주주의 국가들로부터 지원을 받을 수 있다면, 베트남에서 사회주의혁명은 모든 경제적·사회적 조건이 갖춰지기 전이라도(예를 들면 중공업이 발달하지 않고, 모든 형태의 전자본주의적인 착취가 철폐되지 않은 조건에서라도—원문대로) 개시될 수 있다."[36] 이는 레닌의 사회주의 이행론을 충실히 따른 것으로서, 자국 내의 물질적 조건이 갖춰지기 전이라도 외국의 지원하에 이행할 수 있다는 지도부의 이 같은 급진성이야말로 신민주주의를 단명하게 만든 사상적 원인이다.

그러나 당은 물론이고 통일전선 내부에도 자본주의를 이용해 생산

36 "The August Revolution" (1946), Võ Nguyên Giáp (ed.), *Hồ Chí Minh Thought and the Revolutionary Path of Việt Nam*, pp. 60-61.

력을 충분히 끌어올리는 신민주주의 과도기는 장기간 존속되어야 한다는 현실론이 만만치 않게 존재하였다. 중국에서 마오를 비롯한 공산당 내 급진파가 신민주주의를 조기에 종결한다고 선언할 때 류사오치 등 온건파와 갈등이 있었던 것처럼, 북한에서도 최창익(崔昌益) · 김두봉(金枓奉)을 비롯한 조선독립동맹 계열의 연안파(延安派)가 온건노선을 추구하면서 급진화에 반대하였다. 학계에서는 더욱 그러하였다. 경제학자 리미앤(李勉)과 선즈위안(沈志遠) 등은 신민주주의 사회의 주요 모순을 노동자와 자본가의 계급모순이라고 보는 마오를 비롯한 공산당 급진파와 달리 생산력과 생산관계의 모순이라고 보았다.[37] 이런 입장을 취하면 류사오치처럼 신민주주의의 조기 종결을 비판하게 된다. 김일성대학 경제학부장 김광순(金光淳)과 과학원 경제법학연구소 송예정 등은 북한 경제가 아직 동유럽 국가들의 인민민주주의 발전의 첫 단계에 머물러 있다면서 반대하였다.[38]

일반 대중의 여론도 그러했으니, 1948년 12월 《상하이 동남일보(上海東南日報)》가 상하이시 대학생을 대상으로 실시한 지지도 여론조사에서 공산당 일당정부 3.7%, 국민당의 철저한 반공정부 15.9%인 반면 연합정부 72%로 신민주주의에 대한 선호가 압도적이었다.[39] 1946년 9월 서울의 미군정이 일반인을 대상으로 실시한 지지도 여론조사에 따르면 자본주의 정당 13%, 공산주의 정당 10%, 사회주의 정당 70%였다. 강만길은 여기서의 사회주의 정당을 "중간파적 정치세력"으로 해석하였다.[40]

---

37 劉輝, 〈新中國成立前後經濟學界對新民主主義的理論思考〉, 《中共黨史研究》 2013年 1期, pp. 41-42.

38 서동만, 《북조선사회주의체제 성립사, 1945-1961》, pp. 486-488.

39 Suzanne Pepper, *Civil War in China: the Political Struggle 1945-1949*, Berkeley: University of California Press, 1978, p. 90.

40 〈미군정 공보부가 실시한 "미래의 한국통치구조"에 관한 여론조사〉(1946. 9), 김인

베트남도 이와 다를 리 없다. 마오도 호치민도 이런 현실을 외면하거나 부정할 수 없었다. 그러니까 지도부가 급진파와 온건파로 나뉘어 경쟁하는 상황에서 객관조건의 변화가 어느 한쪽의 득세를 초래한 것으로 보는 동태적 파악이 필요하다. 앞서 주목한 역사적 문맥에서 보면, 객관조건의 변화로 급진파가 대두함에 따라 불가피하게 과도기를 조기에 포기한 것이라는 견해가 설득력을 갖는다. 여기에는 국내외의 여러 요인이 작용하였다.[41]

우선 소련의 요구와 미국의 봉쇄정책이 외인으로 주목되어야 한다. 항일전쟁과 2차대전 기간에는 미국과 소련 모두 중국의 연합국이었고 마오의 신민주주의는 그런 조건에서 구상되었으나 이제 미소 냉전체제가 세계적 범위에서 성립됨으로써 국제적 조건이 달라졌다. 동유럽 인민민주주의 국가들에서 1947년 말부터 연합정부 안의 자산계급 대표들을 축출하고 산업의 국영화를 가속화하여 사회주의 이행을 급진전시킨 것은 이런 사정을 반영한다.[42] 이듬해 여름 소련은 아예 인민민주주의(신민주주의) 국가의 성격을 무산계급 독재의 한 형태라고 규정했으니 이제 신민주주의 국가는 연합정부와 혼합경제를 온전히 유지·발전시켜 생산력을 끌어올리기보다 신속히 사회주의 체제로 개조하지 않으면 안 되었다. 그리하여 동유럽 국가들은 소련의 요구와 지원하에 1948년 초

결 외, 《한국현대사강의》, 돌베개, 1998, pp.76-77; 강만길, 《고쳐 쓴 한국현대사》, 창작과비평사, 2003, p.266.

41 유용태, 〈20세기 중국혁명의 이해: 신민주주의론을 재음미하며〉, 《환호 속의 경종》, 휴머니스트, 2006, pp.92-96; 손재현, 〈"學習"을 통해 본 중화인민공화국 건국 초기 신민주주의에 대한 인식〉, 《大邱史學》 94집, 2009; 이남주, 〈마오쩌둥 시기 급진주의의 기원: 신민주주의론의 폐기와 그 함의〉, 《동향과 전망》 78호, 2010, pp.228-238.

42 소볼레프 외, 김영철 편역, 《반제민족통일전선 연구: 인민민주주의 혁명론 및 각국의 혁명사례 분석》, 이성과현실, 1988, 2부 1장, 3부 1장.

사회주의 개조를 완료한 것으로 공표하였다. 그런데 1948년 티토(Josip Broz Tito)를 중심으로 한 유고공산당이 소련의 이 같은 요구에 따르지 않고 자본주의적 소유관계를 포함하는 인민민주주의를 상당 기간 유지하기로 하자 소련은 이런 독자노선이 동아시아에서 일어나지 않도록 개입하였다. 그 여파는 소련 점령하의 북한에 가장 직접적으로 미쳤다.

이 같은 소련의 개입은 불과 3-4년의 시차를 두고 중국에 대해서도 이루어졌다. 중화인민공화국 수립 직후 1950년 1월 스탈린(Stalin)은 이 신중국을 승인하면서 자신의 확고한 동맹으로 만들기 위해 마오에게 조기에 사회주의로 이행할 것을 거의 협박조로 요구하였다. 그 직후 중국은 한국전쟁에 참전하여 미국과 직접 대결하면서 미국의 위협에 대비한 국방의 현대화가 시급히 요청되었다. 이를 위해 중공업 우선 정책이 1951년 가을 확정되었으며 2년 뒤 소련의 지원으로 이를 실행에 옮겼는데, 이것이 사회주의 개조로 나타났다. 미국의 봉쇄정책은 중국 경제를 소련 일변도로 나아가게 만드는 촉진작용을 했다.[43] 스탈린은 1950년 1월 베트남민주공화국을 공식 승인한 후 모스크바를 방문한 호치민에게 사회주의 국제주의인지 민족주의인지 노선을 분명히 하라고 압박하였다. 게다가 신중국의 동향은 베트남에 소련 못지않은 영향을 미쳤다.[44]

외인뿐만 아니라 내인도 중요한데, 우선 오랜 혁명과정에서 형성된 공산당 내 급진파와 그들의 인민주의적 성향이 고려되어야 한다. 그들은 농민사회에 강하게 남아 있던 공동체 질서를 바탕으로 러시아의 인민주의자들처럼 발달된 자본주의 단계를 거치지 않고 사회주의로 나아

43 이상의 서술은 유용태, 〈20세기 중국혁명의 이해: 신민주주의론을 재음미하며〉, pp.92-99; 山口信治, 〈毛澤東による戰略構想としての新民主主義段階構想の放棄〉, 《アジア研究》 54卷 1號, 2008, pp.32-35에 의거한다.

44 윌리엄 듀이커, 정영목 옮김, 《호치민평전》, 푸른숲, 2003, pp.620-622.

갈 수 있다고 믿었다. 냉전과 열전이 국가안보위기를 조성하는 가운데, 그들은 토지분배 후 부농이 성장하면서 농민층의 분화가 재현되자 혁명 성과를 보위한다는 명분하에 소련 모델의 국가사회주의로 직행하고자 하였다.

중국의 경우 이런 급진파의 요구는 토지분배가 먼저 완료된 동북(만주)과 산시성(山西省)에서 각각 1950년 봄과 이듬해 봄에 제기되었다. 류사오치 등은 이를 비판하고 신민주주의 기조를 유지하려 했으나 마오는 앞에 말한 스탈린의 경고와 미소 냉전의 국제조건 속에서 1951년 7월부터 급진파의 손을 들어 줌으로써 스스로 '좌경공담주의자'가 되고 말았다. 마오의 이러한 입장 변화가 당의 공식 노선으로 확정된 것은 1953년의 일이다.[45] 마오 자신의 신민주주의론은 1948년 9월부터 노동자계급(공산당)의 단독 지도를 분명히 하는 것으로 변하기 시작했으니, 이는 국공내전에서 승기를 잡은 것과 동시에 유고사태 이후 소련의 입장도 고려한 결과로 보인다.

내인의 다른 하나로 주목되어야 하는 것은 새로 건립된 국가의 권력구조상 견제와 균형의 제도장치가 결여되어 있었다는 점이다. 이는 자유주의와 헌정사상이 취약한 탓이기도 하다. 중국의 경우, 한국전쟁 참전 결정 과정에서 대부분의 고위 지도자들이 참전에 반대했지만 마오가 자신의 권위로 관철시킬 때 이미 그러한 작동기제는 드러났다. 연합정부가 수립되었어도 '군대의 국가화'가 실행되지 않은 채, 공산당이 유일한 군사력을 보유한 조건이므로 당군의 최고통수권자의 일방통행에 맞설 기구나 세력은 사실상 부재하였다. 북한과 베트남도 당·정·군이 일체화된 일당제를 채택했으니 마찬가지였다. 중국의 경우, 1946년 1월

45 于光遠 著, 韓鋼 詮注,《新民主主義社會論的歷史命運》, 武漢: 長江文藝出版社, 2005, pp.123-136.

국민당을 상대로 연합정부 구성을 요구할 때에는 '정치의 민주화'와 함께 '군대의 국가화'를 요구한 각계 사회단체들도 1949년 9월 공산당을 상대로 해서는 이를 요구하지 않았다. 여기에 연합정부 최대의 약점이 있다. 물론 평화가 지속된다면 이런 상태에서도 민주적 조율이 어느 정도 가능했을 것이다. 연합정부와 혼합경제를 핵심으로 하는 신민주주의는 여느 민주주의와 마찬가지로 평화를 전제로 해서만 제도화될 수 있다.

신민주주의론 자체의 한계도 간과할 수 없다. 그것은 전시의 급박한 민족적 필요에 부응하기 위해 옌안 중심의 산악 농촌지역을 배경으로 수립된 이론이었기에 그 연합정부론은 국민당 통치하의 도시지역에서 개인의 해방과 자유·인권을 위해 싸운 운동의 과제를 제대로 수렴할 수 없었다.[46] 혼합경제론 역시 도시부에서 발달한 국내외 자본주의 경제의 복잡한 실상에 대한 충분한 이해를 갖추지 못한 상태여서, 혼합경제를 구성하는 서로 다른 경제영역들 간의 모순과 갈등에 대한 이론적 숙고가 부족하였다. 그 결과 농촌의 부농과 도시의 중소 상공업자가 성장하자 곧바로 이를 사악한 '개인 자본주의', '자산계급 자유주의'의 부활로 규정하고 사회주의 이행의 장애물로 간주하였다. 이는 사회주의를 단지 생산수단의 국유화로 파악한 유치한 인식과 깊이 연관되어 있다. 과도기론으로서 갖는 한계도 있으니, 목표에 도달하기 위한 과도기라면 그 기간이 길어질수록 과도기 정부의 능력과 의지, 그리고 정당성은 의심받게 되어 있다. 그리고 도달 목표인 사회주의 단계에서 무산계급 독재가 당연시되었던 만큼 네 계급 연합독재의 과도기에서도 공산당의 지도권이 당연시되었다. 민주집중제하에서 이 지도권은 권력집중을 초래하지 않을 수 없다. 위에 말한 권력구조의 문제도 여기서 유래한다.

46 백영서, 〈항일전기 중국민족운동의 과제와 통일전선〉, p.405.

5. 21세기에 돌아보는 연합정부와 혼합경제의 의미

연합정부는 흔히 전쟁 상황에서나 수립될 수 있는 한시적 비상내각으로 인식되는 경향이 강하지만, 이는 선거를 통한 정당 간의 정권교체를 민주정치의 꽃이라고 간주하는 다수제 모델의 사고를 반영한다. 합의제 모델의 민주정치에서는 연합정부가 오히려 민주정치의 꽃이다. 혼합경제는 정치민주를 경제민주와 직결시켜 공화국민의 독립적 사고의 물적 기반을 마련하고자 한 점에서 경제민주화 구상의 선구로서 주목될 만하다. 쑨원의 민생주의와 1920년 이래의 신민주주의가 줄곧 토지와 자본의 자유로운 무한 소유에 적절한 제한을 가하고 인민의 기본생계를 중시한 것은 이와 연관되어 있다. 1946년 백남운은 이를 특권경제에 대비하여 "민주경제'라 부르면서 주요 기간산업을 제외한 "생산수단을 법적으로 재분배하여 생산력 담당자의 정당한 사유재산을 만들 만한 조건을 용인"하는 "신민주주의 체제의 입법화" 없이는 어느 정권도 민주정권이라 할 수 없으며 그 속에서 민주정치는 기대할 수 없다고 하였다.[47]

해방 직후 남북한의 중도 정치세력이 연합정부와 혼합경제를 근간으로 하는 국가 모델을 추구한 것은 분단 상황에서 평화적 수단으로 통일독립국가를 형성하기 위해 양극단의 체제를 지양하지 않으면 안 된다고 판단한 결과다. 이런 이치는 당시 중국과 베트남에서도 거의 동일하게 적용될 것이었다. 그리고 그런 건국구상이 제출되어 국민들로부터 절대적 지지를 받았다. 그러나 열전과 냉전은 이런 기대를 허물어 버리고 민의와 유리된 극단의 체제를 조기에 제도화하였고, 그로 인해 연합정부와 혼합경제의 지속을 주장하는 개인과 집단은 양쪽 진영 모두에서

47 백남운, 《조선민족의 진로 · 재론》, pp. 62-70.

반체제 세력으로 단죄되었다. 그 결과 이번에는 거꾸로 각기 극단의 체제를 강화하는 것만이 통일국가를 완성하는 지름길이라는 정당화 논리가 득세하였다. 중도는 곧 반체제로 간주되어 자취를 감추게 된 까닭이다. 이제부터라도 이를 포함하는 대안질서의 다양한 유산들에 대한 연구가 절실하다.

이와 대조적으로 그러한 냉전시기에도 서유럽 각국은 자본주의 기조 위에서 연합정부와 혼합경제를 각국의 사정에 맞게 일정 정도 변형시켜 제도화하였다. 이는 중도세력이 장기간에 걸쳐 집권했기에 가능한 일이었다. 예를 들면 독일은 1949년 이래 줄곧 연립정부(기민-자민당, 기민-사민당, 사민-자민당)를 구성하고 '사회적 시장경제'를 추구하여 성장과 환경생태 및 복지를 동시에 실현하는 데 의미 있는 진전을 보였다. 오스트리아의 연립정부는 엄격한 비례성의 원칙에 의거한 정부구성과 케인즈적 타협에 의거해 경제운용과 사회조정에 합의함으로써 성립되었다.[48] 어느 쪽도 의회의 의석 분포에 따라 필요 최소한으로 양당이 공동으로 정부를 구성하는 방식을 취한, 연합정부의 한 변형이라 할 수 있다. 연합의 대상이 다당에서 양당으로 좁혀진 것은 간과할 수 없는 한계다.

연립정부와 짝을 이루어 서유럽 국가들은 대부분 혼합경제를 시행하였다. 2차대전 직후 동아시아의 일부 신민주주의 국가들이 사회주의를 향한 과도기의 경제체제로 혼합경제를 실시한 것과 달리 이들 국가는 자본주의 기조 위에서 그 모순을 완화하는 기제로 혼합경제를 시행한 것이다. 이때 어느 정치세력의 주도하에 구성된 정부가 사회간접자본과 필수적인 자원에 대한 관리·통제를 위해 국영기업과 사영기업 중 어느 쪽을 얼마만큼 중시하는지, 어떤 기업을 국유의 대상으로 삼을지,

48 김수진, 《민주주의와 계급정치: 서유럽 정치와 정치경제의 역사적 전개》, 백산서당, 2001, p.331, p.357.

시장에 대한 국가의 개입을 어느 정도로 시행하는지 등에 따라 혼합경제는 다양한 스펙트럼을 보였다.[49] 예를 들면, 오스트리아에서는 1969년 모든 상장회사 주식의 3분의 2를 국가부문(연방정부, 지방정부, 국영은행)이 보유하였고 50대 기업의 3분의 2 이상이 국유기업이었다. 철, 석탄, 기름, 물, 전기, 가스, 교통 등 공적 영역이 모두 혼합경제 속의 국유기업으로 되었다.[50]

그러나 이들 유럽의 국유기업들은 1980년대부터 신자유주의 정책에 의거해 사유화되기 시작하였다. 이런 전환을 불가피하게 만든 원인으로 심각한 스태그플레이션, 산업경제의 국제화와 통합, 시장의 광범위한 병목현상 등이 지목되었다.[51] 그에 따라 내려진 처방의 결과는 국가의 후퇴와 복지의 축소, 시장기능과 기업이윤의 확대로 나타났다. 이와 관련해서는 여러 가지 논쟁적인 견해가 있지만 국가의 개입과 복지를 축소한 처방이 타당하지 않았음은 분명하다. 국가의 공공기능을 축소하고 간섭과 규제를 철폐했지만 경제위기(1997년과 2008년, 두 차례의 잇단 금융위기)와 사회적 양극화가 더욱 심화되고 있는 현실이 이런 판단을 뒷받침해 준다. 여기서 우리는 시장의 결함 못지않게 국가의 결함도 크다는 사실에 새삼 유의할 필요가 있다.

계획 일변도의 '순사회주의 경제'에서는 물론이고 계획과 시장의 조화를 추구하는 혼합경제에서도 국가는 자유시장의 무정부성과 불완

---

49 Sanford Ikeda, *Dynamics of the Mixed Economy: Toward a Theory of Interventionism*, London: Routledge, 1997, pp.35-37; John R. Freeman, *Democracy and Markets: The Politics of Mixed Economies*, Ithaca: Cornell University Press, 1989, pp.130-134.

50 김수진, 《민주주의와 계급정치》, p.361.

51 Claus Nielsen, "The Mixed Economy, the Neoliberal Challenge, and the Negotiated Economy", pp.330-331.

전 경쟁을 최소화하는 조절작용의 주체다. 이를 위해 우리는 늘 그 국가가 능력있고 공공성을 우선하는 지도자에 의해 주도되는 것으로 가정한다. 그러나 실제로 지도자를 선출하는 다당경쟁의 '정치시장'은 완전경쟁의 시장이 아니며 사회에 대한 특정 이익집단의 선동의 장이기도 해서 선의의 가정을 외면하기 일쑤다.[52] 더구나 계급적 이해를 대변하는 다당경쟁의 정당체제하에서 정부를 단지 두 당만의 연합으로 구성한 결과 국가의 견제와 균형이라는 조절작용은 제한될 수밖에 없다. 그럴수록 국가자본도 세계체제 속 자본의 이해관계로부터 자유롭지 못한 방향으로 움직이기 마련이다. 국가와 자본의 본성이 무엇인지에 대한 근본적 질문이 새삼 필요한 까닭이다.

공교롭게도 과거의 자본주의 진영에서 신자유주의가 횡행하기 시작하던 바로 그때 중국과 베트남은 '개혁 · 개방 정책'을 시작하여 극좌의 국유경제로부터 혼합경제로 전환을 개시하였다. 사회주의 개조 시기에 너무 일찍 앞당겨 도입된 국유화 · 집단화 체제를 상당 부분 사유화 · 개별화 체제로 전환하고 이를 국영 · 공영경제 및 합작경제와 병행 발전시키는 혼합경제를 부활시킨 것이다. 두 나라 모두 고속 성장을 거듭하여 국부를 급속히 팽창시키고 있으나 빈부격차와 권력자의 부패 등 그 병폐는 같은 시기 다당제 국가들에서보다 훨씬 심했으니 이는 일당제하의 고속성장이 낳은 필연적 결과다. 일당제는 국영경제와 조응하는 것인 만큼 혼합경제의 부활로 이미 그 존립기반을 상실했음에도 존속함으로써 경제체제와 괴리되어 있다. 다당제와 연합정부가 필요한 까닭을 여기서 찾을 수 있다.

중국과 베트남은 냉전시기에 형성된 극단의 체제로부터 벗어나기

---

52 Jean Dominique Lafay et Jacques Lecaillon, *L'Economie Mixte*, 宇泉 譯, 《混合經濟》, p. 28, p. 55.

위해 몸부림치고 있으나 북한과 남한은 여전히 그 극단의 체제를 신성불가침한 체제로 간주하여 고수하고 있다. 베트남은 무력에 의해 통일되었으니 논외로 하더라도 남북한과 중국 양안이 평화수단에 의한 통일, 제2의 건국을 추구한다면 극단의 체제가 굳어지기 전의 신민주주의 건국구상을 활용하는 지혜, 양극단을 포용하려는 중도의 지혜는 그 어느 때보다 절실하다고 하겠다. 사람과 사람의 관계 속에서 '중용지도(中庸之道)'를 중시하는 사고를 가장 오랫동안 추구해 온 조선의 후예들이 왜 이런 역설을 보이는 것일까? 식민지 시기의 단절 때문인가 싶기도 하지만 베트남의 경우를 보면 그렇게 속단할 수도 없다. 역시 세계적 냉전의 최전선이라는 한반도의 장소성과 관련지어 이해할 수 있지 않을까 싶다. 역설적이지만 바로 그렇기 때문에 냉전적 양극화 이전의 대안질서 구상에 대한 탐구가 더욱 절실하게 요청된다.

연합정부와 혼합경제의 역사로부터 지금 우리가 배워야 할 바는 그런 대안질서의 내용 못지않게 그런 구상을 떠받친 밑바탕의 포용적 사회심리와 리더십이 아닌가 한다. 일반 내중이든 지도자든 이질적인 가치와의 대화와 공존을 받아들이는 자세를 자연스럽게 생활 속에서 취할 수 있어야 한다. 연합정부와 혼합경제 모두 이질적인 것들과의 공존을 추구하는 체제다. 그래서 그 이질성에 주목한 어느 중국인은 혼합경제란 근본적으로 존재할 수 없는 제도라고 비판하기도 하였다.[53] 한반도에서도 미국과 소련에 기대어 극단의 체제를 추구한 자들이 대부분 이런 논리를 펼쳤다. 그러나 이는 사회제도 이전에 인간들 자신이 각기 다른 존재임을 간과한 넌센스가 아닐 수 없다.

따라서 이질적인 세력과 제도들 사이의 모순을 직시하여 드러내고

---

53 介言, 〈混合經濟制度〉, 《新中華》 1948年 復刊 6卷 16期.

조화시킬 방안을 찾아나가는 노력이야말로 인간다움의 실천이라 할 수 있다. 《주역》이 말하는 '인문(人文)'의 의미가 각별하게 다가오는 것도 그 때문이다. "사람의 무늬를 살펴서" 그 각기 다른 무늬를 천하가 보듬을 수 있도록 "변화시켜 마땅히 있어야 할 천하를 이루어낸다[觀乎人文以化成天下]"라는 것이다. 이는 만인이 만색의 개성을 간직한 채 한데 어우러질 수 있는 세상을 만들기 위한 철학, 중용과 조화를 그 밑받침으로 삼지 않을 수 없다. 국민국가를 넘어서자는 공허한 주장을 넘어서 그 국가를 어떻게 '공화(共和)'의 가치에 한 걸음 더 다가갈 수 있도록 혁신할 것인가 이것이 우리의 화두여야 한다. 여기서 '공화'란 리퍼블릭(republic, 공공의 사무)의 번역어인 동시에, 함께 어우러지되 억지로 같아지지 않으며[和而不同] 일치점을 찾되 차이를 남겨두는[求同存異] 정신을 의미하기도 한다.

동아시아사에서 유라시아사로, 다시 세계사로

1. 동아시아사와 유라시아사

지역사는 자국사와 세계사로 이원화된 근대 국민국가의 역사인식체계를 혁신하기 위한 새로운 역사인식의 단위이자 방법이다. 자국사와 세계사도 그 나름의 필요와 의미가 있으므로 지역사가 이 둘을 대신할 수는 없다. 동아시아사는 그런 지역사의 하나이므로 자국사와 세계사에 비해 특별히 중시될 이유도 없고 절대화될 이유는 더욱 없다.

지역사의 경계는 자국사의 경계처럼 배타적이지도 명확하지도 않으며 상대적으로 열려 있다. 특히 한 지역사의 단위로 구획된 범위에서 그 변경지대는 또 다른 지역사의 단위와 접속되고 연결되기 때문에 더욱 그렇다. 한국과 일본은 동아시아의 동쪽 끝에 위치해 있어 누가 보기에도 동아시아에 속하지만, 북방의 유목세력이나 동남아시아의 해양세력, 그리고 현재 중국 서남 변경지대를 거점으로 흥망을 거듭한 세력들은 모두 그와 인접한 다른 지역사의 변경으로 간주될 수도 있다. 지역사란 각기 개별적으로 폐쇄되어 있는 것이 아니라 이처럼 인접한 또 다른 지역을 향해 열려 있는 것이다. 그렇기 때문에 하나의 지역사는 그것들의 유기적 연결을 통해 세계사로 이어질 수밖에 없고, 마땅히 세계사를 지향하지 않으면 안 된다.

따라서 동아시아사에 대한 학계 일각의 이해하기 어려운 비판은 오해에서 나온 것이라 할 수 있다. 2010년을 전후하여 고등학교《동아시아사》교과서를 비롯한 동아시아사 저작의 출간과 그에 관한 논의가 급증하자 왜 동아시아사만 중요한가, 중국이나 몽골의 역사는 동아시아사로는 온전히 파악될 수 없는데 왜 그 한정된 범위에 가두려 하는가 등의 비판이 제기되었다.

첫 번째 비판은 동아시아사가 여러 지역사 가운데 하나임을 간과한 오해다. 동아시아사에 대한 논의가 급증한 것은 동아시아만 중요하다고 보거나 동아시아가 유럽을 제치고 새로운 중심으로 부상할 것이라 기대하기 때문이 아니다. 기실 동아시아를 세계의 중심이라 보고 동아시아사를 쓴 예가 있기는 하지만, 이는 19세기 유럽이 세계의 중심이라고 보아 유럽 중심의 세계사를 쓴 것과 크게 다르지 않다. 동아시아사는 여러 지역사의 하나로서 주목된 것이며 단지 한반도와 우리 이웃나라들이 속한 지역이므로 우선적인 관심의 대상이 된 것일 뿐이다. 라틴아메리카인에게는 라틴아메리카 지역사가, 유럽인에게는 유럽 지역사가 일차적인 관심의 대상인 것과 마찬가지의 이치다. 한국에서 대학의 사학과 교과목이 1990년대 후반부터 개편될 때 나타난 새로운 추세 중 하나가 지역사의 등장이다. 중앙유라시아사, 중동(이슬람)사, 동유럽사, 라틴아메리카사 등과 함께 동아시아사가 신설된 것이다. 이는 종래의 서양사와 동양사가 여러 지역사로 분화한 것이어서 20세기 초 일본의 제국대학에서 체계화된 역사학 3분체제를 매우 늦었지만 커리큘럼 운영상으로 혁신한 의미를 갖는다.

두 번째 비판은 지역사가 또 다른 지역사와 세계사를 향해 열려 있음을 간과한 데서 나온 오해다. 기실 몽골을 비롯한 유목세력은 초원지대를 따라 유라시아 대륙의 동서를 오갔으므로 그 활동범위가 동아시아 지역에 한정되지도, 또 중앙아시아 지역에만 한정되지도 않는다. 티베트와 위구르도 원래는 중국에 속하지 않았으며 서아시아·중앙아시아 지역과 긴밀한 관계를 갖고 있었다. 따라서 이들 유목세력의 역사는 그쪽 지역사로 파악될 여지가 있다. 그러나 동시에 이들의 역사는 동아시아 지역의 역사와도 긴밀한 연관성을 갖고 있으며, 그중 몽골제국이 붕괴된 이후 몽골·티베트·위구르는 점차 동아시아의 역사주체로 편입되었으므로 우리가 동아시아사를 체계화할 때 이들을 포함하는 것이 자연스럽다. 몽골의 역사, 티베트의 역사, 위구르의 역사 등 개별 유목세력의 역사 자체를 파악하기 위해서라면 굳이 동아시아 지역사의 틀로 접근할 필요가 없다.

동아시아는 범위가 너무 한정된 개념이니 거기서 벗어나야 한다는 주장도 바로 위에 말한 오해와 결부되어 있다. 우선 해상 교류사의 유행에 따라 주목받는 '해역사(海域史)'를 연구하는 학자들은 가령 아시아 해역사는 그 안에 동북아시아·동남아시아·남아시아·서아시아를 두루 포함하므로 동아시아의 틀로 접근해서는 온전히 파악할 수 없다고 비판한다.[1] 또 육상 교류사와 연결되며 이동범위가 광활한 유목세력의 역사를 연구하는 학자들도 동아시아의 시각으로는 가령 몽골제국이나 중앙아시아의 역사를 온전히 파악할 수 없다고 비판한다.[2] 이런 이유로 그들은 '동아시아사'가 해역사 연구와 유목제국사 연구의 적합한 틀이 아

1 村上衛, 〈東アジアを越えて: 近世東アジア海域史研究と'近代'〉, 《歷史學硏究》 906號, 2013, pp.35-41.

2 김호동, 〈변방사로 세계사 읽기: 중앙유라시아사를 위한 변명〉, 《歷史學報》 228집, 2015, p.73, pp.76-77; 山内晋次, 〈'東アジア史'再考: 日本古代史研究の立場から〉, 《歴史評論》 733號, 2011, pp.40-45, p.54.

니라면서 이를 극복의 대상으로 규정하고 아시아사나 유라시아사, 나아가 세계사의 시각과 방법으로 접근해야 한다고 주장한다. 여기서 동아시아는 대체로 한·중·일 3국으로 전제되었으며 이는 초기 동아시아론의 한계를 드러내는 일본학계의 유산이다. 니시지마 사다오(西嶋定生)의 동아시아문화권론(동아시아세계론)이 그 원조인데, 그에 따르면 한자·유교·율령·불교 등의 문화를 공유한 지역이 동아시아 세계다. 따라서 유목세력은 당연히 거기서 배제된다.

동아시아를 이와 같이 한자문화권으로 좁게 정의하는 것은 유목세력과 접촉이 거의 없었던 일본의 장소성을 반영한 견해일 뿐이다. 중국의 역사에서는 말할 것도 없고 한국의 역사에서도 고대 이래 조선 중기에 이르기까지 북방 유목세력과의 조우(교류, 전쟁, 이주, 동화 등)는 극히 중요한 역사의 일부가 아닐 수 없다. 그럼에도 한국과 중국의 학계가 상대적으로 유목세력의 역사를 홀시해 온 것은 니시지마의 견해 이전에 전통적 화이사상의 영향에 의해 규정받은 결과로 보인다. 그런 점에서 '전통적인 동아시아 3국체제의 틀'을 넘어서자는 제안에는 공감하지만 현재의 동아시아 담론, 나아가 동아시아사가 모두 그렇게 범위를 한정하고 있는 것은 아님을 강조하고 싶다. 서장에서 동아시아사의 범위를 세 유형(① 한자문화권, ② 한자문화권 + 유목세력, ③ 한자문화권 + 유목세력 + 동남아시아 해양세력)으로 분류했으니, 유목세력을 홀시한다고 비판받는 동아시아사는 그중 하나일 뿐이다.

동아시아사를 넘어 유라시아사로 시야를 넓혀야 한다는 주장에 대해서는 나도 전적으로 공감한다. 그러나 동아시아사는 해역사나 유목제국사 연구의 적절한 틀이 될 수 없기 때문에 극복의 대상이라고 규정하는 데 대해서는 동의하기 어렵다. 동아시아사는 만능의 역사 연구 수단일 수 없으며 일정한 지역개념에 의거한 한정된 지역사다. 따라서 해역사든 유목제국사든 다른 어떤 대상을 연구하는 데 동아시아사의 시각이 적합하지 않다고 해서 이를 비판하는 것은 비판을 위한 비판에 가깝다. 지금 우리에게 필요한 것은 동아시아 지역사를 메가 지역사인 인도양 세계의 해역사나 유라시아 유목제국사와 어떻게 연결·접속하여 파악할 것인가를 탐색하는 일이다.[3] 내가 지역사 개념을 도입하자고 하는 것은 이로써 자국사와 세계사를 대신하려는 것이 아니라 그 인식체계의 자국중심주의와 유럽중심주의를 상대화하고 역사학의 민주화를 한 걸음 진전시키고자 함이다. 세계사와 그 일부인 유라시아사가 체계화되려면 그에 앞서 아시아사가, 아시아사가 체계화되려면 그에 앞서 그 안의 각 지역사가 체계화되어야 한다. 동아시아사는 이러한 지역사의 하나다. 동아시아사의 의의를 인정하지 않은 채 유라시아사의 필요성을 주장하는 것은 자국사를 부정하고 지역사를 주장하는 것과 똑같은 논리적 모순을 안고 있다.

지역사는 자국사와 세계사를 다시 보고 다시 쓰는 거울이자 디딤돌이다. 그런 성찰을 통해서야 비로소 우리는 자국사를, 자신의 기층문화를 바탕으로 삼되 지역사를 구성하는 다른 주체들과 상호 관련을 맺고 영향을 주고받으면서 만들어 가는 역사, 곧 지역사 속에서 파악된 자국사로 구성할 수 있다. 그리고 세계사를 여러 지역문명들이 상대와의 차이를 인정한 위에서 교류와 경쟁을 통해 만들어 가는 역사, 과거의 다원성뿐만 아니라 현재의 다원성도 인정하여 장래 그 지역문명들의 독특한 발전가능성까지 열어 두는 다원적 세계사의 구성에 이를 수 있다.

이런 문제의식에 의거해 우리는 지역사를 유기적으로 관련지어 아시아사, 유라시아사, 아프로유라시아사 등 “지역연관사(interregional history)”를 거쳐 “새로운 세계사”로 나아가야 한다.[4] 지역사를 유기적으

---

3 동아시아사를 인도양 세계의 해역사와 연관지어 파악하려는 시도들에 대해서는 박혜정, 〈16-18세기 동아시아의 세계체제적 연계성과 비연계성〉, 《歷史學報》 221집, 2014 참조.

로 엮어서 세계사로 조직할 때에도 지역사의 방법인 연관과 비교는 그 구성방법으로 다시 활용될 만하다. 그렇게 새로 구성되는 세계사라 하더라도 지역사들이 직접 그 구성 단위로 내세워지는 방식이 아니라 연대기식 통사나 주제사 형태 속에 지역사의 연구성과를 충실히 살려내는 방식으로 조직하는 쪽이 바람직하다.

2. 동아시아사와 세계사의 유럽중심주의

동아시아사는 지역사의 하나로서 자국사를 상대화할 뿐만 아니라 세계사를 상대화하면서 그것을 향해 열려 있어야 한다. 그런데 세계사는 특이하게도 체계적으로 연구되지 않은 채 국민국가의 역사인식 단위로 자리잡았고 각급 학교의 교과목으로 가르쳐졌다는 역설을 안고 있다. 특히 동아시아에서 세계사는 2차대전 후에 비로소 중등학교 교과목으로 등장했는데, 근대 역사학과 역사교육을 가장 먼저 제도화한 일본에서도 세계사는 그것이 무엇을 가리키는지 애매한 채로 교과서도 없는 상황에서 출발하였다. 해방 직후 한국에서는 한동안 '이웃나라의 역사'와 '먼 나라의 역사'를 각각 별개의 교과서로 구성하여 가르쳤을 정도다. 이는 일제강점기의 동양사와 서양사를 개조한 것인데, 1955년 하나로 합쳐져 '세계사'가 되었다. 대학에서는 동양사와 서양사로 나누어 가르쳤고 그 후 줄곧 세계사는 대학의 연구 단위에서 취급되지 않았으며 전문학

4 지역연관사(interregional history)의 필요성과 의미에 대해서는 강선주, 〈세계사의 구성원리들: 보편사에서 지구사까지〉, 조지형·강선주 외, 《지구화시대의 새로운 세계사》, 혜안, 2008, pp. 191-195; 마셜 호지슨, 이은정 옮김, 《마셜 호지슨의 세계사론》, 사계절, 2006, pp. 381-408; 김호동, 《몽골제국과 세계사의 탄생》, 돌베개, 2010, pp. 16-17 참조.

회의 연구대상도 아니었다. 동아시아에서 세계사 자체를 연구하는 학회나 연구기관이 만들어진 것은 21세기 들어서의 일이다.[5]

세계사는 이처럼 최근까지도 체계적으로 연구되지 않은 상태에서 가르쳐졌던 것이다. 그런 만큼 이런 곤경을 탈출하기 위한 노력으로 세계사 자체를 연구대상으로 삼아 체계화하는 작업은 마땅히 필요하다. 상호연관성을 근거로 형성된 지역 단위의 역사를 체계화함으로써 자국사의 자국중심주의와 세계사의 유럽중심주의를 상대화하는 작업은 동아시아사뿐만 아니라 세계사의 구성 단위인 각 지역사 모두에서 진행되어야 한다. 그러기 위해서는 종래의 세계사상을 떠받쳐 온 서사구조와 논리를 포함한 인식체계를 비판하고 극복할 대안을 마련해야 한다. 지역사의 방법과 체계를 논하는 이 책에서 그런 대안을 논의할 여유는 없지만 지역사의 시각에서 보는 세계사의 유럽중심주의에 대해서는 짧게라도 언급하지 않을 수 없다.

흔히 우리가 말하는 세계사는 당초 '만국사'에서 시작하여 '세계사'로, 다시 '새로운 세계사'(혹은 '지구사')로 그 이름을 달리해 왔다. '만국사'가 주요 국가들(대국·제국) 중심의 각국사를 문명화 정도에 따라 등급화하여 나열한 것이라면 그 다음 단계의 '세계사'는 이를 나름의 일관된 논리와 체계를 갖춰 유기적으로 조직한 것이다. 그 논리와 체계가 다름 아닌 유럽중심주의로 통칭되며 '새로운 세계사'는 바로 이를 극복 대

5 세계제국답게 세계사 연구를 가장 먼저 조직적으로 수행한 미국에서는 1982년 세계사학회가 창립되어 1990년부터 전문학술지(*The Journal of World History*)를 발행하기 시작하였다. 그 후 아시아세계사학회(2008)가 창립되고 일본의 세계사연구소(2004)와 한국의 이화여대 지구사연구소(2009)가 세계사인식의 체계화를 추구하고 있다. 그에 앞서 중국에서는 사회과학원 세계역사연구소(1964)와 우한대학(武漢大學) 세계역사연구소(1981)가 성립되어 시기적으로 빠르지만, 세계 각국의 역사 연구에 치중하였을 뿐 세계사 자체에 관심을 기울인 것은 최근의 일이다. 首都師範大學 全球史研究中心(2004)은 그 예다.

상으로 삼는다. 세계사학회 회장을 지낸 벤틀리(Jerry Bentley)에 따르면 그것은 다음과 같이 세 차원으로 나타난다. 오직 유럽만이 자기 내부의 독특한 문화를 기반으로 근대화를 이룩했으며, 이렇게 성립된 유럽근대(Euromodern)에서 연원하는 특정 관점으로 세계를 인식하도록 강제하며, 그 결과 비유럽 지역을 무시하고 유럽의 부속물에 불과한 것으로 왜곡한다.[6] 그리하여 유럽근대에서 성립된 제도와 가치는 모든 인류가 따라야 할 모범이자 보편으로 간주한다.[7]

유럽중심주의는 위의 세 차원이 서로 긴밀하게 맞물린 채 오랜 세월 동안 다듬어진 거대한 지식체계이기 때문에 이를 극복하기 위해서는 다양한 노력이 필요하다. 지역사는 이를 위한 유력한 접근방법이 될 수 있다. 벤틀리가 "지역연구(area studies)"를, 그리고 호지슨(Marshall Hodgson)이 "지역연관사"를 유럽중심주의에 도전하는 효과적인 방안이라고 본 것도 이와 상통한다.[8] 지역연구든 지역사와 지역연계의 역사든 유럽을 보편이 아니라 수많은 지역 중 하나로 전제하기 때문에 유럽을 보편의 지위에서 끌어내려 상대화하는 효과를 거둘 수 있다. 하지만 단지 지역사나 지역연구의 관점을 도입하는 것이나, 비유럽 지역을 세계사에 좀 더 많이 포함시키는 것만으로는 소기의 목적을 달성하기 어렵다. 그 이유는 다음과 같다.

서장과 1부에서 본 대로 지역사는 세 유형의 지역개념에 의거해 각기 구성될 수 있으며, 그중 자기확대형 지역개념과 위계질서형 지역개

---

6 제리 벤틀리, 〈다양한 유럽중심의 역사와 해결책들〉, 조지형 · 김용우 엮음, 《지구사의 도전: 어떻게 유럽중심주의를 넘어설 것인가》, 서해문집, 2010, pp. 116-130.

7 위르겐 오스터함멜, 〈지구사 접근법과 "문명화 사명"의 문제〉, 조지형 · 김용우 엮음, 《지구사의 도전》, p. 253.

8 제리 벤틀리, 〈다양한 유럽중심의 역사와 해결책들〉, p. 131; 마셜 호지슨, 《마셜 호지슨의 세계사론》, 11장.

념에 의거한 지역사는 그 실행 방법이 다를 뿐 자국사의 확장과 대국·제국을 지향한다는 점에서 대동소이하다. 이러한 지역개념에 의거한 지역사나 지역연구는 유럽중심주의의 대국·제국 지향을 더욱 강화할 뿐이다. 유럽 중심의 세계사는 대국·제국을 통해 이른바 문명을 발전시켰다고 보았다. 이러한 대국·제국 중심의 문명화 논리는 세계사에만 있는 게 아니라 지역사에서도 흔히 볼 수 있다. 따라서 어느 쪽이든 그 제국성을 직시하고 성찰하기 위해서는 반드시 자주평등형 지역개념에 의거해 지역사에서부터 대국·제국 중심주의를 상대화해야 한다. 그래야 비로소 지역사가 유럽중심주의를 벗어난 새로운 세계사를 향해 나아가는 디딤돌이 될 수 있다.

지금까지 세계사는 인류가 어떻게 '위대한 성취'를 이룩했는가를 중심으로 체계화되었으며, 대국·제국들이 문명을 형성하고 발전시키는 과정으로 짜여졌다. 그것은 유럽의 근대제국들이 이룩한 문명의 역사를 과거로 소급하여 체계화한 것이며, 근대 이전 중국과 인도 등 전근대 비유럽 제국들의 문명사를 부수적으로 추가한 정도다. 여기에는 새로운 세계사를 위해 반드시 주목해야 할 두 가지 문제가 들어 있다. 중심과 주변의 상호작용, 성취와 대가의 상호작용이 누락된 점이다. 각각 '중심사관'와 '성취사관'이라 할 수 있다.

'중심사관'에서 문명화의 주체는 언제나 대국과 제국(중심)이며 그들의 문명화 과정에서 소국과 식민지(주변)는 단지 그 대상일 뿐인 수동적 존재로 묘사된다. 그러나 오늘날 대기업이 아닌 중소기업이 세계적인 우수 제품을 만든 예가 적지 않듯이, 통일기의 대제국이 아니라 분열기의 중소국가들이 문명의 성립과 발전에 중요한 역할을 담당한 예는 많다. 중국대륙의 분열기인 송대에 화약과 나침반의 발명에 의한 항해술의 발달을 생각해 보라.

중심사관의 또 다른 특징은 세계적 혹은 메가 지역 단위의 교류·교역을 흔히 통일제국에 의해 성취된 것으로 여긴다는 점이다. 최근 교류사를 강조하는 "글로벌 히스토리"의 유행, "탈영토화된 소통 네트워크로서의 제국" 개념의 출현이 이런 경향을 더욱 부채질하고 있다.[9] 몽골제국이야말로 그런 필요에 부응하는 최선의 사례로 꼽힌다. 가령 아부-루고드(Janet Abu-Lughod)는 7세기 이래 이슬람제국과 당제국의 성취를 몽골제국이 종합하여 유럽과 직결시킴으로써 "13세기 세계체제"를 형성한 것으로 보았다.[10] 그러나 남중국해 - 인도양 - 아프리카 동해안을 연결하는 교역로는 그런 제국들이 출현하기 전인 기원전후에 이미 존재했다. 더구나 전근대시기에는 제국도 상공업 진흥에 나서기보다 민간 상공업자의 활동을 억압하기 일쑤였다. 교류·교역의 확대를 모두 제국의 포용 효과 덕으로 돌리는 역사인식은 제국성의 옹호로 이어질 수밖에 없다.

이 같은 중심사관은 중심이 하나만 있는 것으로 여기는 일원론으로 귀착되기 쉬우며 결국 다원적 세계사의 구성을 방해하는 커다란 걸림돌이 된다. 원에서 중심은 하나이고 불변이지만, 세계사에서 중심은 복수이며 시대에 따라 달라질 수 있다. 역사에서 실제 존재한 중심은 중심으로 인정하되 이것이 주변과의 상호작용 속에서 중심일 수 있음을 간과하거나 무시하지 않아야 한다. 주변의 시각이 필요한 까닭이다.

'성취사관'에서 문명의 성립과 확산 과정은 대국·제국 지배집단의

9 秋田茂·桃木至朗 編,《グロバルヒストリと'帝國'》, 大阪: 大阪大學出版會, 2013; 마이클 하트·안토니오 네그리, 윤수종 옮김,《제국》, 이학사, 2001.

10 아부-루고드는 고대세계체제 - 13세기 세계체제 - 16세기 세계체제 - 글로벌 세계체제가 형성과 이완, 재구성을 거듭하면서 진화해 온 것으로 보았다. 그의 '13세기 세계체제론'은 월러스틴의 '16세기 세계체제론'을 유럽중심적이라 비판하지만 13세기 유럽의 상업혁명과 유럽-중국 간 직접 교역을 중시한 점에서 여전히 유럽중심적이다. 아부 루고드, 박흥식·이은정 옮김,《유럽 패권 이전: 13세기 세계체제》, 까치, 2006, 4·5장.

자랑스런 성공 스토리로 재구성되었고 그런 성취를 위해 지불하지 않으면 안 되었던 희생과 대가는 거의 언급조차 되지 않는다. 주변이 없는 중심은 존재할 수 없듯이 대가 없는 성취도 존재할 수 없다. 그럼에도 오직 중심의 성취를 현창하는 스토리로 문명사를 구성하고 이를 세계사라 하는 것이다. 성취와 대가의 상호작용을 간과한 스토리란 본래 의미의 역사일 수 없다. 이러한 강자의 성공 스토리는 '석세스토리(succestory)'일지언정 '히스토리(history)'가 아니며, 이는 자만사관으로 이어질 수밖에 없다. 현재에 이르는 길과 그 속에 작동하는 과거의 힘을 파악하되 성취와 대가를 상호 관련지으면서 현재를 과거와의 인과관계 속에서 파악하는 반성적 사색이야말로 역사의 본질이기 때문이다.

문명사 연구자들은 흔히 제국을 문명의 담지자로 간주하며 심지어 '문명제국'이라는 용어까지 사용한다. 실제로 제국이 그러한 역할을 담당한 예도 있지만 이는 자율적 존립 기반을 가진 이족과 이역을 광역 지배체제 안에 통합하는 엄청난 폭력(전쟁·정복·동화·문명화)이 가해진 이후의 일이다. 그 후에도 위계화된 지배체제 속에서 이족과 이역의 저항은 지속되며 이를 진압하는 일련의 폭력이 수반되기 일쑤다. 그리고 제국은 팽창을 거듭하여 자기완결적인 체제를 형성하려 하기 때문에 그런 지배체제를 형성하는 순간 스스로 정체되어 쇠퇴하게 된다는 함정을 갖고 있다. 제국의 포용성과 억압성은 이처럼 동전의 양면과 같음에도 한쪽만 보고 다른 한쪽을 외면하며 '제국(체제)의 함정'을 간과하는 것은 인식주체의 시각이 얼마나 주류 세력의 관점에 순치되어 있으며 역사의 연구와 교육에서 평화의 감수성이 얼마나 취약한가를 반영한다.[11] 역사

11 평화학적 역사교육에 관해서는 정현백, 〈역사교육과 평화교육의 만남: 서독의 사례를 중심으로〉, 《歷史敎育》 80집, 2001, 역사학적 평화연구에 대해서는 이동기, 〈평화사란 무엇인가〉, 《역사비평》 106호, 2014 참조.

인식의 이러한 편향을 자각하지 않는 한 '새로운 세계사'에 이를 수 없다. 서장에서 제국성의 성찰을 지역사의 출발점이라고 강조하고 2부에서 이 문제를 집중적으로 다룬 것은 이런 억압성을 직시하기 위함이다.

특히 근대의 이른바 문명제국들은 식민제국 형태로 근대화와 근대성을 실현했고, 이는 예외 없이 19세기 유럽 국가들(탈아입구의 일본도 포함)에 한정된 현상이다. 이에 비해 20세기 (동)아시아는 식민제국화하지 않은 조건에서 산업화와 민주화라는 중대한 성취를 이룩하였다. 그런 만큼 (동)아시아는 타율성과 정체성의 오리엔탈리즘에 의거한 역사상에서 벗어날 여지를 마련했을 뿐만 아니라 식민제국 형태의 문명화의 길이 보편이 아닌 특수 사례임을 확인시켜 주었다. 이에 21세기의 (동)아시아는 그런 중대한 차이에 걸맞은 새로운 면모를 보여 줄 수 있어야 한다는 세계사적 과제를 동시에 떠안게 되었다.

3. '새로운 세계사'를 향하여

유럽 중심의 세계사는 근대중심주의를 내장하고 있다. 거기서 근대성이란 결국 유럽 내부로부터 생긴 결과물로서, 오직 '유럽근대성(Euromodernity)' 하나만 있으며 세계 전체를 그 궤도 안으로 끌어들여야 하는 것으로 전제된다.[12] 유럽중심주의를 넘어서려는 논자들은 '유럽근대성'을 비판하고 근대성은 하나가 아니라 각 지역문명의 특성에 따라 각기 다른 근대성을 체현했다고 주장한다. 한편 그러한 다중근대성이 실은 하나뿐인 '유럽근대성'의 변형에 불과하다고 비판하고 이른바 대

12 아리프 딜릭, 〈탈중심화하기: 세계들과 역사들〉, 조지형 · 김용우 엮음, 《지구사의 도전》, p. 147.

안근대성을 제기하기도 한다. 어느 쪽이든 결국 근대성은 하나가 아니라 둘 이상이라는 것이다. 이 문제에 관한 논쟁은 여전히 진행 중이다.

근대성 문제의 이해와 관련해 한 가지 중요한 포인트는 현존하는 근대성이 자본주의를 동력으로 형성되어 전개되었다는 사실이다. 이 근대성은 유럽의 고유한 내재적 역량에 의해 형성된 것이 아니라 아프로유라시아와 아메리카의 여러 유산과 힘들이 모여 점차 형성되었다.[13] 그리고 유럽인의 주도적 역할 속에서 19세기 이후 세계 전역으로 확산되었다. 따라서 현존하는 근대성은 지구적 자본주의와 조응하는 '지구적 근대성' 하나뿐이다. 이것이 근대 유럽인에 의해 전유(專有)되어 '유럽근대성'으로 명명된 것이다. 이를 추동한 자본의 운동인 세계화 추세는 지구상 어디에서도 피할 수 없었고 그로 인해 현존하는 근대성과 구별되는 다른 미지의 근대성이 출현할 가능성은 막혀 버렸다.

그에 맞서 사회주의와 식민지 민족해방운동은 '유럽근대성'이라고 말해지는 것, 곧 현존 근대성과 다른 근대성을 약속하는 듯했지만 결국 자본의 세계화에 굴복하였다. 자본의 세계화는 제국주의와 무력에 의해 근대성을 확산시켰으나 이 굴복은 단순히 강제된 결과의 것이 아니라 식민지의 민족주의가 제국주의에 저항하기 위해 근대성의 체현물인 국민국가 체제를 주동적으로 수용한 결과이기도 하다. 따라서 근대성이 각 지역에서 자생적으로 출현한 원형적 요소를 기반으로 삼아 중층적으로 형성되었다는 김상준의 견해를 인정하더라도 다중근대성과 대안근대성이라는 것 역시 본질적으로 미발(未發)의 가능성일 뿐이다. 다중근대성도 대안근대성도 모두 하나뿐인 근대성의 세계적 확산에 따른 변형

---

13 김상준, 〈중층근대성: 대안적 근대성 이론의 개요〉, 《한국사회학》 제41집 4호, 2007; 데이비드 크리스천, 〈상상의 공동체: 종족사에서 인류사로〉, 조지형 · 김용우 엮음, 《지구사의 도전》, pp. 323-325.

에 불과하다고 보는 견해는 근본주의적 시각에서 이 문제의 정곡을 짚은 것이라 할 수 있다.[14]

그러나 자본의 세계화가 하나뿐인 현존 근대성을 확산시키면서 각 지역의 독자성을 살린 미발의 다중근대성과 대안근대성의 가능성을 억압하는 동안 정복과 동화에 대한 저항이 치열하게 진행된 사실에 대해서는 따로 주목해야 한다. 이를 위해서는 근대 이전, 곧 자본주의 이전 각 지역문명의 자율성과 독자성은 여전히 과거의 힘이자 가능성의 씨앗으로 남아 있음에 유의해야 한다. 우리가 지역사를 논하는 것도 실은 바로 이 힘과 씨앗을 소중히 여기는 마음에서다. 자본주의로 인해 그 자율성과 독자성이 억압당했다면 자본주의 이후에는 그 씨앗이 싹터 나올 것으로 믿기 때문이다. 그러므로 다중근대성이나 대안근대성이 의미를 가지려면 자본주의를 어떻게 극복할 것인가를 자신의 과제로 삼지 않으면 안 된다. 그럼에도 현존 근대성을 비판하는 대다수 논자들은 이 명백한 연관성을 간과하고 있다.[15]

근대의 세계사란 자본주의에 추동되어 세계 각 지역이 일체화하는 역사다. 그것이 유럽 중심으로 구성된 이유는 그 과정에서 주도적인 역할을 담당한 유럽인이 자신을 위해 자신의 역사를 기술했기 때문이다. 따라서 그 극복으로서의 '새로운 세계사'란 자본주의를 넘어서야 비로소 실현 가능한 거대한 프로젝트다. 일체화와 독점을 향해 무한히 팽창하는 자본주의 체제가 변혁되어야 비로소 미발의 가능성이 성장할 수 있는 것이다.

---

14 아리프 딜릭, 〈탈중심화하기〉, pp. 156-161.

15 유럽중심주의를 자본주의 세계체제와 직결시켜 파악한 드문 예로는 아리프 딜릭의 글 외에 강정인, 《서구중심주의를 넘어서》, 아카넷, 2004, pp. 430-431, p. 473; 유재건, 〈유럽중심주의와 자본주의〉, 한국서양사학회 엮음, 《유럽중심주의 세계사를 넘어 세계사들로》, 푸른역사, 2009, pp. 230-257 참조.

자본주의와 조응하는 유럽 중심의 세계사란 사실상 국민국가들의 경쟁의 역사다. 자본주의와 국민국가는 쌍생아이기 때문이다. 포스트모더니즘의 유행과 더불어 회자된 '국민국가와 국가사를 넘어서자', '유럽 중심주의와 유럽 중심의 세계사를 넘어서자'라는 주장이 학계에 차고 넘쳤지만, 정작 국민국가 체제와 자본주의 체제를 혁신하자는 주장으로 이어지지는 못했다. 근대성이 그러한 것처럼 국민국가도 그 본질은 자본주의의 체현물인데, 양자의 연관성에 대한 자각과 이를 함께 극복하려는 혁신의지가 이렇듯 취약한 것은 거대한 역설이다. 이런 역설이 생긴 것은 그 경제적 토대에 대한 무관심 탓이다. 국민국가가 엄존하는 상황에서 그것을 넘어서자는 헛된 주장을 되풀이하기보다 국민국가를 개조하고 혁신하여 이론적·실천적으로 국가와 자본의 바람직한 관계를 찾아 제도화하는 실천이 긴요하다. 이 책의 3부에서 20세기 전반 동아시아의 신민주주의 정치경제 구상을 비자본주의적 발전을 전망하는 가능성의 유산으로 강조한 것은 현실의 국민국가 체제를 혁신하면서도 너무 이상주의적이지 않은 현실적 경로로 삼을 만하다고 보았기 때문이다.

요컨대 우리가 국민국가의 국가사를 넘어 지역사로 나아가고 지역사들의 유기적인 종합으로 '새로운 세계사'를 구성하자고 할 때 이는 본질상 자본주의와 현존 근대성의 극복이라는 과제와 겹친다. '새로운 세계사'란 그 새로움의 범위와 정도에 따라 여러 가지일 수 있다.[16] 그것은

16 '새로운 세계사'에서, 지구가 시공간적으로 하나의 전체라고 간주되는 시대적 조건 하에서 유럽 중심 세계사를 극복 대상으로 한다는 일치점을 제외하고는 실제 가리키는 내용은 제각각이다. 차하순은 "지역문화의 독특한 특성을 수렴하는 세계사"를 지칭하였고, 강선주는 복수의 발전경로와 복수의 문화중심지가 상정된 세계사를, 조지형은 역사의 보편성과 법칙성을 거부하면서 지구적 규모의 확산과 네트워크의 형성 및 구조를 밝히는 역사를 가리켰다. 그러나 모두 유럽중심주의의 본질인 자본주의 문제는 간과하고 있다. 차하순, 〈새로운 세계사의 조건〉, 조지형·강선주 외,

근본주의적 관점에서 보면 자본주의 이후의 세계사이며, 현실주의적 관점에서 보면 자본주의 질서 안에서 비판적 성찰을 거쳐 재구성되는 세계사가 될 것이다. 자본주의 종식 이전이라 해도 유럽 중심의 세계사를 벗어나고자 한다면 후자의 세계사를 적극 추구할 필요가 있다. 다중근대성이 하나뿐인 현존 근대성의 변형이듯이, 설사 그것이 유럽 중심 세계사의 변형일지라도 말이다. 그로부터 전자로 나아갈 토양을 일구어 씨앗을 보존해야 하기 때문이다. 지역사는 그러한 밭갈이의 한 단계라 할 수 있다.

21세기 중국의 급부상을 비롯한 (동)아시아의 대두는 상대적으로 유럽의 위상을 눈에 띄게 약화시키고 있다. 이는 역사인식에 영향을 미쳐 적어도 1800년까지는 아시아경제가 유럽경제보다 앞서 있었다는 견해가 세계학계에서 널리 받아들여지고 있다. 이 같은 현실적·학술적 추세가 지속된다면 유럽중심주의는 분명 퇴조하거나 사라질 것이다. 그러나 이미 세계의 선진국으로 대두한 일본은 물론이고 중국·한국·아세안과 인도의 부상은 그 나라 국민국가에 기반한 자본주의의 발전이다. 유럽중심주의가 자본주의를 동력으로 하여 추동되었음을 상기하면 (동)아시아의 자본주의가 유럽의 그것을 능가하더라도 본질상 달라질 것은 많지 않다. 자본주의의 주도세력이 바뀔 뿐 자본중심주의는 온존될 것이다. 그리고 그와 짝을 이루는 대국·제국중심주의도 지속될 것이다. 그래서는 새로운 세계사를 기대하기 어렵다. 근래 중국에서 대학교재로 출간된 세계통사류의 저작이 '대국굴기(大國崛起)'의 역사를 중시하는 것을 보라.

《지구화 시대의 새로운 세계사》, p.24; 강선주, 〈세계사의 구성원리들〉, 《지구화 시대의 새로운 세계사》, pp.149-164; 조지형, 〈새로운 세계사와 지구사: 포스트 모던 시대의 성찰적 역사〉, 《지구화 시대의 새로운 세계사》, p.179.

여기서 발전사관의 문제가 극복해야 할 또 하나의 과제로 떠오른다. 초기근대나 근대성의 원형 요소가 유럽이 아니라 10세기 동아시아(宋)에서 시작되었다는 견해에 따르면, 국부와 생산기술뿐만 아니라 신분보다 능력을 중시하는 사회관행, 그 바탕 위에서 운영된 관료제, 약자를 구제하는 복지시설 등의 면에서도 동아시아가 유럽보다 앞서 있었다고 한다. 이런 연구성과는 유럽 중심의 근대주의 시각에서 동아시아의 전근대를 낙후와 비합리의 낡은 전통으로 치부하고 이를 빨리 버려야 근대화에 이를 수 있다는 이데올로기에 의해 왜곡되고 폄하된 역사상을 사실에 가깝게 복원하는 의미가 있다. 그러나 이는 결국 현재의 자본주의적 발전을 역사적으로 정당화하는 데 복무할 가능성이 크다. 그 발전의 도달점은 오늘날 우리가 목도하는바 환경생태의 파괴와 사회·경제적 양극화의 확대이며, 이른바 제4차 산업혁명은 이런 모순을 극한까지 심화할 것으로 전망된다. 모든 성장과 발전은 희생과 대가라는 비용을 요구한다. 성장·발전 일변도의 역사인식에 경도되는 발전사관은 정치적 승리사관 못지않게 평화를 파괴하는 씨앗이 될 수 있다. 성장과 발전의 속도가 상대적으로 느려도 그 느림의 보상으로 나눔과 공생의 기회를 더 얻을 수 있는 혼합경제에 주목하는 이유도 다른 데 있지 않다.

나는 동아시아 지역사가 지난 세기 제국주의와 반제국주의, 공산진영과 반공진영으로 갈라졌던 동아시아를 하나의 단위로 사고하면서 '아시아의 세기'를 살아갈 우리의 미래세대에게 제국 중심의 발전사관에 기댄 탈아론적 지식체계 자체를 근본적으로 일신하는 데 필요한 '사고의 실험실'을 제공해 줄 수 있기를 기대한다. 각국 정치지도자의 리더십이 자만사관의 역사인식으로 치우치는 현실에서도, 한국은 물론 일본·중국·대만 안에서도 이웃나라의 역사를 알아야 한다면서 동아시아사의 필요성을 제기하고 실제 저작에 나서는 연구자들이 나오는 것은 이런 이유에서다. 이러한 학술적 노력은 결국 탈아론적 동양사를 극복하고 새로운 (동)아시아사를 체계화하는 데로 이어질 터다. 우리는 지역사에 의거한 이 중간지대를 통과해야 비로소 근본적으로 '새로운 세계사'에 이를 수 있다.

참고문헌

1. 자료

《경향신문》《동아일보》《세계일보》《조선일보》《주간경향》《한겨레》《한겨레21》《東方雜誌》《新路》《申報》《新中華》《新青年》《錢業月報》《中央週刊》《學識雜誌》《憲政月刊》《東洋經濟新報》《朝日新聞》《大阪毎日新聞》

《高宗純宗實錄》下, 탐구당, 1970.
박제가, 안대회 옮김, 《북학의》, 돌베개, 2004.
백남운, 《조선민족의 진로 · 재론》, 범우사, 2007.
삼균학회 엮음, 《素昻先生文集》上, 횃불사, 1979.
안재홍, 《신민족주의와 신민주주의》, 민우사, 1945.
안재홍, 《民世安在鴻選集》 1 · 2, 지식산업사, 1983.
줄리오 알레니, 천기철 옮김, 《직방외기: 17세기 예수회 신부들이 그려낸 세계》, 일조각, 2005.
최원식 · 백영서 엮음, 《동아시아인의 '동양'인식, 19-20세기》, 문학과지성사, 1997.
최원식 · 백영서 엮음, 《동아시아인의 '동양'인식》, 창비, 2010.
沈志遠, 최종학 옮김, 《신민주주의경제론》, 참나무, 1991.
《현민 유진오 제헌헌법관계 자료집》, 고려대학교출판부, 2009.

교육과학기술부, 《사회과 교육과정》, 2007/2009.
교육과학기술부, 《2007개정 사회과 교육과정: 세계사》, 2009.
교육과학기술부, 《2015개정 사회과 교육과정: 세계사》, 2015.
권희영 외, 고교《한국사》, 교학사, 2014.
김한종 · 홍순권 외, 고교《한국근현대사》, 금성출판사, 2006.

도면회 외, 고교《한국사》, 비상교육, 2012.
손승철 외,《동아시아사》, 교학사, 2012.
안병우 외,《동아시아사》, 천재교육, 2012.
왕현종 외, 고교《한국사》, 두산동아, 2014.
俞鈺兼,《東洋史教科書》, 京城: 右文館, 1908.
이인석 외, 고교《한국사》, 삼화출판사, 2012.
주진오 · 박찬승 외, 고교《한국사》, 천재교육, 2013.
한철호 외, 고교《한국사》, 미래엔, 2012.
황진상 외, 고교《동아시아사》, 비상교육, 2014.
Phan Ngọc Liên et al., *LICH SU*, Hanoi: Nhà xuất bản giáo dục, 2014(《베트남역사교과서》, 역사교육연구소 번역본, 내부자료, 2015).

圖理琛,《異域錄》, 北京: 中華書局, 1985.
《辭海》, 上海: 上海書辭出版社, 1989(1994).
人民教育出版社歷史室 編,《中國近現代史》上册, 北京: 人民教育出版社, 2003.
人民教育出版社歷史室 編,《歷史》1册, 北京: 人民教育出版社, 2007.
張燮,《東西洋考》, 臺北: 學生書局, 1975.
中共中央文獻研究室 編,《劉少奇年譜》下, 北京: 中央文獻出版社, 1996.
《政治協商會議資料》, 成都: 四川人民出版社, 1981.
岡崎勝世 外,《明解世界史A》, 東京: 帝國書院, 2015.
宮原武夫 · 石山久男 外,《日本史B》, 東京: 實教出版, 2010.
權藤四郎介,《李王宮秘史》, 京城: 朝鮮新聞社, 1926.
大津透 外,《新日本史》(日本史A), 東京: 山川出版社, 2010.
毛澤東文獻資料硏究會 編,《毛澤東集》9 · 10卷, 東京: 蒼蒼社, 1983.
副島八十六 編,《開國五十年史》上卷, 東京: 開國五十年史發行所, 1907.
林泰輔,《朝鮮史》, 東京: 吉川半七, 1892.
田中彰 · 天野さゆり 外,《日本史A: 現代からの歴史》, 東京: 東京書籍, 2008.
諸橋轍次,《大漢和辭典》6卷, 東京: 大修館書店, 1957(1985).
鳥海靖 · 三谷博 外,《現代の日本史》(日本史A), 東京: 山川出版社, 2013.
重野安釋 外,《國史眼》, 東京: 東京帝國大學藏版史學會印行, 1890(1901年改訂).
Buell, Raymond L., "The New Democracies in Europe", *Current History*, Vol. 15 No. 5, 1922.
Fall, Bernard B. (ed.), *HO CHI MIN on Revolution: Selected Writings, 1920-1966*, New York: Praeger, 1967.

Griffis, W. E., *The Mikado's Empire*, New York: Harper & Brothers, 1876.
Longford, Joshep H., *The Story of Korea*, London: T. Fisher Unwin, 1911.
TRUONG-CHINH: Selected Writings, Hanoi: The Gioi Publishers, 1994.

2. 연구서

가토 요코, 박영준 옮김, 《근대일본의 전쟁논리: 정한론에서 태평양전쟁까지》, 태학사, 2003.
강만길, 《고쳐 쓴 한국현대사》, 창작과비평사, 2003.
강만길, 《조선민족혁명당과 통일전선》, 화평사, 1991.
강명희, 《근현대 중국의 국가건설과 제3의길: 비자본주의의 이론과 실천》, 서울대학교출판부, 2003.
강인덕, 《북한전서》 하권, 극동문제연구소, 1974.
고병익, 《아시아의 역사상》, 서울대학교출판부, 1969.
고병익, 《동아사의 전통》, 일조각, 1976.
고병익, 《동아시아사의 전통과 변용》, 문학과지성사, 1996.
고병익, 《동아시아문화사론고》, 서울대학교출판부, 1997.
구범진, 《청나라, 키메라의 제국》, 민음사, 2012.
국방부군사편찬연구소, 《증언을 통해 본 베트남전쟁과 한국군》 3, 국방부군사편찬연구소, 2003.
권헌익, 유강은 옮김, 《학살, 그 이후: 1968년 베트남전 희생자들에 대한 추모의 인류학》, 아카이브, 2012.
金喜坤, 《中國關內韓國獨立運動團體硏究》, 지식산업사, 1995.
김경일, 《제국의 시대와 동아시아 연대》, 창비, 2011.
김경호 · 손병규, 《전근대 동아시아 역사상의 士》, 성균관대학교출판부, 2013.
김서업 · 마인섭 엮음, 《동아시아학의 모색과 지향》, 성균관대학교출판부, 2005.
김성보, 《남북한 경제구조의 기원과 전개》, 역사비평사, 2000.
김수진, 《민주주의와 계급정치: 서유럽 정치와 정치경제의 여가적 전개》, 백산서당, 2001.
김용덕, 《일본사의 변혁기를 본다: 사회인식과 사상》, 지식산업사, 2011.
김육훈, 《민주공화국 대한민국의 탄생》, 휴머니스트, 2012.
김인걸 외, 《한국현대사강의》, 돌베개, 1998.
김정인, 《민주주의를 향한 역사》, 책과함께, 2015.
김한종, 《민주사회와 시민을 위한 역사교육》, 서울대학교출판문화원, 2017.

김한종 외, 《역사교육과 역사인식》, 책과함께, 2005.
김현아, 《전쟁의 기억, 기억의 전쟁》, 책갈피, 2002.
김호동, 《몽골제국과 세계사의 탄생》, 돌베개, 2010.
나가하라 게이지, 하종문 옮김, 《20세기 일본의 역사학》, 삼천리, 2011.
나카무라 사토루 편저, 한국학중앙연구원 한국문화교류센터 옮김, 《동아시아 역사교과서는 어떻게 쓰여 있을까?》, 에디터, 2006.
다나카 아키라, 강진아 옮김, 《소일본주의》, 소화, 2002.
데이비드 헬드, 이정식 옮김, 《민주주의의 모델》, 인간사랑, 1989.
르네 크루세, 김호동 옮김, 《유라시아 유목제국사》, 사계절, 1998.
마셜 호지슨, 이은정 옮김, 《마셜 호지슨의 세계사론》, 사계절, 2006.
마쓰오 다카요시, 오석철 옮김, 《다이쇼 데모크라시》, 소명출판, 2011.
마이클 하트 · 안토니오 네그리, 윤수종 옮김, 《제국》, 이학사, 2001.
미야지마 히로시, 《일본의 역사관을 비판한다》, 창비, 2013.
미야지마 히로시 · 배항섭 엮음, 《동아시아는 몇시인가?》, 너머북스, 2015.
미야케 히데토시, 하우봉 옮김, 《역사적으로 본 일본인의 한국관》, 풀빛, 1990.
미타니 히로시 외 엮음, 강진아 옮김, 《다시보는 동아시아 근현대사》, 까치, 2012.
민두기, 《일본의 역사》, 지식산업사, 1977.
민두기, 《中國近代改革運動의 研究》, 일조각, 1985.
민두기, 《시간과의 경쟁: 동아시아근현대사론집》, 연세대학교출판부, 2001.
민두기 외 편저, 《동양사강의요강》, 지식산업사, 1981.
박영석, 《韓民族獨立運動史研究》, 일조각, 1982.
박진우, 《근대일본 형성기의 국가와 민중》, J&C, 2004.
박찬승, 《대한민국은 민주공화국이다》, 돌베개, 2013.
박태균, 《베트남전쟁: 잊혀진 전쟁, 반쪽의 기억》, 한겨레출판, 2015.
방기중, 《한국근현대사상사연구: 1930-40년대 백남운의 학문과 정치경제사상》, 역사비평사, 1992.
배경한, 《쑨원과 한국》, 한울, 2007.
백영서, 《동아시아의 귀환》, 창비, 2000.
백영서, 《동아시아 근대이행의 세 갈래》, 창비, 2009.
백영서, 《핵심현장에서 동아시아를 다시 묻다》, 창비, 2013.
백영서, 《사회인문학의 길》, 창비, 2014.
백영서 외, 《동아시아의 지역질서》, 창비, 2005.
서동만, 《북조선사회주의체제 성립사, 1945-1961》, 선인, 2005.
서의식, 《한국고대사의 이해와 국사교육》, 혜안, 2010.

서희경,《대한민국 헌법의 탄생: 한국 헌정사, 만민공동회에서 제헌까지》, 창비, 2012.
선학태,《민주주의와 상생정치: 서유럽 다수제 모델 vs 합의제 모델》, 다산출판사, 2005.
소볼레프 외, 김영철 편역,《반제민족통일전선 연구: 인민민주주의 혁명론 및 각국의 혁명사례 분석》, 이성과현실, 1988.
송기호,《동아시아의 역사분쟁》, 솔, 2007.
송정남,《베트남의 역사》, 부산대학교출판부, 2000.
스테판 타나카, 박영재 · 함동주 옮김,《일본 동양학의 구조》, 문학과지성사, 2004.
신영복,《담론》, 돌베개, 2015.
신주백,《역사화해와 동아시아형 미래 만들기》, 선인, 2014.
신주백 · 김형열 · 박삼헌 · 오인영 · 윤대영 · 한기모,《처음 읽는 동아시아사》 1, 휴머니스트, 2016.
알렉산더 우드사이드, 민병희 옮김,《잃어버린 근대성들: 중국, 베트남, 한국 그리고 세계사의 위험성》, 너머북스, 2012.
아부 루고드, 박흥식 · 이은정 옮김,《유럽 패권 이전: 13세기 세계체제》, 까치, 2006.
아시아평화와역사연구소,《동아시아에서 역사인식의 국경넘기》, 선인, 2008.
안청시 · 최종호 엮음,《동아시아 역사분쟁: 갈등의 현장을 찾아 화해의 길을 묻다》, 서울대학교출판문화원, 2016.
앤드루 고든, 김우영 옮김,《현대 일본의 역사: 도쿠가와 시대에서 2001년까지》, 이산, 2005.
야나부 아키라, 김옥희 옮김,《번역어의 성립》, 마음산책, 2011.
양승윤 · 구성열 · 김기태 외,《경제개혁으로 21세기를 여는 민족주의의 나라 베트남》, 한국외국어대학교출판부, 2000.
양호환,《역사교육의 입론과 구상》, 책과함께, 2012.
역사학회 엮음,《전쟁과 동북아의 국제질서》, 일조각, 2006.
와타나베 히로시 · 박충석,《한국 · 일본 · 동양》, 아연출판부, 2008.
요시노 마코토, 한철호 옮김,《동아시아 속의 한일 2천년사》, 책과함께, 2005.
워런 코헨, 이명화 · 정일준 옮김,《세계의 중심 동아시아의 역사》, 일조각, 2009.
윌리엄 듀이커, 정영목 옮김,《호치민평전》, 푸른숲, 2003.
윌리엄 E. 그리피스, 신복룡 역주,《은자의 나라 한국》, 집문당, 1999.
유용태,《환호 속의 경종》, 휴머니스트, 2006.
유용태,《직업대표제, 근대중국의 민주유산》, 서울대학교출판문화원, 2011.
유용태 엮음,《동아시아의 농지개혁과 토지혁명》, 서울대학교출판문화원, 2014.
유용태 · 박진우 · 박태균,《함께 읽는 동아시아 근현대사》 1 · 2, 창비, 2010 · 2011.
유용태 · 박진우 · 박태균,《함께 읽는 동아시아 근현대사》(개정판), 창비, 2016.

유장근, 《현대중국의 중화제국 만들기》, 푸른역사, 2014.
유지열 엮음, 《베트남 민족해방 운동사》, 이성과현실, 1986.
윤충로, 《베트남전쟁의 한국사회사》, 푸른역사, 2015.
윤휘탁, 《신중화주의: '중화민족 대가정' 만들기와 한반도》, 푸른역사, 2006.
이개석 외, 《중국의 동북공정과 중화주의》, 고구려연구재단, 2005.
이길상, 《세계의 교과서 한국을 말하다》, 푸른숲, 2009.
이능식, 《근대사관연구》, 동지사, 1948.
李東潤, 《東洋史概說》, 동아문화사, 1953.
이삼성, 《제국》(한국개념사총서 8), 소화, 2014.
이성시 엮음, 송완범 옮김, 《일본의 고대사 인식》, 역사비평사, 2008.
이와나미신서 편집부 엮음, 서민교 옮김, 《일본 근현대사를 어떻게 볼 것인가》(일본 근현대사 시리즈 10), 어문학사, 2013.
이원순·정재정 엮음, 《일본 역사교과서, 무엇이 문제인가》, 동방미디어, 2002.
이용준, 《베트남, 잊혀진 전쟁의 상흔을 찾아서》, 조선일보사, 2003.
이익주 외, 《동아시아 국제질서 속의 한중관계사: 제언과 모색》, 동북아역사재단, 2011.
이정훈·박상수 엮음, 《동아시아, 인식지평과 실천공간》, 아연출판부, 2010.
이태진, 《끝나지 않은 역사: 식민지배 청산을 위한 역사인식》, 태학사, 2017.
일본교과서바로잡기운동본부·역사문제연구소 엮음, 《화해와 반성을 위한 동아시아 역사인식》, 역사비평사, 2002.
임계순, 《清史: 만주족이 통치한 중국》, 신서원, 2001.
임지현·이성시 엮음, 《국사의 신화를 넘어서》, 휴머니스트, 2004.
張玉法, 신승하 옮김, 《중국현대정치사론》, 고려원, 1991.
전국역사교사모임 엮음, 《베트남프로젝트: 베트남답사자료집》, 전국역사교사모임 내부자료, 2004.
錢穆, 이윤화 옮김, 《사학명저강의》, 신서원, 2006.
전해종, 《동아문화의 비교사적 연구》, 일조각, 1976.
전해종, 《동아사의 비교연구》, 일조각, 1987.
정근식·이병천 엮음, 《식민지유산, 국가형성, 한국민주주의》, 책세상, 2012.
정문길 외, 《주변에서 본 동아시아》, 문학과지성사, 2004.
정원규, 《공화민주주의》, 씨아이알, 2016.
정재서, 《동아시아연구: 글쓰기에서 담론까지》, 살림, 1999.
정재정, 《일본의 논리: 전환기의 역사교육과 한국인식》, 현음사, 1998.
정재정, 《한일의 역사갈등과 역사대화》, 대한민국역사박물관, 2014.
조범래, 《한국독립당연구, 1930-1945》, 선인, 2011.

조지 O. 타튼, 정광하 · 이행 옮김, 《일본의 사회민주주의운동, 1870-1945》, 한울, 1997.
조지형 · 강선주 외, 《지구화시대의 새로운 세계사》, 혜안, 2008.
조지형 · 김용우 엮음, 《지구사의 도전: 어떻게 유럽중심주의를 넘어설 것인가》, 서해문집, 2010.
존 K. 페어뱅크 외, 고병익 외 옮김, 《동양문화사》 상, 을유문화사, 1964.
존 K. 페어뱅크 외, 김한규 외 옮김, 《동양문화사》 상 · 하, 을유문화사, 1991.
《駐越韓國軍戰史》 2, 대한민국국방부 전사편찬위원회, 1968.
지그프리트 쉴레 외, 《보이텔스바흐 협약은 충분한가》, 민주화운동기념사업회, 2009.
최병욱, 《동남아시아사: 전통시대》, 산인, 2015.
최용호, 《한권으로 읽는 베트남전쟁과 한국군》, 국방부군사편찬연구소, 2004.
최원식 외, 《동아시아, 문제와 시각》, 문학과지성사, 1995.
케네스 포메란츠, 김규태 외 옮김, 《대분기: 중국과 유럽, 그리고 근대세계 경제의 형성》, 에코리브르, 2016.
코오모리 요우이치 · 타카하시 테츠야 엮음, 이규수 옮김, 《내셔널 히스토리를 넘어서》, 삼인, 2001.
토야마 시게키 외, 박영주 옮김, 《일본현대사》, 한울, 1988.
피터 두으스, 김용덕 옮김, 《일본근대사》, 지식산업사, 1992.
하영선 외, 《근대 한국의 사회과학 개념 형성사》, 창비, 2009.
하정식 · 유장근, 《근대동아시아 국제관계의 변모》, 혜안, 2002.
한국서양사학회 엮음, 《유럽중심주의 세계사를 넘어 세계사들로》, 푸른역사, 2009.
한영우, 《다시 찾는 우리역사》, 경세원, 2002.
한운석 외, 《유럽과 미국의 동아시아사 교육》, 동북아역사재단, 2009.
《한일역사공동연구보고서》 제1권, 한일역사공동위원회, 2005.
한중일3국공동역사편찬위원회, 《미래를 여는 역사》, 한겨레신문사, 2005.
한중일3국공동역사편찬위원회, 《한중일이 함께 쓴 동아시아근현대사》 1, 휴머니스트, 2012.
홍우 엮음, 《후진국경제론》, 일조각, 1961.
홍원탁, 《동아시아의 역사》, 구다라, 2010.
황동연, 《새로운 과거 만들기》, 혜안, 2013.
황원구, 《동양문화사략》, 연세대학교출판부, 1985.
황쥔제, 정선모 옮김, 《동아시아학 연구방법론》, 심산, 2012.

耿雲志 外, 《西方民主在近代中國》, 北京: 中國青年出版社, 2003.
楊軍 · 張乃和 主編, 《東亞史: 從史前到20世紀末》, 長春: 長春出版社, 2006.

梁英明,《東南亞史》, 北京: 人民出版社, 2010.
呂正理,《東亞大歷史: 從遠古到1945年的中日韓多角互動歷史》, 北京: 群言出版社, 2015.
呂正理,《另眼看歷史》, 臺北: 遠流出版公司, 2010.
閻潤魚,《自由主義與近代中國》, 北京: 新星出版社, 2007.
王仲濤 · 湯重南,《日本史》, 北京: 人民出版社, 2014(2016).
于光遠 著, 韓鋼 詮注,《新民主主義社會論的歷史命運》, 武漢: 長江文藝出版社, 2005.
熊月之,《中國近代民主思想史》, 上海: 上海社會科學院出版社, 2002.
韋杰廷,《孫中山民權主義探微》, 桂林: 廣西師範大學出版社, 1994.
偉杰廷,《孫中山民生主義新探》, 哈爾濱: 黑龍江教育出版社, 1991.
劉明翰 主編,《世界通史》中世紀卷, 北京: 人民出版社, 1997(2004).
李圭之,《近代日本的東洋概念: 以中國與歐美爲經緯》, 臺北: 臺灣大學政治系中國中心, 2008.
李雲漢,《中國近代史》, 臺北: 三民書局, 1991.
張朋園,《中國民主政治的困境, 1909-1949: 晚清以來歷屆議會選擧述論》, 臺北: 聯經, 2007.
曺立,《混合所有制研究: 兼論社會主義市場經濟的體制基礎》, 廣州: 廣東人民出版社, 2004.
陳峰君 · 祁建華 主編,《新地區主義與東亞合作》, 北京: 中國經濟出版社, 2007.
崔連仲 主編,《世界通史》古代卷, 北京: 人民出版社, 1997(2004).
哈全安,《中東史: 610-2000》上 · 下, 天津: 天津人民出版社, 2010.
許海山 主編,《亞洲史》, 北京: 線裝書局, 2006.
高橋秀直,《日淸戰爭への道》, 東京: 創元社, 1996.
溝口雄三,《中國の衝擊》, 東京: 東京大學出版會, 2004.
君島和彦 編,《近代の日本と朝鮮: された側からの視座》, 東京: 東京堂出版, 2014.
宮奇正人 編,《日本史》(新版 世界各國史 1), 東京: 山川出版, 2008.
貴志俊彦 外 編,《東アジアの時代性》, 廣島: 溪水社, 2005.
大阪大學歷史教育研究會 編,《市民のための世界史》, 大阪: 大阪大學出版會, 2014.
木村靖二 外,《詳說世界史B》, 東京: 山川出版社, 2015.
朴根好,《韓國の經濟發展とベトナム戰爭》, 東京: 御茶の水書房, 1993.
森嶋通夫,《日本にできることは何か: 東アジア共同體を提案する》, 東京: 岩波書店, 2001.
西里喜行,《淸末中琉日關係史の研究》, 名古屋: 名古屋大學出版會, 2005.
五井直弘,《近代日本と東洋史學》, 東京: 青木書店, 1976.
窪寺紘一,《東洋學事始: 那珂通世とその時代》, 東京: 平凡社, 2009.

柳鏞泰, 岩方久彦 譯,《歡聲のなかの警鐘: 東アジア歷史認識と歷史教育の省察》, 東京: 明石書店, 2009.
長谷川亮一,《'皇國史觀'という問題》, 東京: 白澤社, 2008.
張木生,《改造我們的文化歷史觀》, 北京: 軍事科學出版社, 2011.
酒井哲哉 編,《近代日本の國際秩序論》, 東京: 岩波書店, 2007.
秋田茂 · 桃木至朗 編,《グロバルヒストリと'帝國'》, 大阪: 大阪大學出版會, 2013.
勅使河原彰,《歷史教科書は古代をどう描いてきたか》, 東京: 新日本出版社, 2005.
波平恒男,《近代東アジア史なかの琉球併合: 中華世界秩序から植民地帝國日本へ》, 東京: 岩波書店, 2014.
坂野潤治,《近代日本の國家構想》, 東京: 岩波書店, 1997.
坂野潤治,《明治 · 思想の實像》, 東京: 創元社, 1977.
坂野潤治,《明治デモクラシ》, 東京: 岩波書店, 2005.
版野次雄,《日韓併合: 李朝滅亡, 抵抗の記錄と光復》, 東京: 彩流社, 2010.
Bowring, Richard et al.(eds.), *The Cambridge Encyclopedia of Japan*, Cambridge: Cambridge University Press, 1993.
Chen, Kuan-Hsing, *Asia as Method: Toward Deimperialization*, Durham: Duke University Press, 2010.
Ebrey, Patricia B., Anne W. Walthall, and James B. Palais, *East Asia: A Cultural, Social, and Political History*, New York: Houghton Mifflin Co., 2006.
Fairbank, J. K. et al., *East Asia: Tradition and Transformation*, Boston: Houghton Mifflin Co., 1978.
Freeman, J. R., *Democracy and Markets: The Politics of Mixed Economies*, Ithaca: Cornell University Press, 1989.
Ikeda, Sanford, *Dynamics of the Mixed Economy: Toward a Theory of Interventionism*, London: Routledge, 1997.
Lafay, Jean-Dominique et Jacques Lecaillon, *L'Economie Mixte*, Paris: Presses Universitaires de France, 1992(宇泉 譯,《混合經濟》, 北京: 商務印書館, 1995).
Lijphart, Arend, *Democracies: Patterns of Majoritarian and Consensus Government in Twenty-One Countries*, New Haven: Yale University Press, 1984(최명 옮김,《민주국가론》, 법문사, 1985).
Lipman, J. N., Barbara Molony, and Michael Robinson, *Modern East Asia: An Integrated History*, London: Laurence King Publishing Ltd, 2011.
Murphey, Rhoads, *East Asia: A New History*, New York: Longman, 2001.
Pepper, Suzanne, *Civil War in China: the Political Struggle 1945-1949*, Berkeley:

University of California Press, 1978.

Rozman, Gilbert (ed.), *East Asian National Identities: Common Roots and Chinese Exceptionalism*, Stanford: Stanford University Press, 2012.

Suisheng Zhao, *A Nation-State by Construction: Dynamics of Modern Chinese Nationalism*, Stanford University Press, 2004.

Tsuyoshi Hasegawa and Kazuhiko Togo (eds.), *East Asia's Haunted Present: Historical Memories and Resurgence of Nationalism*, Westport: PSI, 2008.

Võ Nguyên Giáp (ed.), *Hồ Chí Minh Thought and the Revolutionary Path of Viêt Nam*, Hanoi: The Gioi Publishers, 2011.

Wong, R. Bin, *China Transformed: Historical Change and the Limits of European Experience*, Ithaca: Cornell University Press, 1997.

Zöllner, Reinhard, *Einführung in die Geschichte Ostasiens*, München: Iudicium, 2007(植原久美子 譯,《東アジアの歴史: その構築》, 東京: 明石書店, 2009).

3. 연구논문

강명희, 〈1940년대 중국 민주당파 지식인의 혼합경제 구상〉, 《東洋史學研究》 84집, 2003.

강선주, 〈동아시아 담론과 비교법을 활용한 동아시아사 교육〉, 《역사교육 새로 보기: 복합의 시각》, 한울, 2015.

강선주, 〈세계화 시대의 세계사 교육: 상호관련성을 중심으로〉, 《歷史敎育》 82집, 2003.

강정구, 〈한국군 베트남전쟁 참전과 베트남 민간인의 참상〉, 《한국군의 베트남 참전 재조명》(군사평론가협회 · 베트남전진실위원회 공동토론회, 2000. 12).

강진아, 〈동아시아로 다시 쓴 세계사: 포머란츠와 캘리포니아학파〉, 《역사비평》 82호, 2008.

김광식, 〈8 · 15 직후 정치지도자들의 노선 비교〉, 강만길 외, 《해방 전후사의 인식》 2, 한길사, 1985.

김기봉, 〈한국 역사학의 재구성을 위한 방법으로서의 동아시아사〉, 《동북아역사논총》 40호, 2013.

김두진 · 이내영, 〈유럽산업혁명과 동아시아 대분기(Great Divergence) 논쟁〉, 《아세아연구》 148호, 2012.

김민수, 〈동아시아사 관점에서 구성한 민주주의 수업〉, 《역사교육연구》 19호, 2014.

김병준, 〈3세기 이전 동아시아 국제질서와 한중관계: 조공책봉의 보편적 성격을 중심으로〉, 《동아시아세계론과 한중관계사상의 책봉조공과 실제》, 동북아역사재단, 2010.
김상준, 〈중층근대성: 대안적 근대성 이론의 개요〉, 《한국사회학》 제41집 4호, 2007.
김석형 외, 〈전세계사(쏘련과학원 편) 조선관계 서술의 엄중한 착오들에 대하여〉, 《력사과학》 5호, 1963.
김성보, 〈민족·국민사와 동아시아사의 접맥: 동아시아 역사인식 공유를 위한 모색〉, 《역사와실학》 32집, 2007.
김세호, 〈陳炯明의 국가건설구상: '中國統一芻議' 분석을 중심으로〉, 《동아연구》(서강대) 50집, 2006.
김용직, 〈근대 한국의 민주주의 개념: 《독립신문》을 중심으로〉, 하영선 외, 《근대 한국의 사회과학 개념 형성사》, 창비, 2009.
김우성, 〈베트남 참전시기 한국의 전쟁 선전과 보도〉, 서울대학교 석사학위논문, 2005.
김유리, 〈고등학교 '동아시아사'에 대한 역사교사와 학생들의 인식 분석〉, 《歷史教育》 130집, 2014.
김육훈, 〈민주공화국의 시민을 기르는 역사교육 시론〉, 《역사교육연구》 18호, 2013.
김윤희, 〈대한제국 사회의 '동양' 개념과 그 기원: 신문매체의 의미화 과정을 중심으로〉, 《개념과 소통》(한림과학원) 4권, 2009.
김은숙, 〈일본의 고대인식과 역사교육〉, 《시대전환과 역사인식》, 솔, 2001.
김정인, 〈동아시아 공동역사교재 개발, 그 경험의 공유와 도약을 위한 모색〉, 《歷史教育》 101집, 2007.
김태승, 〈한국 대학의 동아시아사 교육〉, 아시아평화와 역사연구소 엮음, 《한중일 동아시아사 교육의 현황과 과제》, 선인, 2008.
김하림, 〈1930년대 중국의 통제경제론과 비자본주의의 길〉, 연세대학교 박사학위논문, 2016.
김한종, 〈역사교육에서 민주주의의 역사가 가지는 의미〉, 《역사교육》(전국역사교사모임) 77호, 2007.
김호동, 〈변방사로 세계사 읽기: 중앙유라시아사를 위한 변명〉, 《歷史學報》 228집, 2015.
남상호, 〈대동아전쟁과 "대동아사개설" 편찬〉, 《한일관계사연구》 31호, 2008.
노태돈, 〈나당전쟁과 羅日관계〉, 《전쟁과 동북아의 국제질서》, 일조각, 2006.
니시지마 사다오, 〈동아시아 세계의 형성〉, 이성시 엮음, 송완범 옮김, 《일본의 고대사 인식》, 역사비평사, 2008.
런팡, 〈동아시아사의 구축 및 관련문제〉, 아시아평화와역사연구소 엮음, 《한중일 동아시아사 교육의 현황과 과제》, 선인, 2008.
리영희, 〈베트남전쟁 2〉, 《전환시대의 논리》, 창작과비평사, 1974.
리영희, 〈베트남 인민에게 먼저 사죄를 하자〉, 《반세기의 신화》, 삼인, 1999.

미타니 히로시, 〈아시아 개념의 수용과 변용: 지리학에서 지정학으로〉, 와타나베 히로시 · 박충석 엮음, 《한국 · 일본 · 동양》, 아연출판부, 2008.
박근칠, 〈'동아시아사' 교과서의 기술내용과 개선방안: 2012년판 '동아시아사' 전근대 부분을 중심으로〉, 《동북아역사논총》 40호, 2013.
박명규, 〈한국 동아시아담론의 지식사회학적 이해〉, 마인섭 · 김시업 엮음, 《동아시아학의 모색과 지향》, 성균관대학교출판부, 2005.
박상수, 〈한국발 동아시아론의 인식론 검토〉, 이정훈 · 박상수 엮음, 《동아시아, 인식지평과 실천공간》, 아연출판부, 2010.
박수철, 〈15-16세기 일본의 전국시대와 豊臣政權〉, 역사학회 엮음, 《전쟁과 동북아의 국제질서》, 일조각, 2006.
박영재, 〈근대일본의 한국인식〉, 역사학회 엮음, 《일본의 침략정책사 연구》, 일조각, 1984.
박영희, 〈베트남전 참전 의미의 인식을 위한 역사수업 방안〉, 한국교원대학교 석사학위논문, 2006.
박원호, 〈한국 동양사학의 방향: 독자적 동아시아사상의 형성을 위한 제언〉, 《제30회 전국역사학대회 발표요지》, 1987.
박원호, 〈'동아시아사로서의 한국사' 구성을 위한 재론〉, 《韓國史學報》 34호, 2009.
박찬승, 〈한국의 근대국가 건설운동과 공화제〉, 《歷史學報》 200집, 2008.
박혜정, 〈지구사적 관점에서 본 동아시아사의 방법과 서술: 인도양 연구에 대한 비판적 고찰을 토대로〉, 《동북아역사논총》 40호, 2013.
박혜정, 〈16-18세기 동아시아의 세계체제적 연계성과 비연계성〉, 《歷史學報》 221집, 2014.
박훈, 〈18세기말-19세기초 일본에서의 '戰國'的 世界觀과 해외팽창론〉, 《東洋史學硏究》 104집, 2008.
배경한, 〈근현대 중국의 공화정치와 국민국가의 모색〉, 《歷史學報》 200집, 2008.
배경한, 〈黃遵憲의 '朝鮮策略'과 아시아주의〉, 《東洋史學硏究》 127집, 2014.
배항섭, 〈"동아시아는 몇시인가?"라는 질문〉, 미야지마 히로시 · 배항섭 엮음, 《동아시아는 몇시인가?》, 너머북스, 2015.
백영서, 〈항일전기 중국민족운동의 과제와 통일전선〉, 《창비 1987》, 창작사, 1987.
백영서, 〈한국에서 중국현대사 연구의 의미: 동아시아적 시각의 모색을 위한 성찰〉, 《중국현대사연구회회보》 창간호, 1993.
백영서, 〈중국에 시민사회가 형성되었나?: 역사적 관점에서 본 민간사회의 궤적〉, 《아시아문화》(한림대 아시아문화연구소) 10호, 1994.
백영서, 〈주변에서 동아시아를 본다는 것〉, 정문길 외 엮음, 《주변에서 본 동아시아》, 문학과지성사, 2004.
백영서, 〈동양사학의 탄생과 쇠퇴〉, 《한국사학사학보》 11집, 2005.
백영서, 〈자국사와 지역사의 소통: 동아시아인의 역사서술의 성찰〉, 《歷史學報》 196집, 2007.
백영서, 〈연동하는 동아시아, 문제로서의 한반도: 담론과 연대운동의 20년〉, 《핵심현장에서 동아시아를 다시 묻다》, 창비, 2013.
비판과 연대를 위한 동아시아역사포럼, 《국사의 해체를 향하여》, 토론회자료집, 2003.
손승철, 〈朝鮮中華主義와 日本型華夷意識의 대립〉, 《日本研究》 11호, 1996.
손재현, 〈"學習"을 통해 본 중화인민공화국 건국 초기 신민주주의에 대한 인식〉, 《大邱史學》 94집, 2009.
쉬슈리, 〈중국의 동아시아 의식과 동아시아 서술〉, 동북아역사재단 엮음, 《역사적 관점에서 본 동아시아의 아이덴티티와 다양성》, 동북아역사재단, 2010.
신주백, 〈'동아시아형 교과서대화'의 본격적인 모색과 협력모델 찾기(1993-2006)〉, 《歷史教育》 101집, 2007.
신주백, 〈'한국사' 교과서에서 동아시아의 역사와 역사교육〉, 《한일관계사연구》 40집, 2011.
안병우, 〈동아시아사의 의미〉, 《동아시아사 교원연수교재》, 동북아역사재단, 2009.
안병우 외, 《동아시아사 교육과정 시안 개발》, 동북아역사재단 학술연구과제 연구보고서, 2007.
양정현, 〈근대개혁기 역사교육의 전개와 역사교재의 구성〉, 서울대학교 박사학위논문, 2001.
오병수, 〈동아시아 인식과 세계사 교육의 내용구성〉, 《역사교육의 방향과 국사교육》, 솔, 2001.
오비타나 스미오, 〈근대일본 대륙정책의 구조: 타이완 출병문제를 중심으로〉, 《동북아역사논총》 32호, 2011.
오에 시노부, 〈전후개혁〉, 다카하시 고하치로 외 엮음, 차태석·김이진 옮김, 《일본근대사론》, 지식산업사, 1981.
우선주, 〈일제강점기 조선의 중등학교 외국사 교육, 1922-1945〉, 《사회과학교육》 9집, 2006.
유용태, 〈역사교과서 속의 아시아 국민국가 형성사〉, 《역사비평》 57호, 2001.
유용태, 〈집단주의는 유교문화인가: 유교자본주의론 비판〉, 《경제와사회》 49호, 2001.
유용태, 〈거시역사와 미시분석: 분업과 협업〉, 《역사비평》 58호, 2002.
유용태, 〈다원적 세계사와 아시아, 그리고 동아시아〉, 《역사교육》(전국역사교사모임) 63호, 2003.

유용태, 〈중국 대학 역사교재의 한국사인식과 중화사관: 고중세사를 중심으로〉, 이개석 외, 《중국의 동북공정과 중화주의》, 고구려연구재단, 2005.
유용태, 〈동아시아의 베트남 전쟁: 남북 삼각동맹의 대응〉, 《환호 속의 경종》, 휴머니스트, 2006.
유용태, 〈한국의 동아시아사 인식과 구성: 동양사연구 60년을 통해서 본 동아시아사〉, 《歷史教育》 107집, 2008.
유용태, 〈개항과 근대 국민국가 수립〉, 《동아시아사 교과서 집필 안내서》, 동북아역사재단, 2009.
유용태, 〈근대중국의 민족제국주의와 단일민족론〉, 《동북아역사논총》 23호, 2009.
유용태, 〈동아시아사의 의미: 연관과 비교의 지역사〉, 동북아역사재단 역사아카데미 연수교재, 2009.
유용태, 〈근대중국의 민주유산과 동아시아 역사학의 과제〉, 《학림》(연세대) 30권, 2012.
유용태, 〈중국의 지연된 근대외교와 한중관계: 동아시아 지역사의 시각〉, 《한중인문학연구》 37집, 2012.
유용태, 〈중국, 일본, 미국 역사교재의 한국사 인식: 중화사관과 황국사관의 결합〉, 《프린스턴한겨레문화》 3호, 2012.
유용태, 〈한국 대학의 전공과정 역사교육: 무엇을 왜 가르치나?〉, 《한국대학의 역사교육: 그 위상과 방향》(관악사론 1집), 서울대역사연구소, 2012.
유용태, 〈동아시아 지역사 서술의 현황과 과제: 고등학교 '동아시아사'(2012) 근현대부분을 중심으로〉, 《동북아역사논총》 40호, 2013.
유용태, 〈四夷藩屬을 中華領土로: 민국시기 중국의 영토상상과 동아시아인식〉, 《東洋史學研究》 130집, 2015.
유용태, 〈백암 박은식이 본 '현실중국'과 '역사중국', 1882-1894〉, *SNU Journal of Education Research*(서울대학교 사범대학), Vol. 25-1, 2016.
유용태, 〈현대중국의 혼합경제 구상과 실천, 1940-1956〉, 《중국근현대사연구》 74집, 2017.
유인선, 〈中越關係와 조공제도〉, 《中國의 天下思想》, 민음사, 1988.
유장근, 〈동아시아 근대에 있어서 중국의 위상〉, 《慶大史論》 10집, 1997.
유지열, 〈남베트남 민족해방전선과 항미국투쟁의 승리〉, 《제3세계 민족해방운동연구》, 친구, 1990.
윤대영, 〈20세기 초 베트남 지식인들의 동아시아 인식〉, 《동아연구》 53집, 2007.
윤병태, 〈헤겔에서 민족·국가와 세계사〉, 《헤겔연구》 30권, 2011.
윤세병, 〈동아시아사 수업과 평화인식〉, 《동북아역사논총》 47호, 2015.
윤세철, 〈세계사와 아시아사: "세계사" 내용선정의 몇 가지 문제〉, 《歷史教育》 32집,

1982.
윤세철, 〈자국사, 그 당위와 실제〉, 《歷史教育》 69집, 1999.
윤여일, 〈방법으로서의 동아시아〉, 《오늘의 문예비평》 통권 제78호, 2010.
이경란, 〈한국 근현대사에서 공생적 관점의 도입과 협동조합운동사〉, 《사학연구》 116호, 2014.
이광린, 〈개화기 한국인의 아시아연대론〉, 《한국사연구》 61 · 62합집, 1988.
이기종, 〈한국군 베트남 참전 결정요인과 결과 연구〉, 고려대학교 박사학위논문, 1991.
이남주, 〈마오쩌둥 시기 급진주의의 기원: 신민주주의론의 폐기와 그 함의〉, 《동향과 전망》 78호, 2010.
이도학, 〈백제의 교역망과 그 체계의 변천〉, 《한국학보》 63집, 1991.
이동기, 〈평화사란 무엇인가〉, 《역사비평》 106호, 2014.
이성규, 〈중화사상과 민족주의〉, 《철학》 37집, 1992.
이성규, 〈총설: 한국 동양사연구 60년〉, 《한국의 학술연구: 역사학》, 대한민국학술원, 2006.
이성시, 〈왜 지금 동아시아인가: 공통의 과제와 문제해결의 장으로서의 동아시아〉, 《일본공간》 1호, 2007.
이성시, 〈일본역사학계의 동아시아세계론에 대한 재검토〉, 《歷史學報》 216집, 2012.
이수열, 〈아시아 경제사와 근대일본: 제국과 공업화〉, 《歷史學報》 232집, 2016.
이영효, 〈세계사 교육의 방향과 가능성〉, 《역사교육의 방향과 역사교육》, 솔, 2001.
이예안, 〈근대일본의 소국주의 · 소일본주의: 아시아주의와의 길항과 교착〉, 《일본학연구》 41집, 2014.
李春馥, 〈서구의회제도에 대한 중국근대 지식인들의 인식과 그 의의〉, 《中國近現代史研究》 34집, 2007.
임성모, 〈주변의 시선으로 본 동아시아사〉, 《역사비평》 79호, 2008.
장인성, 〈자기로서의 아시아, 타자로서의 아시아: 근대조선지식인에게 보이는 '아시아'와 '동양'〉, 《신아세아》 1998년 겨울호.
장인성, 〈근대동아시아 국제사회에서의 '질서'와 '정의': 근대일본지식인의 동아시아 국제사회관〉, 《동북아역사논총》 28호, 2010.
전병철, 〈동아시아사 교육에서 목표로서의 태도 형성〉, 《역사교육논집》 56집, 2015.
전인갑, 〈동아시아, 하나의 중심과 다부중심의 지역: 동아시아 개념의 재구축을 위한 시론〉, 《歷史學報》 221집, 2014.
정원규, 〈민주주의의 기본원리: 절차적 공화민주주의 모델을 제안하며〉, 《철학》 71집, 2002.
정현백, 〈역사교육과 평화교육의 만남: 서독의 사례를 중심으로〉, 《歷史教育》 80집,

2001.
조병한, 〈동북아 국제질서 속의 한국사〉, 역사학회 엮음, 《전쟁과 동북아의 국제질서》, 일조각, 2006.
조병한, 〈중국 근대의 형성과 문화〉, 《東洋史學研究》 115집, 2011.
조승래, 〈공화주의〉, 김영한 · 임지현 엮음, 《서양의 지적 운동》 1, 지식산업사, 1994.
진관타오 · 류칭펑, 양일모 외 옮김, 〈공화에서 민주로〉, 《관념사란 무엇인가》 2, 푸른역사, 2010.
차미희, 〈한국 역사교육에서 고등학교 '동아시아사'의 의미〉, 《이화사학연구》 48권, 2014.
채수도 · 김경일, 〈이시바시 단잔의 소일본론과 평화구상〉, 《일본문화연구》 22호, 2007.
최병욱, 〈베트남 역사 개관〉, 양승윤 · 구성열 · 김기태 외, 《경제개혁으로 21세기를 여는 민족주의의 나라 베트남》, 한국외국어대학교출판부, 2000.
최병욱, 〈'한월관계사'에서 '동남아시아사'로〉, 《東洋史學研究》 133집, 2015.
최원식, 〈탈냉전시대와 동아시아적 시각의 모색〉, 《창작과비평》 21권 1호, 1993.
팜 데우 응옥, 〈베트남전쟁 관련 한국 단체들의 활동과 베트남의 반응〉, 성공회대학교 시민단체학과 석사학위논문, 2006.
하세봉, 〈근대 동아시아사의 재구성을 위한 공간의 시점〉, 《東洋史學研究》 115집, 2011.
한홍구, 〈박정희 정권의 베트남 파병과 병영국가화〉, 《역사비평》 62호, 2003.
현명철, 〈막말유신기의 조선관〉 김용덕 엮음, 《일본사의 변혁기를 본다: 사회인식과 사상》, 지식산업사, 2011,
황현정, 〈역사교육 내용선정 원리로서의 민주주의〉, 《역사와 교육》 10호, 2014.

顧昕, 〈"五四"激進思潮中的民粹主義主題, 1919-1922〉, 許紀霖 編, 《二十世紀中國思想史論》 上卷, 上海: 東方出版中心, 2000.
羅志田, 〈胡適與社會主義的合離〉, 許紀霖 編, 《二十世紀中國思想史論》 上卷, 上海: 東方出版中心, 2000.
潘光哲, 〈'殖民地'的概念史: 從新名詞到關鍵詞〉, 《中央研究院近代史研究所集刊》 82期, 2013.
尙小明, 〈民國大學的亞洲史教育〉, 《北大史學》 17輯, 2010.
成慶, 〈自由主義與共和主義: 現代中國思想史中的兩種民主觀〉, 《天津社會科學》 2005年 4期.
孫江, 〈"東洋"的變遷: 近代中國語境里的"東洋"概念〉, 孫江 主編, 《新史學: 概念 · 文體 · 方法》, 北京: 中華書局, 2008.
孫衛國, 〈中國史學對東亞史學的影響與交流〉, 《歷史教學問題》 2012年 4期.

王元周, 〈中國歷史學的周邊視野: 以亞洲史的沈浮爲中心〉, 《小中華意識的嬗變: 近代中韓關係的思想史研究》, 北京: 民族出版社, 2013.
柳鏞泰, 〈民族大一統論和內在化了的帝國性在近代中國〉, 《學海》(江蘇省社會科學院), 2008年 5期.
劉輝, 〈新中國成立前後經濟學界對新民主主義的理論思考〉, 《中共黨史研究》 2013年 1期.
章淸, 〈晩淸中國闡述'亞洲'所延續的'歷史記憶': 兼論作爲'他者'的日本與朝鮮〉, 《동아시아 지식교류와 역사기억》 1, 동북아역사재단 국제학술회의 자료집, 2008.
張灝, 〈中國近代轉型時期的民主觀念〉, 許紀霖 編, 《二十世紀中國思想史論》 上卷, 上海: 東方出版中心, 2000.
周方銀, 〈中國崛起, 東亞格局變遷與東亞秩序發展方向〉, 《當代亞太》 2012年 5期.
陳奉林, 〈東亞區域意識的源流, 發展及其現代意義〉, 《世界歷史》 2007年 3期.
詹德斌, 〈從周邊看中國: 韓國'東亞史'教科書中的當代中國形象〉, 《社會科學》 2014年 10期.
畢健康 外, 〈"十一五"期間我國亞洲史研究狀況〉, 《世界歷史》 2011年 4期.
狹間直樹, 〈對中國近代'民主'與'共和'觀念的考察〉, 中國史學會 編, 《辛亥革命與二十世紀的中國》 下, 北京: 中央文獻出版社, 2002.
黃東蘭, 〈"亞洲"的誕生: 近代中國語境里的"亞洲"概念〉, 孫江 主編, 《新史學: 概念 · 文體 · 方法》, 北京: 中華書局, 2008.
古田博司, 〈東アジア中華思想共有圈の形成〉, 駒井洋 編, 《脫オリエンタリスムとしての社會知》, 東京: ミネルヴァ書房, 1998.
國分麻里, 〈韓國 '東アジア史'における近代史の內容分析: 日本に關する敍述を中心にして〉, 《中等社會科教育研究》 31號, 2013.
君島和彦, 〈韓國の歷史教育と'東アジア史' · '韓國史' 教科書〉, 《日本歷史學協會年報》 29號, 2014.
今野日出晴, 〈'東アジア史'で考える一歷史教育にわたるということ〉, 《岩手大學文化論叢》 7 · 8輯, 2009.
白永瑞, 〈自國史と地域史の疏通: 東アジア人の歷史敍述についての省察〉, 《現代思想》 35-10, 2007.
山口信治, 〈毛澤東による戰略構想としての新民主主義段階構想の放棄〉, 《アジア研究》 54卷 1號, 2008.
山口二郎, 〈戰後70年の民主主義〉, 《歷史評論》 794號, 2016.
山內晋次, 〈'東アジア史' 再考: 日本古代史研究の立場から〉, 《歷史評論》 733號, 2011.
山本有造, 〈'帝國'とはなにか〉, 《帝國の研究》, 名古屋: 名古屋大學出版會, 2004.
相田洋, 〈日本における東洋史學の傳統と現狀〉, 小林一美 外 編, 《東アジア世界史の探究》, 東京: 汲古書院, 1986.
相田洋, 〈日本の大陸侵略と東洋史學〉, 《史潮》 105號, 1968.
鈴木哲雄, 〈歷史教育再構成の課題: 歷史教育科目"東(北)アジア史"の可能性〉, 《歷史評論》 679號, 2006.
榮澤幸二, 〈近代の政治思想〉, 宮地正人 外 編, 《政治社會思想史》(新體系日本史 4), 東京: 山川出版社, 2010.
柳準相, 〈韓國の高等學校教科書'東アジア史'に關する研究: 日本關係記述の比較分析を中心に〉, 《東京大學大學院教育學研究科 基礎教育學研究室 研究室紀要》 41號, 2015.
伊藤正子, 〈韓國軍のベトナム派兵をめぐる記憶の比較研究: ベトナムの非公式記憶を記憶する韓國NGO〉, 《한국, 일본, 동남아의 상호의존성: 인간, 자본, 문화의 이동》(제1차 한국동남아학회 · 교토대학동남아연구소 공동국제학술대회, 2009. 6).
伊藤之雄, 〈日清戰前の中國 · 朝鮮認識の形成と外交論〉, 高屋哲夫 編, 《近代日本のアジア認識》, 京都: 京都大學人文科學研究所, 1994.
李成市, 〈なぜ今'東アジア'なのか〉, 有馬學 外 編, 《いま'アジア'をどう語るか》, 福岡: 弦書房, 2011.
井上勝生, 〈明治維新とアジア: 二つの'併合', 北海道と朝鮮〉, 和田春樹 編, 《講座東アジア近現代史》 1卷, 東京: 岩波書店, 2009.
芝原拓自, 〈對外觀とナショナリズム〉, 芝原拓自 外 編, 《對外觀》(日本近代思想史大系 12), 東京: 岩波書店, 1988.
村上衛, 〈東アジアを越えて: 近世東アジア海域史研究と'近代'〉, 《歷史學研究》 906號, 2013.
坂元一哉, 〈首相の靖國參拜と日中關係: 何が議論を混亂させるのか〉, 《阪大法學》 64號, 2014.
坪井善明, 〈ヴェトナム阮朝(1802-1945)の世界觀〉, 《國家學會雜誌》 96卷 11 · 12號, 1983.
弘末雅士, 〈南洋と東洋〉, 貴志俊彦 外 編, 《東アジアの時代性》, 廣島: 溪水社, 2005.
黃野泰典, 〈近世日本における"東アジア"の發見〉, 貴志俊彦 外, 《東アジアの時代性》, 廣島: 溪水社, 2005.
Bell, Daniel A., "Deliberative Democracy with Chinese Characteristics: A Comment on Baogang He's Research", Ethan J. Leib and Baogang He (eds.), *The Search for Deliberative Democracy in China*, New York: Palgrave Macmillan, 2006.
Elvin, Mark, "The Gentry Democracy in Chinese Shanghai, 1905-1914," Jack Gray (ed.), *Modern China's Search for a Political Form*, Oxford: Oxford University Press,

1969.

Forges, Roger V. Des, "Democracy in Chinese History", Roger V. Des Forges, Luo Ning, and Wu Yen-bo (eds.), *Chinese Democracy and the Crisis of 1989*, Albany: State University of New York, 1993.

Goddard, W. G., "The Min Sheng: A Study on Chinese Democracy" (Morrison Lecture at the Australian Institute of Anatomy, June 5, 1941), *East Asian History* (Institute of Advanced Studies, The Australian National University), No. 34, 2007.

Hiroshi Mitani, "The History Textbook Issue in Japan and East Asia: Institutional Framwork, Controversies, and International Efforts for Common Histories", Tsuyoshi Hasegawa and Kazuhiko Togo (eds.), *East Asia's Haunted Present: Historical Memories and Resurgence of Nationalism,* Westport: PSI, 2008.

Nathan, Andrew J., "The Chinese Democracy: The Lessons of Failure", *China's Transition*, New York: Columbia University Press, 1997.

Nielsen, Claus, "The Mixed Economy, the Neoliberal Challenge, and the Negotiated Economy ", *The Journal of Socio-Economics*, Vol. 21, 1992.

Pempel, T. J., "Introduction: Emerging Webs of Regional Connectedness", T. J. Pempel (ed.), *Remapping East Asia: The Construction of a Region*, Ithaca: Cornell University Press, 2005.

Yu, Yong-tae, "For A Regional History of East Asia: Comments on the Article by Professor Fujiie", *Sungkyun Journal of East Asian Studies* (The Academy of East Asian Studies Sungkyunkwan University), Vol. 3 No. 2, 2003.

찾아보기

[ㄴ]

[ㄷ]

[ㅇ]

[ㅊ]

[ㅋ]

유용태(柳鏞泰)

서울대학교 사범대학 역사교육과 교수를 거쳐 현재 명예교수다. 한국중국근현대사학회 회장을 역임하였다. 주요 저서와 역서로《학생들이 만든 한국현대사》(공저, 2020),《중국역사연구법》(역주, 2019),《21세기 동아시아와 역사문제》(공편, 2018),《직업대표제, 근대중국의 민주유산》(2011; 중문판 2017),《동아시아의 농지개혁과 토지혁명》(편저, 2014),《한중관계의 역사와 현실》(편저, 2013),《함께 읽는 동아시아 근현대사》(공저, 2011; 베트남어판 2020; 중문판 근간),《환호 속의 경종》(2006; 일문판 2009),《지식청년과 농민사회의 혁명》(2004),《전원시와 광시곡: 중국의 농민사회 연구》(역서, 2000) 등이 있으며, 서울대학교 학술상(2021)을 수상하였다.